Studien und Materialien zum Straf- und Maßregelvollzug

herausgegeben von
Friedrich Lösel, Gerhard Rehn und Michael Walter

BAND 10

Möglichkeiten und Perspektiven einer opferbezogenen Gestaltung des Strafvollzuges

Jutta Walther

Centaurus Verlag & Media UG 2002

Zur Autorin, geb. 1966, Dr. iur., studierte Rechtswissenschaft in Mannheim und Köln mit dem Schwerpunkt Strafrechtspflege. Seit 1999 ist Sie als Rechtsanwältin zugelassen und in einer internationalen Wirtschafts-kanzlei tätig.

Die Deutsche Bibliothek – CIP-Einheitsaufnahme

Bibliographische Information der Deutschen Bibliothek
Die Deutsche Bibliothek verzeichnet diese Publikation in der
Deutschen Nationalbibliographie; detaillierte bibliographische Daten
sind im Internet über http://dnb.ddb.de abrufbar.

ISBN 978-3-8255-0303-1   ISBN 978-3-86226-438-4 (eBook)
DOI 10.1007/978-3-86226-438-4

ISSN 0944-887X

© CENTAURUS Verlags-GmbH & Co. KG, Herbolzheim 2002

Satz: Vorlage der Autorin
Umschlaggestaltung: DTP-STUDIO, Antje Walter, Hinterzarten

Vorwort

Diese Arbeit wurde größtenteils zwischen 1995 und 1999 fertiggestellt. Aufgrund der beruflichen Eingebundenheit der Verfasserin hat sich die Veröffentlichung länger als erwartet verzögert. Deshalb wurde die Untersuchung überarbeitet, wobei die Verfasserin die ihr bekannten neueren Veröffentlichungen zum Thema der opferbezogenen Gestaltung des Strafvollzuges bis zum 1. Quartal 2002 berücksichtigt hat.

Mein herzlicher Dank gilt Herrn Prof. Dr. Michael Walter, dem ich die Anregung zum Gegenstand der Untersuchung verdanke und der die Erstellung dieser Arbeit stets mit Wohlwollen und Ausdauer fördernd begleitete.

Danken möchte ich gleichfalls den wissenschaftlichen Mitarbeitern der Kriminologischen Forschungsstelle der Universität zu Köln Frau Dipl. Psych. Andrea Wagner und Herrn Dipl. Psych. Thomas Brandt, die mich bei der Fertigung der Arbeit unterstützt haben.

Zum Dank verpflichtet bin ich auch den Justizvollzugsämtern Rheinland und West-falen-Lippe sowie den Anstaltsleitern der Justizvollzugsanstalten Hagen und Köln-Ossendorf, ohne deren Mitwirkung die Befragung in dieser Form nicht hätte durchge-führt werden können. Mein besonderer Dank gilt den Gefangenen und Bediensteten der Justizvollzugsanstalt Hagen, die durch die bereitwillige Teilnahme an der Befra-gung die Untersuchung ermöglichten. An dieser Stelle möchte ich mich ebenfalls bei den Beamten des Allgemeinen Vollzugsdienstes bedanken, durch deren stets freund-liche Hilfe, trotz der Mehrbelastung durch meine Forschungstätigkeit, ein reibungslo-ser Ablauf der Befragung gewährleistet wurde.

Schließlich gilt mein Dank allen, die zum Gelingen der Arbeit beigetragen haben.

Köln, im April 2002

INHALTSVERZEICHNIS

Seite

Abbildungsverzeichnis | XV

Tabellenverzeichnis | XVII

Abkürzungsverzeichnis | XX

Einführende Erwägungen - Problemstellung und Anliegen der
Forschungsarbeit | 1

1. Kapitel: Theoretischer Diskurs zum Thema „opferbezogene
Vollzugsgestaltung" - eine Annäherung aus verschiedenen
Blickwinkeln | 10

I. Grundlegende Begriffsbestimmungen | 10

1. Strafvollzugsrecht - rechtlicher Rahmen einer opferbezogenen Strafvoll- | 10
zugsgestaltung

2. Opfer - Impulsgeber einer opferbezogenen Strafvollzugsgestaltung | 12

   2.1   Opferdefinitionen | 12

   2.2   Opferkategorien | 14

   2.3   Opferschäden als Folge von Kriminalität | 17

       2.3.1   Struktur der Opferschäden | 17

       2.3.2   Opferbefragungen als Quelle für Aussagen zu den | 19
Folgen der Straftat

   2.4   Der Opferbegriff im Rahmen einer opferbezogenen | 25
Vollzugsgestaltung

II. Das Opfer im historischen Kontext von Strafe und Freiheitsentzug | 30

1. Einbeziehung des Opfers in die dem Rechtsbruch folgende Sanktion - | 30
die Entwicklung vom Kriminalrecht der Germanen bis in die Neuzeit

2. Der Opfergedanke und die Verhängung freiheitsentziehender Strafen | 33

   2.1   Vom Mittelalter bis zur Zeit des Nationalsozialismus | 33

Seite

2.2   Die Nachkriegszeit bis zum Inkrafttreten des Strafvollzugs-   37
       gesetzes im Jahr 1977

       2.2.1   Die Entwicklung in der Deutschen Demokratischen   37
               Republik

       2.2.2   Die Entwicklung in der Bundesrepublik Deutschland   39

III. Geltendes Recht - das Strafvollzugsgesetz zwischen Ausklammerung   44
     von Opferinteressen und Integration des Opfergedankens

1. Strafvollzugsrechtliche Bestimmungen mit Blick auf das Opfer   44

   1.1   Vorschriften des Strafvollzugsgesetzes und Opferhilfe   44

          1.1.1   Die Hilfe während des Vollzuges, § 73 StVollzG   44

          1.1.2   Die Aufgaben des Strafvollzuges, § 2 StVollzG   45

          1.1.3   Die Gestaltungsgrundsätze des § 3 StVollzG   46

                  1.1.3.1 Der Angleichungsgrundsatz,   47
                          § 3 Abs. 1 StVollzG

                  1.1.3.2 Der Gegensteuerungsgrundsatz,   48
                          § 3 Abs. 2 StVollzG

                  1.1.3.3 Der Integrationsgrundsatz,   48
                          § 3 Abs. 3 StVollzG

          1.1.4   Der Grundsatz der Mitgestaltung, § 4 StVollzG   49

          1.1.5   Die Behandlungsuntersuchung, § 6 StVollzG   51

          1.1.6   Soziale Hilfe für die Gefangenen, § 71 StVollzG   52

          1.1.7   Entlohnung der Gefangenen, § 43 StVollzG   53

          1.1.8   Erfüllung der gesetzlichen Unterhaltspflicht durch die 55
                  Gefangenen, § 49 StVollzG

          1.1.9   Weitergabe personenbezogener Daten über Gefangene,   56
                  § 180 Abs. 5 StVollzG

   1.2   Die Verwaltungsvorschriften der Länder als Anknüpfungs-   56
          punkte für Opferbelange

          1.2.1   Die Aufgaben der Verwaltungsvorschriften bei der   56
                  Konkretisierung der Strafvollzugsgestaltung

1.2.2   Erläuterung einzelner Verwaltungsvorschriften   57

    1.2.2.1   VVStVollzG zu § 6 StVollzG   58

    1.2.2.2   VVStVollzG zu § 11 StVollzG   58

    1.2.2.3   VVStVollzG zu § 13 StVollzG   61

    1.2.2.4   VVStVollzG zu § 39 StVollzG   62

2. Gesetzgeberische Initiativen zur Einbindung der Opferinteressen in das   63
Strafvollzugsgesetz

    2.1   Erhöhung des Arbeitsentgelts   63

    2.2   Das Strafvollzugsänderungsgesetz von 1988   65

    2.3   Gesetzgebung der jüngeren Zeit   69

3. Das Strafvollzugsrecht in der Rechtsprechung   71

IV. Opferbezug - ein Balanceakt zwischen Täter- und Opferorientierung   74

1. Verschiedene opferorientierte Gestaltungsmodelle   75

    1.1   Schadenswiedergutmachung   76

    1.2   Aussöhnung   78

    1.3   Konfliktregulierung   78

    1.4   Täter-Opfer-Ausgleich   79

2. Opferorientierte Konzepte als Anstoß zur Etablierung einer   81
opferbezogenen Strafvollzugsgestaltung

    2.1   Die Umsetzung einer opferbezogenen Strafrechtspflege   82
im Bereich des Strafvollzuges nach Rössner und Wulf

    2.2   „Alternativ-Entwurf Wiedergutmachung" (AE-WGM)   84

3. Kritik und Möglichkeiten einer Nutzung der dargestellten Konzepte   87
im Strafvollzug

4. Täter-Opfer-Ausgleich = Opferbezug: einfache Formel oder   91
falsche Rechnung?

    4.1   Grenzen der Wiedergutmachung im Strafvollzug   91

Seite

4.1.1 Leistungskraft der Strafgefangenen 91

4.1.2 Wiedergutmachung und „opferlose" Delikte 95

4.1.3 Die Schwere der Tat als Kriterium für 96
Wiedergutmachung

4.1.4 Ungleichbehandlung von Randgruppen im Vollzug 97
am Beispiel nichtdeutscher Gefangener

4.2 Die Straftat als sozialer Konflikt zwischen Täter und Opfer 99

4.2.1 Personalisierung des Konflikts und verletztes 99
Rechtsgut

4.2.2 Ungeeignetheit des Zeitpunkts als Hemmnis der 100
Wiedergutmachung

4.3 In Unfreiheit zur „Freiwilligkeit"? 101

4.4 Fazit 103

2. Kapitel: Betrachtung der Vollzugswirklichkeit unter opferbezogenen 105
Gesichtspunkten anhand einer Untersuchung in der Justizvollzugsanstalt Hagen - Darstellung und Interpretation -

I. Einführung 105

1. Konzeption der Untersuchung 105

1.1 Täter-Opfer-Konfrontationen im Rahmen strafvollzuglicher 107
Projekte

1.1.1 Jugendstrafanstalt Hameln 107

1.1.2 Vollzugsanstalt Saxerriet / Schweiz 108

1.1.3 „Minnesota Restitution Center" / USA 109

1.2 Ansichten von Vollzugsbediensteten und Gefangenen über 110
eine Opferperspektive im Vollzug - Meinungsbefragung im
baden-württembergischen Strafvollzug

1.3 Fazit aus der vorgefundenen Situation für das eigene 111
Forschungskonzept

2. Methodik und Realisierung der Studie   113

    2.1   Auswahl der Untersuchungsgruppen   113

        2.1.1   Justizvollzugsanstalt Hagen - eine   113
                  nordrhein-westfälische Einweisungsanstalt

        2.1.2   Vollzugsbedienstete   115

        2.1.3   Gefangene   116

    2.2   Erhebungsinstrumente   116

        2.2.1   Befragung von Vollzugsbediensteten   116

        2.2.2   Befragung von Gefangenen   117

    2.3   Zum Wahrheitsgehalt der Erhebungen   117

    2.4   Ablauf der Untersuchungen   120

        2.4.1   Schriftliche Befragung der Vollzugsbediensteten   120

        2.4.2   Datenerhebung bezüglich der Gefangenen   120

II. Befragung der Vollzugsbediensteten   122

1. Vorbemerkungen   122

2. Die Diagnosegespräche   124

    2.1   Der äußere Ablauf   124

    2.2   Die inhaltliche Gestaltung   126

3. Die Arbeit im Strafvollzug   129

    3.1   Die Tätigkeit als Mitglied der Einweisungskommission   129

    3.2   Die Situation der Gefangenen - insbesondere in der   130
           Einweisungsanstalt

4. Standpunkte zur Strafvollzugspraxis   131

    4.1   Die Resozialisierung   131

    4.2   Die Durchführung einer opferbezogenen Vollzugsgestaltung   133

5. Zusammenfassung und Bewertung   137

Seite

III. Befragung der Gefangenen | 140

1. Vorbemerkungen | 140

2. Die Täter | 142

  2.1   Personenbezogene Daten | 142

      2.1.1 Staatsangehörigkeit | 142

      2.1.2 Alter | 144

      2.1.3 Familienstand | 145

      2.1.4 Bildung | 147

      2.1.5 Finanzielle Situation | 149

      2.1.6 Soziales Umfeld | 156

      2.1.7 Sonstiges | 158

  2.2   Delinquenz | 159

      2.2.1 Zuletzt begangene Straftat | 159

      2.2.2 Vorstrafen und Hafterfahrung | 166

      2.2.3 Akzeptanz des Urteils | 169

  2.3   Folgen der Straftat für den Täter | 170

      2.3.1 Aktuelle Probleme | 170

      2.3.2 Auswirkungen auf das Leben nach der Haft | 173

3. Opferbezogene Vollzugsgestaltung | 175

  3.1   Opfer | 175

      3.1.1 Verletzte Rechtsgüter | 175

      3.1.2 Schäden | 177

      3.1.3 Gedankliche Auseinandersetzung des Täters über das Opfer | 179

      3.1.4 Mitbestrafte Dritte | 179

  3.2   Täter-Opfer-Ausgleich | 181

Seite

3.2.1 Allgemeine Voraussetzungen der Durchführung 181

3.2.2 Bereitschaft der Strafgefangenen zum 182
Täter-Opfer-Ausgleich

3.2.3 Bestrebungen zur finanziellen Schadenswieder- 183
gutmachung

3.2.4 Akzeptanz verschiedener Ausgleichsleistungen 184

4. Zusammenfassung und Bewertung 187

IV. Zusammenhangsanalysen zur Ausgleichsbereitschaft der 194
Gefangenen im Hinblick auf ausgewählte Einzelprobleme

1. Vorbemerkungen 194

2. Untersuchungen zum Zusammenhang zwischen täterbezogenen 196
Merkmalen und der Bereitschaft der Strafgefangenen zu
Ausgleichsleistungen

2.1 Alter und Ausgleich 196

2.2 Familienstand und Ausgleich 197

2.3 Berufsbild und Ausgleich 198

2.4 Finanzielle Situation und Ausgleich 200

3. Untersuchungen zum Zusammenhang zwischen der Delinquenz 203
und der Bereitschaft der Strafgefangenen zu Ausgleichsleistungen

3.1 Vorbelastungen und Ausgleich 203

3.2 Delikt und Ausgleich 206

3.3 Mittäter und Ausgleich 207

3.4 Opfer und Ausgleich 208

3.5 Schaden und Ausgleich 212

3.6 Zeitablauf und Ausgleich 213

3.7 Strafurteil und Ausgleich 216

3.8 Einstellung der Gefangenen zum Urteil und Ausgleich 219

Seite

3.9   Gedankliche Auseinandersetzung über das Opfer   220
und Ausgleich

4. Zusammenfassung und Bewertung   223

3. Kapitel: Abschließende Betrachtungen zu Stand und Perspektive   229
einer opferorientierten Gestaltung des Strafvollzuges

I. Zusammenfassung der theoretischen und empirischen Ergebnisse   229

1. Theoretische Grundlagen   229

2. Praktischer Teil der Untersuchung   233

2.1   Die Befragung von Vollzugsbediensteten   234

2.2   Die Befragung von Gefangenen   235

II. Rechtspolitische Schlußfolgerungen und Ausblick   241

Literaturverzeichnis   257

Anhang I: Fragebogen für die Mitglieder der Einweisungskommission   277

Anhang II: Interviewleitfaden für die Gefangenen   282

ABBILDUNGSVERZEICHNIS

Seite

Abb. 1: Anzahl der an der Befragung teilnehmenden Vollzugs-   123
         bediensteten im Vergleich zu der Gesamtzahl der jeweiligen
         Fachdienste in der Einweisungskommission

Abb. 2: Anzahl der Strafgefangenen, die in den Jahren 1980, 1990,   141
         1992, 1993, 1994, 1995 und 1999 eine Einweisungsanstalt
         durchlaufen haben

Abb. 3: Ausländeranteil der Inhaftierten in Nordrhein-Westfalen   143
         in den Jahren 1990, 1992, 1994 und 1996

Abb. 4: Herkunftsländer der Probanden   144

Abb. 5: Männliche erwachsene Strafgefangene und Sicherungs-   145
         verwahrte in Nordrhein-Westfalen nach Altersgruppen
         im Vergleich zu den Probanden

Abb. 6: Schulbildung der Strafgefangenen in den Einweisungs-   149
         anstalten des Landes Nordrhein-Westfalen für die Jahre
         1989, 1991, 1993, 1995 und 1999 im Vergleich zu den Probanden
         in Prozent

Abb. 7: Deliktsstruktur   161

Abb. 8: Vergleich der Deliktsstruktur der männlichen erwachsenen   162
         Strafgefangenen in Nordrhein-Westfalen mit den befragten
         Gefangenen

Abb. 9: Anteil der Gefangenen mit Untersuchungshaft und jeweilige   164
         Dauer

Abb. 10: Strafmaß für das Hauptdelikt und die Gesamtstrafe im   165
         Überblick

Abb. 11: Vorstrafen der männlichen erwachsenen Strafgefangenen   167
         in der Bundesrepublik Deutschland von 1992 bis 1995

Abb. 12: Hafterfahrung männlicher erwachsener Strafgefangener   168
         in der Bundesrepublik Deutschland im Vergleich zur
         Untersuchungsgruppe

Abb. 13: Vergleich der verletzten Rechtsgüter laut Interview und   177
         Aktenlage

Seite

Abb. 14: Schadensarten laut Interview und Aktenlage im Vergleich   178

Abb. 15: Anteile der akzeptierten Ausgleichsleistungen   186

TABELLENVERZEICHNIS

Seite

Tab. 1: Themen der Diagnosegespräche und die Häufigkeit ihres   128
Auftretens aus der Sicht der Bediensteten

Tab. 2: Zentrale Themen des Diagnosegesprächs   129

Tab. 3: Von den Vollzugsbediensteten genannte Vollzugsziele   132

Tab. 4: Familienstand der männlichen erwachsenen Gefangenen   147
in Nordrhein-Westfalen sowie der Untersuchungsgruppe
in Prozent

Tab. 5: Angaben zu den Schulden anhand von Fragebogen und   152
Urteilen

Tab. 6: Schulden und Deliktsart   153

Tab. 7: Zusammenstellung der Anzahl der Gläubiger bezogen   154
auf die verschiedenen Deliktskategorien

Tab. 8: Deliktstruktur - Gegenüberstellung der Auskünfte im   160
Interview mit der Aktenlage

Tab. 9: Von den Gefangenen angeregte Behandlungsmaßnahmen   172

Tab. 10: Alter der Gefangenen und Ausgleichsbereitschaft   197

Tab. 11: Familienstand und Ausgleichsbereitschaft   198

Tab. 12: Zuletzt ausgeübter Beruf und Ausgleichsbereitschaft   198

Tab. 13: Abgeschlossene Berufsausbildung und Ausgleichs-   199
bereitschaft

Tab. 14: Abgeschlossene Berufsausbildung und zuletzt ausgeübter   200
Beruf

Tab. 15: Höhe der Verschuldung und Ausgleichsbereitschaft   201

Tab. 16: Schulden und Ausgleichsleistung in Geld   201

Tab. 17: Rückgang der Schulden in der Haft und Ausgleichs-   202
bereitschaft

Seite

Tab. 18: Schulden aufgrund der Straftatbegehung und Ausgleichs-   202
bereitschaft

Tab. 19: Verschiedene Gläubiger und Ausgleichsbereitschaft   203

Tab. 20: Anzahl der Vorstrafen und Ausgleichsbereitschaft   204

Tab. 21: Bisherige Hafterfahrung und Ausgleichsbereitschaft   205

Tab. 22: Dauer der bisherigen Hafterfahrung und Ausgleichs-   205
bereitschaft

Tab. 23: Deliktskategorie und Ausgleichsbereitschaft   206

Tab. 24: Anzahl der Mittäter und Ausgleichsbereitschaft   207

Tab. 25: Verletzte Rechtsgüter und Ausgleichsbereitschaft   208

Tab. 26: Kategorisierte Rechtsgüter und Ausgleichsbereitschaft   209

Tab. 27: Personenschaden und Ausgleichsbereitschaft   210

Tab. 28: Anzahl der Opfer und Ausgleichsbereitschaft   210

Tab. 29: Bekanntschaftsgrad zwischen Täter und Opfer und   211
Ausgleichsbereitschaft

Tab. 30: Beziehung zwischen Täter und Opfer und Ausgleichs-   212
bereitschaft

Tab. 31: Art des Schadens und Ausgleichsbereitschaft   213

Tab. 32: Zeitintervall zwischen Tat und Interview bezogen auf die   214
Ausgleichsbereitschaft

Tab. 33: Zeitintervall zwischen Urteil und Interview bezogen auf   215
die Ausgleichsbereitschaft

Tab. 34: Zeitintervall zwischen Haftbeginn und Interview bezogen   215
auf die Ausgleichsbereitschaft

Tab. 35: Zeitintervall zwischen Haftende und Interview bezogen   216
auf die Ausgleichsbereitschaft

Seite

Tab. 36: Strafmaß für das Hauptdelikt in Jahren und Ausgleichs- 217
bereitschaft

Tab. 37: Gesamtstrafe in Jahren und Ausgleichsbereitschaft 218

Tab. 38: Übereinstimmung der gerichtlichen Feststellungen mit 219
der Sicht der Gefangenen und Ausgleichsbereitschaft

Tab. 39: Strafe gerechtfertigt bzw. Strafmaß erwartet und 220
Ausgleichsbereitschaft

Tab. 40: Gedankliche Beschäftigung mit dem Opfer und 221
Ausgleichsbereitschaft

Tab. 41: Interesse der Täter an einem Treffen mit den Opfern 222
und Ausgleichsbereitschaft

Tab. 42: Kontaktaufnahme (sofern das Opfer eine solche 222
wünscht) und Ausgleichsbereitschaft

ABKÜRZUNGSVERZEICHNIS

a.a.O.	am angegebenen Ort
Abb.	Abbildung
AE-WGM	Alternativ-Entwurf Wiedergutmachung
ÄndG	Änderungsgesetz
Anm.	Anmerkungen
Beschl.	Beschluß
BewHi	Bewährungshilfe
BGBl	Bundesgesetzblatt
BlfStrVollzK	Blätter für Strafvollzugskunde
BR-Dr.	Bundesratsdrucksache
BT-Dr.	Bundestagsdrucksache
BtMG	Betäubungsmittelgesetz
BVerfG	Bundesverfassungsgericht
DRiZ	Deutsche Richter-Zeitung
Einl	Einleitung
GA	Goldtammer's Archiv für Strafrecht
GBl	Gesetzblatt
insb.	insbesondere
JA	Juristische Arbeitsblätter
JGG	Jugendgerichtsgesetz
JR	Juristische Rundschau
JVA	Justizvollzugsanstalt
JZ	Juristenzeitung
KrimJ	Kriminologisches Journal
KrimsozBibl	Kriminalsoziologische Bibliografie
KritJ	Kritische Justiz
LG	Landgericht
MschrKrim	Monatsschrift für Kriminologie und Strafrechtsreform
m.w.N.	mit weiteren Nachweisen
NJW	Neue Juristische Wochenschrift
NK	Neue Kriminalpolitik
NStZ	Neue Zeitschrift für Strafrecht
OLG	Oberlandesgericht

RN	Randnummer
SH	Sonderheft
StGB	Strafgesetzbuch
StPO	Strafprozeßordnung
StV	Strafverteidiger
StVollzG	Strafvollzugsgesetz
u.a.	unter anderem
Vgl.	Vergleiche
Vorbem v	Vorbemerkung vor
VV	Verwaltungsvorschriften
z.B.	zum Beispiel
ZfStrVo	Zeitschrift für Strafvollzug und Straffälligenhilfe
ZRP	Zeitschrift für Rechtspolitik
ZStW	Zeitschrift für die gesamte Strafrechtswissenschaft

Einführende Erwägungen - Problemstellung und Anliegen der Forschungsarbeit

Vor über 20 Jahren ist das Strafvollzugsgesetz[1] in Kraft getreten. Das Regelwerk hat sich in diesem Zeitraum nach allgemeinem Urteil bewährt. Von einschneidenden Änderungen hat der Gesetzgeber, nicht zuletzt wegen der generell positiven Resonanz anläßlich des zehnjährigen Bestehens, abgesehen[2].

Wurde diesem Jubiläum mit zahlreichen Beiträgen Aufmerksamkeit entgegengebracht[3], sind die Reaktionen nach weiteren zehn Jahren zurückhaltend[4]. Womöglich ist dies ein zusätzlicher Hinweis auf die allgemein erkennbare Reformmüdigkeit[5] auf dem Gebiet des Strafvollzuges. Während die 60er und 70er Jahre geprägt waren durch den Ruf nach politischen und sozialen Reformen, lag die Verabschiedung des StVollzG bereits in der Anfangsphase des reformerischen Rückzugs[6]. Mittlerweile wird von einer Krise sowohl des Behandlungsgedankens gesprochen als auch von derjenigen der Auseinandersetzung um das Resozialisierungsziel[7]. Erschwert wird die Lage durch die kriminalpolitische Randstellung des Strafvollzuges, die nicht zuletzt infolge der Bindung der politischen Kräfte nach der Wiedervereinigung verfestigt wurde[8].

---

[1]Gesetz über den Vollzug der Freiheitsstrafe und der freiheitsentziehenden Maßregeln der Besserung und Sicherung - Strafvollzugsgesetz (StVollzG) vom 16. März 1976 (BGBl. I S. 581 ber. S. 2088 und 1977 S. 436), in Kraft getreten am 1. Januar 1977; im Folgenden werden alle Paragraphen des Strafvollzugsgesetzes mit StVollzG gekennzeichnet.

[2]*Calliess / Müller-Dietz*, 2002, Einl. RN 43

[3]Insbesondere das Schwerpunktheft 1/1987 der ZfStrVO, sowie das Heft Nr. 4/86 der BewHi mit dem Schwerpunktthema „10 Jahre Strafvollzug"; daneben die Beiträge von *Müller-Dietz* und *Bandell* in: „Bitburger Gespräche Jahrbuch 1986/2", Gesellschaft für Rechtspolitik Trier (Hrsg.) 1986; *Eyrich, Heinz*: „10 Jahre Strafvollzugsgesetz", BlfStrVK Nr. 4/5 August 1986, S. 1-4.

[4]Hierzu nur die veröffentlichten Vorträge von *Müller-Dietz, Heinz*: „20 Jahre Strafvollzugsgesetz - Anspruch und Wirklichkeit" in: ZfStrVo 1/98, S. 12-16 und von *Wulf, Rüdiger*: „20 Jahre Strafvollzugsgesetz - eine Halbzeitbilanz" in ZfStrVo 1/98, S. 16-24; *Kawamura, Gabriele*: „20 Jahre Strafvollzugsgesetz - Auswirkungen auf die Wiedereingliederung Straffälliger" in: ZfStrVo 2/98, S. 86-89.

[5]*Heinrich*, 1995, S. 75

[6]*Bandell*, 1986, S. 53 f

[7]*Wulf*, 1985, S. 69; *Brenzikofer*, 1986, S. 219; *Freytag*, 1989, S. 39; *Roxin*, 1991, S. 345; siehe auch die eingehende Auseinandersetzung zur Thematik Resozialisierung und Strafvollzug von *Walter, Michael: „Strafvollzug – Ende der Resozialisierung"* in: Strafvollzug im Wandel – Neue Wege in Ost- und Westdeutschland -, Bieschke, Volker & Egg, Rudolf (Hrsg.), Wiesbaden 2001, S.25-38

[8]*Müller-Dietz*, 1992, S. 64

In die Phase der Ernüchterung der „Behandlungseuphorie" fiel Anfang der 80er Jahre die „Wiederentdeckung" des Verbrechensopfers, als ein deutlicher Anstieg von Forschungsarbeiten rund um das Thema „Opfer" verzeichnet werden konnte[9].

Den Ursprung der opferorientierten Bewegung bildete das Anliegen, den Gerechtigkeitsbedürfnissen von Verbrechensopfern vermehrt Rechnung zu tragen[10]. Wurde zunächst ausschließlich die persönliche Beziehung zwischen dem Täter und seinem Opfer wissenschaftlich thematisiert, verlagerte sich das Forschungsinteresse im weiteren auf die Funktion und die Belange der Geschädigten[11]. Insbesondere der Viktimologie, deren Bezeichnung sich von dem lateinischen „victima" (= das Opfer) ableitet[12], sind vertiefte Erkenntnisse bezüglich der Opfersituation zu verdanken[13]. Die Anregungen der viktimologischen Forschung zum Status des Opfers im Strafverfahren führten zu einer Stärkung seiner Verfahrensrolle, namentlich durch eine Novellierung des Opferentschädigungsgesetzes[14] und die Verabschiedung des Opferschutzgesetzes[15].

Die Beschäftigung mit dem Verbrechensopfer war mitursächlich für eine vermehrte Auseinandersetzung mit der Schadenswiedergutmachung und der Schlichtung. Ausschlaggebend für die „Renaissance" des Wiedergutmachungsgedankens war darüber hinaus die Legitimitätskrise des Strafrechts[16]. Auch die Kenntnisnahme nordamerikanischer Vorbilder und zahlreicher Publikationen zu historischen sowie ethnologischen Forschungen auf dem Gebiet der Streitregelung schuf weitere Voraussetzungen für eine vertiefte Diskussion[17].

---

[9]*Hirsch*, 1990, S. 534; *Hartmann, I.*, 1995, S. 9

[10]*Hirsch*, 1990, S. 534

[11]*Kaiser*, 1997, S. 297 f

[12]*Jung*, 1993, S. 582; *Kaiser*, 1997, S. 297

[13]Zur Diskussion um den wissenschaftstheoretischen Standort der Opferlehre - sei es als eigenständige Disziplin oder als Teilbereich der Kriminologie siehe *Jung*, 1993, S. 582.

[14]Gesetz über die Entschädigung für Opfer von Gewalttaten (Opferentschädigungsgesetz - OEG) vom 11. Mai 1976 (BGBl. I, S. 1181 in der auf Grund des Art. 2 ÄndG vom 20. Dezember 1984 (BGBl. I, S. 1723) seit dem 30. Dezember 1984 geltenden Fassung der Bekanntmachung vom 7. Januar 1985 (BGBl. I, S. 1).

[15]Erstes Gesetz zur Verbesserung der Stellung des Verletzten im Strafverfahren (Opferschutzgesetz) vom 18. Dezember 1986 (BGBl. I, S. 2496).

[16]*Hartmann, A.*, 1995, S. 98 f

[17]*Hartmann, A.*, 1995, S. 96 f

In das Zentrum des Interesses rückte die Schadenswiedergutmachung als mögliche Reaktion auf Straftaten[18]. Obgleich die Berücksichtigung einer Wiedergutmachung bereits seit langem Bestandteil von strafrechtlichen und strafprozessualen Vorschriften war[19], bewirkte die erst jetzt einsetzende intensive Auseinandersetzung mit der Opferperspektive deren verstärkte Anwendung bzw. deren Ausweitung[20]. Durchführbar wurde dies nicht zuletzt aufgrund der Schaffung justizieller sowie außerjustizieller Projekte, die im Rahmen von Täter-Opfer-Ausgleichsverfahren auch auf die Wiedergutmachung materieller und immaterieller Schäden hinwirken[21]. Das Angebot informeller Ausgleichsverfahren begegnet dabei ebenso wie die Gründung von Opferhilfeeinrichtungen den Bedürfnissen der Opfer nach Tatverarbeitung und Auseinandersetzung mit dem Täter, die regelmäßig neben dem Wunsch nach Schadensersatz vorhanden sind[22].

Die anfänglich vornehmlich im Bereich des Jugendkriminalrechtes praktizierten Täter-Opfer-Ausgleichsmodelle wurden in der Folgezeit immer mehr auf das allgemeine Strafrecht ausgedehnt. Gleichermaßen konnte die Schwelle der Kleinkriminalität, in Einbeziehung der mittleren Delinquenz, als Anwendungsgebiet überwunden werden. In konsequenter Fortführung dieser Entwicklung steht die Forderung, auch schwere Delikte konzeptionell zu erfassen[23]. Allmählich veränderte sich daneben die Zielsetzung der Projektarbeit. Die ursprünglichen Aufgaben der Vermeidung von gerichtlichen Strafverfahren sowie der vermehrten Verfahrenseinstellung wurden ergänzt um die Absicht, bei durchgeführten Strafverfahren das Strafmaß zu senken.

---

[18]*Hirsch*, 1990, S. 535 m.w.N.; *Roxin*, 1991, S. 354

[19]Vgl. die Regelungen der Strafaussetzung zur Bewährung (§§ 56, 56 b Absatz 2 Nr. 1 Strafgesetzbuch (StGB)), über die Strafzumessung (§ 46 StGB) und die Verwarnung mit Strafvorbehalt (§§ 59, 59 a Absatz 2 StGB); daneben die strafprozessualen Vorschriften zur bedingten Einstellung (§ 153 a Strafprozeßordnung (StPO)).

[20]So § 46 a StGB zur Strafzumessung im Zusammenhang mit einem Täter-Opfer-Ausgleich oder einer Schadenswiedergutmachung; § 153 a Abs. 1 Ziff. 5 StPO.

[21]Zu verschiedenen Projekten siehe *Bundesministerium der Justiz*, 1988, insb. S. 19 ff

[22]*Kaiser*, 1993, S. 13

[23]*Pieplow*, 1992, S. 188 ff

Positiv bestärkt wurde dieser Trend durch wissenschaftliche Untersuchungen über die Einstellung der Bevölkerung zu Kriminalsanktionen[24]. So werden grundsätzlich Wiedergutmachungsleistungen anstelle einer Bestrafung des Straftäters akzeptiert[25]. Bezogen auf Deutschland hält zwar der überwiegende Teil der Einwohner eine Bestrafung von Rechtsbrechern für ein sinnvolles Mittel zur Bekämpfung der Kriminalität[26]. Wird jedoch die Frage nach den Wünschen von Verbrechensopfern gestellt, stehen Wiedergutmachungsleistungen unabhängig von einer vorausgehenden Opferbelastung im Vordergrund[27].

Während die Impulse des Opfergedankens sowie der Wiedergutmachung in den genannten Regelungsbereichen zahlreiche Kräfte weckten, wurde diesen Aspekten auf im vollzuglichen Bereich nur geringe Aufmerksamkeit entgegengebracht[28]. Das Strafvollzugsgesetz spricht die Wiedergutmachungsperspektive ausschließlich am Rande unter dem Gesichtspunkt der Schadensregulierung nach § 73 StVollzG an. Die Verknüpfung von Opferinteressen und Freiheitsentzug fand darüber hinaus allenfalls vereinzelt im Zusammenhang mit dem Vollzugsziel der Resozialisierung Eingang in die Diskussion[29]. Erstmals verdeutlichte ein im Rahmen einer Bestandsaufnahme der „opferbezogenen Strafrechtspflege" veröffentlichtes Konzept zur Integration des Opfergedankens in den Kontext des Strafvollzugsgesetzes die im Vollzug vorhandenen, aber ungenutzten Umsetzungsmöglichkeiten[30]. Die umfassenden Erwägungen dienten als Wegbereiter der nunmehr einsetzenden Auseinandersetzung um die Integration der Opferperspektive in den Strafvollzug[31].

---

[24]Einen Überblick über die wenigen Untersuchungen im deutschsprachigen Raum vor 1995, die sich in größerem Umfang mit der Akzeptanz restitutiver Konzepte auseinandersetzen gibt *Kilchling*, 1995, S. 9f.

[25]Sessar / Beurskens / Boers, 1986, S. 88

[26]*Kury*, 1992, S. 207

[27]*Sessar*, 1992 a, S. 169; *Kilchling*, 1995, S. 388 f

[28]In jüngerer Zeit hat Kilchling anläßlich einer umfangreichen Opferbefragung zum Thema Opferinteressen und Strafverfolgung die Einstellung von Opfern zur Wiedergutmachung im Falle einer Haftverbüßung untersucht, vgl. *Kilchling*, 1995, S. 510 ff.

[29]*Schneider*, 1975 b, S. 581 ff

[30]*Rössner / Wulf*, 1984, S. 103-123

[31]*Müller-Dietz*, 1985 a, S. 147 ff. ; Bundesministerium der Justiz, 1988, S. 17

Dennoch arbeiten die bestehenden Praxisprojekte zu Täter-Opfer-Ausgleich und Opferhilfe ausschließlich im außervollzuglichen Bereich. Allein die Tätigkeit verschiedener Schuldenregulierungsmodelle für Straffällige im Rahmen von Resozialisierungsfonds nehmen eine Sonderstellung ein, indem Opferforderungen vorrangig behandelt werden[32].

Der Gesetzgeber reagierte auf den sich im Bereich des Strafvollzuges abzeichnenden Perspektivenwandel „weg vom Täter, hin zum Opfer" mit dem Entwurf eines Gesetzes zur Änderung des Strafvollzugsgesetzes. Auf diesem Weg sollten unter der Überschrift einer „opferbezogenen Vollzugsgestaltung" die Bedürfnisse der Opfer von Straftaten hinreichende Beachtung finden[33]. Das Scheitern der Verabschiedung des Entwurfes hat der Aktualität von Opferinteressen für die Strafvollzugsgestaltung letztlich keinen Schaden zugefügt.

In der vollzuglichen Fachliteratur nimmt der Opfergedanke zwischenzeitlich ebenso eine gesicherte Position ein[34], wie er innerhalb der derzeitigen Diskussion regelmäßig thematisiert wird[35]. Dennoch ist die anfangs zu beobachtende Begeisterung zwischenzeitlich einer ernüchterten Betrachtungsweise gewichen[36]. So wird eine Perspektive zur Verwirklichung opferbezogener Interessen vordringlich in dem einem Freiheitsentzug vorgelagerten Strafverfahren gesehen[37]. Darüber hinaus wird die Diskussion um die Gestaltung des Strafvollzuges in der Bundesrepublik Deutschland maßgeblich bestimmt von den Problemen, die mit der anhaltenden Überbelegung der Haftanstalten sowie der steigenden Anzahl nichtdeutscher Strafgefangener[38] einhergehen.

Die Forderung nach wegweisenden Zukunftsvisionen, die Aussagen über die künftige Orientierung des Vollzuges treffen sollen[39] erscheint angesichts leerer Staatskassen

---

[32]*Rössner / Bannenberg*, 1995, S. 328

[33]BR-Dr. 270/88 vom 23.09.1988 = BT-Dr. 11/3694, Anlage 1, S. 6 ff.

[34]*Schöch* in: *Kaiser / Kerner / Schöch*, 1992, § 4 RN 14; *Laubenthal*, 1998, RN 149 ff, S. 63 f; *Walter*, 1999, S. 379, RN 413; *Calliess / Müller-Dietz*, 2002, § 2 RN 38 und § 4 RN 4

[35]*Rixen*, 1994, S. 215 ff.; *Kawamura*, 1994, S. 3 ff.; *Heinrich*, 1995, S. 81

[36]*Calliess / Müller-Dietz*, 2002, § 2 RN 38

[37]*Calliess / Müller-Dietz*, 2002, § 2 RN 38

[38]So beispielsweise *Dünkel*, 2000, 379; *Calliess / Müller-Dietz*, 2002, Einl. RN 45

[39]*Müller-Dietz*, 1992, S. 63

kaum einlösbar. Unter diesen Vorzeichen stellt sich die Integration des Opfergedankens in das bestehende System als mögliche Alternative dar. Von entscheidendem
Vorteil ist hierbei sicherlich die konsensfördernde Wirkung, die dieser Gesichtspunkt
auf die unterschiedlichsten Interessengruppen in Politik und Praxis ausübt[40]. Freilich
darf die Gefahr nicht verkannt werden, daß sich hinter dem Stichwort „Opferbezug"
Interessen verbergen können, die gerade nicht den Opfern von Straftaten dienen. So
vermögen restriktive Tendenzen den Belangen der Verbrechensopfer eher entgegenzuwirken als sie zu fördern.

Die anhaltende Aktualität der Diskussion um eine „opferbezogene Vollzugsgestaltung" war ebenso Anlaß zu einer vertieften Auseinandersetzung mit diesem Thema
wie der allgemein anzutreffende Konsens bezüglich der Forderung, die Opferinteressen sowie die Wiedergutmachung im Bereich des Strafrechts stärker zu beachten. Bereits frühzeitig offenbarte sich ein deutliches Defizit an Informationen, die schon vorhandene theoretische Vorgaben mit den Bedürfnissen der Praxis verbinden. Initiativen, die wie die Tagung der Evangelischen Akademie Bad Boll im Jahr 1996 versu-
chen, Wege für eine Schadenswiedergutmachung im Strafvollzug zu erkunden, blieben bislang vereinzelt[41].

Trotz der seit Jahren andauernden wissenschaftlichen Auseinandersetzung mangelt es
an verläßlichen Erkenntnissen theoretischer und praktischer Art[42]. Dieses Manko ist
zum einen kennzeichnend für die gesamte empirische Forschung auf dem Gebiet des
Strafvollzuges, die sich im Laufe der achtziger Jahre mehr und mehr zurückgezogen
hat[43]. Zum anderen ist bereits bei Recherchen zum Thema einer opferbezogenen Vollzugsgestaltung Widerstand in angesprochenen Kreisen spürbar, was eine Weiterver-
folgung des Ansatzes erschwert[44]. Die Notwendigkeit einer strafvollzuglichen For-

---

[40]*Dünkel*, 1989, S. 394 f

[41]Hierzu insb. die Sammlung von Beiträgen einer Tagung der Evangelischen Akademie Bad Boll
vom 26. bis 25. Juni 1995 von *Lösch, Manfred* (Hrsg.) „Täter-Opfer-Ausgleich im Strafvollzug?
Perspektiven und Grenzen von Tataufarbeitung und Schadenswiedergutmachung für Opfer und
Täter/innen", Reader GefängnisseelSeelsorge, Heft 7/1996.

[42]So schon *Müller-Dietz*, 1985 a, S. 173 m.w.N.; *Rixen*, 1994, S. 220

[43]*Van Dijk*, 1989, S. 437; *Dünkel*, 1996, S. VII; einen Überblick über die Strafvollzugsforschung
nach 1945 gibt *Dünkel*, 1996.

[44] *Walter*, 2001, S. 33 f.

schung ist dagegen nicht entfallen. Die Wissenschaft ist mehr denn je zu kritischen Begleituntersuchungen angehalten, um einem Stillstand des Strafvollzuges entgegenzuwirken[45]. Ihre Aufgabe ist es weiterhin, den Verantwortlichen zu verdeutlichen, daß über die Kostenfrage und Sicherheitsaspekte hinaus Werteverpflichtungen bestehen, die in einem zeitgemäßen Strafvollzug umgesetzt werden müssen[46]. Ein solcher Wert ist die Berücksichtigung von Opferinteressen in der Strafrechtspflege. Das Opfer - bislang Objekt des staatlichen Verfahrens - kann auf diesem Weg von seiner Rolle als Nebenspieler im Strafverfahren zum zentralen Akteur der Straftatbewältigung werden.

Die vorliegende Untersuchung versucht, die aufgezeigten Informationslücken zumindest teilweise zu schließen, indem Theorie und Praxis zu Wort kommen. Das Anliegen des Forschungsvorhabens ist es daher, den theoretischen Bezugsrahmen der gegenwärtigen Diskussion anhand der wesentlichen Gesichtspunkte umfassend und zusammenhängend darzustellen. Zu diesem Zweck wird der Blick auf Beiträge aus Wissenschaft, Gesetzgebung und Rechtsprechung gelenkt. Darüber hinaus wird mit der Gewinnung empirischen Datenmaterials die Grundlage für eine weiterführende fachwissenschaftliche Auseinandersetzung geschaffen. Mittels einer Befragung von Vollzugsbediensteten und Strafgefangenen konnten umfangreiche Erkenntnisse ermittelt werden, die ein authentisches Bild der im Strafvollzug anzutreffenden Sachlagen und Anschauungen vermittelt.

Die Zielsetzung der Untersuchung gibt gleichzeitig den äußeren Rahmen der Forschungsarbeit vor.

In einem **ersten Kapitel** werden die theoretischen Vorgaben näher beleuchtet. Ausgangspunkt ist die Erläuterung der einer „opferbezogenen Vollzugsgestaltung" notwendig immanenten Begriffe des „Opfers" und des „Strafvollzuges". Betrachtungen zur historischen Entwicklung des Opfergedankens im Verhältnis zur Sanktion des Freiheitsentzuges leiten die sich anschließende Darstellung der heutigen vollzugsrechtlichen Lage ein. Zu diesem Zweck werden neben den Bestimmungen des Strafvollzugsgesetzes die Verwaltungsvorschriften sowie die Tendenzen der Rechtsprechung hinsichtlich einer Opferperspektive untersucht. Ein weiterer Punkt ist an dieser

---

[45]*Dünkel*, 1996, S. 33

[46]*Van Dijk*, 1989, S. 437

Stelle der Blick auf die Initiativen des Gesetzgebers betreffend einer Förderung von Opferinteressen.

Die spezielle Auseinandersetzung mit dem Wesen einer „opferbezogenen Vollzugsgestaltung" beginnt mit der Darlegung zweier konzeptioneller Vorschläge zur Einbeziehung von Opferbelangen in die Ausgestaltung des Freiheitsentzuges. Die Erörterung der für die Diskussion um die Wiedergutmachung prägenden wesentlichen Begrifflichkeiten leitet über zu der Frage nach der Übertragbarkeit dieser zunächst nicht für den Strafvollzug entwickelten Gestaltungsmodelle. Verschiedene Aspekte die regelmäßig Gegenstand der fachlichen Debatte sind - wie beispielsweise die fehlende finanzielle Leistungskraft von Gefangenen, die Freiwilligkeit oder der lange Zeitraum zwischen der Straftat und der Inhaftierung - werden aufgegriffen, um die Möglichkeiten einer Umsetzung opferorientierter Gestaltungsmaßnahmen in der derzeitig anzutreffenden vollzuglichen Situation auszuloten.

Der Schwerpunkt des **zweiten Kapitels** liegt auf der Erfassung eines Ausschnitts der Vollzugswirklichkeit mittels einer empirischen Untersuchung von Gefangenen und Vollzugsbediensteten. Vorab werden einleitend die wenigen Erfahrungen in der Praxis zu opferbezogenen Fragestellungen vorgestellt. Neben in- und ausländischen strafvollzuglichen Projekten, die sich für eine Konfrontation von Täter und Opfer einsetzen, werden Erkenntnisse einer Meinungsbefragung im baden-württembergischen Strafvollzug präsentiert.

Nach der Erläuterung des eigenen Forschungskonzeptes folgt die Darstellung von Untersuchungsergebnissen der in einer nordrhein-westfälischen Justizvollzugsanstalt vorgenommenen Exploration. Diese Ausführungen bilden den Mittelpunkt des praktischen Abschnitts der Arbeit und sind, entsprechend der Untersuchungsanordnung, in zwei Teile gegliedert.

Zunächst wird die Sichtweise der vollzuglichen Seite hinsichtlich einer opferperspektivischen Strafvollzugsgestaltung anhand einer Befragung von Vollzugsbediensteten betrachtet. Stellungnahmen zur eigenen Tätigkeit, der Arbeit mit den Gefangenen sowie Ausführungen zu den persönlichen Ansichten im Hinblick auf opferbezogene Aspekte erstellen ein aufschlußreiches Stimmungsbild der Ausgangslage im Strafvollzug.

In einem weiteren Teil kommen Strafgefangene zu Wort, die als notwendig Beteiligte an Wiedergutmachungsleistungen eine maßgebliche Rolle bei der Realisierung opferorientierter Gestaltungsmaßnahmen einnehmen. Neben der Erfassung personenbezogener Daten wird bei der Betrachtung der Täterpersönlichkeit ein besonderer Augenmerk auf die Delinquenz sowie die Einstellung zur Straffälligkeit und zum Urteil gelegt. Die bezüglich der Opfer erhobenen Daten umfassen Erkenntnisse zur Art der verletzten Rechtsgüter, der Schäden sowie der gedanklichen Auseinandersetzung der Gefangenen mit den Geschädigten. Um darüber hinaus die Chancen einer Realisierung von Täter-Opfer-Ausgleichsverfahren im Strafvollzug aus der Sicht der Strafgefangenen zu ermitteln, wird deren Meinung zu verschiedenen Ausgleichsformen erfragt. Abschließend werden gängige Alltagstheorien anhand hypothetischer Fragestellungen einer kritischen Überprüfung unterzogen. Hierbei werden bestätigende, statistisch nachweisbare Zusammenhänge ebenso geschildert wie fehlende Abhängigkeiten.

Das **dritte Kapitel** zieht als Abschluß der Forschungsarbeit ein Resümee der vorangegangenen Ausführungen. Thesenartig formulierte Forderungen fassen dabei die wesentlichen Erkenntnisse zusammen und vermitteln unter Einschluß kriminalpolitischer Erwägungen einen abschließenden Überblick über Stand und Perspektiven einer opferbezogenen Strafvollzugsgestaltung.

1. Kapitel:
Theoretischer Diskurs zum Thema „opferbezogene Vollzugsgestaltung" - eine Annäherung aus verschiedenen Blickwinkeln

I.   Grundlegende Begriffsbestimmungen

Der Begriff „Opferbezug" ist Gegenstand verschiedener Konzepte auf dem Gebiet der Strafrechtspflege, die sich auf die unterschiedlichsten Denkansätze gründen[47]. Eine allgemeingültige Definition sowohl dieser Bezeichnung als auch des Opfers fehlen. Der Gesetzgeber bleibt trotz der Bezugnahme auf die Opfer von Straftaten und deren Interessen in verschiedenen Rechtsgebieten[48] eine genaue Erklärung schuldig. Auch in strafvollzugsrechtlichen Fachkreisen wird die Formel eines „opferbezogenen Strafvollzuges" benutzt, eine inhaltliche Konkretisierung jedoch regelmäßig vermieden. Aus Verständnisgründen erscheint es daher geboten, bereits zu Beginn der weitergehenden Erwägungen den Terminus „Opfer" präzise zu definieren. Darüber hinaus wird der von einer opferbezogenen Vollzugsgestaltung betroffene Regelungsbereich eingegrenzt.

1.   Strafvollzugsrecht - rechtlicher Rahmen einer opferbezogenen Strafvollzugsgestaltung

Die Freiheitsstrafe als schwerwiegendste Kriminalsanktion knüpft an das vorhergehende Strafverfahren an. Das Erkenntnisverfahren ist regelmäßig mit der Verkündung des Urteils in der Hauptverhandlung, spätestens mit der Rechtskraft des Urteils abgeschlossen. Im anschließenden Vollstreckungsverfahren wird der Strafausspruch verwirklicht. Innerhalb der Strafverwirklichung wird zwischen der Strafvollstreckung im engeren Sinn, nämlich Einleitung und Überwachung der Urteilsdurchsetzung, und

---

[47] So u.a. der Gesetzgebungsentwurf 1988, der Gefangenenrechte beschneidet und andererseits *Wulf*, 1985 mit einem Konzeptentwurf zur Verbesserung der Opfer- und Tätersituation.

[48] So u.a. § 46 a StGB, §§ 153 a, 403 ff StPO, Opferentschädigungsgesetz.

dem Strafvollzug, der eigentlichen Durchführung des Vollzuges der Freiheitsstrafe, unterschieden[49]. Die Eigenständigkeit des Strafvollzugsrechts neben dem materiellen Strafrecht und dem Strafverfahrensrecht im System der strafrechtlichen Sozialkontrolle ist mittlerweile anerkannt[50].

Das Strafvollzugsrecht umfaßt alle Rechtsnormen, die die Vollziehung der freiheitsentziehenden Kriminalsanktionen betreffen. Diese Definition verengt zwar das historische Verständnis vom Strafvollzug als „Vollziehung sämtlicher vom Strafrichter verhängter Kriminalstrafen"[51], entspricht aber der allgemeinen Auffassung[52]. Zum Strafvollzugsrecht gehören daher neben den Regelungen über die Durchführung der Freiheitsstrafe, die im Strafgesetzbuch vorgesehenen mit Freiheitsentziehung verbundenen Maßregeln der Besserung und Sicherung, Jugendstrafe nach dem Jugendgerichtsgesetz sowie der militärische Strafarrest gemäß dem Wehrstrafgesetz. Das Strafvollzugsrecht legt die Modalitäten der einbezogenen Sanktionen, von der Aufnahme in die Vollzugs- und Verwahranstalten bis zur Entlassung, fest. Die maßgeblichen Vorschriften für den Erwachsenenvollzug sind im Strafvollzugsgesetz vom 16.03.1976 (BGBl. I 581) enthalten, die durch die bundeseinheitlich am 16.12.1976 ergangenen Verwaltungsvorschriften ergänzt werden. Zum Jugendstrafvollzug sind eigenständige Verwaltungsvorschriften in Kraft gesetzt worden, die der besonderen Aufgabe der Jugendstrafe nach §§ 90, 91, 115 Jugendgerichtsgesetz gerecht werden sollen.

Erwägungen zu einer opferbezogenen Vollzugsgestaltung beziehen sich - soweit erkennbar - bisher ausschließlich auf den Vollzug der Freiheitsstrafe bei erwachsenen Strafgefangenen. Das erscheint bei dem zahlenmäßigen Übergewicht dieses Bereiches des Strafvollzuges plausibel und sachgerecht. Die vorliegende Arbeit knüpft aus diesen Gründen ebenfalls an dem Erwachsenenvollzug an. Der Vollzug von Maßregeln der Besserung und Sicherung sowie von freiheitsentziehenden Sanktionen im Jugendverfahren und im Wehrbereich nimmt auch wegen der hierfür geltenden besonderen Regelungen eine Ausnahmestellung ein. Ob die im folgenden in Bezug auf eine opferbezogene Strafvollzugsgestaltung angestellten Überlegungen auf diese Bereiche

---

[49]*Roxin*, 1995, S. 430, RN 1

[50]*Kaiser* in: *Kaiser / Kerner / Schöch*, 1992, § 2, RN 92; *Müller-Dietz*, 1993 a, S. 16; *Müller-Dietz*, 1993 b, S. 509

[51]*Müller-Dietz*, 1979, S. 455

[52]*Kaiser* in: *Kaiser / Kerner / Schöch*, 1992, § 1, RN 6; *Walter*, 1999, S. 22, RN 3

übertragbar sind, bedarf weiterer eingehender Betrachtungen - beispielsweise im Hinblick auf die „erzieherische" Wirkung eines Opferbezuges im Sinne des Jugendgerichtsgesetzes -, die an dieser Stelle nur ansatzweise erfolgen können.

2. Opfer - Impulsgeber einer opferbezogenen Strafvollzugsgestaltung

Die Selbständigkeit des Strafvollzugsrechts berechtigt zur Entwicklung eines eigenen Opferbegriffs im Strafvollzugsrecht, unabhängig von dem des materiellen Strafrechts. Die Bedeutung des Opfers ist ambivalent[53]. Ursprünglich ein Teil der Religionssprache[54], ist im heutigen Alltagssprachgebrauch die religiöse Wurzel neben dem allgemeinen und weltlichen Aspekt immer noch Bestandteil dieses Terminus[55]. Durch die Verknüpfung mit verschiedenen Themengebieten - an dieser Stelle sollen beispielhaft nur die Psychologie, Jurisprudenz und Theologie genannt werden[56] - wird dem Opferbegriff im jeweiligen Zusammenhang eine andere Bedeutung verliehen. Auch innerhalb der einzelnen wissenschaftlichen Disziplinen wird der Opferbegriff unterschiedlich definiert.

2.1 Opferdefinitionen

Vor allem die Kriminologie und Viktimologie bieten der Fachliteratur Foren für die Beschäftigung mit dem Verbrechensopfer. Schon früh hat *von Hentig* das Opfer als die Person beschrieben, welche objektiv in einem geschützten Rechtsgut verletzt ist und diese Verletzung subjektiv mit Unlust oder Schmerz empfindet[57]. Lediglich auf eine objektive Verletzung bezieht *Paasch* seine Charakterisierung, wonach ein Opfer diejenige natürliche oder juristische Person ist, die in einem von der Rechtsordnung geschützten Rechtsgut verletzt wird[58]. Nach *Zipf* muß jeder durch eine Straftat Betroffene als Opfer verstanden werden, egal ob er Träger des verletzten Rechtsguts, straf-

---

[53] *Jung*, 1993, S. 583

[54] *Hirt*, 1921, S. 299; *Marth*, 1989, S. 195

[55] *Schneider*, 1975 b, S. 532; *Marth*, 1989, S. 197

[56] *Baurmann / Schädler*, 1991, S.19

[57] *Von Hentig*, 1962, S. 488

[58] *Paasch*, 1965, S. 5

antragsberechtigt oder als Verletzter im Sinne des Prozeßrechts einzuordnen ist[59]. Daneben wird der Opferbegriff an der gesellschaftlichen Wirklichkeit angelehnt, indem als Opfer diejenige Person oder Organisation deklariert wird, die in den gesellschaftlichen und individuellen Kriminalisierungs- und Entkriminalisierungsprozessen als solches definiert wird[60]. Erweitert wird der Opferbegriff, indem das Opfer eine Person, Organisation, die moralische oder die Rechtsordnung sein kann, die durch eine Straftat gefährdet, geschädigt oder zerstört wird[61]. *Viano* fügt dem Begriff ein subjektives Element hinzu und fordert neben einem Schadensereignis, daß sich die betroffene natürliche oder juristische Person selbst als Verbrechensopfer versteht sowie im informellen und formellen Sozialkontrollprozeß als solches anerkannt wird[62]. Ausschließlich auf ein subjektives Merkmal reduziert *Kuhn* den Begriffsinhalt[63]. Sie verläßt die verobjektivierte Opferbestimmung und greift allein auf die subjektive Betroffenheit zurück. Als Kriterium gilt die subjektive Wahrnehmung des einzelnen, so daß das Opfer eine Person ist, die sich als solches fühlt und erklärt.

Angesichts der aufgezeigten, jedoch nicht abschließenden, verschiedenen Definitionen ist verständlich, daß die Herausbildung eines besonderen Opferbegriffs als „wissenschaftlich wenig fruchtbar" erscheint[64]. Seine Kritik stützt *Kaiser* auf eine von ihm wahrgenommene sich „verflüchtigende Opfereigenschaft", insbesondere auf den Gebieten der Umwelt- und Wirtschaftskriminalität[65]. Dem ist entgegenzuhalten, daß die Existenz abstrakter Opfer, z.B. der Wirtschaftsordnung, anerkannt ist, was die Kenntlichmachung ihrer Opferwerdung notwendig macht[66]. Besteht einerseits bei einer lediglich auf subjektiven Empfindungen basierenden Definition die Gefahr einer sich ins Uferlose verlierenden Ausweitung des Wortsinns[67], bedeutet andererseits die Übernahme des im Strafprozeßrecht und materiellen Strafrecht angesiedelten rein juri-

---

[59]*Zipf*, 1970, S. 3

[60]*Schneider*, 1975 b, S. 533

[61]*Schneider*, 1975 a, S. 10 f

[62]*Viano*, 1989, S. 4

[63]*Kuhn*, 1989, S. 74

[64]*Kaiser*, 1996, § 47, RN 12, S. 536

[65]*Kaiser*, 1996, § 47, RN 13, 20, S. 536 und 539 f

[66]*Schneider*, 1977, S. 622

[67]*Kuhn*, 1989, S. 74

stischen Opferbegriffs eine unnötige Verkürzung der Fragestellung[68]. Eine Übereinstimmung mit dem strafrechtlichen Begriff ist insoweit „wissenschaftlich nicht weiterführend"[69].

2.2 Opferkategorien

Hilfreich für weitergehende Erwägungen erscheint der Blick auf eine Auswahl von Opferkategorien. Auch wenn eine in festgelegte Schemata einordnende Sichtweise inzwischen als rückständig erachtet wird[70], bereichert die Beschäftigung mit Kategorisierungen das Wissen um Opferkonstellationen.

Ziel von Typologien ist es, die vielschichtige empirische Realität in überschaubarer Weise zu vereinfachen, um mit den auf diesem Weg erlangten Klassifizierungen leichter arbeiten zu können[71]. Zur Klassifikation werden die Opfer, ohne Bezugnahme auf besondere Definitionen, in verschiedene Gruppen eingeordnet[72]. Kategorien können sowohl für die praktische Arbeit als auch für eher theoretische Vorhaben aufgestellt werden[73]. Sie können sich auf Intuition, auf klinischer Fallerfahrung oder auf empirisch-faktorenanalytischer Untersuchung gründen[74]. Schwierigkeiten bereitet es im Rahmen der Typologisierung, die vielfältigen Kriterien bzw. zahlreichen Kombinationen zu berücksichtigen, ohne die Übersichtlichkeit der Einordnungen zu verlieren. Daneben besteht regelmäßig keine Einigkeit über die Zusammensetzung der relevanten Merkmale. Dadurch bedingt spiegeln die Kategorisierungen kein abgeschlossenes, vollständiges Bild der Realität wider[75]. Gültig ist eine Klassifikation deshalb nur für die jeweils beabsichtigte spezifische Zweckbestimmung, wobei eine umfang-

---

[68]*Weis*, 1982, S. 10 f; *Jung*, 1993, S. 583

[69]*Sessar*, 1985, S. 1146

[70]*Jung*, 1993, S. 584

[71]*Kiefl / Lamnek*, 1986, S. 56

[72]*Kiefl / Lamnek*, 1986, S. 56

[73]*Kiefl / Lamnek*, 1986, S. 57

[74]*Schneider*, 1975 a, S. 52

[75]*Stephan*, 1979, S. 219; *Kiefl / Lamnek*, 1986, S. 56

reiche Kenntnis der Merkmale aller zugrundeliegender Objekte für eine gute Typologie notwendig ist[76].

Wegbereitend hat *von Hentig* seine Gedanken über die Beziehung von Tätern zu den Opfern in eine Opfertypologie einfließen lassen[77]. Seine Klassifizierung stellt er unter der Prämisse auf, daß das Opfer nicht notwendig „passiv" - d.h. ohne eigene Mitwirkung - von der Straftat betroffen wird, sondern Beziehungen zwischen den Beteiligten, bis hin zu wechselseitigen Handlungen, das Verbrechen beeinflussen können. Eine weitere Einteilung des Kriminologen beruht auf phänotypischen Kriterien, die er an Kennzeichen wie Junge, Alte, Geistesschwache u.a.m. anlehnt[78]. Eine eingängige Kategorisierung in zwei Gruppen von Opfern nimmt *Schultz* anhand der Beziehung der Opfer zu den Tätern vor[79]. Die erste Klasse umfaßt Taten, bei denen ein individuell bestimmbares Opfer fehlt (wie z.B. bei Staatsschutzdelikten) oder bei deren tatsächlichem Verlauf eine Beziehung zwischen Täter und Opfer keine Bedeutung hat (so meist beim Diebstahl). Die zweite Kategorie setzt sich aus Straftaten zusammen, deren Kennzeichen die „aktuelle und gegenwärtige Auseinandersetzung zwischen Täter und Opfer" ist, den „Beziehungsverbrechen"[80]. Der Grad der Mitschuld des Opfers, gemessen an dessen Tatbeitrag, liegt der Typologie von *Mendelsohn* zugrunde[81]. Er unterscheidet fünf Kategorien, die das Spektrum von dem gänzlich unschuldigen - idealen - Opfer bis hin zu dem überwiegend bzw. allein schuldigen Opfer abdecken[82].

---

[76]*Sellin / Wolfgang*, 1964, S. 145

[77]*Von Hentig*, 1941, S. 303 f

[78]*Von Hentig*, 1948, S. 419 ff; kritisch zu diesem Ansatz *Gasser*, 1965, S. 56 ff.

[79]*Schultz*, 1956, S. 172

[80]*Schultz*, 1956, S. 172

[81]*Mendelsohn*, 1956, S. 106 f

[82]*Mendelsohn* (1956, S. 106 f) baut seine Typologie wie folgt auf:

1. Das „ideale" Opfer - ist gänzlich unschuldig.

2. Das unwissende Opfer - es hat eine geringere Schuld als der Täter.

3. Das freiwillige Opfer - ist in gleichem Maße wie der Täter schuldig.

4. Das provozierende oder unvorsichtige Opfer - ist das im Verhältnis zur Schuld des Täters betrachtet schuldigere Opfer.

5. Das das Gesetz übertretende, simulierende oder eingebildete Opfer - ist überwiegend oder allein schuldig.

Allein anhand der verletzten Rechtsgüter bestimmen *Sellin* und *Wolfgang* verschiedene Arten der „Viktimisation". Neben der primären Viktimisation, die das personalisierte und individuelle Opfer umfaßt, besteht die zweite, als sekundäre Viktimisation benannte Opfergruppe, aus kommerziellen Unternehmen und ähnlichen Formen kollektiver, kommerzieller juristischer Personen. Die dritte Stufe der Viktimisation wird unter Ausschluß der beiden ersten Gruppen aus Straftaten, die gegen die öffentliche Ordnung, den sozialen Frieden oder ähnliche Rechtsgüter gerichtet sind, gebildet[83]. Ergänzt werden die Klassifizierungen durch die wechselseitige Viktimisation[84]. Eine der *Mendelsohn'schen* ähnliche Einordnung nimmt *Fattah* vor, der zur Unterscheidung auf objektive und subjektive Persönlichkeitsmerkmale zurückgreift, die den Grad der Mitwirkung des Opfers an dem Delikt widerspiegeln[85]. Vor dem thematisch begrenzten Hintergrund seiner Forschungsarbeit über das Anzeigeverhalten von Straftaten in der Bevölkerung entwickelt *Rosellen* seine Opfertypologie[86]. Gegeneinander abgegrenzt werden Opfer im engeren, juristischen Sinn von Opfern der Nebenfolgen einer Straftat, die rechtlich entweder nicht bedeutsam sind oder nicht sachlich festgestellt wurden. Weiterhin wird unterschieden zwischen Opfern, die durch eine Tat als Mitglieder einer Opfergemeinschaft mitbetroffen werden sowie Opferstellvertretern, die aufgrund ihrer Berufung das Opfer repräsentieren, wie beispielsweise der Geschäftsführer einer GmbH die betrogene Gesellschaft. Daneben umfaßt eine weitere Kategorie Opfer, die durch ein Delikt als Mitglieder einer Opfermasse betroffen

---

[83] *Sellin / Wolfgang*, 1964, S. 155 f

[84] *Sellin / Wolfgang*, 1964, S. 156

[85] *Fattah* (1967, S. 165) unterscheidet folgende Kategorien:

1. „victime non participante" - das nicht mitwirkende Opfer, das entweder passiv ist, d.h. bewußtlos bzw. machtlos, oder aktiv Widerstand leistet.

2. „victime latente ou prédisposée" - das latente oder veranlassende Opfer, das aufgrund bio-physiologischer, gesellschaftlicher oder moralisch-psychologischer Anlage Anlaß gibt.

3. „victime provocatrice" - hat Einfluß darauf, ob die Straftat begangen wird zum einen als passiver Typ, indem durch Nachlässigkeit oder Unvorsichtigkeit der Täter zur Tat veranlaßt wird oder zum anderen als aktiver Typ durch direkte Provokation.

4. „victime participante" - das teilnehmende Opfer spielt eine Rolle bei der Ausführung der Tat. Auch hier wird zwischen dem passiven Typ, der gekennzeichnet ist z.B.durch Zustimmung, strafbares Einverständnis oder Lethargie und dem aktiven Typ, der einen Tatbeitrag leistet, unterschieden.

5. „fausse victime" - ist als eingebildetes Opfer gut- oder böswillig oder Opfer des eigenen Handelns, sei es durch mangelnde Vorsicht oder Mutwilligkeit wie bei dem Konsum von Drogen.

[86] *Rosellen*, 1983

werden. Vervollständigt wird die Klassifikation durch die Gruppe der Nichtopfer[87]. Entsprechend der unterschiedlichen Bezeichnungen für den Täter im Laufe des Strafverfahrens, plädieren *Baurmann / Schädler* für die Benennung als vermutetes, vorgebliches, tatsächliches und anderes Opfer auf der Seite der Geschädigten[88]. Überdies trennen die Autoren „perzipierte Opfer", das sind Menschen, die sich als Opfer fühlen, von „deklarierten Opfern", die aufgrund einer Strafanzeige als bekannte Opfer im Hellfeld der Kriminalität stehen[89]. *Schneider* bezieht seine Opferkategorien wie *Wolfgang / Sellin* auf die geschützten Rechtsgüter und unterscheidet als Opfertypen Individualopfer, Kollektivopfer, Organisationen, den Staat, die Rechtsgemeinschaft und die internationale Ordnung[90].

2.3 Opferschäden als Folge von Kriminalität

Die Situation eines Opfers läßt sich nicht nur im Blick auf den opferschaffenden Anlaß erfassen, sondern auch nach den Konsequenzen der Opferwerdung begreifen. Aus der Viktimisierung können eine Vielzahl unterschiedlichster Reaktionen seelischer, körperlicher, sozialer, moralischer oder ökonomischer Natur folgen, deren Intensität mit der Deliktsart, der Verfassung sowie der Persönlichkeit des Opfers zusammenhängen[91]. Am deutlichsten tritt der Grad der Betroffenheit durch das Ausmaß des Schadens hervor[92].

2.3.1 Struktur der Opferschäden

Eine Unterscheidung der Folgen für die Opfer kann zunächst danach getroffen werden, ob der Schaden direkt aus der Straftat erwächst oder von anderen Personen als dem Straftäter zugefügt wird. Der unmittelbar aus der Straftat entstehende Schaden

---

[87]*Rosellen*, 1983, S. 807; ebenso *Kube*, 1986, S. 126, der zusätzlich das von außen deklarierte Opfer von dem sich selbst so definierenden Opfer abgrenzt.

[88]*Baurmann / Schädler*, 1991, S. 22

[89]*Baurmann / Schädler*, 1991, S. 23

[90]*Schneider*, 1992, S. 84

[91]*Geis*, 1982, S. 339; *Montada*, 1993, S. 84 f; *Lamnek*, 1997, S. 260

[92]*Rosellen* unterscheidet zwischen der objektiven Schadenshöhe, die sich in Geldwert messen lasse, von der subjektiven Schadenshöhe, die entsprechend der psychischen Erfassung des erlittenen Verlustes gemessen werden könne; daneben stünde die moralische Bewertung der Tat (*Rosellen*, 1983, S. 808).

wird hierbei als primäre Viktimisierung (Primärschaden) bezeichnet, während die sekundäre Viktimisierung (Sekundärschaden) aus fehlerhaften informellen oder formellen Reaktionen resultiert[93]. Die informelle Reaktion umfaßt das Verhalten der Personen des sozialen Nahraums, wie der Familienangehörigen des Opfers oder dessen Freunde und Arbeitskollegen[94]. Oftmals kommt es zu einer Reviktimisierung, dem Effekt des „blaming the victim", indem dem Opfer eine Mitschuld am Tatgeschehen zugewiesen wird[95]. Von Repräsentanten der Gesellschaft, wie Kriminalpolizei und Gerichte, gehen dagegen formelle Reaktionen aus[96]. Die Aufnahme der Opferrolle in das Bild der eigenen Persönlichkeit durch das Opfer, als Resultat von Erlebnissen und Zuordnungsprozessen im Zusammenhang mit einer vorangegangenen primären bzw. sekundären Viktimisierung, wird als tertiäre Viktimisierung bezeichnet[97]. Eine indirekte strukturelle Schädigung, von *Baurmann* quartäre Viktimisation genannt, können Opfer angesichts einer Verunglimpfung durch bestimmte Personengruppen erleiden. So führt der häufig erhobene Vorwurf an Vergewaltigungsopfer, ihre Beschuldigungen seien meist Falschbezichtigungen oder Schutzbehauptungen oftmals zu Gewissensnöten, die teilweise die Unterlassung einer Strafanzeige bedingen, und damit weitere indirekte Schäden nach sich ziehen können[98].

Primärschäden können zum einen unmittelbare Verluste, wie beispielsweise die körperlichen Verletzungen infolge einer Schlägerei sein. Zum anderen gehören auch mittelbare Schädigungen dazu, die z.B. durch Kosten einer infolge der Opferwerdung notwendigen Therapie entstehen[99]. Je nach Art des Schadens wird unterschieden zwischen materiellen, ideellen, psychischen, physischen, sozialen und moralischen Einbußen[100]. Der materielle (oder finanzielle) Schaden betrifft Geldmittel oder den Wert

---

[93]*Schneider*, 1979, S. 366; *Kirchhoff / Kirchhoff*, 1979, S. 279; *Kiefl / Lamnek*, 1986, S. 255; *Baurmann*, 1996, S. 39; *Göppinger*, 1997, S. 165

[94]*Schneider*, 1979, S. 366; *Schneider*, 1987, S. 775; *Lamnek*, 1997, S. 262 f

[95]*Hartwig*, 1991, S. 107

[96]*Schneider*, 1979, S. 366; *Schneider*, 1987, S. 775; *Lamnek*, 1997, S. 262 f

[97]*Kiefl / Lamnek*, 1986, S. 128; *Lamnek*, 1997, S. 263; *Göppinger*, 1997, S. 165; *Baurmann* beschreibt die „tertiäre Viktimisation" als Schädigung infolge (grob) fahrlässigen Verhaltens von Forschern und Funktionären, die Opfer für die Durchsetzung ihrer eigenen Ziele mißbrauchen und dadurch Verobjektivieren, vgl. *Baurmann*, 1996, S. 40.

[98]*Baurmann*, 1996, S. 41

[99]*Schneider*, 1979, S. 366; *Kiefl / Lamnek*, 1986, S. 225

[100]*Kiefl / Lamnek*, 1986, S. 225

gestohlener, beschädigter bzw. zerstörter Gegenstände. Der ideelle Schaden übersteigt diesen, da das Opfer den Verlust als über den Geldwert hinausgehend empfinden kann. Die seelischen und körperlichen Schädigungen können unmittelbar aus der primären Viktimisierung entstehen, während der soziale Schaden - wie Isolation, Mißtrauen, Ängstlichkeit - im wesentlichen auf den Sekundärschaden zurückzuführen ist. Ein moralischer Schaden kann im Verlust des Vertrauens und der Selbstachtung des Opfers oder, so bei abstrakten Opfern wie der Rechtsordnung, in der Herabwürdigung und Aushöhlung von Normen und Richtlinien liegen[101].

Weiterhin wird entsprechend der Dauer und des Zeitpunktes des Vorhandenseins der Schädigungen zwischen kurz- und langfristigen sowie Früh- und Spätschäden differenziert[102]. Selbst ein anfängliches Fehlen jeglicher emotionalen Reaktion kann sich nur als vorübergehender Zustand erweisen und ist als Reaktionsverzögerungsprozeß inzwischen anerkannt[103].

2.3.2 Opferbefragungen als Quelle für Aussagen zu den Folgen der Straftat

Wurden bis vor wenigen Jahren Vermutungen zu opferbezogenen Themen ausschließlich aufgrund der Beschreibung subjektiver Erlebnisse, kommerzieller Meinungsumfragen oder des eigenen Verständnisses (dem „gesunden Menschenverstand") angestellt, liegt heute unter wissenschaftlicher Leitung erworbenes und vermehrt differenziert abgesichertes Wissen vor[104].

Den Beginn größerer Untersuchungen über Opfer markieren die erstmals im Jahr 1966 durchgeführten Opferbefragungen zu Dunkelziffern in den USA, die inzwischen ständige Einrichtung zur Erlangung von Daten bezüglich der Opferwerdung sind[105]. In der Bundesrepublik Deutschland wurden die ersten großen Befragungen zur Dunkelfeldforschung in den Jahren 1973/1974 in Göttingen und Stuttgart, nach dem Vorbild der

---

[101]*Kiefl / Lamnek*, 1986, S. 225

[102]*Göppinger*, 1980, S. 604

[103]*Geis*, 1982, S. 340

[104]*Kerner*, 1986, S. 131

[105]*Schneider*, 1982 a, S. 19; eine Einführung in das „*National Crime Survey Program*" findet sich bei: *Schneider*, 1982 b, S. 115-131; einen einleitenden Überblick gibt *Hindelang*, (1986).

o.g. amerikanischen „Victim Surveys", durchgeführt[106]. Die befragten Personen sollten sich dazu äußern, ob sie Opfer bestimmter vorgegebener Delikte geworden waren[107]. Aus den gewonnenen Erkenntnissen konnte das bislang über das Anzeigeverhalten der Bevölkerung nur selektiv erfaßte Ausmaß der Kriminalitätsbelastung der Gesellschaft genauer erfaßt werden[108].

Rückschlüsse über das hier interessierende Vorliegen von Opferschäden können anhand dieser Untersuchungen allenfalls peripher gezogen werden, da eingehende Fragen zu diesem Bereich fehlen. So kann zwar aus einem Einbruchdiebstahl auf einen materiellen Schaden durch eine Sachbeschädigung geschlossen werden, ob darüber hinaus psychische Probleme aufgrund der Viktimisation - der Opferwerdung - entstanden sind, läßt sich ohne über die Deliktsstruktur hinausgehende Angaben nicht feststellen. Das gilt gleichsam für Untersuchungen bezüglich der Anzeigebereitschaft von Opfern, die regelmäßig mit dem Ausmaß der Opferschäden in Bezug gesetzt wird[109]. Auch Erhebungen zu dem im Rahmen der Opferforschung stark im Vordergrund stehenden Aspekt der Kriminalitätsfurcht sind für die Frage nach der Art der Viktimisierung wenig fruchtbar. Regelmäßig werden hier lediglich die Häufigkeit einer Viktimisierung mit dem Grad der Furcht vor Kriminalität in Beziehung gesetzt[110].

Die theoretischen Klassifizierungen einzelner Schadensformen finden jedoch Bestätigung durch speziell auf diese Problematik abstellende Forschungsarbeiten. Wegen der bisher nur vereinzelt vorliegenden empirischen Informationen läßt sich ein abschließendes Bild nicht zeichnen. Dennoch sind die gewonnenen Erkenntnisse dienlich, um die Frage nach den Folgen der Geschehnisse für die Opfer aufzuhellen. Aufschlußreich zeigen sich insbesondere Forschungen bezüglich ausgewählter Straftatbestände. Im Rahmen solcher, auf wenige Delikte konzentrierter, Untersuchungen ist es eher möglich, sich in differenzierter Weise mit Gesichtspunkten der Viktimisierung aus-

---

[106]*Lamnek*, 1997, S. 247

[107]Zur Göttinger Opferbefragung vgl. *Schwind, Hans-Dieter*, „Dunkelfeldforschung in Göttingen 1973/74", BKA-Forschungsreihe, Wiesbaden, 1975; bezüglich der Stuttgarter Untersuchung siehe *Stephan, Egon* , „Die Stuttgarter Opferbefragung", BKA-Forschungsreihe, Wiesbaden, 1976.

[108]*Lamnek*, 1997, S. 259

[109]Vgl. beispielsweise die Untersuchung von *Rosellen*, 1983; *Hermann / Streng*, 1991.

[110]So z.B. *Villmow*, 1979, S. 199 ff; *Kury*, 1992, S. 183 ff

einanderzusetzen. Mittlerweile werden die Forschungen zu den Folgen des Opferwerdens häufig aus anwendungsorientierter Sicht im Hinblick auf Hilfs- und Therapieangebote für die Geschädigten durchgeführt[111]. Nicht zuletzt Beiträge zur Praxis von Täter-Opfer-Ausgleichs-Modellen weisen auf die vorhandenen Schäden bei Opfern hin[112]. Diese Untersuchungen tragen besonders dazu bei, ihre Bedürfnisse zu verdeutlichen sowie die Planung und Ausführung von opferorientierten Angeboten zu begünstigen[113].

Die Untersuchungen zeigen, daß Kriminalität in ihrer typischen Erscheinungsweise regelmäßig keine ernstlichen Folgen für die Betroffenen hat, wenn als objektiver Indikator der Verlust materieller Werte und Verletzungen herangezogen wird[114]. Soweit Schäden vorhanden sind, kann aufgrund der vorliegenden[115] Studien allerdings auf eine Pluralität der von den Opfern erlittenen Schädigungen geschlossen werden. Die Folgen einer Viktimisierung können nicht generalisiert werden, da sie sich entsprechend der Persönlichkeit der Opfer, der Art und Weise ihrer Erfahrungen und den jeweiligen Begleitumständen in der Situation der Straftatbegehung und in der Folgezeit unterschiedlich entwickeln[116]. Einen schwachen Zusammenhang zwischen Straftat und Auswirkungen stellen *Kiefl / Lamnek* in der von ihnen durchgeführten Untersuchung fest. Am intensivsten zeigen sich Opfer von Körperverletzungsdelikten betroffen, gefolgt von Überfall- und Vergewaltigungsopfern, wogegen sich die Opfer „sonstiger Straftaten" in der günstigsten Lage befinden[117].

Regelmäßig ist neben einem materiellen Schaden eine psychische Schädigung erkennbar[118]. Während der materielle Verlust relativ einfach feststellbar ist, ist die Be-

---

[111]*Baurmann / Schädler*, 1991 mit einem Überblick über einschlägige Veröffentlichungen im deutschsprachigen Raum auf S. 41-43; *Skogan / Davis / Lurigio*, 1991 in einer Untersuchung in vier amerikanischen Städten; *Kaiser / Jehle*, 1994; *Kaiser / Jehle*, 1995.

[112]Bundesministerium der Justiz, 1992

[113]*Göppinger*, 1997, S. 169

[114]*Mayhew*, 1993, S. 188

[115]Nicht mit dem Anspruch auf Vollständigkeit.

[116]*Fattah*, 1979, S. 183 f

[117]*Kiefl / Lamnek*, 1986, S. 231

[118]vgl. *LeJeune / Alex*, 1973, zu den Folgen von Straßenraub; in einer Untersuchung von *Weis*, 1982, S. 99-118 über die Auswirkungen einer Vergewaltigung auf das Opfer berichten die meisten der telephonisch befragten Frauen (insgesamt 77) über Schockreaktionen nach der Tat, wobei 1/3 von ih-

stimmung des physischen und psychischen Schadens sowie der Grad der sozialen Auswirkungen - insbesondere bei abstrakten Opfern wie der Rechtsordnung - nur schwer möglich[119]. Die psychischen Konsequenzen äußern sich in vielfältigen Kombinationen und reichen von bloßer Verärgerung wegen der Opferwerdung, über Schlafstörungen, Appetitlosigkeit bis hin zu einer allgemeinen Antriebsschwäche[120].

Voraussetzung für eine sekundäre Viktimisierung ist zunächst die Mitteilung des Geschehenen an andere Personen. Fast alle der in die Untersuchung von *Villmow / Plemper* einbezogenen Opfer von Gewaltdelikten (92,5 %) sprachen mit anderen über ihre Erfahrungen, wobei zum Großteil Personen des sozialen Nahraums als Gesprächspartner fungierten[121]. Seltener als nahestehende Personen wurden Vertreter offizieller Instanzen seitens der Opfer kontaktiert[122]. Immerhin knapp 42 % der von *Villmow / Plemper* Befragten äußerten sich zumindest in Teilbereichen kritisch zu ihren Erfahrungen mit den Polizeibehörden und den Gerichten[123]. Bestätigt wird dieses negative Bild durch die bei *Weis* dargestellten Erfahrungsberichte[124].

Lediglich 11 % der von *Villmow / Plemper* befragten Gewaltopfer die mit ihnen nahestehenden Menschen über die Straftat sprachen, nahmen infolge der Gespräche Veränderungen des Verhaltens dieser Vertrauenspersonen wahr. Im Zuge dessen kam es

---

nen daneben körperliche Verletzungen unterschiedlichen Schweregrades erlitten. Das Ausmaß der physischen Folgen reichte von leichteren Verletzungen wie Hautabschürfungen bis zu Schnitt- und Stichwunden; die psychischen Schädigungen äußerten sich kurzfristig in Schockreaktionen, wie Ekelgefühl dem eigenen Körper gegenüber sowie Angst und Verzweiflung, die auf eine Verletzung der Integrität der Frauen und eine Identifikationsproblematik hindeuten; die britische Studie von *Shapland / Willmore / Duff*, 1985, zu Opfern von Gewalttaten; *Kiefl / Lamnek*, 1986, S. 225: in einer von den Autoren durchgeführten Untersuchung erlitten über 50 % der befragten Vergewaltigungsopfer zusätzlich zu den schweren psychischen Schäden zumindest leichte Körperverletzungen; daneben zeigen die Autoren anhand von Fallbeispielen auf, daß die Mehrfachschädigungen nicht auf Sexualdelikte beschränkt sind (*Kiefl / Lamnek*, 1986, S. 229 f); *Maguire / Corbett*, 1987; zu Opfern von Gewalttaten siehe *Krause*, 1993, S. 237 ff.

[119]*Kiefl / Lamnek*, 1986, S. 225; *Villmow / Plemper*, 1989, S. 109

[120]Siehe die detaillierte Aufstellung der Effekte bei *Maguire / Corbett*, 1987, S. 55.

[121]*Villmow / Plemper*, 1989, S. 111; eine vergleichbare Quote in Höhe von 95 % nennen *Shapland / Willmore / Duff*, 1985, S. 113.

[122]In der Hamburger Befragung wurde in 74 % der Fälle die Polizei verständigt, vgl. *Villmow / Plemper*, 1989, S. 113.

[123]*Villmow / Plemper*, 1989, S. 115 f

[124]*Weis*, 1982, S. 162 ff

unter anderem zu negativen Reaktionen in Form von herabsetzenden Äußerungen oder Vorwürfen[125]. Ein Viertel der Befragten stellte dagegen konkrete Beeinträchtigungen des Familienlebens fest[126]. Die in diesem Zusammenhang auftretenden zusätzlichen Belastungen schildert *Weis* besonders eingehend anhand der Erfahrungen von Vergewaltigungsopfern[127]. Weiterhin sehen sich Verbrechensopfer regelmäßig dem Vorwurf einer Mitschuld am Tatgeschehen konfrontiert[128]. Einer Untersuchung von *Baurmann / Schädler* zufolge mußten sich zwischen 28 % (bezogen auf alle Opfer) und 50,9 % (nur bezogen auf die Gewaltopfer) der befragten Probanden mit Mitschuld-Gefühlen bzw. Vorwürfen auseinandersetzen[129].

Die Straftat verändert die Lebensgestaltung vieler Opfer in irgendeiner Weise[130]. Die längerfristigen Auswirkungen von primärer und sekundärer Viktimisierung können einen negativen Einfluß auf das Selbstbild der Betroffenen nehmen. Neben dem Treffen besonderer Schutzmaßnahmen vor einer weiteren Viktimisierung (wie z.B. Verringerung des mitgeführten Bargeldes, Abschließen von Türen) sind Verhaltensänderungen in Form von Angstgefühlen oder Depressionen, gepaart mit verstärkter Vorsicht, Folge der Opfererfahrung[131]. Bedeutung erlangt in diesem Zusammenhang das Auftreten des „Streß-response-Syndroms" (Schockverarbeitungssyndrom), wie der Verlust des Sicherheitsgefühls, verbunden mit verstärkter Angst und Isolationstendenzen, genannt wird[132]. Diese Schäden können für das Opfer - was den Schweregrad betrifft - durchaus gleichrangig mit den direkten Folgen der Straftat sein[133].

---

[125]*Villmow / Plemper*, 1989, S. 111

[126]*Villmow / Plemper*, 1989, S. 111

[127]*Weis*, 1982, S. 119 ff

[128]Eingehend zur Frage der Mitschuld an der Tat, insbesondere bezüglich der Einstellung der Bevölkerung zu einer Mitschuld von Vergewaltigungsopfern siehe *Weis*, 1982, S. 80 ff.

[129]*Baurmann / Schädler*, 1991, S. 114

[130]In der von *Villmow / Plemper* durchgeführten Untersuchung gaben fast die Hälfte der Probanden an, daß sich ihr Leben (45 %) bzw. ihre Persönlichkeit (44 %) durch die Tat irgendwie verändert habe, vgl. *Villmow / Plemper*, 1989, S. 121.

[131]So unter Aufzählung weiterer beobachteter Verhaltensänderungen *Villmow / Plemper*, 1989, S. 121; die Befragung von *Kiefl / Lamnek* ergibt vergleichbare Auswirkungen: insgesamt 62 % der Probanden ist allgemein vorsichtiger geworden, während sogar 70 % generell mehr Angst haben; gar keine Veränderungen ist lediglich bei 3 % der Opfer eingetreten (vgl. *Kiefl / Lamnek*, 1986, S. 278).

[132]*Hermans / Lehmensiek*, 1991, S. 203; *Höllings-Hermans*, 1993, S. 311

[133]*LeJeune / Alex*, 1973, S. 165; *Mayhew*, 1993, S. 192 f

Daß die Auswirkungen einer Viktimisierung häufig längerfristig zu spüren sind, zeigen Erfahrungen im Umgang mit Opfern von Gewalttaten. Hier werden fünf Phasen der Viktimisierung unterschieden[134]. Die direkt an die Gewalt anschließende Schockreaktion - die Stunden oder Tage andauern kann - wird bestimmt durch das Gefühl des Opfers, die Kontrolle über das eigene Leben verloren zu haben[135]. Der Schockphase folgen über Wochen oder Monate dauernde Anstrengungen, das normale Leben wieder aufzunehmen, um den Alltag wieder in eigener Regie führen zu können. Hier setzt ein Verdrängungsprozeß ein, denn erst mit dem Wegfall des Erlebens von Ohnmacht und der Nähe der Gewalt kann das eigene Leben wieder beherrscht werden. Die Erfahrung der Kontrollerlangung ist unabdingbare Voraussetzung für die Verarbeitung des erlittenen Traumas. Obwohl die Opfer regelmäßig nicht über die Tat sprechen möchten, beginnen sie, sich nunmehr über den Täter Gedanken zu machen[136]. Im folgenden zeigen sich bei den Opfern Symptome, die Kennzeichen der erlebten Gefühle sind. Diese Krankheitszeichen, z.B. Depressionen oder emotionaler Rückzug, können sich auf einen langen Zeitraum hin festigen oder gar chronisch werden[137]. Im Anschluß an die Phase der Symptombildung wird - fast unmerklich - die Lebenseinstellung geändert. Der Alltag wird neu organisiert, um mit Angst behaftete Konstellationen zu umgehen: das Opfer hat Strategien gefunden, um das Leben äußerlich der veränderten emotionellen Verfassung anzupassen. Auch diese Auswirkungen können sich über Monate oder Jahre hinweg manifestieren[138]. Schließlich sind die Opfer in der Lage, eine Auseinandersetzung mit der Gewalttat zu verkraften. Anstoß sind bestimmte Ereignisse wie Schwierigkeiten in der Beziehung oder das Erlebnis einer von ähnlichen Angstgefühlen begleiteten Situation. Erst zu diesem Zeitpunkt kann die Gewalterfahrung als Bestandteil der Persönlichkeit akzeptiert und in das eigene Leben integriert werden[139].

---

[134]*Krause*, 1993, S. 240 f

[135]*Krause*, 1993, S. 241

[136]*Krause*, 1993, S. 242

[137]*Krause*, 1993, S. 243

[138]*Krause*, 1993, S. 243

[139]*Krause*, 1993, S. 244

Eine Untersuchung von *Shapland u.a.* bestätigt die langwierigen Beeinträchtigungen der Geschädigten[140]. Über einen Zeitraum von zweieinhalb Jahren wurden 276 Opfer von Gewalttaten regelmäßig zu vorhandenen Schäden befragt. Bei der letzten Befragung gaben noch 75 % der Opfer an, unter Folgen der Tat zu leiden. Die unterschiedlichen Wirkungen, wie psychische oder emotionale Nöte, soziale Auswirkungen oder physische Schäden lagen mit Anteilen zwischen 30 bis 58 % über die gesamte Zeit konstant bei allen Opfern vor[141]. Dauerschäden in vergleichbarer Intensität wurden anläßlich einer Untersuchung von *Baurmann* zu Opfern von Sexualdelikten dagegen nicht festgestellt. Von insgesamt 112 in die Erhebung aufgenommenen Opfern beschäftigten sich danach lediglich knapp ein Drittel wenigstens ein Jahr mit dem Erlebnis, bei 26 Opfern dauerte der Zeitraum, über den hinweg der nachhaltigste Störung noch anhielt, mehrere Jahre bzw. bis zum Zeitpunkt des Interviews[142]. Den Untersuchungen läßt sich entnehmen, daß die physischen und rein materiellen Schädigungen häufig verhältnismäßig schnell bewältigt werden, wogegen gerade Opfer schwerer Gewalt- und Sexualdelikte oftmals einschneidenderen psychischen Beeinträchtigungen ausgesetzt sind[143].

2.4 Der Opferbegriff im Rahmen einer opferbezogenen Vollzugsgestaltung

Der für eine opferbezogene Strafvollzugsgestaltung maßgebliche Opferbegriff muß sowohl den Interessen aller beteiligten Personen und Institutionen gerecht werden als auch in der Praxis einsetzbar sein.

Ausgangspunkt ist notwendigerweise der juristische Opferbegriff. Dem klassischen juristischen Opferbegriff entspricht der Begriff des „Verletzten"[144], der durchgängig vom Gesetz verwendet wird. Verletzter in diesem Sinne ist der Träger des durch die

---

[140]*Shapland / Willmore / Duff*, 1985; siehe auch *Weis*, 1982, S. 99-118, wonach sich die Opfer teilweise in therapeutische Behandlung begaben oder oftmals noch heute unter Depressionen leiden.

[141]Shapland / Willmore / Duff, 1985, S. 99

[142]*Baurmann*, 1996, S. 460 f

[143]*Göppinger*, 1997, S. 169

[144]*Kilchling*, 1995, S. 70

Tat unmittelbar verletzten Rechtsguts[145], mithin derjenige, in dessen Rechtskreis eingegriffen worden ist[146]. Einzig das sogenannte Opferschutzgesetz spricht vom „Opfer".

In gleicher Weise wie sich während des Strafverfahrens die Tätereigenschaft entwickelt und verdichtet hat, bestimmt sich das Opfer der Straftat innerhalb dieses Prozesses[147]. So wird im Bereich der Antragsberechtigung nach § 77 StGB frühzeitig eine Eingrenzung des Kreises möglicher Opfer anhand des Verletztenbegriffs vorgenommen. Ein weiterer Verweis auf den Begriff des Verletzten befindet sich in dem durch das 4. Gesetz zur Änderung des StVollzG vom 28. August 1998 eingeführten § 180 Abs. 5 Satz 2 StVollzG, der Auskunftsersuchen öffentlicher und nichtöffentlicher Stellen über den Anstaltsaufenthalt eines Gefangenen betrifft. Von einer gesetzlichen Definition dieses Begriffes wurde abermals Abstand genommen. Die Rechtsprechung hat jedoch zwischenzeitlich bestimmt, daß Verletzter im Sinne der Vorschrift nur derjenige ist, dem ein zivilrechtlicher Anspruch unmittelbar aus der Straftat entstanden ist[148]

Unabhängig etwaiger zivilrechtlicher Ansprüche steht mit dem Strafurteil fest, welches Delikt der Täter begangen hat und damit welcher durch den Tatbestand geschützte Rechtsgutsträger verletzt oder gefährdet ist[149]. Der Rechtsgutsträger ist durch diesen Prozeß in seiner Opferposition bestätigt worden und muß in dieser Rolle ernst genommen werden. Dies geschieht, indem er als Opfer im juristischen Sinn behandelt und akzeptiert wird. Eine Straftat ohne Opfer in diesem Sinn gibt es nicht. Nicht nur Personen können Opfer einer Straftat sein[150]. Auch wenn das geschützte Rechtsgut eines Straftatbestandes ein Universalrechtsgut wie z.B. die „Allgemeinheit" ist, stehen hinter diesem einzelne Menschen[151]. Denn mittels der Zugehörigkeit zum Staat, der dem Einzelnen zu dienen bestimmt ist[152], ist jeder Bürger „Mitinhaber" des allen ge-

---

[145]RG 68, S. 305

[146]BGH 31, S. 210

[147]*Maeck*, 1983, S.15

[148]LG Karlsruhe, Beschl. v. 06.04.2001 - StVK 21/01 - in ZfStrVo 2001, S. 371-372

[149]*Maeck*, 1983, S.16

[150]anders *Schur*, 1965, S. 169 ff

[151]*Maeck*, 1983, S.17

[152]*Marx*, 1972, S. 79; *Maeck*, 1983, S. 17

meinsam zustehenden Rechtsguts[153]. Die Einbeziehung von Kollektivopfern in den Opferbegriff läßt sich darüber hinaus mit dem regelmäßig größeren Gefahrenpotential, durch das Kriminalitätsbereiche ohne personale Opfer gekennzeichnet sind, begründen[154].

Der ausschließlich juristische Opferbegriff berücksichtigt jedoch nicht das soziale Ausmaß der Straftat für Opfer[155]. Dieses Manko kann überwunden werden, indem die Verletzung des Rechtsguts in seiner abstrakten Sichtweise „rückübersetzt" wird in eine Konfliktkonstellation, die eine subjektive und handlungsrelevante Arbeit zuläßt[156]. Bei einer derartigen Rückübertragung von Straftaten wird der soziale Kontext des Geschehens um den strafrechtsrelevanten Konflikt einbezogen. Erst hierdurch werden oftmals Personen in den Blickpunkt gelenkt, die bis dahin unbeachtet geblieben sind[157].

Wenig fruchtbar erscheint allerdings ein ausschließlicher Rückgriff auf subjektive Elemente. Unerheblich für die Stellung als Opfer ist es, ob sich der Einzelne als Opfer fühlt und sich nach außen als solches deklariert. Das Fehlen der subjektiven Opferempfindung kann verschiedene Ursachen haben, die an der vorhandenen objektiven Verletzung und der rechtlichen Mißbilligung nichts ändern. Möglich ist beispielsweise, daß das kriminelle Verhalten des Täters nicht als solches gesehen wird (z.B. Körperverletzungen von Ehepartnern oder Kindern). Ein uneingeschränkt auf die subjektive Betroffenheit als Abgrenzungsmerkmal abstellender Opferbegriff wird darüber hinaus dem durch die Straftat ausgelösten Geschehen nicht immer gerecht. Mit der Straftat korrespondiert ein Konflikt zwischen Täter, Opfer und außenstehenden Dritten. Denn nicht nur Täter und Opfer im juristischen Sinn sind von der Straftat berührt, auch für Personen in deren Umkreis verändert sich der bestehende Zustand. Wenn der durch die Tat ausgelöste Konflikt im Ganzen betrachtet - und im Idealfall gelöst - werden soll, ist es erforderlich, das Geschehene von allen Perspektiven aus betrachten zu können. Das muß grundsätzlich unabhängig von der Einstellung des

---

[153]*Marx*, 1972, S. 79 ff

[154]*Jung*, 1993, S. 584

[155]*Kuhn*, 1989, S. 68

[156]*Kuhn*, 1989, S. 68

[157]*Kuhn*, 1989, S. 69

Täters zu seiner Täterrolle und der des Opfers zu seiner Position als Verletzten möglich sein. Ob sich eine Konfliktlösung realisieren läßt, hängt letzten Endes von der
Einstellung der Beteiligten zu einer angestrebten Auseinandersetzung ab und ist damit
auf einer anderen Ebene relevant.

Ein denkbares Abgrenzungskriterium ist die „Betroffenheit" von der Straftat. Diese
Bezeichnung erfaßt selbst Fallgestaltungen, bei denen Schädigungen durch die Hand-
habung des Konflikts im Verlauf des Strafverfahrens entstehen[158]. Problematisch ist
hierbei, daß ein ausfüllungsbedürftiger Begriff an die Stelle des anderen gesetzt wird.
Der Sinngehalt einer „Betroffenheit" ist ebensowenig wie derjenige des Opferbegriffs
aus sich selbst heraus erklärend, weshalb im folgenden der Inhalt näher beschrieben
wird.

Soweit das Betroffensein in Rede steht, treten neben das unmittelbare Opfer als ver-
letztem Rechtsgutsträger zunächst alle Personen, die mittelbare Leidtragende sind.
Diese mittelbaren Opfer stehen hinter dem unmittelbaren Verletzten - durch dessen
Opferwerdung werden sie selbst in eigenen Interessen direkt negativ und nachhaltig
berührt. Auch Repräsentanten von verletzten Rechtsgutsträgern gehören als Betroffene in das Lager des Opfers. Sie nehmen die Stellung der Rechtsgutsträger ein, die
keine Personen sind, und machen diese dadurch sichtbar. Diese beiden Personengruppen entstammen gleichsam dem „Lager" des Rechtsgutsträgers. Auch hier ist ein unmittelbarer Nachteil von einigem Gewicht Voraussetzung für die Einordnung als Opfer der Straftat. Einen Schaden erleidet z.B. der Arbeitgeber, dessen Arbeitnehmer
infolge erlittener Körperverletzungen nicht arbeiten kann, der Unterhaltsberechtigte,
dem aufgrund der minimalen Einkünfte eines Strafgefangenen keine Leistungen seitens des Inhaftierten mehr gewährt werden können. Auch die engen Vertrauenspersonen sexuell Genötigter, die mit den psychischen Leiden der Geschädigten nicht umzu-
gehen wissen, gehören zu den Mitbetroffenen. Diese Geschädigten treten nicht „in
Konkurrenz" zu den unmittelbaren Opfern, sondern stehen neben jenen und vervollständigen den Kreis derjenigen, die an dem durch die Straftat ausgelösten Konflikt
beteiligt sind.

Wichtig ist insoweit - gerade auch für die praktische Arbeit - der Bezug auf die gerichtlich festgestellten Rechtsbrüche. Zunächst wird hierdurch der Kreis der mögli-

---

[158] *Jung*, 1993, S. 583

chen Betroffenen eingegrenzt. Zudem ist die Feststellung des den Rechtsverletzungen zugrundeliegenden Sachverhaltes sowie der materiellen Kriterien Aufgabe von eigens hierfür ausgebildeten Juristen, während andere an einer opferbezogenen Vollzugsgestaltung beteiligte Berufsgruppen, wie Sozialarbeiter oder Vollzugsbedienstete, regelmäßig nicht juristisch vorgebildet sind. Da mit dem rechtskräftigen Urteil ein Rahmen für die Arbeit im Strafvollzug gesteckt ist, sollte von einer erneuten rechtlichen Begutachtung des Geschehens und Diskussion um Tatsachenfeststellungen abgesehen werden. Dies würde einen nochmaligen Zeitaufwand bedeuten und im Falle einer abweichenden Beurteilung erhebliche Irritationen sowohl auf Seiten der Täter als auch der Opfer hervorrufen.

Der bei der opferbezogenen Vollzugsgestaltung zugrunde zu legende Opferbegriff erschließt sich daher, wenn ausgehend von den gerichtlichen Feststellungen zum Tatvorwurf als Opfer neben den unmittelbar verletzten Rechtsgutsträgern und deren Repräsentanten diejenigen Personen oder Institutionen im sozialen Nahraum des unmittelbar Betroffenen einbezogen werden, die durch die Straftat in eigenen Interessen direkt negativ und nachhaltig berührt werden. Erst dieser Opferbegriff ermöglicht den Beteiligten die umfassende Auseinandersetzung mit der Tat innerhalb des sozialen Kontextes. Die Aufarbeitung der Tatfolgen innerhalb ihrer sozialen Zusammenhänge steht damit im Vordergrund für die Bestimmung des Opfers und damit dessen Einbeziehung in die Gestaltung des Strafvollzuges, nicht die rechtswissenschaftliche Diskussion um die Täterschaft.

II. Das Opfer im historischen Kontext von Strafe und Freiheitsentzug

Unabhängig von dem vorstehend entwickelten, im Rahmen einer opferbezogenen Gestaltung des Strafvollzuges gültigen Opferbegriff, wurde das Opfer bereits frühzeitig in Erwägungen über die Bestrafung des Täters nach erfolgtem Rechtsbruch einbezogen. Die Position des Verletzten erfuhr im Laufe der Zeit einen Wandel, wie der sich anschließende historische Rückblick aufzeigt.

1. Einbeziehung des Opfers in die dem Rechtsbruch folgende Sanktion - die Entwicklung vom Kriminalrecht der Germanen bis in die Neuzeit

Die Voraussetzung einer strafenden Sanktion ist der vom Straftäter verübte schuldhafte Rechtsbruch. Die Einordnung eines Verhaltens als strafwürdig unterliegt einem Wandel, genau wie sich die anschließende Strafe entsprechend der jeweiligen Rechtsordnung, die das Gemeinwesen kennzeichnet, ändert.

Die ältesten Erkenntnisse zur Strafe im deutschen Raum bestehen hinsichtlich des Kriminalrechtes der Germanen. Dieses gründete sich auf deren gesellschaftlicher Ordnung, die mit den heutigen Anschauungen nicht vergleichbar ist. Geprägt wurde das Gemeinwesen der Germanen von den Sippen[159], denen sakralmagische Kräfte zugesprochen wurden[160]. Die Sippe stand als gelebte praktische Einheit über dem Individuum und gab dem freien männlichen Germanen seine Identität[161]. Nur die freien Männer waren in der Lage, gegen die bestehende Ordnung zu verstoßen[162]. Der Verstoß über die eigene Sippe hinaus verletzte die „Heilskraft" der davon betroffenen anderen Sippe, indem die Tat deren Heil, Ehre und soziales Ansehen schmälerte[163]. Folge einer solchen „Ent-Ordnung" waren zumindest bei schweren Eingriffen Sippenkriege, da

---

[159]*Rüping*, 1991, S. 4

[160]*Schild*, 1984, S. 63

[161]*Schild*, 1984, S. 63

[162]*Schild*, 1984, S. 64

[163]*Schild*, 1984, S. 64

der Sippe neue Heilskraft nur mittels eines Ausgleichs - so bei Tötung eines Sippen-
mitgliedes durch den Tod eines beliebigen Angehörigen der anderen Sippe - zugeführt
werden konnte[164]. Insofern sind die aus den Gegenreaktionen resultierenden Sippenkriege, die wiederum auf die Bekämpfung eines Heilsverlustes zurückzuführen sind,
als kultische Handlungen einzuordnen[165]. Der Bruch der Ordnung innerhalb der eigenen Sippe oder ein Verstoß gegen die Grundlagen der Gemeinschaft aller Sippen (z.B.
Schändung von Kultstätten) hatte dagegen die Tötung oder Vertreibung des Schuldigen - als nicht zur Sippe Zugehörigem - zur Folge[166].

In Abkehr von den zerstörerischen Sippenkriegen entwickelte sich als Alternative die
Buße. Zur Wiederherstellung der Ordnung übergab die Tätersippe einen Teil ihres
Viehbestandes oder ähnlich wertvolle Güter, die als Träger von Heilskraft galten, an
die Sippe des Opfers und bot die Freundschaft an, die durch einen gegenseitigen Eid
bekräftigt wurde[167]. Im Laufe der Zeit bildete sich zu diesem Zweck ein eigenes Bußverfahren unter Einbeziehung eines Vermittlers oder der Volksversammlung (Thing)
heraus[168]. Zunächst betrafen das Verfahren und die „Buße" in Form der dem Opfer
übertragenen Güter nur die Wiederherstellung des „magisch-sakralen" Verhältnisses
der beiden Sippen, nicht die Feststellung der Tatschuld, die Sühnung einer schuldhaf-
ten Tat oder Genugtuung[169]. Allmählich entstanden feste Bußen für bestimmte Taten,
die letztlich in sogenannten Bußkatalogen aufgelistet wurden. Bedeutend ist hierbei
das sogenannte „Wergeld", die Buße für die Tötung eines freien Mannes[170]. Angesichts der blutigen Folgen von Sippenkriegen und Fehden wurde die Buße von Klerus
und König gefördert[171]. Im Gegensatz zur Fehde nahm das auf der Buße beruhende
Kompositionensystem dem Verletzten das Recht zur Selbsthilfe[172]. Das Aufkommen
der Bußkataloge bewirkte gleichzeitig eine beachtliche Verfahrensänderung. Weil die

---

[164]*Schild*, 1984, S. 64

[165]*Schild*, 1984, S. 81

[166]*Schild*, 1984, S. 82 f

[167]*Schild*, 1984, S. 130

[168]*Schild*, 1984, S. 131 f

[169]*Schild*, 1984, S. 133 f

[170]*Schild*, 1984, S. 134

[171]*Eisenhardt*, 1995, § 13, RN 99, S. 74

[172]*Köbler*, 1988, S. 85; *Müller-Dietz*, 1993 a, S. 10

zu leistende Buße nicht mehr ermittelt werden mußte, konnte das Schwergewicht des Verfahrens nunmehr auf die Ermittlung des Sachverhaltes gelegt werden. Daneben stand es nunmehr den Opfern zu, die Buße zu verlangen, statt auf das Angebot der Tätersippe angewiesen zu sein[173].

Insbesondere durch die Verbreitung des Christentums trat die magisch-heilige Kraft der Sippe in den Hintergrund[174]. Die christliche Vorstellung, daß die Ordnung der Welt und der Gesellschaft auf der Schöpfung durch einen gerechten und friedensliebenden, befehlenden wie rächenden Gott beruht, dominierte von nun an die Rechtsentwicklung[175]. Die Straftat wurde nicht mehr als ein mit Buße zu sühnender Eingriff in die Rechte eines anderen gesehen, sondern als Verstoß gegen die Friedensordnung, der mit der sogenannten „peinlichen" Strafe verfolgt werden mußte[176]. Die Grafen, vom König ernannte Adlige, wurden als Vollstreckungsorgane für Bußgeldleistungen eingesetzt. Infolge der Erstarkung ihrer Stellung erhoben sie von nicht freiwillig leistenden Beklagten das „Friedensgeld"[177]. Dieses Friedensgeld, das zunächst nur der Bereitstellung eines gerichtlichen Verfahrens diente und so lediglich einen Teil der Buße ausmachte, wurde dadurch in seiner Funktion geändert und umfaßte zuletzt die gesamte Buße. Der Verletzte selbst empfing infolgedessen keine Gegenleistung mehr[178]. Aus der Sühneleistung war damit der Schritt zur Geldstrafe vollzogen. Ab diesem Zeitpunkt „dominierte" die öffentliche Strafe[179]. Das Opfer blieb mit seinen Verlusten zurück und fand einzig Genugtuung in der Bestrafung des Täters[180]. Insgesamt betrachtet waren daher Sinn und Zweck der Strafe im Mittelalter uneinheitlich, wobei Vergeltungs- und Abschreckungsgedanken überwogen[181].

---

[173]*Schild*, 1984, S. 134

[174]*Schild*, 1984, S. 140

[175]*Schild*, 1984, S. 140

[176]*Kroeschell*, 1983, S. 196

[177]*Schild*, 1984, S. 144

[178]*Schild*, 1984, S. 144; *Eisenhardt*, 1995, § 13, RN 99, S. 74

[179]*Müller-Dietz*, 1993 a, S. 11

[180]*Schneider*, 1975 a, S. 159

[181]*Eisenhardt*, 1995, § 13, RN 105, S. 76

Eine bedeutende Wandlung brachte die Zeit der Aufklärung im 18. Jahrhundert. Anders als im theokratisch orientierten Mittelalter wurde das Recht zur Strafe nunmehr auf den Staat übertragen. Diesem kam die Sorge für die Wohlfahrt und Glückseligkeit seiner Bürger zu, die sich im gesellschaftlichen Zusammenschluß seiner Herrschaft unterwarfen[182]. Zwar wurde im wesentlichen der Strafzweck der Abschreckung beibehalten, es folgte jedoch eine Humanisierung des materiellen Strafrechts, die sich insbesondere in der Anpassung der Proportionen von strafbarer Handlung und Strafe zeigt[183]. Die ausschließliche Strafgewalt des Staates hatte zur Folge, daß das Opfer seine Rechte nunmehr selbständig anderweitig wahrnehmen mußte. Die Wiedergutmachung wurde zu einem „reinen" Problem des Zivilrechts. Erst die Einführung des Schiedsmannsverfahrens für Klagen wegen Ehrverletzung und leichter Mißhandlung mit dem Einführungsgesetz zum Preußischen Strafgesetzbuch von 1851 griff den Wiedergutmachungsgedanken im Strafrecht erneut auf, jedoch beschränkt auf Randbereiche[184].

2.   Der Opfergedanke und die Verhängung freiheitsentziehender Strafen

2.1   Vom Mittelalter bis zur Zeit des Nationalsozialismus

Der Freiheitsentzug fand als Reaktion auf Straftaten erst spät Eingang in den Katalog der Sanktionen. Zunächst dominierten die Leib- und Lebensstrafen[185]. Die Haft diente lediglich der Ingewahrsamnahme des Täters bis zur Aburteilung bzw. Hinrichtung, selten auch der Eintreibung von Geldforderungen oder als Sicherungsmaßnahme[186]. In fränkischer Zeit wurde die Kerkerhaft im wesentlichen als Gnadenmittel anstelle einer an sich verwirkten Todesstrafe angewandt[187]. Erste Berichte über die Einführung der Freiheitsstrafe datieren aus dem 8. Jahrhundert[188]. Unter der Herrschaft des Langobar-

---

[182]*Eisenhardt*, 1995, § 45, RN 361, S. 244

[183]*Eisenhardt*, 1995, § 45, RN 361 und RN 363, S. 244

[184]*Hanak*, 1982, S. 6

[185]*Kaiser* in: *Kaiser / Kerner / Schöch*, 1992, § 3, RN 1

[186]*Von Hippel*, 1928, S. 3; *Schwind*, 1986, S. 14

[187]*Lieberwirth*, 1971, S. 1239; *Hinckeldey*, 1984, S. 350

[188]*Von Hippel*, 1928, S. 7

denkönigs Liutprand wurde beispielsweise laut eines Gesetzes aus dem Jahr 726 der Diebstahl mit einer Haftstrafe von 1-2 Jahren verfolgt[189]. Auch in den folgenden Jahrhunderten war die Freiheitsstrafe nur vereinzelt gebräuchlich. Eine Ausnahme wurde hinsichtlich des hochstehenden Adels sowie Mitgliedern des Klerus gemacht, bei denen unter Verzicht auf die eigentlich verwirkten unbarmherzigen Körperstrafen auf Freiheitsentzug erkannt wurde[190]. In den Städten fand die Ausbreitung des Freiheitsentzuges im 14. Jahrhundert ihren Anfang, zuerst als Ersatzstrafe bei Zahlungsunfähigkeit, später daneben als selbständige Sanktion[191]. Die Freiheitsstrafe diente sowohl der Abschreckung als auch der Vergeltung[192]. Aufgrund der Haftbedingungen handelte es sich bei diesen Freiheitsstrafen indessen um Leibesstrafen, denn die Unterbringung in Kerkern, alten Brunnen oder Verliesen bei Dunkelheit, Hunger und Krankheit war unmenschlich[193]. Insgesamt betrachtet spielte der Freiheitsentzug nur eine bedeutungslose Rolle im Sanktionensystem, bei dem die peinlichen Strafen bei weitem überwogen[194]. Immer noch dienten die Gefängnisse vornehmlich der Untersuchungshaft bis zum Prozeß oder der Sicherung bis zur Hinrichtung des Gefangenen[195].

Eine neue Denkweise nahm Ende des 16. Jahrhunderts Eingang in die theoretischen Grundlagen des Strafvollzuges, die den Beginn der modernen Freiheitsstrafe markiert[196]. In England entstanden die „Houses of Correction", Anstalten, in denen Bettler und Arbeitsscheue untergebracht wurden, um sie unter religiös motivierten Fürsorgegesichtspunkten zwangsweise zur Arbeit zu erziehen[197]. Fast zeitgleich wurde im Jahr 1595 in Amsterdam das erste Zuchthaus errichtet, das auch Verbrecher aufnahm[198]. Die Strafhaft verfolgte nunmehr den neuen Strafzweck der Erziehung und Besserung

---

[189] *Lieberwirth*, 1971, S. 1239; *Hinckeldey*, 1984, S. 350

[190] *Walter*, 1999, S. 26, RN 5

[191] *Lieberwirth*, 1971, S. 1239; *Hinckeldey*, 1984, S. 350

[192] *Von Hippel*, 1928, S. 9

[193] *Lieberwirth*, 1971, S. 1239; *Hinckeldey*, 1984, S. 350

[194] *Lieberwirth*, 1971, S. 1239; *Hinckeldey*, 1984, S. 350 f

[195] *Hinckeldey*, 1984, S. 351; *Walter*, 1999, S. 26, RN 5

[196] *Schwind*, 1986, S. 14

[197] *Lieberwirth*, 1971, S. 1239; *Rüping*, 1991, S. 74

[198] *Von Hippel*, 1928, S. 10

durch Arbeit[199]. Unterricht und Seelsorge sollten Mittel zur Wiedereingliederung des Gefangenen in die Gesellschaft sein[200]. Infolge dieser Entwicklung wurden in mehreren deutschen Städten ebenfalls Zuchthäuser eingerichtet[201]. Diese dienten im Ergebnis verschiedenen Zwecken[202], so daß letztlich nur die Institution Zuchthaus als Idee vom Ausland übernommen wurde[203]. Maßgeblicher Strafzweck blieb die Vergeltung[204].

In der folgenden Zeit wurde das ursprüngliche erzieherische Ziel nicht weiter verfolgt, insbesondere die Folgen des 30jährigen Krieges (1618-1648) wirkten dem entgegen[205]. Daneben beeinflußte der im 17. und 18. Jahrhundert aufkommende Merkantilismus das Gefängniswesen. Die Gefangenen wurden als billige Arbeitskräfte in den Fabrikationsprozeß eingegliedert, was das Zurückdrängen des Resozialisierungsgedankens zugunsten eines allgemeinen Profitdenkens bedeutete[206].

Erst mit der Epoche der Aufklärung wurde eine neue Reformbewegung ausgelöst. Der Besserungsgedanke wurde aufgegriffen und neuen Vollzugskonzepten zugrundegelegt[207]. Die Freiheitsstrafe übernahm die entscheidende Rolle im deutschen Sanktionensystem[208]. In Deutschland bestimmte das Inkrafttreten des „Allgemeinen Landrechts für die Preußischen Staaten" im Jahr 1794 die Entwicklung des Strafvollzuges.

---

[199]*Von Hippel*, 1928, S. 10; *Sieverts*, 1967, S. 44

[200]*Lieberwirth*, 1971, S. 1239

[201]So 1609 in Bremen, 1613 in Lübeck, 1617 in Kassel, 1622 in Hamburg, 1629 in Danzig, 1679 in Frankfurt am Main und 1682 in München, vgl. *Sieverts*, 1967, S. 45; *Schwind*, 1986, S. 15.

[202]Insbesondere als Irren-, Armen- und Waisenhäuser , vgl. *Sieverts*, 1967, S. 45; *Schwind*, 1986, S. 16.

[203]*Lieberwirth*, 1971, S. 1239; *Schwind*, 1986, S. 16

[204]*Schwind*, 1986, S. 15

[205]*Schwind*, 1986, S. 16; *Kaiser* in: *Kaiser / Kerner / Schöch*, 1992, § 3, RN 6

[206]*Kaiser* in: *Kaiser / Kerner / Schöch*, 1992, § 3, RN 9

[207]In Auburn (Staat New York) wurde im Jahr 1823 ein Gefängnis errichtet, in dem die Gefangenen tagsüber gemeinsam in Werkstätten arbeiteten und nur in der Nacht und in ihrer Freizeit isoliert ihre Strafe verbüßten; vgl. *Schwind*, 1986, S. 18; in England veröffentlichte *John Howard* im Jahr 1777 Reformvorschläge unter dem Leitsatz „make men diligent and they will be honest" (macht die Menschen fleißig, und sie werden ehrlich sein). Unter anderem befürwortete er eine sinnvolle Beschäftigung aller Gefangenen unter Zahlung eines Arbeitsentgelts, gesunde Kost, die Beachtung hygienischer Grundregeln. Diese Gedanken wurden in den Anstalten von Horsham, Petworth und Gloucester umgesetzt; vgl. *Schwind*, 1986, S. 16 f.

[208]*Lieberwirth*, 1971, S. 1239; *Schwind*, 1986, S. 16

Durch dieses Gesetz wurden die Leibesstrafen weitgehend durch Freiheitsstrafen ersetzt. Wegen der hierdurch ausgelösten Überfüllung der Haftanstalten war jedoch die Wirkung der Reform für die Gesundheit der Gefangenen verheerend und verschlimmerte die Strafe im Vergleich zur vormaligen Leibesstrafe[209]. Unter dem Eindruck der Gedanken *von Feuerbachs*, der Besserungsbemühungen im Strafvollzug als Kompetenzüberschreitung des Staates und damit als unzulässig erachtete, beschränkte man sich schließlich auf die Einhaltung der äußeren Ordnung der Gefängnisse, wie Sicherheit, Sauberkeit und Pünktlichkeit[210].

Das Gefängniswesen durchlief in der Folgezeit keine einheitliche Entwicklung. Diese scheiterte in den deutschen Einzelstaaten an den Streitigkeiten um das richtige System sowie den unterschiedlichen Zuständigkeiten[211]. Auch Auseinandersetzungen über den Zweck des Strafvollzuges - Vergeltung und Generalprävention auf der einen Seite, der Besserungsgedanke auf der anderen - standen einer Vereinheitlichung entgegen[212]. Erst in der Weimarer Zeit konnte sich der Erziehungsgedanke im Strafvollzug durchsetzen[213] und wurde in Vollzugsanstalten praktisch umgesetzt[214]. In diese Zeit fällt auch die Einführung eines Konzeptes zur individuellen Behandlung der Gefangenen im Rahmen eines Vollzuges in Stufen, der sogenannte „Progressivstrafvollzug"[215]. Die Erneuerungen des Strafvollzuges wurden freilich in der Zeit des Nationalsozialismus beseitigt[216]. Geprägt war die Entwicklung nunmehr von der „Rückkehr zu alten Zwangsmaßnahmen"[217]. Der Sicherungs- und Abschreckungsgedanke rückte erneut in

---

[209]*Schwind*, 1986, S. 18

[210]*Sieverts*, 1967, S. 48; *Schwind*, 1986, S. 19

[211]*Kaiser* in: *Kaiser / Kerner / Schöch*, 1992, § 3, RN 25

[212]*Kaiser* in: *Kaiser / Kerner / Schöch*, 1992, § 3, RN 26

[213]*Kaiser* in: *Kaiser / Kerner / Schöch*, 1992, § 3, RN 27

[214]*Müller-Dietz*, 1988 b, 16

[215]*Kaiser* in: *Kaiser / Kerner / Schöch*, 1992, § 3, RN 28; *Walter*, 1999, S. 36, RN 13

[216]Ausführlich zur Problematik des Strafvollzuges in der Zeit des Nationalsozialismus vgl.: *Jung, Heike / Müller-Dietz, Heinz*: „Strafvollzug im >Dritten Reich<", Baden-Baden, 1996.

[217]*Müller*, 1987, S. 94

den Vordergrund[218], während moderne Erkenntnisse einer sozialpädagogischen Behandlung als „Humanitätsduselei" verworfen wurden[219].

2.2 Die Nachkriegszeit bis zum Inkrafttreten des Strafvollzugsgesetzes im Jahr 1977

In der Nachkriegszeit wurde zunächst versucht, an die Reformbemühungen der Weimarer Zeit anzuknüpfen[220] und gleichzeitig den internationalen Standards zu entsprechen[221]. Bald darauf nahm die Entwicklung des Strafvollzuges im geteilten Deutschland einen unterschiedlichen Verlauf[222].

2.2.1 Die Entwicklung in der Deutschen Demokratischen Republik

In der Deutschen Demokratischen Republik wurde der Vollzug der Strafen mit Freiheitsentzug[223] zunächst im Gesetz über den Vollzug der Strafen mit Freiheitsentzug und über die Wiedereingliederung Strafentlassener in das gesellschaftliche Leben (SVWG) vom 12. Januar 1968 (Gbl. I S. 109) geregelt. Die Strafe hatte stets die Funktion, auf das Bewußtsein der Gefangenen einzuwirken und diese im Sinne der sozialistischen Gesetzlichkeit zu erziehen[224]. Der in § 2 SVWG unter der Überschrift „Grundsatzbestimmungen" niedergelegte Zweck des Strafvollzuges beinhaltete daher neben dem Ziel der Bewußtmachung der Schwere und Verwerflichkeit der Straftat die Verpflichtung zur Wiedergutmachung (§ 2 Abs. 1 SVWG). Das Bestreben des Gefangenen zur Wiedergutmachung sollte *„unter differenzierter Mitwirkung gesellschaftli-*

---

[218]*Schwind*, 1986, S. 21; *Kaiser* in: *Kaiser / Kerner / Schöch*, 1992, § 3, RN 34

[219]*Sieverts*, 1967, S. 52

[220]*Müller-Dietz*, 1967, S. 86

[221]*Schwind*, 1986, S. 22

[222]Mit der Entwicklung des Strafvollzuges in der Deutschen Demokratischen Republik beschäftigte sich eine Fachtagung der Kriminologischen Zentralstelle e.V. in Wiesbaden in Zusammenarbeit mit dem Sächsischen Staatsministerium der Justiz vom 03.-05.11.1997 in Dresden zu dem Thema „Strafvollzug in den neuen Bundesländern"; zusammenfassend hierzu der Tagesbericht von *Block, Petra*: „Strafvollzug in den neuen Bundesländern - Bestandsaufnahme und Entwicklung - " in: ZfStrVo 2/98, S. 89-97, insb. S. 90-93.

[223]Gemäß § 38 Abs. 1 Strafgesetzbuch der Deutschen Demokratischen Republik vom 12. Januar 1968 (Gbl. I S.1) wird differenziert zwischen der Freiheitsstrafe, der Haftstrafe und der Arbeitserziehung.

[224]*Rüping*, 1991, S. 120

cher Kräfte durch die Übertragung verantwortlicher Aufgaben im Arbeitsprozeß und bei der Festigung der Disziplin sowie durch kulturelle Betätigung" entwickelt und gefördert werden, so § 2 Abs. 3 SVWG. Die „gesellschaftlich nützliche Arbeit" entschied gleichzeitig über die Wiedereingliederung des Inhaftierten[225]. Freilich sollte daneben dem Inhaftierten die *„Unantastbarkeit der sozialistischen Staats- und Gesellschaftsordnung"* und seine *„Verantwortung gegenüber der sozialistischen Gesellschaft"* bewußt gemacht werden (§ 2 Abs. 1 SVWG). Die Wiedergutmachung wurde schließlich nochmals in § 27 SVWG erwähnt, der die „Erziehung durch Arbeit" regelte. Hiernach sollte die Erziehung des Gefangenen durch Arbeit *„der Formung und Festigung der bewußten Einstellung zu gesellschaftlich nützlicher Tätigkeit sowie der Bewährung und Wiedergutmachung"* dienen (Abs. 1). Der Schwerpunkt in der Arbeit mit den Gefangenen lag schon nach dem Gesetzeswortlaut in der Erziehung zu einem gesellschaftskonformen Menschen. Dies zeigte sich u.a. bei den Voraussetzungen der Überweisung in eine leichtere Vollzugsart nach § 20 SVWG, wonach sowohl ein Bemühen zur Bewährung und zur Wiedergutmachung erforderlich war, das erst durch ein einwandfreies Gesamtverhalten bewiesen wurde. Der Wortlaut des Gesetzes zeigt an keiner Stelle deutlich, ob die erwähnte Wiedergutmachung auf die unmittelbaren Opfer der jeweiligen strafbaren Handlungen bezogen wurde oder eine Wiedergutmachung gegenüber dem Staat Ziel sein sollte.

Mit dem Gesetz über den Vollzug der Strafen mit Freiheitsentzug (StVG) vom 07. April 1977 (GBl. I. S. 109) wurde der Strafvollzug auf eine geänderte Rechtsgrundlage gestellt. Der Wiedergutmachungsgedanke wurde nicht mehr so stark wie im SVWG betont. So wurde die Wiedergutmachung aus den Grundsätzen des Vollzuges gestrichen und nur noch als Gestaltungsmerkmal der Freiheitsstrafe an Erwachsenen erwähnt. Die Wiedergutmachung wurde ausschließlich mit einem Erziehungsgedanken verknüpft, indem *„durch Anwendung geeigneter Erziehungsmaßnahmen (ist) das Bemühen der Strafgefangenen um Bewährung und Wiedergutmachung, zur Entwicklung und Festigung eines gesellschaftlichen Pflichtbewußtseins und zur zielgerichteten Vorbereitung auf die Wiedereingliederung zu fördern"* war (§ 12 Abs. 1 Satz 2 StVG). Auch die „Erziehung zur Arbeit", nunmehr in § 21 StVG geregelt, verzichtete auf die Wiedergutmachung.

---

[225] *Rüping*, 1991, 120

Insgesamt betrachtet war der Strafvollzug in der ehemaligen Deutschen Demokratischen Republik geprägt durch ein „Freund-Feind-Konzept", das einer Differenzierung
der Gefangenen zugrundegelegt wurde[226]. Unterschieden wurde die Gruppe der Rück-
falltäter vorsätzlich begangener Delikte sowie diejenigen, bei denen das erkennende
Gericht - aus gesetzlich nicht festgelegten Gründen - einen erschwerten Vollzug für
erforderlich hielt und die deshalb in den „allgemeinen Vollzug" eingewiesen wurden.
Daneben gab es die anderen Gefangenen, die ihre Haftstrafe im „erleichterten Vollzug" verbüßten[227]. Das vorrangige Ziel war die Erziehung zum Sozialismus, was seinen Ausdruck insbesondere in der Schaffung eines eigenen Wiedereingliederungsge-
setzes gefunden hat. Festzustellen bleibt, daß naturgemäß - wie auch in der Bundesrepublik Deutschland - eine Diskrepanz zwischen den gesetzlichen Regelungen und der
Vollzugswirklichkeit bestand[228], deren Umfang sich wegen fehlender Quellen jedoch
nicht deutlich herausarbeiten läßt[229].

2.2.2 Die Entwicklung in der Bundesrepublik Deutschland

Dem Strafvollzugswesen in der Bundesrepublik Deutschland fehlte zunächst ein all-
gemeingültiges tragbares Vollzugskonzept[230]. Wiederum standen die unterschiedlichen
Vollzugsziele der Abschreckung, Vergeltung und Sicherung einerseits sowie der Resozialisierung andererseits in der Diskussion, ohne daß eine schnelle Lösung des Konfliktes gefunden wurde[231]. Die einzelnen Bundesstaaten erließen eigene Strafvollzugs-
ordnungen[232], die erst durch die bundeseinheitliche Dienst- und Vollzugsordnung
(DVollzO) vom 1. Dezember 1961 abgelöst wurden[233]. Auch Nr. 57 DVollzO, in der
die Definition des Vollzugszieles enthalten war, schaffte keine Abhilfe, da eine eindeutige Prioritätensetzung fehlte. Das Opfer der Straftat oder eine Schadenswiedergutmachung bleiben bei der Zielbestimmung unberücksichtigt. Lediglich bei der

---

[226]*Blau* in: *Schwind / Blau*, 1988, S. 18

[227]*Blau* in: *Schwind / Blau*, 1988, S. 18

[228]*Blau* in: *Schwind / Blau*, 1988, S. 18

[229]*Kaiser* in: *Kaiser / Kerner / Schöch*, 1992, § 3, RN 47

[230]*Walter*, 1999, S. 39, RN 15

[231]*Walter*, 1999, S. 39, RN 15

[232]*Walter*, 1999, S. 39, RN 15

[233]*Blau* in: *Schwind / Blau*, 1988, S. 20

Frage der Verwendung der von den Gefangenen erarbeiteten Arbeitsbelohnung wurde das Opfer bedacht. So bestimmte Nr. 97 Abs. 1 DVollzO, daß die Rücklage während des Vollzuges u.a. in Anspruch genommen werden konnte, *„wenn er einen durch die Tat verursachten Schaden wiedergutmachen"* wollte.

Mit dem Erlaß der Dienst- und Vollzugsordnung war die Entwicklung des Strafvollzuges jedoch nicht abgeschlossen. Als anregend für eine Reformdiskussion zeigte sich der Blick auf die Situation des Strafvollzuges in ausländischen Staaten, der schon früh durch die Vorarbeiten zur Großen Strafrechtsreform Mitte der 50er Jahre ausgelöst wurde[234]. Daneben bewirkte eine „Verwissenschaftlichung" der Auseinandersetzung die Hinwendung vom herkömmlichen Erziehungsvollzug zu einem verhaltenswissenschaftlichen Behandlungs- und Resozialisierungsvollzug[235]. Die Folge war eine Ende der 60er Jahre einsetzende Reformperiode, die durch zahlreiche Gesetze und Gesetzesentwürfe bezüglich des Strafvollzuges gekennzeichnet war[236]. So behandelte der Regierungsentwurf eines Strafgesetzbuches aus dem Jahr 1962 Fragen des Vollzugsrechts[237]. Richtungsweisend war weiterhin der Alternativ-Entwurf des Allgemeinen Teils eines Strafgesetzbuches (AE-1966), den 14 Strafrechtslehrer aus der Schweiz und der Bundesrepublik Deutschland im Jahr 1966 mit konkreten Bestimmungen zur Ausgestaltung des Strafvollzuges vorlegten[238]. Erklärtes Vollzugsziel des AE-1966 war die in § 37 Abs. 1 AE-1966 niedergelegte Resozialisierung. Bezüglich der Arbeit der Gefangenen war in § 39 Abs. 2 AE-1966 eine tarifmäßige Arbeitsentlohnung vorgesehen, zu deren Begründung ausgeführt wurde, diese ermögliche dem Gefangenen, „den angerichteten Schaden wiedergutzumachen und für seine Familie zu sorgen"[239]. Erstmalig wurde der Wiedergutmachungsgedanke damit ausdrücklich, wenn auch nicht von Seiten des Gesetzgebers, zur Begründung einer Rechtsvorschrift herangezogen.

---

[234]*Blau* in: *Schwind / Blau*, 1988, S. 21

[235]*Blau* in: *Schwind / Blau*, 1988, S. 22

[236]*Blau* in: *Schwind / Blau*, 1988, S. 24

[237]Vgl. die Gegenüberstellung mit dem Alternativ-Entwurf aus 1966 in: *Baumann*, 1969, S. 74 ff.

[238]*Baumann*, 1969, S. 74 ff.; informativ hierzu *Baumann*, Jürgen (Hrsg.) „Die Reform des Strafvollzuges - Programm nach den Vorstellungen des Alternativ-Entwurfes zu einem Strafvollzugsgesetz", München, 1974.

[239]*Baumann*, 1969, S. 81

Im Jahr 1967 setzte das Bundesministerium der Justiz eine aus Praktikern und Wissenschaftlern bestehende Strafvollzugskommission ein, die den Entwurf eines Strafvollzugsgesetzes erarbeiteten[240]. Die Kommission beschäftigte sich vornehmlich im Zusammenhang mit der Arbeitsvergütung mit Fragen der Wiedergutmachung. Grundlegend war ein Referat von *Kühler* zum Thema der „Verwertung der für die Arbeit der Gefangenen gezahlten Vergütung"[241]. Der Referent plädierte, ausgehend von der Forderung nach einem marktgerechten Arbeitsentgelt, für den Weiterbestand der Verpflichtung zur Leistung von Unterhalt an Berechtigte während der Haft sowie für die Einbeziehung der Entschädigung des Verletzten in die Frage der Verwertung des Lohnes. Ein Schadensersatz für das Opfer war nach dieser Ansicht notwendig mit der Zahlung eines erhöhten Arbeitsentgeltes zu verbinden, weil nur auf diesem Weg dem Anspruch der Öffentlichkeit nach Vergeltung entgegenzukommen sei[242]. Mit der Verpflichtung zur Wiedergutmachung sollte der Blick des Gefangenen auf die Schäden des Verletzten und die sich hieraus ergebenden Pflichten gelenkt werden[243]. Angestrebt wurde neben einer pädagogischen Wirkung auf den Inhaftierten, im Einklang mit der Verbesserung der Situation für den Verletzten, dessen „Versöhnung mit der Gemeinschaft"[244].

Folgerichtig fand der Wiedergutmachungsgedanke Eingang in den Kommissionsentwurf, der im Februar 1971 nach 13 Tagungen vorgelegt wurde. Nach § 39 Abs. 2 Nr. 1 des Kommissionsentwurfes sollten die *„Verpflichtungen des Gefangenen, für Unterhaltsberechtigte zu sorgen oder einen durch die Straftat angerichteten Schaden wiedergutzumachen"* bei der Zuweisung berücksichtigt werden. Auch die Fürsorgemaßnahmen zugunsten des Gefangenen im Rahmen der sozialen Hilfe wurden ergänzt durch den Beistand bei der Regelung von Wiedergutmachungsfragen (§ 67 des Kommissionsentwurfes).

Ein von der Bundesregierung am 5. Juli 1972 verabschiedeter Entwurf eines Strafvollzugsgesetzes (RegE) beschränkte die ausdrückliche Einbeziehung des Wieder-

---

[240] *Jahn*, 1971, Vorwort

[241] *Kühler*, 1970, S. 87-101; siehe insbesondere S. 92-97

[242] *Kühler*, 1970, S. 95

[243] *Kühler*, 1970, S. 96

[244] *Kühler*, 1970, S. 96

gutmachungsgedankens auf die Hilfe während des Vollzuges. Bezüglich der Verwendung des Arbeitsentgelts wurde der Hinweis, daß die zugewiesene Arbeit „wirtschaftlich ergiebig" sein solle (§ 37 Abs. 2 RegE), als ausreichend erachtet, weshalb die Schadenswiedergutmachung unbenannt blieb. Daß es sich bei dieser Vorschrift lediglich um eine halbherzige Regelung handelte, verdeutlichte die in den Regierungsentwurf aufgenommene Übergangsregelung des § 183 RegE, wonach die Regelungen über Arbeitszuweisung, Arbeitspflicht und Arbeitsentgelt (§§ 37 bis 49 RegE) zunächst nicht in Kraft treten sollten. Angesichts des Regierungsentwurfes, dem lediglich eine „Tendenz zur Humanisierung und Liberalisierung des Vollzuges" zugesprochen wurde[245], legten die Verfasser des Alternativ-Entwurfs eines Strafgesetzes einen Alternativ-Entwurf zu einem Strafvollzugsgesetz vor (AE-StVollzG)[246]. Schwerpunkte bildeten ein umfassendes Hilfsangebot für die Gefangenen sowie die Durchführung des Vollzuges in kleinen Wohneinheiten, um das Leben in Unfreiheit möglichst an das in Freiheit anzugleichen. Auf der Grundlage einer tarifmäßigen Entlohnung für Arbeitsleistungen der Gefangenen (§ 87 Abs. 1 AE-StVollzG) waren festgelegte Anteile der Bezüge für Wiedergutmachungsleistungen an die „unmittelbar durch die Straftat geschädigten Personen" und Unterhaltsleistungen vorgesehen (§ 94 Abs. 1 AE-StVollzG).

Nachdem der Regierungsentwurf aus 1972 wegen der vorzeitigen Beendigung der 6. Wahlperiode nicht in Kraft treten konnte, wurde am 19. Oktober 1973 ein gleichlautender Gesetzesentwurf (BT-Dr. 7/918) im Bundestag in erster Lesung behandelt[247]. Beratungen eines eigens für diese Aufgabe eingesetzten Sonderausschusses in den Jahren 1974 und 1975 führten, u.a. unter dem Eindruck des Alternativ-Entwurfes eines Strafvollzugsgesetzes, zu Änderungen des Gesetzesentwurfes in Teilbereichen[248]. Der Wiedergutmachungsgedanke wurde jedoch in dem Regierungsentwurf nicht ausgeweitet. Insbesondere die Vorschriften zur Zuweisung einer wirtschaftlich ergiebigen Arbeit blieben unverändert. Eine Verzögerung der Verabschiedung des Strafvollzugsgesetzes löste die Anrufung des Vermittlungsausschusses wegen der mit dem Gesetz für die Länder verbundenen Kostenfrage durch den Bundesrat aus. Erst nach der Än-

---

[245]*Baumann*, 1973, S. 3

[246]*Baumann*, 1973

[247]*Vogel*, 1975, Vorwort

[248]*Calliess / Müller-Dietz*, 2002, Einleitung, RN 15

derung der Kostenbestimmungen dahingehend, daß kostenintensive Regelungen nur durch besonderes Bundesgesetz in Kraft gesetzt werden, trat das Strafvollzugsgesetz vom 16. März 1976[249] im Jahr 1977 in Kraft.

---

[249]BGBl. I, 1976, S. 581, Berichtigung BGBl. I, 1976, S. 2088 und BGBl. I, 1977, S. 436

III. Geltendes Recht - das Strafvollzugsgesetz zwischen Ausklammerung von Opferinteressen und Integration des Opfergedankens

1. Strafvollzugsrechtliche Bestimmungen mit Blick auf das Opfer

1.1 Vorschriften des Strafvollzugsgesetzes und Opferhilfe

1.1.1 Die Hilfe während des Vollzuges, § 73 StVollzG

Das Strafvollzugsgesetz berücksichtigt Opferinteressen ausdrücklich nur in § 73 StVollzG, der die den Gefangenen im Verlauf der Haftzeit zu gewährenden Hilfen regelt. In dieser Vorschrift hat der Gesetzgeber die Formulierungen des Regierungsentwurfes zur sozialen Hilfe unverändert übernommen. Die Regelung verpflichtet die Anstalt, den Gefangenen allgemein in dem Bemühen, *„seine Rechte und Pflichten wahrzunehmen"* zu unterstützen. Die Obliegenheit, einen durch die Straftat verursachten Schaden zu regeln, ist beispielhaft erwähnt und wird damit im Sinne einer „Mindestverpflichtung" der Anstalt zur Hilfeleistung gegenüber dem Gefangenen als besonders bedeutend hervorgehoben[250]. Der Inhaftierte hat insoweit einen aus der Fürsorgepflicht der Anstalt herzuleitenden[251] Rechtsanspruch auf Unterstützung gegenüber der Justizvollzugsanstalt.

Neben § 73 StVollzG, der ausschließlich den materiellen Schadensersatz betrifft, befinden sich im Strafvollzugsgesetz Vorschriften, die zwar nicht namentlich die Opfer von Straftaten und deren Interessen ansprechen, deren Auslegung die Wahrnehmung von Opferbelangen jedoch zulassen. Teilweise wird daraus abgeleitet, daß eine opferbezogene Vollzugsgestaltung auch ohne Gesetzesänderung durchführbar sei[252].

---

[250]Weitere „Mindestverpflichtungen" sind die in § 73 StVollzG aufgenommene Unterstützung bei der Ausübung des Wahlrechtes und der Sorge für die Unterhaltsberechtigten, *Calliess / Müller-Dietz*, 2002, § 73, RN 2, 3.

[251]OLG Frankfurt / Main, Beschl. v. 20.12.1983 - 1 W 50/83: Verpflichtung der JVA, dem Gefangenen bei den Anstrengungen zu unterstützen, zum Zeitpunkt der Entlassung einen gültigen Personalausweis zu besitzen in NStZ 1985, 46-47 (47).

[252]So *Böhm* in: *Schwind / Böhm*, 1999, § 2, RN 13, sofern unter dem Hinweis auf eine „soziale Verantwortung" der Aufruf zu verstehen sei, zusätzlich zu der Stärkung persönlicher und beruflicher Leistungsfähigkeiten die Verantwortung für die Geschädigten der Tat zu berücksichtigen.

1.1.2 Die Aufgaben des Strafvollzuges, § 2 StVollzG

Wichtigster Anknüpfungspunkt für die Strafvollzugsgestaltung ist das in § 2 Satz 1 StVollzG niedergelegte Vollzugsziel der Resozialisierung. Der Gefangene soll gemäß dieser Vorschrift im Strafvollzug *„fähig werden, künftig in sozialer Verantwortung ein Leben ohne Straftaten zu führen"*. Die anzustrebende Resozialisierung[253] umfaßt die Gesamtheit aller Bemühungen, diesen Zweck zu erreichen[254]. Dem einzelnen Inhaftierten erwächst aus Art. 2 Abs. 1 i.V.m. Art. 1 Abs. 1 GG ein grundrechtlicher Anspruch darauf, daß die ihn belastenden Maßnahmen auf das Ziel der Resozialisierung hin ausgerichtet sind[255]. Die Resozialisierung bestimmt als Leitprinzip die Ausgestaltung der Haft in allgemeinen Fragen sowie im Einzelfall[256]. Gleichzeitig ist das Vollzugsziel Auslegungsrichtlinie für Zielkonflikte und die gesetzlichen Regelungen[257].

Entscheidend für die Zielsetzung ist die Inhaltsbestimmung des Passus *„in sozialer Verantwortung"*. Hierunter wird teilweise ein Verhalten der Inhaftierten verstanden, mit dem ein straffreies Leben „am ehesten" erwartet werden kann[258]. Dieser Ansatz bedeutet im Ergebnis eine unnötige Wiederholung der Zielsetzung „Leben ohne Straftaten" und reduziert damit das Vollzugsziel in unangemessener Weise[259]. Daneben kann dem Wortlaut entnommen werden, daß aus der Einsicht der Gefangenen in die Förderung eines konstruktiven Zusammenlebens der staatlichen Gemeinschaft aufgrund der Befolgung der Gesetze, eine straflose Lebensführung hervorgehen könne[260]. Auch hier wird die Forderung nach sozialem Pflichtbewußtsein lediglich auf

---

[253]Ausführlich zu dem Begriff „Resozialisierung" die Beiträge von *Cornel*, 1995, S. 13 ff und *Walter*, 2001, 25-38

[254]*Walter*, 1999, S. 270, RN 272

[255]BVerfG, Urteil v. 01.07.1998 - 2 BvR 441/90 - - 2 BvR 493/90 - - 2 BvR 618/92 - - 2 BvR 212/93 - - 2 BvL 17/97 - , in ZfStrVo 4/98, 242-249 (245)

[256]OLG Frankfurt / Main, Beschl. v. 12.01.1983 - 3 Ws 857/82 zu Universitätsstudium während des Vollzugs, in NStZ 1983, 381-383 (383); OLG Hamm, Beschl. v. 20.10.1983 - 7 Vollz (Ws) 145/83 zur Verlegung eines Strafgefangenen in NStZ 1984, 141-142 (142)

[257]OLG Karlsruhe, Beschl. V. 25.11.1977 - 2 Ws230/77, Rechtsprechung zum Strafvollzug und zur Straffälligenhilfe '78 - ZfStrVo SH 1978, S. 9-16 (9)

[258] *Böhm* in: *Schwind / Böhm*, 1999, § 2, RN 13

[259]*Calliess / Müller-Dietz*, 2002, § 2, RN 39

[260]*Böhm* in: *Schwind / Böhm*, 1999, § 2, RN 13

eine straffreie Zukunft bezogen und wie beim ersten Erklärungsansatz unzulässig verkürzt.

Eine „soziale Verantwortung" kann schließlich die Berücksichtigung von Opferinteressen umfassen[261]. Die Auseinandersetzung des Täters mit seinem Verhältnis zum Opfer kann dabei als Lernraum sozialer Verantwortung Teil der Behandlung sein[262]. Durch eine Sensibilisierung des Gefangenen für die Situation der Geschädigten kann der Entschluß des Gefangenen, künftig keine weiteren Straftaten zu begehen, bestärkt werden[263]. Indem sich der Täter auf einer für ihn überschaubaren Ebene mit den Tatfolgen auseinandersetzt, wird ihm nahegebracht, sich an der Beseitigung des durch die Tat verursachten Schadens nutzbringend zu beteiligen[264] und damit der Weg zu einer sozialen Integration geebnet[265]. Der Opfergedanke wird dadurch ein ganz wesentlicher Aspekt des zur Resozialisierung führenden Lernprozesses.

1.1.3 Die Gestaltungsgrundsätze des § 3 StVollzG

Maßgeblich für die Vollzugsgestaltung ist weiterhin § 3 StVollzG. Diese Regelung formuliert drei Gestaltungsgrundsätze, die als „Mindestgrundsätze" bei der Ausgestaltung des Vollzuges beachtlich sind[266]. Während die Absätze 1 und 2 des § 3 StVollzG die Ausformung des Freiheitsentzuges auf die damit notwendig einhergehende Unfreiheit reduzieren, knüpft Absatz 3 an das Vollzugsziel an, indem die Ausrichtung des Vollzuges auf das *„Leben in Freiheit"* zu erfolgen hat[267]. Über die Tragweite der Grundsätze besteht keine einheitliche Meinung.

---

[261] *Rössner / Wulf,* 1984, S.106; *Wulf,* 1985, S. 68; *Schöch* in: *Kaiser / Kerner / Schöch,* 1991, § 4, RN 14, *Rössner* in: *Lösch,* 1996, S.15, S.17

[262] *Calliess / Müller-Dietz,* 2002, § 2 RN 38

[263] Siehe vorherige Fußnote sowie *Rössner,* 1992, S. 412.

[264] *Kube,* 1986, S. 122

[265] *Odersky,* 1984, S. L 33; *Roxin,* 1991, S. 354

[266] *Feest / Lesting* in: *AKStVollz,* 2000, § 3 , RN 1 und 3; *Calliess / Müller-Dietz,* 2002, § 3, RN 1

[267] *Walter,* 1999, S. 366, RN 390

1.1.3.1   Der Angleichungsgrundsatz, § 3 Abs. 1 StVollzG

Durch den in § 3 Absatz 1 StVollzG geregelten Angleichungsgrundsatz[268] sollen nach dem Regierungsentwurf „Besonderheiten des Anstaltslebens, die den Gefangenen lebensuntüchtig machen können", vermieden werden[269]. Daß diese Maxime zuerst genannt ist, hebt sie zunächst besonders hervor[270]. Andere messen dem Angleichungsgrundsatz trotz der systematischen Betonung dagegen eine nur mindere Bedeutung bei. Begründet wird diese Haltung mit einem Widerspruch zum Vollzugsziel. So soll dessen Erreichen im Einzelfall in Frage gestellt sein, wenn der Gefangene den „*allgemeinen Lebensverhältnissen*" gerade nicht gewachsen sei und eine Anpassung aus diesem Grund eine resozialisierende Wirkung nicht entfalten könne[271]. Eingeschränkt soll der Angleichungsgrundsatz nach dieser Auffassung nur gelten, wenn weder das Vollzugsziel durch seine Verwirklichung gefährdet scheint noch die Sicherungsfunktion des Vollzuges entgegensteht[272]. Die Gültigkeit der hier zum Tragen kommenden restriktiven Haltung ist angesichts der Behandlungsorientierung des Strafvollzuges zweifelhaft. Die bestehende Spannung zwischen den Behandlungsgrundsätzen einerseits und dem Sicherungsgedanken andererseits ist im Grundsatz vordringlich zugunsten der Resozialisierung zu lösen, während repressive Maßnahmen zweitrangig anzuwenden sind[273]. Gegen eine einschränkende Auslegung läßt sich weiterhin deren Unbestimmtheit einwenden, die jegliche „Behandlung" - bis hin zur Willkür - zuläßt[274]. Eine Angleichung an die allgemeinen Lebensverhältnisse ist nach dieser Meinung deshalb nicht an der Vereinbarkeit mit dem Ziel des Vollzuges zu messen, sondern daran, ob eine Unterscheidung zwischen dem Leben innerhalb und außerhalb der Anstalt als unumgänglich erachtet wird[275].

---

[268]So die treffende Formulierung von *Calliess / Müller-Dietz*, 2002, § 3, RN 1, die die in § 3 StVollzG aufgeführten Grundsätze als Angleichungsgrundsatz (Absatz 1), Gegensteuerungsgrundsatz (Absatz 2) und Integrationsgrundsatz (Absatz 3) bezeichnen.

[269]Regierungsentwurf, S. 46 (so *Feest* in: *AK-StVollz*, 1990, § 3, RN 4)

[270]*Feest / Lesting* in: AKStVollz, 2000, § 3, RN 4

[271]*Böhm* in: *Schwind / Böhm*, 1999, § 3, RN 2

[272]*Böhm* in: *Schwind / Böhm*, 1999, § 3, RN 2

[273]LG Frankfurt / Main, StV 1987, S. 301-302, Beschl. v. 15.05.1986 - 5/33 StVK 32/86 m. Anm. *Nestler-Tremel, Cornelius* auf S. 302-305; *Calliess / Müller-Dietz*, 2002, § 3, RN 3.

[274]*Feest* in: *AKStVollz*, 1990, § 3, RN 6

[275]*Feest / Lesting* in: AKStVollzG, 2000, § 3, RN 5

Diesem Verständnis der Angleichung entspricht, beispielsweise bezogen auf den Arbeitsbereich als wesentlichem Bestandteil des Strafvollzuges, eine tarifliche Entlohnung[276]. Zumindest mittelbar dient die Zahlung von Tariflöhnen den Opfern der Straftat, indem dann materieller Schadensersatz für die Gefangenen leistbar wird.

1.1.3.2 Der Gegensteuerungsgrundsatz, § 3 Abs. 2 StVollzG

Gemäß dem Gegensteuerungsgrundsatz sollen schädliche Wirkungen des Freiheitsentzuges bekämpft werden, § 3 Absatz 2 StVollzG. Abgestellt wird dabei auf regelmäßig unabsichtlich verursachte Nebenfolgen[277]. Schädigende Folgen betreffen die Lebensmöglichkeiten aller Gefangenen sowie die von Dritten, insbesondere durch erschwerte Bedingungen für zwischenmenschliche Beziehungen zu Personen außerhalb der Justizvollzugsanstalt[278]. Zu den Auswirkungen gehören der Verlust beruflicher Fertigkeiten und die Unmöglichkeit für Angehörige zu sorgen, ebenso wie die fehlende Befriedigung von Gläubigern[279]. Maßnahmen der Gegensteuerung sind im Gesetz nicht ausdrücklich genannt, Anwendung finden aber die allgemein üblichen Behandlungsmaßnahmen mit Rücksicht auf das Vollzugsziel und den einzelnen Gefangenen[280].

Die Auseinandersetzung mit den Schäden der Opfer ist daher von vornherein Bestandteil des Gegensteuerungsgrundsatzes[281]. Auswirkungen auf die Praxis hat lediglich das Maß der Unterstützung des Gefangenen seitens der Anstalt bei der Erfüllung seiner gegenüber den Opfern bestehenden Verpflichtungen.

1.1.3.3 Der Integrationsgrundsatz, § 3 Abs. 3 StVollzG

Der Integrationsgrundsatz bestimmt die Ausrichtung des Vollzuges auf die Hilfe zur Eingliederung in das Leben in Freiheit, § 3 Absatz 3 StVollzG. Er korrespondiert da-

---

[276] *Feest / Lesting* in: AKStVollzG, 2000, § 3, RN 13

[277] *Calliess /Müller-Dietz*, 2002, § 3, RN 5

[278] *Böhm* in: *Schwind / Böhm*, 1999, § 3, RN 11; *Feest / Lesting* in: *AKStVollzG*, 2000, § 3, RN 16.

[279] *Böhm* in: *Schwind / Böhm*, 1999, § 3, RN 11; *Feest / Lesting* in: *AKStVollzG*, 2000, § 3, RN 16.

[280] *Calliess / Müller-Dietz*, 2002, § 3, RN 6

[281] *Rössner / Wulf*, 1984, S. 107 f.; *Wulf*, 1985, S. 68 f.

durch zum Großteil mit dem Vollzugsziel[282]. Der Integrationsgrundsatz ist jedoch weiter gefaßt als das Ziel der Resozialisierung. Von ihm sind auch Hilfestellungen erfaßt, die nicht direkt der Vereitelung künftiger Straftaten dienen[283]. Selbst bei Gefangenen, die ohne Sozialisationsdefizite inhaftiert werden, können nach der Entlassung Probleme entstehen, deren Ursprung im Freiheitsentzug selbst liegen, unabhängig von der Persönlichkeit des Häftlings und gleichsam einer Behandlung bedürfen[284]. Die Hilfeleistungen sind vom Anfang der Inhaftierung an zu gewähren[285] und deshalb schon bei der Vollzugsplanung zu berücksichtigen[286].

Zur Herstellung günstiger Voraussetzungen für die Wiedereingliederung ist oftmals eine Schuldenregulierung von Bedeutung[287]. Der Eingliederungsgrundsatz bezieht daher die Beschäftigung mit Opferschäden ein, sofern nicht nur die Kompensation von Sozialisationsdefiziten in die Umsetzung des Grundsatzes aufgenommen wird[288].

1.1.4 Der Grundsatz der Mitgestaltung, § 4 StVollzG

Ein weiterer Grundsatz der Vollzugsgestaltung - hier bezogen auf die Mitgestaltung des Vollzuges durch den Gefangenen - findet sich in § 4 Absatz 1 StVollzG. Nach dieser Vorschrift soll der Inhaftierte an der Behandlung mitwirken und überdies seine Bereitschaft zur Mitarbeit geweckt und gefördert werden. Eine Mitwirkungspflicht besteht ebensowenig wie ein rechtlicher Anspruch des Gefangenen auf Mitwirkung[289]. Teilweise werden jedoch nachteilige Folgen für den Gefangenen wegen der Ablehnung einer Mitgestaltung als zulässig erachtet[290].

---

[282]*Böhm* in: *Schwind / Böhm*, 1999, § 3, RN 13; *Calliess / Müller-Dietz*, 2002, § 3, RN 8

[283]*Calliess / Müller-Dietz*, 2002, § 3, RN 8

[284]*Calliess / Müller-Dietz*, 2002, § 3, RN 8

[285]OLG Hamm, ZfStrVo 1985, S. 373 = NStZ 1985, S. 573, Beschl. v. 15.07.1985 - 1 VollZ (Ws) 83/85; *Böhm* in: *Schwind / Böhm*, 1999, § 3, RN 13

[286]*Feest / Lesting* in: *AKStVollz*, 2000, § 3, RN 21 f.

[287]*Feest / Lesting* in: *AKStVollz*, 2000, § 3, RN 22

[288]*Rössner / Wulf*, 1984, S. 107 f.; *Wulf*, 1985, S. 68 f.

[289]*Böhm* in: *Schwind / Böhm*, 1999, § 4, RN 4; *Feest / Lesting* in: *AKStVollz*, 2000, § 4, RN 5; *Calliess / Müller-Dietz*, 2002, § 4, RN 3

[290]Für die Zulässigkeit der Berücksichtigung der Mitarbeit bei anderen Vollzugsentscheidungen: *Jung*, 1977, S. 88 f.; *Böhm* in: *Schwind / Böhm* 1999, § 4, RN 8; dagegen: *Feest / Lesting* in: *AKStVollz* 2000, § 4 RN 5.

Der in § 4 Absatz 1 Satz 1 StVollzG aufgenommene Begriff der „Behandlung"[291] ist mit Blick auf das Vollzugsziel zu definieren[292]. Unter Behandlung sind jegliche Einwirkungen und Handlungen zu verstehen, die darauf gerichtet sind, den Gefangenen auf die Zukunft nach der Haft vorzubereiten oder ihm die Fähigkeiten und den Willen zu geben, künftig ein strafloses Leben in sozialer Verantwortung zu führen. Daneben umfaßt die Behandlung alle Tätigkeiten, die den schädlichen Folgen des Strafvollzuges entgegenwirken und helfen, den Gefangenen wieder in das Leben in Freiheit zu integrieren[293]. Zu den Elementen, die eine umfassende Behandlung ausmachen, gehören neben den besonderen Umgangsformen mit den Gefangenen wie positive und negative Bestärkung und Gesprächsangeboten, die Unterkunft, berufliche Tätigkeit, Vorbereitung der Entlassung sowie das Angebot von Gesprächs- oder Gruppentherapie als behandelnde Maßnahmen[294]. Auch die Hilfe bei der Auseinandersetzung des Gefangenen mit vorhandenen Schuldgefühlen gehört zu der Verwirklichung der in § 4 Absatz 1 StVollzG geforderten Mitgestaltung[295].

Bei einem in diesem Sinne verstandenen Behandlungsbegriff, gepaart mit der Aufforderung an die Anstalt, den Integrationswillen bei den Gefangenen zu stärken, ist die Berücksichtigung von Opferinteressen von vornherein ein Bestandteil der Behandlung. So zählt zu den Entlassungsvorbereitungen bei den meisten Gefangenen als wichtige Maßnahme die Schuldenregulierung, die naturgemäß auch die Schadensersatzleistungen an die Opfer der Straftaten umfaßt. Auch Gespräche über die Tat und die Opfer gehören zu einem umfassenden Behandlungsprogramm, das jedenfalls nach dem Wortlaut des Gesetzes gewährleistet sein soll.

---

[291]Eingehend zum Behandlungsbegriff insb.: *Jung*, 1987, S. 40; *Mey*, 1987, S. 42 ff.

[292]*Calliess / Müller-Dietz*, 2002, § 4, RN 8 setzen das Vollzugsziel mit dem Behandlungsziel gleich.

[293]*Jung*, 1987, S. 40; *Böhm* in: *Schwind / Böhm*, 1999, § 4, RN 6; *Calliess / Müller-Dietz*, 2002, § 4, RN 6

[294]Unter Nennung weiterer Beispiele *Böhm* in: *Schwind / Böhm*, 1999, § 4, RN 6.

[295]*Feest* in: *AKStVollz* 1990, § 4, RN 25

1.1.5 Die Behandlungsuntersuchung, § 6 StVollzG

Die Behandlungsuntersuchung steht als Grundlage des Vollzugsplans[296] am Beginn der Strafhaft. Zeitlich dem Aufnahmeverfahren[297] nachgeordnet, dient sie mit diesem und dem Vollzugsplan der Planung des gesamten Strafvollzuges. Inhalt und Grenze der Behandlungsuntersuchung ist nach dem Wortlaut des Gesetzes zunächst die Erforschung der Persönlichkeit sowie der Lebensverhältnisse der Gefangenen, § 6 Absatz 1 Satz 1 StVollzG. Daneben sind Umstände zu ermitteln, *„deren Kenntnis für eine planvolle Behandlung des Gefangenen im Vollzuge und für die Eingliederung nach seiner Entlassung notwendig ist"*, § 6 Absatz 2 StVollzG. Damit ist die Vollzugsplanung auf die Erreichung des Vollzugszieles der Resozialisierung ausgerichtet. Die Verfahren zur Persönlichkeitserforschung werden vom Gesetzgeber nicht vorgegeben. Die Verwaltungsvorschriften zu §§ 5 und 6 StVollzG betreffen ausschließlich die ärztliche Untersuchung bzw. die Frage, ab welcher Vollzugsdauer eine Behandlungsuntersuchung auszuführen ist. Die Gestaltung des Aufnahmeprocedere obliegt damit zum Großteil den Landesjustizverwaltungen[298]. Die Untersuchung findet regelmäßig in der Aufnahmeabteilung der gemäß des Vollstreckungsplanes zuständigen Justizvollzugsanstalt statt. Von der in § 152 Absatz 2 StVollzG eröffneten Möglichkeit der Einrichtung eigens für die Begutachtung zuständiger Einweisungsanstalten bzw. Einweisungsabteilungen haben lediglich drei Bundesländer, darunter Nordrhein-Westfalen, Gebrauch gemacht[299].

Eine Erforschung der Persönlichkeit bedarf unabhängig von den formalen Voraussetzungen allgemein der eigenständigen Anwendung anerkannter wissenschaftlicher Methoden durch die Bediensteten der Justizvollzugsanstalten, die über ein unklares „zur Sprache kommen lassen" hinausgehen müssen[300]. Neben den Lebensbedingungen

---

[296]§ 7 Absatz 1 StVollzG: „Auf Grund der Behandlungsuntersuchung (§ 6) wird ein Vollzugsplan erstellt."

[297]§ 6 Absatz 1 Satz 1 StVollzG: „Nach dem Aufnahmeverfahren wird damit begonnen, die Persönlichkeit und die Lebensverhältnisse des Gefangenen zu erforschen."

[298]*Schöch* in: *Kaiser / Kerner / Schöch*, 1992, § 6, RN 12; *Mey* in: *Schwind / Böhm*, 1999, Vorbemerkungen § 5, RN 1

[299]Neben der Einweisungsanstalt Hagen für Nordrhein-Westfalen bestehen Einweisungseinrichtungen in Baden-Württemberg und Niedersachsen, vgl. *Mey* in: *Schwind / Böhm*, 1999, § 6, RN 4.

[300]*Calliess / Müller-Dietz*, 2002, § 6, RN 3

des Gefangenen in seinem sozialen Umfeld ist die Untersuchung auf schulische, berufliche, soziale und politische Fähigkeiten zu richten[301].

In den genannten Themenkreis fließen Fragen nach der Straftat, deren Vorgeschichte und den Konsequenzen für den Gefangenen ebenso wie solche nach den Geschädigten als Teile der Persönlichkeit und Lebensweges des Täters hinein. Je nach Gewichtung der Gesprächsgegenstände, die Opferinteressen zum Inhalt haben, ist eine Orientierung in Richtung opferbezogener Themen bereits zu Beginn des Vollzuges zu erreichen. Zumindest können Grundlagenkenntnisse bezüglich des einzelnen Gefangenen im Hinblick auf die Geschädigten, den Schäden etc. für eine solche Ausrichtung der Vollzugsgestaltung zu gewonnen werden.

1.1.6 Soziale Hilfe für die Gefangenen, § 71 StVollzG

Die Gewährung sozialer Hilfe zielt nicht nur auf eine Unterstützung der Gefangenen bei vollzuglichen Angelegenheiten ab, vielmehr erfaßt sie auch Hilfeleistungen bei persönlichen Nöten und Bedürfnissen[302]. Die Grundsatznorm des § 71 StVollzG enthält neben dem rechtlichen Anspruch auf soziale Hilfe die Zielvorgabe, durch die Hilfestellung eine selbstverantwortliche Bewältigung der Probleme durch die Gefangenen zu ermöglichen und zu fördern. Daher ist die Anstalt verpflichtet, den Inhaftierten selbst bei anfänglicher Ablehnung weiterhin zur Selbsthilfe zu motivieren[303]. Soweit die Vorschrift die Vollzugsbehörden dazu anhält, auf eine Änderung von Denkweisen und des Sozialverhaltens hinzuwirken, ist dafür Voraussetzung die Bewußtmachung der bislang mißlungenen Lösungsversuche sowie die Vermittlung von Handlungsalternativen[304]. Als Grundlage eines solchen weitreichenden Arbeitskonzeptes ist die umfassende Erforschung der gesamten Lebenssituation des Gefangenen unter Einschluß der persönlichen Schwierigkeiten und materiellen Umstände notwendig, da nur die Verbindung dieser beiden Aspekte zur Erreichung des Zieles führen kann[305].

---

[301]*Calliess / Müller-Dietz*, 2002, § 6, RN 4 mit Verweis auf BT-Dr. 7/3998

[302]*Best* in: *Schwind / Böhm*, 1999, vor § 71, RN 2

[303]*Best* in: *Schwind / Böhm*, 1999, § 71, RN 4

[304]*Calliess / Müller-Dietz*, 1998, § 71, RN 1; *Best* in: *Schwind / Böhm*, 1999, § 71, RN 2

[305]*Best* in: *Schwind / Böhm*, 1999, § 71, RN 2; *Bertram / Huchting* in: *AKStVollzG*, 2000, § 71, RN 4

Die Beratung in persönlichen, rechtlichen und sozialen Fragen berührt unter verschiedenen Gesichtspunkten die Interessen von Opfern. Neben der Auseinandersetzung des Täters mit Schuldgefühlen und anderen psychischen Problemen als Tatfolge, sind die Aufarbeitung des Tatgeschehens und die materielle Schadenswiedergutmachung als wichtige Themenkreise herauszugreifen. Eine generelle Erfassung der Persönlichkeit und der Lebensbewältigung des Gefangenen beinhaltet demzufolge grundsätzlich die Belange der Geschädigten.

1.1.7 Entlohnung der Gefangenen, § 43 StVollzG

Die Vorschrift des § 43 StVollzG gewährt den Gefangenen für die Ausübung einer zugewiesenen Arbeit, sonstiger Beschäftigung oder einer Hilfstätigkeit einen rechtlichen Anspruch auf Lohnzahlung, deren Höhe sich nach § 200 StVollzG bestimmt. Die Einführung dieses Rechtsanspruchs begründet sich aus dem bereits diskutierten Angleichungsgrundsatz sowie dem Sozialstaatsprinzip[306].

Nachdem die für das Arbeitsentgelt maßgebliche Eckvergütung jahrelang 5 v. H. der sozialversicherungsrechtlichen Bezugsgröße betrug, wurde diese Maßgabe durch das Fünfte Gesetz zur Änderung des Strafvollzugsgesetzes mit Wirkung zum 1. Januar 2001 auf 9 v. H. erhöht[307]. Hintergrund war eine Entscheidung des Bundesverfassungsgerichts, das im Jahr 1998 die Bemessung des Arbeitsentgelts mit 5 v. H. durch § 200 Abs. 1 StVollzG als mit dem der Verfassung immanenten Resozialisierungsprinzip unvereinbar erklärte[308]. Ausgangspunkt dieser Entscheidung war die verfassungsrechtliche Verpflichtung des Gesetzgebers, ein wirksames Konzept der Resozialisierung zu entwickeln und den Strafvollzug hierauf aufzubauen. Solle nach dem Resozialisierungskonzept die Arbeit im Strafvollzug ein Mittel zur Resozialisierung darstellen, dann müsse sie angemessene Anerkennung finden. Das Bundesverfassungsgericht betonte hierbei ausdrücklich, daß sich diese Anerkennung nicht in einem finanziellen Gegenwert darstellen müsse. Notwendig sei vielmehr die Geeignetheit dazu, *„dem Gefangenen den Wert regelmäßiger Arbeit für ein künftiges eigenverantwortliches und straffreies Leben in Gestalt eines für ihn greifbaren Vorteils vor Augen*

---

[306] *Calliess / Müller-Dietz*, 1998, § 43, RN 1

[307] Fünftes Gesetz zur Änderung des Strafvollzugsgesetzes vom 27.12.2000, BGBl. I S. 2043

[308] BVerfG, Urteil v. 01.07.1998 - 2 BvR 441/90 - - 2 BvR 493/90 - - 2 BvR 618/92 - - 2 BvR 212/93 - - 2 BvL 17/97 - , in ZfStrVo 4/98, 242-249 (248)

zu führen". Sofern das gesetzgeberische Konzept auf einer Pflichtarbeit beruhe, die nur oder in der Hauptsache durch Arbeitsentgelt abgegolten werde, sei es verfassungsrechtlich geboten, daß *„dem Gefangenen durch die Höhe des ihm zukommenden Entgelts in einem Mindestmaß bewußt gemacht werden kann, daß Erwerbsarbeit zur Herstellung der Lebensgrundlage sinnvoll"* ist[309].

Diesen Punkt sah das Bundesverfassungsgericht mit der in 1998 gültigen Gesetzeslage als nicht erfüllt an. Die Höhe des Arbeitsentgelts von 5 v. H. der sozialversicherungsrechtlichen Bezugsgröße könne nicht zur Resozialisierung beitragen, da der Gefangene nicht eindringlich genug von dem Sinn der Erwerbstätigkeit zur Herstellung einer Lebensgrundlage überzeugt werden könne[310]. Damit pflichtete das Bundesverfassungsgericht den Stimmen bei, die deutlich kritisierten, daß dieser Maßstab nicht genüge, um dem Gefangenen den Wert seiner Arbeit zu verdeutlichen oder ihn zu motivieren, eventuell erforderlichen Unterhalt an Angehörige zu zahlen oder die Schäden aus der Straftat wiedergutzumachen[311].

Die Anordnung des Bundesverfassungsgerichts an den Gesetzgeber, spätestens bis zum 31.12.2000 das bestehende Resozialisierungskonzept mit der Verfassung in Einklang zu bringen oder aber ein anders Konzept zur Resozialisierung einzuführen[312], wurde mit dem bereits erwähnten Fünften Gesetz zur Änderung des Strafvollzugsgesetzes gerade noch innerhalb der gesetzten Frist befolgt. Durch eine Neufassung der §§ 43, 44 Abs. 2, 121 Abs. 5, 133 Abs. 2, 176 Abs. 1, 177, 199 Abs. 1 und 200 StVollzG wurde das Arbeitsentgelt auf 9 v. H. der Eckvergütung erhöht und festgelegt, daß beschäftigte Gefangene je nach Dauer der Arbeitsleistung bis zu sechs Urlaubstage zur Vorverlegung des Entlassungszeitpunkts oder als Hafturlaub nutzen können. Sofern ein Hafturlaub nicht gewährt werden kann oder eine Anrechnung auf

---

[309]BVerfG, Urteil v. 01.07.1998 - 2 BvR 441/90 - - 2 BvR 493/90 - - 2 BvR 618/92 - - 2 BvR 212/93 - - 2 BvL 17/97 - , in ZfStrVo 4/98, 242-249 (242)

[310]BVerfG, Urteil v. 01.07.1998 - 2 BvR 441/90 - - 2 BvR 493/90 - - 2 BvR 618/92 - - 2 BvR 212/93 - - 2 BvL 17/97 - , in ZfStrVo 4/98, 242-249 (248)

[311]Hier nur *Matzke* in: *Schwind / Böhm*, 1991, § 43, RN 1; *Calliess / Müller-Dietz*, 1998, § 43, RN 1

[312]BVerfG, Urteil v. 01.07.1998 - 2 BvR 441/90 - - 2 BvR 493/90 - - 2 BvR 618/92 - - 2 BvR 212/93 - - 2 BvL 17/97 - , in ZfStrVo 4/98, 242-249 (248)

den Entlassungszeitpunkt nicht durchführbar ist, steht den Inhaftierten eine Ausgleichsentschädigung zu[313].

Ob durch diesen Schritt die Wahrung von Opferinteressen, insbesondere durch eine materielle Wiedergutmachung, in größerem Umfang als bisher möglich ist, scheint fraglich. Denn die Anhebung des Arbeitsentgelts ist zu gering, um den meist nicht unerheblichen finanziellen Verpflichtungen einer Vielzahl von Gefangenen gerecht zu werden. Die von Fachkreisen geforderte Erhöhung der Vergütung auf 20 v. H. bis 40 v.H. der Eckvergütung[314] wurde bei weitem nicht erreicht. Daß die Neuregelung den Forderungen des Bundesverfassungsgerichtes, selbst unter Berücksichtigung zusätzlich zu gewährender „nicht-monetärer Maßnahmen", entspricht, wird daher zu recht angezweifelt[315].

Für die aktuelle Situation der Inhaftierten hat sich trotz der Umsetzung der verfassungsrechtlichen Vorgaben nur wenig geändert. Insofern ist es erstrebenswert, den Interessen von Angehörigen, Opfern und Gläubigern der Gefangenen stärkere Beachtung zu verschaffen, denn eine Opferhilfe kommt bislang, obwohl als Resultat einer effektiven Vollzugsgestaltung vorgesehen, in der Realität kaum zum Tragen.

1.1.8 Erfüllung der gesetzlichen Unterhaltspflicht durch die Gefangenen, § 49 StVollzG

Die in § 49 StVollzG grundsätzlich eröffnete Möglichkeit der Zahlung eines Unterhaltsbeitrags aus den Bezügen des Gefangenen ist gemäß § 198 Absatz 3 StVollzG bis zum Inkrafttreten eines besonderen Bundesgesetzes suspendiert. Da die Höhe des derzeitigen Arbeitsentgeltes eine Erfüllung der Unterhaltsverpflichtungen regelmäßig ausschließt, hätte selbst die Einführung des § 49 StVollzG oftmals keine unmittelbar opferbegünstigende Wirkung.

---

[313]Ausführlich zu der Thematik: *Radtke, Henning* „Die Zukunft der Arbeitsentlohnung von Strafgefangenen" in ZfStrVo 2001, S. 8-15.

[314]Hierzu *Feest* in: *AKStVollzG,* 2001, Erg. zu § 43, RN 3 m.w.N.

[315]*Radtke*, 2001, 10; *Feest* in: *AKStVollzG,* 2001, Erg. zu § 43, RN 3, 19

1.1.9 Weitergabe personenbezogener Daten über Gefangene, § 180 Abs. 5 StVollzG

Durch das 4. Strafvollzugsänderungsgesetz[316] wurde im Jahr 1998 im Zuge der Regelungen zum Datenschutz den Verletzten einer Straftat die Möglichkeit eröffnet, auf schriftliche Antragstellung Auskünfte über die Entlassungsadresse oder die Vermögensverhältnisse von Gefangenen zu erlangen. Diese Auskünfte werden nach § 180 Abs. 5 Satz 2 StVollzG dann erteilt, wenn die Erteilung zur Feststellung oder Durchsetzung von Rechtsansprüchen im Zusammenhang mit einer Straftat erforderlich ist.

1.2 Die Verwaltungsvorschriften der Länder als Anknüpfungspunkte für Opferbelange

1.2.1 Die Aufgaben der Verwaltungsvorschriften bei der Konkretisierung der Strafvollzugsgestaltung

Die Anwendung des Strafvollzugsgesetzes wird in der Praxis maßgeblich durch die bundeseinheitlichen *Verwaltungsvorschriften zum Strafvollzugsgesetz* (VVStVollzG) geprägt. Daneben sind die *Dienst- und Sicherheitsvorschriften für den Strafvollzug* (DSVollz) erlassen worden, die gleichermaßen intern verbindlich sind[317]. Die VVStVollzG konkretisieren als Ausführungsbestimmungen die Ausgestaltung des Strafvollzugsgesetzes, während die DSVollz neben den Berufspflichten der Bediensteten Regelungen über die Sicherheit und Ordnung innerhalb der Justizvollzugsanstalten enthalten. Da es sich bei diesen Vorschriften nicht um Rechtssätze handelt, entfalten sie zwar für die Justizvollzugsbehörden Bindungswirkung, nicht aber für die Gerichte[318].

Die VVStVollzG betreffen in der Funktion einer Auslegungsrichtlinie entweder die Auslegung unbestimmter Rechtsbegriffe oder als Ermessensrichtlinie die Ermessens-

---

[316]4. StVollzÄndG vom 26.08.1998 (BGBl. I S. 2461)

[317]Ergänzt werden die verwaltungsinternen Regelungen durch die für den Jugendvollzug bundeseinheitlich geltenden Verwaltungsvorschriften, die bis zum Erlaß einer umfassenden gesetzlichen Regelung gelten, vgl. *Kaiser* in: *Kaiser / Kerner / Schöch*, 1992, § 2, RN 9.

[318]OLG Frankfurt/Main, Beschl. v. 29.06.1977 - 3 Ws 261/77 in: NJW 1978, 334 - 335 (334 f); *Wolff / Bachof / Stober*, 1994, § 24, RN 26

ausübung durch die Vollzugsbehörden[319]. Sie dienen der Vereinheitlichung von Er-
messensentscheidungen und sind eine Interpretationsvorgabe für gesetzlich unklar
gefaßte Begriffe[320]. Dem für den Rechtsanwender positiven Gesichtspunkt der Bere-
chenbarkeit rechtlicher Normen und leichterer Anwendbarkeit, steht die Gefahr einer
Einengung der gesetzlichen Vorschriften gegenüber. Auch die Rechtfertigung von
Abweichungen und Ausnahmefällen wird infolgedessen erschwert. Inzwischen können Tendenzen innerhalb der Verwaltungsvorschriften ausgemacht werden, die dem
Vollzugsziel der Resozialisierung entgegenstehen[321]. Selbst wenn Verwaltungsvorschriften, die mit dem Gesetz nicht zu vereinbaren sind, für die Vollzugsgestaltung
keine Anwendung finden dürfen[322], gibt es in der Verwaltungspraxis ausreichende
Möglichkeiten, um eine von den Landesjustizverwaltungen favorisierte Gegensteuerung durchzusetzen. Indem die Landesbehörden bei besonderen Entscheidungen die
Genehmigung der Aufsichtsbehörde oder die Anhörung einer anderen Behörde, die in
ihrer Eigenheit auf Sicherungsaspekte ausgerichtet ist, voraussetzen, werden Mittel
der justizpolitischen Einwirkung auf die Anstaltsleitungen geschaffen[323]. Ergänzende
Regelungen in Form von Erlassen, Rundverfügungen u.a., die in ihrer Masse zu einer
gesetzähnliche Bedeutung erlangen, erhöhen ebenfalls die Wahrscheinlichkeit von
Rechtsverstößen[324].

1.2.2 Erläuterung einzelner Verwaltungsvorschriften

Die Verwaltungsvorschriften enthalten nur an wenigen Stellen Hinweise, die auf die
Berücksichtigung von Opferinteressen schließen lassen.

---

[319] *Schöch* in: *Kaiser / Kerner / Schöch*, 1992, § 6, RN 9

[320] *Walter*, 1999, S. 363, RN 383

[321] *Koepsel*, 1992, S. 47; *Dünkel / Kunkat*, 1997, S. 25; *Walter*, 1999, S. 363, RN 383

[322] *Schöch* in: *Kaiser / Kerner / Schöch*, 1992, § 6, RN 9

[323] *Koepsel*, 1992, S. 47 sowie der Hinweis auf die Praxis, Stellungnahmen von Staatsanwaltschaf-
ten im Rahmen von Lockerungsentscheidungen nach § 11 StVollzG ungeprüft zu übernehmen bei
Lesting in: *AKStVollzG*, 2000, § 11, RN 70.

[324] *Walter*, 1999, S. 360, RN 376 mit Verweis auf *Popitz*, H. „Die normative Konstruktion von Gesellschaft", 1980, S. 61.

1.2.2.1 VVStVollzG zu § 6 StVollzG

Die VVStVollzG zu § 6 StVollzG besagt, daß eine Behandlungsuntersuchung zwingend erst bei einer Mindestvollzugsdauer von einem Jahr erforderlich sei. Die Verwaltungsvorschrift widerspricht damit inhaltlich der gesetzlichen Vorgabe des § 6 Absatz 1 Satz 1 StVollzG, der grundsätzlich unabhängig von der Vollzugsdauer für jeden Gefangenen eine Behandlungsuntersuchung vorsieht. Erst Satz 2 der Vorschrift ermöglicht ein Absehen von der Untersuchung, *„wenn dies mit Rücksicht auf die Vollzugsdauer nicht geboten erscheint"* (§ 6 Absatz 1 Satz 2 StVollzG). Eine schematische Anwendung der Verwaltungsvorschriften verbietet sich gleichwohl. Denn der Gesetzgeber ist selbst bei einer nur kurzen Haftdauer von der Notwendigkeit einer Erforschung der Lebensumstände des Gefangenen ausgegangen[325]. Bei strikter Anwendung der einschränkenden Verwaltungsvorschrift entfällt für einen Teil der Gefangenen die Möglichkeit einer intensiven, seitens der Justizvollzugsanstalt angeregten, Auseinandersetzung mit der Lebensführung und der eigenen Persönlichkeit, was die Beschäftigung mit der Straftatbegehung und den Geschädigten der Tat beinhaltet. Sofern im Rahmen der Behandlungsuntersuchung überhaupt auf Opferbelange eingegangen wird, entfällt ein solcher Opferbezug mit dieser Auslegung von vornherein für eine Vielzahl von Inhaftierten.

1.2.2.2 VVStVollzG zu § 11 StVollzG

Bezogen auf die Anordnung von Lockerungen im Strafvollzug bestimmt Nr. 7 Absatz 1 VVStVollzG zu § 11 StVollzG, daß die Anstaltsleitung bei der Entscheidung zu beachten hat, *„ob der Gefangene durch sein Verhalten im Vollzug die Bereitschaft gezeigt hat, an der Erreichung des Vollzugszieles mitzuwirken"*. Unabhängig von der Frage nach der inhaltlichen Ausfüllung des Begriffes der Resozialisierung ist streitig, ob die Mitarbeit des Strafgefangenen bei Vollzugsentscheidungen zulässigerweise berücksichtigt werden darf. Bedenken ergeben sich, weil gerade keine Rechtspflicht besteht, an der Erreichung des Vollzugszieles mitzuwirken. Dessen ungeachtet wird über die Verwaltungsvorschriften Druck in Richtung einer Kooperationsbereitschaft ausgeübt[326]. Aus dem Zweck der Behandlungsmaßnahmen, den Gefangenen ohne

---

[325]BT-Dr. 7/3998 vom 29.08.1975, S. 7; *Feest / Joester* in: *AKStVollz*, 2000, § 6, RN 3 *Calliess / Müller-Dietz*, 2002, § 6, RN 5

[326]*Jung*, 1977, S. 88

Zwang zur Mitarbeit an der Verwirklichung des Zieles des Vollzuges anzuregen, kann jedoch gefolgert werden, daß eine fehlende Bereitschaft nicht zu einer „indirekten" Disziplinierung mittels der Versagung von Lockerungen führen darf[327]. Gegen die Einbeziehung der Mitwirkungsbereitschaft spricht weiterhin die Gefahr einer lediglich vorgetäuschten Motivation durch besonders raffinierte Gefangene, die gegenüber den schwächeren Mithäftlingen aufgrund ihres Auftretens mehr Lockerungen erhalten[328]. Nach anderer Auffassung erschöpft sich die Folge einer fehlenden Mitarbeitspflicht in einem daraus abzuleitenden Verbot der Verhängung von Disziplinierungsmaßnahmen gegenüber dem unwilligen Gefangenen[329]. Die mangelnde Bereitwilligkeit der Teilnahme an der Resozialisierung begründet gemäß dieser Meinung teilweise per se eine Mißbrauchs- bzw. Fluchtgefahr, die den Lockerungen entgegensteht, weil die Durchführung von Behandlungsmaßnahmen zur Erreichung des Vollzugsziels für erforderlich gehalten wurde und ohne deren Befolgung die Gefahr künftiger Straftatbegehung größer sei[330]. Freilich wird gesehen, daß die Gewährung von Lockerungen eine Motivation für zunächst „resozialisierungsfeindliche" Strafgefangene sein könne, die aufgrund dieser positiven Erfahrung künftig eine offenere Einstellung gegenüber Maßnahmen des Behandlungsvollzuges entwickeln könnten[331].

Insbesondere der Hinweis auf diese Gruppe von resozialisierungsunwilligen Gefangenen verdeutlicht die Widersprüchlichkeit einer konsequenten Berücksichtigung der Mitwirkungsbereitschaft, da im Einzelfall der Erreichung des Vollzugsziels entgegengewirkt wird. Andererseits knüpft die Frage nach einer künftigen Legalbewährung für die Anstaltsleitung notwendig an äußeren Kriterien an, da eine Überprüfung der inneren Einstellung der Gefangenen schlechthin unmöglich ist. Zu bedenken ist jedoch die Vorgabe in § 11 StVollzG, wonach die Ermessensentscheidung über die Gewährung von Lockerungen mit der Frage einer bestehenden Flucht- oder Mißbrauchsgefahr verbunden wird. Ein Zusammenhang zwischen diesen Gefährdungen und der fehlenden Mitwirkungsbereitschaft muß danach vorliegen, um dem gesetzlichen Anspruch gerecht zu werden. Die Mitarbeit der Gefangenen bei der Verwirklichung des Voll-

[327]Calliess / Müller-Dietz, 2002, § 4, RN 4

[328]*Lesting* in: *AKStVollz*, 2000, § 11, RN 53

[329]*Böhm* in: *Schwind / Böhm*, 1999, § 4, RN 9

[330]*Schöch* in: *Kaiser / Kerner / Schöch*, 1992, § 6, RN 35; *Böhm* in: *Schwind / Böhm*, 1999, § 4, RN 9

[331]*Böhm* in: *Schwind / Böhm*, 1999, § 4, RN 9

zugsziels darf danach in keinem Fall das alleinige Kriterium zur Versagung von Lockerungen sein.

Die Verwaltungsvorschriften zu den Lockerungen im Vollzug setzen weiterhin in Nr.7 Absatz 4 VVStVollzG zu § 11 StVollzG bei ausgewählten Deliktsgruppen eine „besonders gründliche" Prüfung für die Gewährung der Lockerungen voraus. Die Verschärfung gilt unter anderem für Gefangene, die eine Freiheitsstrafe wegen grober Gewalttätigkeiten gegen Personen ableisten oder die wegen einer Straftat gegen die sexuelle Selbstbestimmung verurteilt sind. Ob die Erwähnung der Tat und deren Berücksichtigung bei der Entscheidung über Vollzugsvergünstigungen einen besonderen Opferbezug erkennen lassen, wie teilweise angenommen wird, ist fraglich[332]. Die Verwaltungsvorschrift dient vordringlich vollzugsexternen Bedürfnissen, nämlich der Beschwichtigung sensibler Reaktionen der Öffentlichkeit auf die Begehung von Straftaten während Lockerungen oder Hafturlauben durch Gewalt- oder Sexualstraftäter[333]. Zur Erforschung einer bestehenden Flucht- oder Mißbrauchsgefahr, deren Vorliegen nach § 11 Absatz 2 StVollzG der Anordnung von Lockerungen entgegenstehen, sind bei *jedem* Gefangenen, unabhängig von der ihm zur Last gelegten Straftat, umfassende Ermittlungen durchzuführen. Zu den hierbei beachtlichen Gesichtspunkten zählen neben der Persönlichkeit und der Entwicklung des Häftlings bis zur Tatausführung, die näheren Umstände der Tatbegehung sowie der Entwicklungsprozeß im Strafvollzug[334]. Werden diese Maßstäbe bei der Frage der Zulässigkeit von Lockerungen beachtet, fließen in der Tat opferbezogene Aspekte in die Beurteilung ein. Die Anordnung von Lockerungen wird jedoch „einseitig" von den Vollzugsbehörden getroffen. Eine Auseinandersetzung des Täters mit den Tatumständen und dem Opfer erfolgt nicht im Rahmen dieser Entscheidung, sondern allenfalls in deren Vor-

---

[332]So *Rössner / Wulf,* 1984, S. 105, die eine Opferperspektive im Vollzug auch von der Berücksichtigung der Straftat im Rahmen des Behandlungsprozesses abhängig machen und die dem Vollzug zugrundeliegende Tat, was die rechtlichen Bestimmungen zum Strafvollzug betrifft, nur im Rahmen dieser Verwaltungsvorschriften angesprochen sehen. Aus dieser Vernachlässigung der Tat folgern die Autoren, daß das Tatgeschehen im Regelvollzug nicht aufgearbeitet wird.

[333]*Kühling / Ullenbruch* in: *Schwind / Böhm,* 1999, § 11, RN 23

[334]*Calliess / Müller-Dietz,* 2002, § 11, RN 18 unter Hinweis auf vollzugsrechtliche Rechtsprechung: OLG Frankfurt / Main, Beschl. v. 12.03.1982 - 3 Ws 140/82 in: NStZ 1982, 349-350 (350); ähnlich OLG Karlsruhe Beschl. v. 18.02.1983 - 3 Ws 16/83 - in: ZfStrVo 1983, 181-184, wonach es zwar regelmäßig einer *„eingehenden Schilderung der Persönlichkeit und der Entwicklung des Gefangenen bis zur Tat nicht"* bedürfe, was auch für *„die Art und Weise sowie für die Motive der Tat"* gelte (S. 183; Hervorhebung durch die Verfasserin). Diese Feststellungen implizieren jedoch im Gegenschluß, daß die genannten Aspekte in jedem Fall beachtet werden müssen, wenn auch nicht ausführlich.

feld. Das Verhalten des Gefangenen wird von der Anstaltsleitung daher lediglich zur Kenntnis genommen und gegebenenfalls angemessen bei der Entschließung berücksichtigt. Von einer Stärkung der Opferinteressen im Vollzug kann daher eher nicht gesprochen werden, weil die Beschäftigung mit dem Geschädigten und den Schäden nach der Tat unberücksichtigt bleibt, sofern sie nicht für die Anstaltsleitung offensichtlich während des Vollzuges erfolgt ist. Eine Hinwirkung auf die Auseinandersetzung mit dem Opfer fehlt gänzlich. In die derzeitige Praxis fließen demnach kaum opferbezogene Fragestellungen ein.

1.2.2.3 VVStVollzG zu § 13 StVollzG

Nr. 4 Absätze 1 und 4 VVStVollzG zu § 13 StVollzG enthalten bezüglich der Gewährung von Hafturlaub den Nr. 7 Absätze 1 und 4 VVStVollzG zu § 11 StVollzG gleichlautende Regelungen. Wie dort darf diese Vergünstigung nur Gefangenen gewährt werden, bei denen keine Flucht- oder Mißbrauchsgefahr vorliegt, wobei die Mitwirkungsbereitschaft an der Erreichung des Vollzugszieles bei der Entscheidung über das Bestehen dieser Gefahren bedacht werden soll. Daneben wird für die o.g. ausgewählten Straftatbeständen ebenfalls eine *„besonders gründliche"* Prüfung für erforderlich gehalten (vgl. Nr. 4. VVStVollzG zu § 13 StVollzG). Die vorstehenden Erwägungen zur Anwendung der Verwaltungsvorschriften gelten wegen dieser Übereinstimmung auch im Rahmen der Gewährung von Urlaub aus der Haft gemäß § 13 StVollzG.

Eine Besonderheit ergibt sich bei der Frage der Urlaubsgewährung für langjährig einsitzende Strafgefangene, insbesondere den zu einer lebenslänglichen Haft Verurteilten: Teilweise wird es hier als mit dem Strafvollzugsgesetz für vereinbar gehalten, wenn bei der Entschließung hinsichtlich dieser Gruppe von Inhaftierten der Unrechts- und Schuldgehalt der Tat berücksichtigt wird[335]. Begründet wird diese Auffassung mit einem Zurücktreten des Vollzugszieles der Resozialisierung in solchen Fällen, was dem Strafzweck des gerechten Schuldausgleichs eine erhöhte Bedeutung zukommen lasse[336]. Zwar ist die Auslegung des Gesetzes in diesem Sinne vom Bundesverfassungsgericht - in einem obiter dictum - für verfassungsgemäß erklärt worden[337].

---

[335]*Kühling / Ullenbruch* in: *Schwind / Böhm*, 1999, § 13, RN 43

[336]OLG Karlsruhe, Beschl. v. 25.11.1977 - 2 Ws 230/77 - in: ZfStrVo SH, 1978, S. 9-16 (9 f); OLG Hamm, Beschl. v. 12.06.1981 - 7 Vollz (Ws) 26/81 - in: NStZ 1981, S. 495 (LS) mit Verweis auf OLG Frankfurt / Main, Beschl. v. 05.03.1979 - 3 Ws 893/78 (StVollz) in: ZfStrVo SH 1979, S. 28-32;

Als Ermessenskriterium müssen allgemeine Strafzwecke dennoch ausscheiden, da diese durch das Strafvollzugsgesetz explizit ausgeschlossen wurden[338]. Eine Berücksichtigung der Schwere der Schuld bei strafvollzugsrechtlichen Entscheidungen ist daher unzulässig. Abschließend bleibt anzumerken, daß die Behandlungsmaßnahme des Hafturlaubs der Stabilisierung sozialer Kontakte, einer Behauptung in der Freiheit sowie dem Ausgleich von negativen Einflüssen im Strafvollzug dient, weshalb dessen Gewährung unabhängig von der Bereitschaft eines Gefangenen zur Mitgestaltung des Vollzuges zu beurteilen ist[339].

1.2.2.4 VVStVollzG zu § 39 StVollzG

Eine ausdrückliche Erwähnung finden Opferinteressen lediglich in den Verwaltungsvorschriften zu § 39 StVollzG, der Regelungen bezüglich freier Beschäftigungsverhältnisse sowie der Selbstbeschäftigung von Gefangenen trifft. Gemäß Nr. 2 Absatz 4 VV StVollG ist ein Gefangener, der in einem freien Beschäftigungsverhältnis steht, dazu *„anzuhalten, seine Unterhaltspflichten zu erfüllen, den durch die Straftat verursachten Schaden wiedergutzumachen und seine sonstigen Verbindlichkeiten zu erfüllen"*. Daneben ist in Nr. 2 Absatz 3 VVStVollG die Reihenfolge der Verwendungszwecke von Gefangenenbezügen festgelegt. Unter den Punkten c) und e) sind die Erfüllung von Unterhaltspflichten bzw. anderen Verbindlichkeiten in die Liste aufgenommen worden, jedoch eingeschränkt durch ein entsprechendes Antragserfordernis seitens des Gefangenen. Eine Verpflichtung des Gefangenen, sich vorrangig um die Schadenswiedergutmachung zu bemühen, ist damit nicht festgeschrieben worden. Noch vor den „sonstigen Verbindlichkeiten" des Gefangenen, wozu Schadensersatzleistungen an die durch die Straftat Geschädigten zählen, sind die eigenen Aufwendungen des Gefangenen sowie der Haftkostenbeitrag auszugleichen. Der grundsätzlich

---

Kühling / Ullenbruch in: *Schwind / Böhm*, 1999, § 13 RN, 43; a.A.: Peters, 1978, S. 177-180; LG Heilbronn, Beschl. v. 27.12.1985 - StVK 346/85 - in: NStZ 1986, S. 380-381(380); *Lesting* in: *AKStVollzG*, 2000, § 13, RN 48; *Calliess / Müller-Dietz*, 2002, § 13, RN 26

[337]BVerfG Beschl. v. 28.06.1983 - 2 BvR 539/80 - 2 BvR 612/80 - in: ZfStrVo 1984, S. 52-59 mit abweichender Meinung *Mahrenholz* in: ZfStrVo 1984, S. 59-64; dagegen auch: *Calliess / Müller-Dietz*, 2002, § 13, RN 26, die einen Rechtsverstoß gegen den Grundsatz der Gewaltenteilung sowie gegen den Grundsatz der Bindung an die Gesetze von Vollzugsverwaltung und Vollzugsgerichten sehen, sobald diese eigene „überpositive und rechtspolitische Wertungen an die Stelle des Gesetzes und des Gesetzgebers setzen".

[338]*Calliess / Müller-Dietz*, 2002, § 13, RN 26 m.w.N.

[339]*Calliess / Müller-Dietz*, 2002, § 13, RN 9

opferbezogene Ansatz kann in der Praxis weiterhin durch die jeweilige Auslegung der an die Vollzugsbehörden gerichteten Aufforderung eines „Anhaltens" zu einer Wiedergutmachung relativiert werden. Unter dieser Anweisung kann eine einmalige Bitte ebenso gefaßt werden wie eine intensive Auseinandersetzung über die Tatfolgen und Schäden, die dem Gefangenen die Folgen der Tat für das Opfer bewußt machen. Auch die Verwaltungsvorschriften zu § 39 StVollzG beziehen daher Opferinteressen nicht in jeder Fallkonstellation und unbedingt ein.

2. Gesetzgeberische Initiativen zur Einbindung der Opferinteressen in das Strafvollzugsgesetz

2.1 Erhöhung des Arbeitsentgelts

Bereits im Jahr 1979 legte die Bundesregierung den Entwurf eines „Ersten Strafvollzugs-Fortentwicklungsgesetzes" vor, der die Anhebung der Vergütung und die Einbeziehung der Gefangenen in die gesetzliche Kranken- und Rentenversicherung zum Ziel hatte[340]. Anlaß für den Vorschlag war die durch § 200 Absatz 2 StVollzG bis Ende 1980 gesetzte Frist, innerhalb der über eine Aufstockung der Entlohnung entschieden werden mußte. Vorgesehen war u.a. die Steigerung der in § 200 StVollzG festgelegten Bezugsgröße um 5 % auf insgesamt 10 %. Die Begründung verwies sowohl auf den Angleichungsgrundsatz, als auch auf die Verbesserung der finanziellen Lage der Gefangenen, die bei einem erhöhten Arbeitsentgelt eher zur Ansparung eines Überbrückungsgeldes fähig seien[341]. Im folgenden widersetzte sich der Bundesrat aus Kostengründen einen Zuwachs um 5 Prozentpunkte und beschloß seinerseits eine Änderung des Anteils auf lediglich 7 %[342]. Nachdem die Bundesländer keinen Konsens über die anzustrebende Quote erzielt hatten[343], lehnte das Länderparlament den Regie-

---

[340]BR-Dr. 297/79 vom 17.08.1979 - Gesetzentwurf der Bundesregierung: Entwurf eines Ersten Gesetzes zur Fortentwicklung des Strafvollzuges - Erstes Strafvollzugs-Fortentwicklungsgesetz (1. StVollzFG)

[341]BR-Dr. 297/79 vom 17.08.1979, S. 6

[342]BR-Dr. 397/1/79 vom 18.09.1979, S. 4 - Empfehlungen der Ausschüsse

[343]Zu den Stellungnahmen der Bundesländervertretungen und Ausschüsse siehe Plenarprotokoll 477/79 - Bundesrat Bericht über die 477. Sitzung vom 28.09.1979, S. 287; BR-Dr. 282/1/80 vom 02.06.1980.

rungsentwurf ab[344]. Aufgrund der mit einer Erhöhung des Arbeitsentgeltes notwendig verbundenen finanziellen Belastungen der Länderhaushalte wurde der Entwurf eines Ersten Strafvollzugs-Fortentwicklungsgesetzes schließlich weder in der 8. noch in der 9. Legislaturperiode in Kraft gesetzt[345].

Die unterlassene Umsetzung der in § 200 Absatz 2 StVollzG aufgestellten Vorgabe war u.a. Anlaß, das Strafvollzugsgesetz als „symbolische Gesetzgebung" zu bewerten und im Rahmen einer Großen Anfrage an die Bundesregierung im Jahr 1987 eine Stellungnahme der Regierung bezüglich der unterlassenen Entgeltanhebung einzufordern[346]. In ihrer Antwort verwies die Bundesregierung erneut auf die finanzielle Lage der Bundesländer und würdigte einen inzwischen ergangenen Gesetzesentwurf des Bundesrates, in dem eine Anhebung des Arbeitslohnes um einen Prozentpunkt beschlossen wurde, als ersten Schritt zur Erfüllung des Gesetzesauftrages[347]. Dieser Versuch, im Rahmen eines Strafvollzugsänderungsgesetzes das Arbeitsentgelt maßvoll (von fünf Prozent auf sechs Prozent) anzuheben[348], scheiterte ebenfalls wegen der Unstimmigkeiten hinsichtlich des Gesamtkonzeptes des Änderungsentwurfes[349].

Die sich durch die Wiedervereinigung gebotene Chance, das Arbeitsentgelt für die Gefangenen im gesamten Bundesgebiet zu erhöhen, wurde nicht genutzt. Vielmehr kommen im ehemaligen Gebiet der Deutschen Demokratischen Republik seit dem 03.10.1990 aufgrund des durch den „Vertrag über die Herstellung der Einheit

---

[344]BR-Dr. 637/80 vom 30.01.1981

[345]BT-Dr. 8/3335 vom 08.11.1979 - Entwurf eines Ersten Gesetzes zur Fortentwicklung des Strafvollzuges - Erstes Strafvollzugs-Fortentwicklungsgesetz (1. StVollzFG) -; BR-Dr. 8/3958 vom 25.04.1980 - Beschlußempfehlung und Bericht des Rechtsausschusses (6. Ausschuß) zum dem von der Bundesregierung eingebrachten 1. StVollzFG; BT-Dr. 8/4394 vom 04.07.1980 - Unterrichtung durch den Bundesrat: Der Bundesrat hat in der Sitzung vom 04.07.1980 beschlossen, dem 1. StVollzFG nicht zuzustimmen; BT-Dr. 8/4396 vom 09.07.1980 - Unterrichtung durch die Bundesregierung: Die Bundesregierung hat beschlossen, daß der Vermittlungsausschuß einberufen wird.

[346]BT-Dr. 11/1202 vom 16.11.1987 - Große Anfrage der Abgeordneten Frau Nickels und der Fraktion DIE GRÜNEN: „10 Jahre Strafvollzugsgesetz - Kriminalpolitische Bestandsaufnahme und Perspektiven"

[347]BT-Dr. 11/4302 vom 05.04.1989 - Antwort der Bundesregierung auf die Große Anfrage der Abgeordneten Frau Nickels und der Fraktion DIE GRÜNEN - Drucksache 11/1202 -, S. 3

[348]BR-Dr. 270/88 vom 23.09.1988 - Entwurf eines Gesetzes zur Änderung des Strafvollzugsgesetzes = BT-Dr. 11/3694, Anlage 1, S. 6

[349]Eingehend hierzu *Calliess / Müller-Dietz*, 2002, Einleitung, RN 44.

Deutschlands"[350] neu eingefügten § 202 Absatz 2 StVollzG die Vorschriften des Straf-vollzugsgesetzes zur Anwendung. Die einheitliche Geltung der Regelungen hat wegen des bestehenden Einkommensgefälles zwischen den „alten" und „neuen" Ländern der Bundesrepublik eine Besserstellung der Gefangenen in den neuen Bundesländern zur Folge[351]. Mit der allmählichen Angleichung der Löhne wird diese Ungleichheit verlo-rengehen.

2.2 Das Strafvollzugsänderungsgesetz von 1988

Im Jahr 1986 beauftragten die Justizminister und -senatoren der Bundesländer auf-grund der bisherigen Erfahrungen mit dem Strafvollzugsgesetz den Strafvollzugsaus-schuß der Länder mit der Erarbeitung von Vorschlägen zur Änderung des Strafvoll-zugsgesetzes[352]. Die der Justizministerkonferenz daraufhin im Juni 1987 vorgelegten Empfehlungen enthielten u.a. Ausführungen zu Fragen des Täter-Opfer-Ausgleiches sowie zu der Berücksichtigung der Mitwirkungsbereitschaft des Gefangenen an der Erreichung des Vollzugszieles bei der Gewährung von Urlaub[353].

Der im darauffolgenden Jahr vom Bundesrat vorgelegte Entwurf eines Gesetzes zur Änderung des Strafvollzugsgesetzes nahm die Vorschläge teilweise auf[354]. Zielsetzung des Gesetzentwurfes war, neben weiteren Gesichtspunkten, ausdrücklich die „Veran-kerung einer *opferbezogenen Vollzugsgestaltung* im Strafvollzugsgesetz"[355]. Damit übernahm der Gesetzgeber erstmalig die von *Rössner/Wulf*[356] geprägte Formulierung. Nachdem sich im Bereich der ambulanten Strafrechtspflege der Täter-Opfer-Aus-gleich mehr und mehr etablierte und das Inkrafttreten des Opferschutzgesetzes sowie

---

[350]Vertrag über die Herstellung der Einheit Deutschlands (Einigungsvertrag) vom 31.08.1990 - BGBl. II S. 885

[351]*Böhm* in: *Schwind / Böhm*, 1999, § 202

[352]BR-Dr. 270/88 vom 23.09.1988 - Entwurf eines Gesetzes zur Änderung des Strafvollzugsgeset-zes, S. 17

[353]BR-Dr. 270/88 vom 23.09.1988 - Entwurf eines Gesetzes zur Änderung des Strafvollzugsgeset-zes, S. 17

[354]BR-Dr. 270/88 vom 23.09.1988 - Entwurf eines Gesetzes zur Änderung des Strafvollzugsgeset-zes, insb. S. 17

[355]BR-Dr. 270/88 vom 23.09.1988 - Entwurf eines Gesetzes zur Änderung des Strafvollzugsgeset-zes

[356]*Rössner / Wulf*, 1984, S. 108 ff., insb. S. 133

der Neufassung des § 46 StGB den Opfergedanken anerkannte, sollte auch der Strafvollzug als dritte Säule der Strafrechtspflege an dieser Entwicklung teilhaben[357]. Die
Verwirklichung dieses Zieles wurde insbesondere durch die Änderung der Vorschriften bezüglich der Stellung des Gefangenen (§ 4 StVollzG) sowie des Vollzugsplanes
(§ 7 StVollzG) angestrebt.

Der Entwurf eines durch einen neuen Satz 3 ergänzten § 4 Absatz 1 StVollzG lautete:

*„Zur Erreichung des Vollzugszieles sollen die Einsicht des Gefangenen in die Fol-
gen der Tat, insbesondere für das Tatopfer, geweckt und geeignete Formen des
Ausgleichs angestrebt werden"*,

§ 7 Absatz 2 StVollzG sollte um folgende Ziffer ergänzt werden:

„9. Maßnahmen zum Ausgleich der Tatfolgen"[358].

Nach dem Gesetzentwurf konnte die Versagung von Vollzugslockerungen gemäß § 11
StVollzG und von Urlaub aus der Haft nach § 13 StVollzG nunmehr auf ein fehlendes
Bemühen des Gefangenen um einen Ausgleich mit dem Opfer gestützt werden[359].

Die Opferperspektive sollte durch eine Neubewertung des in § 2 Absatz 1 StVollzG
verankerten Prinzips der sozialen Verantwortung Eingang in den Vollzug finden[360].
Nachdem in der vergangenen Zeit „allzusehr" die Fortentwicklung der sozialen Kompetenz bei den Gefangenen im Blickfeld stand, trat nunmehr das Verhältnis zwischen
Täter und Opfer als „Lernfeld für soziale Verantwortung" in den Vordergrund[361].

---

[357]BR-Dr. 270/88 vom 23.09.1988 -Entwurf eines Gesetzes zur Änderung des Strafvollzugsgesetzes, S. 18

[358]BT-Dr. 11/3694 vom 08.12.1988 -Entwurf eines Gesetzes zur Änderung des Strafvollzugsgesetzes, S. 3

[359]Das sollte durch die Einfügung eines Ermessensgesichtspunktes in § 11 Absatz 2 StVollzG, der
über § 13 Absatz 1 Satz 2 für den Hafturlaub entsprechend anwendbar gewesen wäre, geschehen: *„Bei
der Entscheidung ist auch zu berücksichtigen, ob der Gefangene durch sein Verhalten im Vollzug die
Bereitschaft zeigt, an der Erreichung des Vollzugszieles, namentlich an den in § 7 Abs. 2 genannten
Behandlungsmaßnahmen, mitzuwirken"*, vgl. BT-Dr. 11/3694 vom 08.12.1988, S. 3.

[360]BR-Dr. 270/88 vom 23.09.1988 -Entwurf eines Gesetzes zur Änderung des Strafvollzugsgesetzes, S. 17

[361]BR-Dr. 270/88 vom 23.09.1988 -Entwurf eines Gesetzes zur Änderung des Strafvollzugsgesetzes, S. 19

Der Gesetzentwurf - schon innerhalb der Bundesländer umstritten[362] - war im Bundestag Gegenstand heftiger Kontroversen[363]. Ein Konsens bestand parteiübergreifend allein hinsichtlich der Relevanz, die Interessen von Opfern stärker als bisher zu beachten. Während sich die Befürworter der Gesetzesinitiative auf eine notwendige Weiterführung des im Strafverfahren geltenden Schuldprinzips beriefen[364], lehnten die Gegner den Antrag mit dem Hinweis auf die Gefahr eines Abrückens von dem geltenden Vollzugsziel des § 2 StVollzG durch die Einführung von Schuldelementen in den Vollzug ab. Mit der Neufassung würde nach ihrer Auffassung ein Einfallstor für restriktive Vollzugsgestaltung geschaffen, was dem Zweck der Resozialisierung zuwiderlaufe[365].

Meinungsverschiedenheiten in ähnlicher Form prägten gleichsam die Stellungnahmen aus Wissenschaft und Praxis zu dem vorgelegten Gesetzentwurf[366].

Insgesamt zeigten sich die Vollzugspraktiker aufgeschlossener bezüglich der geplanten Neuregelungen. Ablehnenden Stimmen[367] standen auch positive Beurteilungen gegenüber. So wurde eine materielle wie immaterielle Auseinandersetzung des Gefangenen mit der Tat und ihren Folgen in einem auf soziale Integration ausgerichteten Strafvollzug als unverzichtbar erklärt[368]. Als Konkretisierung des Vollzugszieles sollte nach diesen Stimmen die Opferperspektive in die Vorschrift des § 2 Absatz 1 StVollzG statt in die Bestimmung über die Stellung des Gefangenen einbezogen wer-

---

[362]Vgl. die Länderanträge von 7 Bundesländern in BR-Dr. 270/2/88 bis BR-Dr. 270/8/88 sowie das Protokoll der 592. Sitzung des Bundesrates vom 23.09.1988 zu BR-Dr. 270/88, S. 314-316 mit Erklärungen der bayerischen, nordrhein-westfälischen und bremischen Landesregierungen in den Anlagen 9, 10, 11 auf S. 339-341.

[363]Siehe hierzu Deutscher Bundestag - Protokoll der 53. Sitzung des Rechtsausschusses vom 27.09.1989, 53/6 bis 53/26.

[364]Unter der Prämisse, daß die Einsicht in die Schuld unabdingbare Voraussetzung für ein straffreies Leben in sozialer Verantwortung sei.

[365]Siehe hierzu Deutscher Bundestag - Protokoll der 53. Sitzung des Rechtsausschusses vom 27.09.1989, 53/6 bis 53/26.

[366]Hier nur *Calliess / Müller-Dietz*, 1998, § 2, RN 38; *Walter*, 1999, S. 377 ff., RN 410 ff m.w.N.

[367]So die *Bundesarbeitsgemeinschaft der Freien Wohlfahrtspflege e.V.*, 1989, S. 303, die eine Verknüpfung des Vollzugszieles mit der Bereitschaft des Täters, auf einen Täter-Opfer-Ausgleich hinzuwirken als eher hinderlich für die Resozialisierung ansieht; ebenso die *Arbeiterwohlfahrt*, 1989, S. 237: *„Der Behandlungsgedanke soll mit diesem Gesetzentwurf mehr noch als bisher für repressive Zwecke herhalten, insbesondere zur Einschränkung von Vollzugslockerungen".*

[368]Bund der Strafvollzugsbediensteten, 1989, S. 1

68

den[369]. Die Gesetzesänderung wurde weiterhin als Mittel zur Verstärkung der Mitwirkungsverpflichtung der Gefangenen eingestuft. Ein solches Vorgehen hätte den Effekt, Tendenzen der Häftlinge entgegenzuwirken, den Vollzug nach eigenen - angenehmen und belastungsfreien - Wünschen auszurichten, statt an der Erreichung des Vollzugszieles mitzuarbeiten[370]. Zusätzlich sollten Veranschaulichungen der Umsetzungsmöglichkeiten von opferperspektivischen Maßnahmen in den Gesetzestext aufgenommen werden. Nur so könnte der Gefahr begegnet werden, daß lediglich vage Möglichkeiten zu einer Umsetzung geschaffen würden, denen darüber hinaus ein länderübergreifender einheitlicher Vollzugsstandard (gerade im Hinblick auf den Vollzugsplan) fehlte[371].

Die Verankerung des Opferbezuges im Vollzugsplan wurde allerdings mit Skepsis aufgenommen, da es sich bei einem Täter-Opfer-Ausgleich um einen äußerst sensiblen Bereich handele, was einer „Veröffentlichung" dieses Prozesses im Vollzugsplan entgegenstehe[372]. Weiterhin kritisierten die Praktiker die Abhängigkeit der Vollzugslockerungen von der Durchführung opferbezogener Maßnahmen, da eine auf dieser Grundlage durchgeführte Behandlungsmaßnahme zu einer „ideologischen Größe" würde und daher fragwürdig sei[373].

Die Strafvollzugslehre lehnte den Änderungsentwurf dagegen vehement ab. Deutlich wurde der Widerstand vor allem anläßlich einer öffentlichen Anhörung des Rechtsausschusses des Bundestages[374]. Wesentlicher Kritikpunkt war die mit dem Entwurf begründete Gefahr einer Förderung von „Heuchelei und Zweckanpassung" durch die

---

[369]Bundesarbeitsgemeinschaft der Sozialarbeiter / Sozialpädagogen bei den Justizvollzugsanstalten e.V., 1989, S. 112

[370]Bund der Strafvollzugsbediensteten, 1989, S. 1

[371]Bund der Strafvollzugsbediensteten, 1989, S. 1

[372]Bundesarbeitsgemeinschaft der Sozialarbeiter / Sozialpädagogen bei den Justizvollzugsanstalten e.V., 1989, S. 112

[373]Bundesarbeitsgemeinschaft der Sozialarbeiter / Sozialpädagogen bei den Justizvollzugsanstalten e.V., 1989, S. 112

[374]Stenographische Protokolle der 71. Sitzung des Rechtsausschusses des Deutschen Bundestages vom 16.02.1990, S. 3 ff ; insb. schriftliche Stellungnahmen von *Calliess*, 1990, auf S. 82-85 unter Beifügung einer gegen den Entwurf gerichteten „Stellungnahme der österreichischen, schweizerischen und deutschen Strafrechtsprofessoren zur Gegenreform des Strafvollzuges" auf S.86-88; *Dünkel*, 1990 a, auf S. 89-99, *Schüler-Springorum*, 1990, auf S. 193-197.

Verknüpfung von Begünstigungen mit einem Täter-Opfer-Ausgleich[375]. Bedenken wurden weiterhin im Blick auf die tatsächliche Durchführbarkeit der vorgesehenen Regelungen geäußert[376]. Neben äußeren Rahmenbedingungen, wie Finanzierbarkeit eines materiellen Schadensersatzes durch die Gefangenen[377] und zu erwartender Personalintensität von opferbezogenen Behandlungsmaßnahmen, wurde auf die Schwierigkeit einer Beeinflussung der inneren Einstellung von Täter und Opfer[378] bezüglich eines angestrebten Ausgleiches hingewiesen.

Nachdem das Gesetzgebungsverfahren vom Bundestag nicht abschließend beraten wurde, verfiel die Bundesratsinitiative mit Ende der 11. Legislaturperiode[379]. Ein gleichlautender Änderungsvorschlag wurde seither nicht wieder eingebracht.

2.3 Gesetzgebung der jüngeren Zeit

Aufgrund einer Entscheidung des Bundesverfassungsgerichts aus dem Jahr 1998, mit der die Bemessung des Arbeitsentgelts in § 200 Abs. 1 StVollzG als mit dem von der Verfassung gebotenen Ziel der Resozialisierung für unvereinbar erklärt wurde[380], hat der Gesetzgeber gehandelt. Mit dem Fünften Gesetz zur Änderung des Strafvollzugsgesetzes[381] erfolgte unter anderem eine Anpassung der Regelungen zur Entlohnung, um das bestehende Konzept zur Resozialisierung mit den verfassungsrechtlichen Vorgaben in Einklang zu bringen. So wurde durch eine Neufassung der §§ 43, 44 Abs. 2, 121 Abs. 5, 133 Abs. 2, 176 Abs. 1, 177, 199 Abs. 1 und 200 StVollzG das Arbeitsentgelt von 5 v. H. auf 9 v. H. der Eckvergütung erhöht und festgelegt, daß beschäftigte Gefangene je nach Dauer der Arbeitsleistung bis zu sechs Urlaubstage zur Vorverlegung des Entlassungszeitpunkts oder als Hafturlaub nutzen können. Sofern ein Hafturlaub nicht gewährt werden kann oder eine Anrechnung auf den Entlassungs-

---

[375]*Dünkel*, 1990 b, S. 105; *Walter*, 1991, S. 264, RN 412; *Calliess / Müller-Dietz*, 2002, § 2, RN 38

[376]*Dünkel*, 1990 b, S. 105

[377]*Walter*, 1999, S. 380, RN 413

[378]*Calliess / Müller-Dietz*, 2002, § 2, RN 38

[379]Vgl. der in § 125 der Geschäftsordnung des Bundestages niedergelegte Grundsatz der Diskontinuität.

[380]BVerfG, Urteil v. 01.07.1998 - 2 BvR 441/90 - - 2 BvR 493/90 - - 2 BvR 618/92 - - 2 BvR 212/93 - - 2 BvL 17/97 - , in ZfStrVo 4/98, 242-249; siehe hierzu auch unter 1. Kapitel III. 1.1.7..

[381]5. StVollzÄndG vom 27.12.2000 (BGBl. I S. 2043)

zeitpunkt nicht durchführbar ist, steht den Inhaftierten eine Ausgleichsentschädigung zu[382].

Die nur geringe Anhebung des Arbeitsentgelts führte zu berechtigter Kritik an der Höhe der Vergütung[383], so daß die Debatte um eine tarifgerechte Entlohnung weitergeführt werden wird.

Weitere Änderungen des Strafvollzugsgesetzes beziehen sich auf datenschutzrechtliche Bestimmungen. Als Konsequenz der Gültigkeit des aus dem allgemeinen Persönlichkeitsrecht abgeleiteten Rechts auf informationelle Selbstbestimmung für Gefangene wurden die Regelungen über die Erhebung, Verarbeitung und Nutzung personenbezogener Daten geändert[384]. Opferbezogene Aspekte finden sich insoweit, als nunmehr gemäß § 180 Abs. 5 Satz 2 StVollzG[385] dem Verletzten einer Straftat auf schriftlichen Antrag Auskünfte über die Entlassungsadresse oder die Vermögensverhältnisse des Gefangenen erteilt werden, wenn die Erteilung zur Feststellung oder Durchsetzung von Rechtsansprüchen im Zusammenhang mit der Straftat erforderlich ist.

Weitergehende Überlegungen zu einer opferbezogenen Strafrechtspflege wurden zwar vom Gesetzgeber nicht gänzlich ausgeklammert, der Bereich des Strafvollzuges in den Erwägungen jedoch vernachlässigt[386]. Angesicht der angespannten Lage der Länderhaushalte verwundert die gesetzgeberische Zurückhaltung auf dem Gebiet des Strafvollzuges nicht, da eine mit Ausgaben verbundene Änderung von Bestimmungen, keine Zustimmung seitens der Bundesländer erhalten würde.

---

[382] Ausführlich zu der Thematik: *Radtke, Henning* „Die Zukunft der Arbeitsentlohnung von Strafgefangenen" in ZfStrVo 2001, S. 8-15

[383] *Radtke*, 2001, 10; *Feest* in: *AKStVollzG*, 2001, Erg. zu § 43, RN 3, 19

[384] 4. StVollzÄndG vom 26.08.1998 (BGBl. I S. 2461)

[385] Siehe hierzu auch unter 1. Kapitel I. 2.4.

[386] BT-Dr. 12/1768 vom 06.12.1991 - Große Anfrage der Fraktion der SPD „Weiterentwicklung des strafrechtlichen Sanktionensystems"; BT-Dr. 12/3718 vom 12.11.1992 die Fragen zur Wiedergutmachung als dritte Spur des Sanktionensystems aufwirft - Antwort der Bundesregierung auf BT-Dr. 12/1768, die sich zwar zum Täter-Opfer-Ausgleich äußert, aber nicht auf den Strafvollzug eingeht.

3.   Das Strafvollzugsgesetz in der Rechtsprechung

Neben den länderspezifischen Regelungen zum Strafvollzugsgesetz in Form von Verwaltungsvorschriften und ähnlichen Vorgaben für die Vollzugsbehörden (z.B. Wei-
sungen) ist die Rechtsprechung maßgeblich für die praktische Umsetzung des
StVollzG. Gerade im Bereich der strafvollzugsrechtlichen Judikatur wird deutlich, daß
Voraussetzung für Recht-„Sprechung" die Anrufung der Gerichte ist. Die einschlägigen Gerichtsentscheidungen sind ein Spiegelbild der Bedürfnisse der Gefangenen und
behandeln daher schwerpunktmäßig die Versagung von Urlaub und Lockerungen, die
Gewährung von Gegenständen sowie den Kontakt mit den Strafverteidigern.

Die schon mehrfach angesprochene Entscheidung des Bundesverfassungsgerichts zur
Höhe des Arbeitsentgelts von Gefangenen[387] zeigt eindrücklich, daß der Rechtsprechung neben einer normausfüllenden Rolle auch eine gestalterische Funktion zukommt.

Ernüchternd fällt die Bilanz der Vollzugsrechtsprechung im Hinblick auf eine Einbeziehung von Opferinteressen aus. Die Opferperspektive findet lediglich Eingang in die
Diskussion um die Berücksichtigung des Schuldgedankens im Strafvollzug[388].

So ist beim Vollzug der lebenslangen und langen zeitigen Freiheitsstrafe eine Tendenz
der Rechtsprechung erkennbar, die Schuld des Täters im Rahmen von Entscheidungen
über die Gewährung von Vollzugslockerungen zu berücksichtigen[389]. Den Anfang dieser Entwicklung bildet eine Entscheidung aus dem Jahr 1977, die einem zu lebenslanger Freiheitsstrafe verurteilten NS-Täter aufgrund der Schwere seiner Tatschuld einen
Urlaub aus der Haft versagte, obwohl alle gesetzlichen Voraussetzungen für dessen
Gewährung vorlagen[390]. Nachdem im weiteren vergleichbare Entscheidungen hinsichtlich anderer zu lebenslanger Freiheitsstrafe verurteilter NS-Täter ergingen[391],

---

[387]BVerfG, Urteil v. 01.07.1998 - 2 BvR 441/90 - - 2 BvR 493/90 - - 2 BvR 618/92 - - 2 BvR
212/93 - - 2 BvL 17/97 - , in ZfStrVo 4/98, 242-249

[388]Müller-Dietz, 1986 a, S. 45; Wulf, 1985, S. 68

[389]Wulf, 1985, S. 68; Peters, 1978, S. 180 und Laubenthal, 1995, RN 123, sprechen gar von einer
„Rechtsumbildung" der positivrechtlichen legislatorischen Vorgabe durch die Rechtsprechung.

[390]OLG Karlsruhe Beschluß vom JR 1978,213

[391]OLG Frankfurt / Main, Beschl. v. 05.03.1979 - 3 Ws 893/78 (StVollz) - in: ZfStVo SH 1979,
S. 28-32; OLG Frankfurt / Main, Beschl. v. NStZ 1981, 157 = NJW 1979, 1173

folgten Entscheidungen ohne Bezug auf die begangene Straftat[392] bzw. unter Bezugnahme auf eine Ausnahmekonstellation des Falles[393]. Auch Entschließungen im Zusammenhang mit der Gewährung von Vollzugslockerungen prüften nunmehr Schuldgesichtspunkte[394]. Bestärkung erfuhr diese Entwicklung durch einen umstrittenen[395] Beschluß des Bundesverfassungsgerichtes aus dem Jahr 1983, das feststellte:

„Es ist von Verfassungs wegen nicht zu beanstanden, wenn die Justizvollzugsanstalt bei der Entscheidung über die Gewährung von Urlaub aus der Haft für einen zu lebenslanger Freiheitsstrafe verurteilten Gefangenen auch die besondere Schwere seiner Tatschuld berücksichtigt"[396].

Obwohl die über den Tenor hinausgehenden Entscheidungsgründe als obiter dictum rechtlich unverbindlich sind[397], und eine Verpflichtung der Einbeziehung von Gründen der Schuldschwere in den Abwägungsvorgang bei vollzugsbehördlichen Entscheidungen nicht vorliegt, wird die Aussage des Bundesverfassungsgerichts zur Rechtfertigung einer weitergehenderen Berücksichtigung herangezogen[398]. Die Gesichtspunkte Schwere der Schuld, Sühne und gerechter Schuldausgleich wurden in Fortführung der Entwicklung schließlich auch zur Begründung von ablehnenden Entscheidungen im

---

[392]OLG Nürnberg, Beschl. v. 25.10.1979 - Ws 615/79 - in: ZfStrVo 1979, S. 122; OLG Frankfurt / Main, Beschl. v. 11.04.1980 - 3 Ws 195/80- in: BlfStrVollzK Nr.1, 1982, S. 4 f; OLG Frankfurt / Main, Beschl. v. 22.09.1980 - 3 Ws 213/80 - in: BlfStrVollzK Nr.4/5, 1981, S.4 f; OLG Hamm, Beschl. v. 12.06.1981 - 7 Vollz (Ws) 26/81 - in: NStZ 1981, S. 495; OLG Frankfurt / Main, Beschl. v. 17.10.1983 - 3 Ws 195 und 213/80 und 430/83 - in: BlfStrVollzK Nr. 3, 1984, S. 5; OLG Frankfurt / Main, Beschl. v. 29.02.1984 - 3 Ws 603/83 - in: BlfStrVollzK Nr. 4/5, 1985, S. 14-16 = StV 1985, S. 199

[393]LG Augsburg, Beschl. v. 16.06.1978 - StVK 38/78 - in: ZfStrVo SH 1979, S. 26-27 - was den Schluß zuläßt, daß kein Sonderrecht für nationalsozialistische Verbrechen geschaffen werden sollte, vgl. *Walter*, 1991, S. 59, RN 56.

[394]OLG Frankfurt / Main, Beschl. v. 29.02.1984 - 3 Ws 603/83 - in: BlfStrVollzK Nr. 4/5, 1985, S. 14-16 = StV 1985, 199; OLG Nürnberg, Beschl. v. 08.05.1987 - Ws 1319/86 - in: BlfStrVollzK Nr. 1, 1988, S. 5

[395]Vgl. das abweichende Votum vom *Mahrenholz*, BVerfG, Beschl. v. 28.06.1983 - 2 BvR 539/80 i.V.m. 2 BvR 612/80 in: ZfStrVo 1984, S. 59-64; für das Schrifttum nur *Müller-Dietz*, Anmerkung zu OLG Stuttgart, Beschl. v. 29.05.1984 - 4 Ws 71/84 in: NStZ 1984, S. 526-527.

[396]BVerfG, Beschl. v. 28.06.1983 - 2 BvR 539/80 i.V.m. 2 BvR 612/80 - in: BlfStrVollzK Nr. 1, 1984, S. 4-5 (5) = ZfStrVo 1984, S. 52-59 mit ablehnendem Votum von *Mahrenholz* auf S. 59-64.

[397]§ 31 Absatz 1 BVerfGG

[398]OLG Celle, Beschl. v. 06.03.1984 - 3 Ws 65/84 - in: ZfStrVo 1984, S. 251-252 beruft sich auf S. 252 auf BVerfG, Beschl. v. 28.06.1983 - 2 BvR 539/80 u. 612/80 in: NStZ 1983, S. 476-478, OLG Stuttgart, Beschl. v. 25.05.1984 - 4 Ws 70/84 in: ZfStrVo 1984, S. 252-254 (253).

Vollzug von langen zeitigen Freiheitsstrafen herangezogen[399]. Auswirkungen sind daneben auf die Rechtsprechung im Jugendstrafvollzug erkennbar, wo bei der Versagung von Vergünstigungen neben dem Erziehungsziel auf die Schwere der Schuld hingewiesen wird[400].

Soweit die obergerichtlichen Urteilsbegründungen veröffentlicht sind, wird das Opfer im Zusammenhang mit den vom Straftäter verursachten Tatfolgen nicht erwähnt. Im Vordergrund der Ausführungen zu den Folgen der Tat stehen die Öffentlichkeit ebenso wie Aspekte der Vergeltung, des Schuldausgleichs und der Sühne[401]. Die Darlegung der Schwere der Schuld beschränkt sich auf Hinweise zum Tatgeschehen[402]. Daher ist es zweifelhaft, in der Einbeziehung der Schuld des Täters die Beachtung der beim Opfer verschuldeten Folgen der Tat zu sehen[403], obwohl eine solche Sichtweise die Tatfolgen eher umfaßt (und begrüßenswerter wäre), als der Gedanke der Vergeltung und der Verteidigung der Rechtsordnung.

---

[399]OLG Nürnberg, Beschl. v. 12.10.1983 - Ws 630/83 - in: BlfStrVollzK Nr. 3, 1984, S. 4 f; OLG Hamm, Beschl. v. 22.11.1984 - 1 Vollz (Ws) 239/84 - in: BlfStrVollzK Nr. 6, 1985, S. 13-16 jeweils zu Urlaub aus der Haft; OLG Frankfurt / Main, Beschl. v. 24.09.1986 - 3 Ws 746/86 - in: BlfStrVollzK Nr. 3, 1987, S. 3 zu Lockerungen; OLG Düsseldorf, Beschl. v. 10.02.1999 - 1 Ws 111-112/99 besprochen in: ZfStrVo 2000, S. 121

[400]OLG Frankfurt / Main, Beschl. v. 02.02.1984 - 3 VAs 49/83 - in: BlfStrVollzK Nr. 6, 1985, S. 20-22; OLG Stuttgart, Beschl. v. 19.09.1986 - 4 VAs 19/86 - in: BlfStrVollzK Nr.4/5, 1987, S. 5-6; OLG Stuttgart, Beschl. v. 30.10.1986 - 4 VAs 26/86 - in: BlfStrVollzK Nr. 4/5, 1987, S.15

[401]*Calliess*, 1990, Stenographische Protokolle der 71. Sitzung des Rechtsausschusses des Deutschen Bundestages vom 16.02.1990, S. 3 ff; Stellungnahme von *Calliess* auf S. 3.

[402]So schließt das OLG Frankfurt / Main aus der Verwirklichung mehrerer Mordmerkmale und einer tateinheitlichen Begehung eines schweren Raubes auf die Schwere der Schuld (vgl. OLG Frankfurt / Main, Beschl. v. 29.02.1984 - 3 Ws 603/83 - in: BlfStrVollzK Nr. 4/5, 1985, S. 14-16 (16)); auch beanstandet das OLG Frankfurt / Main nicht den Inhalt einer Versagungsverfügung, die den hohen Schuldvorwurf der konkreten Ausführung des der Verurteilung zugrundeliegenden Totschlagdeliktes, die einem Mord sehr nahe komme (vgl. OLG Frankfurt / Main, Beschl. v. 24.09.1986 - 3 Ws 746/86 - in: BlfStrVollzK Nr. 3, 1987, S. 3).

[403]So aber *Wulf*, 1985, S. 68

IV. Opferbezug — ein Balanceakt zwischen Täter- und Opferorientierung

Mit den Betrachtungen zum Opfer und seiner Position im Strafvollzug ist die Grundlage geschaffen, um den Begriff einer „opferbezogenen Strafvollzugsgestaltung" mit Inhalt zu füllen. Wird der Ruf nach der Berücksichtigung von Opferinteressen erhoben, muß eine eindeutige inhaltliche Bestimmung die Tragweite des Anliegens kenntlich machen. Nur mittels einer definitorischen Festlegung wird Klarheit über die sachliche Basis vermittelt, die Grundlage für die künftige Arbeit im Strafvollzug sein soll. Erst dann leidet die inhaltliche Diskussion nicht mehr unter dem Streit über die Eindeutigkeit der Wortwahl[404].

Zunächst wird der Blick auf diejenigen Begrifflichkeiten gelenkt, die in der Diskussion um die Förderung von Opferinteressen regelmäßig diskutiert werden. Im Anschluß an diese Darstellung folgt die Auseinandersetzung mit den beiden Konzepten, die bisher die Opferperspektive zum Anlaß genommen haben, sich den konkreten Umsetzungsmöglichkeiten des Wiedergutmachungsgedankens im Strafvollzug zuzuwenden. Zum einen haben *Rössner* und *Wulf* in ihrer Konzeption einer „Opferbezogenen Strafrechtspflege" dem Strafvollzug ein eigenes Kapitel gewidmet[405]. Zum anderen umfaßt der *Alternativ-Entwurf Wiedergutmachung* Vorschläge zur Einbindung des Wiedergutmachungsgedankens in das Strafvollzugsrecht[406]. Auf dieser Grundlage wird abschließend eine genaue inhaltliche Bestimmung des Opferbezuges im Strafvollzug getroffen, die anhand verschiedener Problemlagen diskutiert wird.

---

[404]*Müller-Dietz*, 1993 a, S. 9; so wird die undeutliche Begriffsverwendung als (Mit-)Ursache dafür gesehen, daß seitens der Opferhilfsorganisation der Weiße Ring Vorbehalte gegen den Begriff des „Täter-Opfer-Ausgleichs" bestehen, vgl. *Eppenstein*, 1992, S. 35.

[405]*Rössner / Wulf*, 1984, insb. S. 103 ff

[406]*Baumann*, 1992, insb. S. 93 ff; Der Alternativ-Entwurf Wiedergutmachung (im folgenden AE-WGM) beruht auf einer Initiative deutscher, österreichischer und schweizerische Strafrechtslehrer, *Baumann*, 1992, Vorwort.

1. Verschiedene opferorientierte Gestaltungsmodelle

Maßgeblich für den täglichen Umgang mit den Interessen von Opfern sind weniger theoretische Vorgaben als vielmehr die Erfahrungen der im Rahmen des Strafverfahrens mit den Geschädigten konfrontierten Stellen und der Praxisprojekte, die sich der Verbrechensopfer annehmen. Die Bemühungen zur stärkeren Berücksichtigung der Belange von Opfern in der Strafrechtspflege werden vor dem Hintergrund verschiedenartiger programmatischer Festlegungen unternommen. Es gilt, in diesem Bereich rein opferorientierte Arbeitsansätze von solchen Programmen zu unterscheiden, die den Interessen von Geschädigten *und* Tätern gerecht werden wollen. Der auf den Schutz der Opfer ausgerichtete Begriff der „Opferhilfe" wird in diesem Zusammenhang von Organisationen beider theoretischer Anschauungen für sich in Anspruch genommen.

Unter den parteilich auf das Opfer ausgerichteten Vereinigungen ist der *Weiße Ring e.V.* als bundesweit tätige Hilfsorganisation, die sich der Opfer vorsätzlicher Straftaten annimmt[407], sicherlich die bekannteste. Die Opferhilfe orientiert sich hierbei allein an der Situation des Opfers, während der Täter grundsätzlich keine Beachtung findet[408]. Daneben existieren opferunterstützende Einrichtungen, die zwar ebenso deutlich für die Opfer Partei ergreifen, aber einer Konfliktbeilegung mit dem Straftäter aufgeschlossen gegenüberstehen und derartige Bemühungen aktiv unterstützen[409].

Im Bereich des Strafvollzuges, der schon wegen des Vollzugsziels der Resozialisierung per se täterbezogen ist, kann eine opferorientierte Arbeit nur im Einklang mit den Interessen der inhaftierten Straftäter stattfinden. Einsеitig parteilich auf die Geschädigten ausgerichtete Modelle müssen von vornherein an den Aufgaben des Behandlungsvollzuges sowie den vorgegebenen Strukturen scheitern. Daher können nur solche Gestaltungsmodelle in die Überlegungen zu einer opferbezogenen Vollzugsgestaltung aufgenommen werden, die beide an einem strafrechtsrelevanten Konflikt beteiligten Seiten, nämlich Täter und Opfer, berücksichtigen.

---

[407]*Eppenstein*, 1992, S. 34; zu den praktischen Erfahrungen und Forderungen des Weißen Rings siehe *Böhm*, 1994, S. 99 ff.

[408]*Lohse*, 1990, S. 77

[409]Wie beispielsweise die Opferberatungsstellen der „Opferhilfe Hamburg", der „Bremer Hilfe" sowie der „Hanauer Hilfe", *Schädler*, 1990, S. 154.

Auch angesichts dieser Voraussetzung werden vielfältige Begriffe diskutiert. Entschädigung, Wiedergutmachung, Restitution, Täter-Opfer-Ausgleich, Konfliktregelung
oder Aussöhnung sind nur wenige Beispiele gebräuchlicher Termini[410]. Unterschiedliche konzeptionelle Ansätze und Zielsetzungen finden insoweit ebenso ihren Ausdruck
wie inhaltlich gleichartige Programme - sachliche Überschneidungen werden durch
die abweichenden Bezeichnungen dagegen nicht ohne weiteres erkennbar. Im folgenden werden die für den deutschsprachigen Raum zentral erscheinenden[411], immer wie-
derkehrenden Begriffe näher erläutert, die gleichsam „Bausteine" des Opfergedankens
sind.

1.1 Schadenswiedergutmachung

Die Wiedergutmachung des aus der Straftat entstandenen Schadens stand mit der
Schaffung staatlicher Regelwerke zur Entschädigung der Opfer von Gewalttaten[412] am
Beginn der Umsetzung von Opferinteressen im Strafverfahren[413]. Während das Opfe-
rentschädigungsgesetz den Opfern von Gewalttaten Maßnahmen zur gesundheitlichen
sowie beruflichen Rehabilitation und bei andauernder Erwerbsminderung eine Ren-
tenzahlung zubilligt[414], kann jeder Geschädigte einer Straftat mittels des in §§ 403 ff
Strafprozeßordnung festgeschriebenen Adhäsionsverfahrens bürgerlich-rechtliche
Ersatzansprüche auch im Strafverfahren durchsetzen[415]. „Schaden" wird in diesem
Rahmen durch das Zivilrecht als Vermögens- oder Nichtvermögensschaden näher
bestimmt[416]. Zu der Unterscheidung zwischen der materiellen oder immateriellen Natur des Schadens tritt dessen unmittelbare bzw. mittelbare Verursachung[417]. Bei dem

---

[410]Zur Systematik der Begriffe im sprachlichen und sachlichen Umfeld des Täter-Opfer-Ausgleichs
insbesondere *Müller-Dietz*, 1993 a, S. 15.

[411]Zu Formen alternativer Konfliktregelungsmodelle im Ausland siehe „Deliktsopfer und Strafverfahren" von *Thomas Weigend*, Berlin 1989, insb. S. 241 ff.

[412]Für die Bundesrepublik Deutschland das Gesetz über die Entschädigung für Opfer von Gewalttaten (Opferentschädigungsgesetz - OEG) vom 11. Mai 1976 (BGBl. S. 118).

[413]*Jung*, 1993, S. 586

[414]*Möllhoff / Kontner / Schmidt*, 1983, S. 237

[415]§ 403 Absatz 1 StPO lautet: „Der Verletzte oder sein Erbe kann gegen den Beschuldigten einen
aus der Straftat erwachsenden vermögensrechtlichen Anspruch, der zur Zuständigkeit der ordentlichen
Gerichte gehört und noch nicht anderweit gerichtlich anhängig gemacht ist, im Strafverfahren geltend
machen, im Verfahren vor dem Amtsgericht ohne Rücksicht auf den Wert des Streitgegenstandes.".

[416]*Palandt (Heinrichs)*, 2002, Vorbem v § 249, RN 7

Ausgleich dieser Schäden handelt es sich insoweit um materiell-rechtliche Ansprüche, mithin die zivilrechtliche Seite der Tat.

Teilweise wird der Schadenswiedergutmachung neben der Restitution - der materiellen Wiedergutmachungsleistung des Täters, die anläßlich des Strafverfahrens vollstreckt wird[418] - als weiteres Element ein „Interaktionsprozeß zwischen Täter, Opfer und Gesellschaft" zugeschrieben, der „den kriminellen Konflikt" heilen und „Frieden zwischen den Beteiligten" schaffen soll[419]. Dieses Verständnis geht jedoch über den eigentlichen Begriffsinhalt hinaus. Zwar ist die Wiedergutmachung nicht an zivilrechtliche Vorgaben gebunden, insbesondere weil es sich hier um einen strafrechtlichen Zusammenhang handelt, dennoch scheint die Begrenzung auf eine objektiv zu fassende Leistung sinnvoll. Schadenswiedergutmachung als solche bedarf demnach keiner besonderen inneren Anteilnahme[420].

Entsprechend der breit gefächerten Schadensformen variieren die kompensierenden Ersatzleistungen des Schädigers. Die Wiedergutmachung ist deshalb keinesfalls verkürzend nur mit dem finanziellen Schadensersatz gleichzusetzen[421]. Neben der Wiederherstellung des originären Zustandes einer Sache kommt der wertmäßige Ersatz in Betracht, sofern die Restitution infolge Zerstörung oder Verbrauch unmöglich ist. Immaterielle Schäden, wie vor allem psychische Störungen können ebenfalls durch finanzielle Leistungen ausgeglichen werden, falls eine Bezifferung des Schadens denkbar ist. Andernfalls bleibt die Genugtuung oder der Weg einer symbolischen Wiedergutmachung, der darüber hinaus bei der Schädigung von Dritten oder der Allgemeinheit Gewicht erhält[422].

---

[417]*Palandt (Heinrichs)*, 2002, Vorbem v § 249, RN 15

[418]*Trenczek*, 1992 b, S. 8; *Pfeiffer*, 1992, S. 46; *Matt*, 1997, S. 256

[419]*Schneider*, 1992, S. 89

[420]Ebenso *Fachauschuß I*, 1988, S. 12

[421]*Bieri / Ferel*, 1994, S. 24

[422]*Fachausschuß I*, 1988, S. 12; *Müller-Dietz*, 1993 a, S. 22

1.2 Aussöhnung

Im Gegensatz zur Wiedergutmachung bemißt sich die Aussöhnung nicht allein anhand objektiv faßbarer Kriterien, vielmehr ist eine innere Beteiligung der Mitwirkenden geboten[423]. Ihr Ziel ist die Schaffung von sozialem Frieden durch aktives Tätigwerden aller Beteiligten, das von den Handelnden getragen und des weiteren von der Gesellschaft akzeptiert wird[424]. Im Blickpunkt steht damit der aufgrund der Straftat gestörte soziale Frieden als übergeordnetes Verhältnis zwischen Täter, Opfer und Gesellschaft. Die verlorengegangene Harmonie soll durch gemeinsame Anstrengungen wiederhergestellt werden. Die Aussöhnung in diesem Sinne umfaßt daher metaphysische und psychologische Abläufe ebenso wie materielle Aspekte[425].

1.3 Konfliktregulierung

Auch bei der Konfliktschlichtung oder -regulierung steht der durch die Straftat ausgelöste Konflikt im Zentrum der Interessen. Anders als bei der auf einem idealistischen Modell der Harmonie zwischen dem Einzelnen und der Gesellschaft beruhenden Aussöhnung[426] fehlt jedoch ein die Gesellschaft als Ganzes einbeziehender Grundgedanke[427]. Auf die aus der Delinquenz resultierenden Schwierigkeiten sollen Reaktionen folgen, die vom Strafrecht unabhängig sein können[428]. Die angewandten Regelungsmodelle sind dabei an der jeweils anzutreffenden Sachlage zu orientieren und nicht notwendig ausschließlich an der Person des Täters[429]. Dadurch wird die Möglichkeit eröffnet, die Defizite der formellen Kontrollmechanismen durch informelle Kontrolle zu überwinden. Das den Konflikt auslösende Ereignis soll mittels entformalisierter Konfliktbearbeitung bereinigt werden, indem den Beteiligten das Angebot der „Wiederaneignung eines Konfliktes" bereitgestellt wird[430]. Ziel ist die Rege-

---

[423]*Fachausschuß I*, 1988, S. 12

[424]*Fachausschuß I*, 1988, S. 11

[425]*Fachausschuß I*, 1988, S. 11

[426]*Fachausschuß I*, 1988, S. 11

[427]*Müller-Dietz*, 1993 a, S. 17 ff

[428]*Steinert*, 1988, S. 14

[429]*Steinert*, 1988, S. 17

[430]*Pelikan*, 1988, S. 26

lung des Unfriedens auf außergerichtlicher Ebene zwischen Opfer und Täter, soweit erforderlich unter Einbeziehung einer vermittelnden dritten Person, je nach anzutreffender Situation aus dem sozialen Umfeld der Beteiligten oder auch professionell als Vermittler tätige Sozialpädagogen oder Juristen[431].

1.4 Täter-Opfer-Ausgleich

Der Täter-Opfer-Ausgleich vereinigt als prägnanter „Sammelbegriff"[432] eine Vielzahl von Regelungsmodellen, die sich auf unterschiedliche Weise um die Lösung strafrechtsrelevanter Konflikte bemühen. Die Diskussion um den Täter-Opfer-Ausgleich wird dabei von verschiedenen geistes- und sozialwissenschaftlichen Disziplinen, wie beispielsweise der Psychologie, Pädagogik, Soziologie und Rechtswissenschaft beeinflußt, die allesamt ihren Augenmerk auf dieses Konfliktschlichtungsmodell gerichtet haben[433].

Zunächst Mitte der 80er Jahre im Rahmen von Modellprojekten im Jugendbereich erprobt, fand der Täter-Opfer-Ausgleich bereits im Jahr 1990 Eingang in das Jugendgerichtsgesetz[434]. Nachdem die Idee auch im Bereich des allgemeinen Strafrechts umgesetzt wurde, folgte 1994 die Festschreibung im Strafgesetzbuch[435]. Die Verbreitung des Täter-Opfer-Ausgleichs läßt sich am deutlichsten anhand der vielfältigen Projekte in diesem Bereich aufzeigen, deren Zahl im Jahr 1992 bundesweit über 200 lag[436]. Obwohl die Modalitäten der Einrichtungen hinsichtlich ihrer Entstehungsgeschichten,

---

[431]*Müller-Dietz*, 1993 a, S. 19 f

[432]*Kaiser*, 1992, S. 40

[433]*Hartmann A.*, 1997, S. 414

[434]Mit dem 1. JGGÄndG vom 30. August 1990 wurde der Täter-Opfer-Ausgleich als Weisung nach § 10 Absatz 1 Ziffer 7 JGG eingefügt: „... *Der Richter kann dem Jugendlichen insbesondere auferlegen ... 7. sich zu bemühen, einen Ausgleich mit dem Verletzten zu erreichen (Täter-Opfer-Ausgleich)"*; daneben nennt die Vorschrift des § 15 JGG verschiedene Wiedergutmachungsleistungen als richterlich anzuordnende Auflagen, ohne hierbei den umfassenden Begriff des Täter-Opfer-Ausgleichs zu verwenden.

[435]Im Zuge der Verabschiedung des Verbrechensbekämpfungsgesetzes vom 28. Oktober 1994 wurde § 46 a StGB neu eingefügt, der eine Strafmilderung vorsieht, sofern der Täter „*1. in dem Bemühen, einen Ausgleich mit dem Verletzten zu erreichen (Täter-Opfer-Ausgleich), seine Tat ganz oder zum überwiegenden Teil wiedergutmacht oder deren Wiedergutmachung ernsthaft erstrebt oder 2. in einem Fall, in welchem die Schadenswiedergutmachung von ihm erhebliche persönliche Leistungen oder persönlichen Verzicht erfordert hat, das Opfer ganz oder zum überwiegenden Teil entschädigt"*.

[436]*Wandrey*, 1994, S. 10

Ziele und deren Verwirklichung, Klienten und interner Organisationen voneinander abweichen[437], lassen sich grundsätzliche Gemeinsamkeiten finden, die eine Subsumtion unter diese „kriminalpolitische Zauberformel"[438] zulassen.

Der Begriff des Täter-Opfer-Ausgleichs umfaßt das Bemühen, unter dem Einsatz eines Vermittlers die infolge der Straftat entstandenen Belastungen und Probleme zwischen dem Täter und dem Geschädigten unter Vereinbarung eines die beiderseitigen Interessen beachtenden Lösungsweges zu bereinigen[439]. Wesentliche Elemente sind die Integration des Wiedergutmachungsgedankens sowie die Personalisierung des durch die Straftat ausgelösten Konfliktes und dessen Lösung[440]. Insoweit geht dieses Modell weiter als die oben beschriebene Schadenswiedergutmachung, die das Ereignis der Straffälligkeit auf eine restitutive Ebene beschränkt und damit die Persönlichkeit der Betroffenen außer acht läßt. Abweichend hiervon wirken bei einem Täter-Opfer-Ausgleich der Straftäter und das Opfer aktiv bei der Erarbeitung eines Verfahrens zur Bewältigung des Geschehenen mit[441]. Die Beteiligung beider Seiten ist freigestellt, denn die Freiwilligkeit wird als unablässige Voraussetzung einer Konfliktlösung verstanden[442]. Unerheblich bleibt, ob die Beteiligten dessen Ausgestaltung als positiv akzeptieren - entscheidend ist allein die Teilnahme[443]. Dadurch wird die bei einer Aussöhnung idealiter angestrebte, auch gesellschaftliche, Auseinandersetzung verobjektiviert, was angesichts des dem Aussöhnungskonzept zugrundeliegenden, jedoch in der Realität kaum umsetzbaren, Idealismus vernünftig erscheint[444].

Die Delinquenz gilt in diesem Zusammenhang über die Frage der Einordnung der Tat in strafrechtliche Bestimmungen hinaus als sozialer Konflikt, der in das Handlungskonzept aufgenommen wird[445]. Die psychische Seite der Tat und ihrer Verarbeitung

---

[437]Siehe u.a. die Darstellungen bei *Schreckling*, 1992; *Hering / Rössner*, 1993

[438]*Jung*, 1988, S. 131

[439]*Hartmann, A.*, 1997, S. 415

[440]*Schreckling*, 1992, S. 1; *Heinz*, 1993, S. 376; *Hartmann, I.*, 1995, S. 21

[441]*Kuhn*, 1988, S. 36

[442]*Frehsee*, 1992, S. 59

[443]*Fachausschuß I*, 1988, S. 11

[444]*Jung*, 1988, S. 133

[445]*Kuhn*, 1988, S. 36

gewinnen insoweit vermehrte Beachtung[446]. Dem Täter wird durch die Verdeutlichung des abweichenden Verhaltens seine Verantwortlichkeit vor Augen geführt und dadurch die Abtragung zumindest eines Teiles seiner „Schuld" ermöglicht[447]. Die Bemühungen zur Aufarbeitung von zwischen dem Straftäter und Geschädigtem bestehender Probleme und Belastungen werden durchgehend von einem neutralen Vermittler geleitet[448]. Anders als bei der Konfliktregulierung erfolgt die soziale Intervention im Rahmen des Täter-Opfer-Ausgleichs ausschließlich durch professionelle Kräfte[449].

Zentrale Themen der Erörterungen sind neben dem Arrangement von Wiedergutmachungsleistungen die Bewältigung der Straftat und ihrer Folgen. Beabsichtigt sind daneben die Stärkung der Interessen von Opfern im Strafverfahren, die Normverdeutlichung beim Täter, eine Umgehung zivilrechtlicher Streitigkeiten sowie die Abmilderung bzw. Reduzierung von Strafsanktionen[450].

2. Opferorientierte Konzepte als Anstoß zur Etablierung einer opferbezogenen Strafvollzugsgestaltung

Vorschläge zur Integration des Wiedergutmachungsgedankens in die Gestaltung des Strafvollzuges wurden schon früh unterbreitet. Im Vordergrund stand die Forderung nach einer Verknüpfung der Freiheitsstrafe mit der Erbringung von Leistungen zur Schadenswiedergutmachung[451]. Mittlerweile besteht gemäß § 73 StVollzG die Verpflichtung der Vollzugsbehörden, das Bemühen der Gefangenen zur Zahlung von Schadensersatz zu unterstützen, so daß eine materielle Wiedergutmachung zumindest im Strafvollzugsgesetz erwähnt ist - wenn auch nicht als Obliegenheit des Inhaftierten. Die im folgenden dargestellten Konzepte gehen über eine derartige nur punktuelle Opferorientierung hinaus.

---

[446]*Müller-Dietz*, 1985 a, S. 151

[447]*Lamnek*, 1997, S. 367

[448]*Schreckling*, 1992, S. 1

[449]*Kawamura*, 1988, S. 34

[450]*Schreckling*, 1992, S. 1

[451]*Jacob*, 1970, S. 165 ff; *Hofmann*, 1973, S. 143 ff; *Schneider*, 1975 a, S. 167

Die Möglichkeiten der Umsetzung einer über finanzielle Schadensersatzleistungen hinausgehenden Opferperspektive im Rahmen der gegenwärtigen strafvollzuglichen Normen haben *Rössner* und *Wulf* verdeutlicht. Ihr Konzept knüpft an bestehende Regelungen an und erhellt die eigenständige Bedeutung der Wiedergutmachung für die tägliche Rechtspraxis.

Einen Schritt weiter gehen die Verfasser des *Alternativ-Entwurfs Wiedergutmachung*, die einen Gesetzesvorschlag unterbreiten, in dem der Wiedergutmachung eine selbständige Rolle im System der Strafreaktionen zugeschrieben wird und damit das Sanktionsinstrumentarium um einen opferbezogenen Weg Erweiterung findet.

2.1 Die Umsetzung einer opferbezogenen Strafrechtspflege im Bereich des Strafvollzuges nach *Rössner* und *Wulf*

Ausgangspunkt des Gesamtkonzeptes von *Rössner* und *Wulf*[452] ist das Bestreben, den aus der Straftatbegehung resultierenden Konflikt zwischen den hieran unmittelbar beteiligten Personen - Täter und Opfer - im Rahmen der gesamten Strafrechtspraxis stärker ins Blickfeld zu rücken. Gleichzeitig werden Konfliktlösungsmodelle angeboten, die den Interessen von Opfern, Tätern sowie der Allgemeinheit entsprechen[453]. Wesentlicher Leitgedanke ist die Zusammenarbeit von Täter und Opfer zur Bereinigung der Folgen der Straftat, mit dem Endziel aktiver Wiedergutmachungsleistungen an die Geschädigten[454].

Nach Auffassung der Autoren ist das Strafvollzugsgesetz in seiner derzeitigen Fassung bereits auf die Verwirklichung der Opferperspektive ausgerichtet. Als Bestandteil des in § 2 StVollzG niedergelegten Vollzugsziels sowie der tragenden Gestaltungsgrundsätze könnten auch ohne Gesetzesänderung Maßnahmen einer opferbezogenen Vollzugsgestaltung in den Vollzugsalltag integriert werden[455].

---

[452]Die folgenden Erwägungen beziehen sich auf die von *Rössner* / *Wulf* im Jahr 1984 vorgelegten Leitgedanken und Handlungsvorschläge für Praxis und Gesetzgebung bezüglich einer „Opferbezogenen Strafrechtspflege".

[453]Rössner / Wulf, 1984, S. 5

[454]*Rössner* / *Wulf*, 1984, S. 6 f

[455]*Rössner* / *Wulf*, 1984, S. 106 f

Zu den besonderen opferorientierten Behandlungsmaßnahmen zählen sie dabei insbesondere „die Schadenswiedergutmachung nach Kräften, flankierendes soziales Training in bestimmten Bereichen, opferbezogene Gruppengespräche und Rollenspiele, Entschuldigung beim Opfer und Versöhnung mit ihm, gemeinnützige Leistungen als Ausgleich für die Verletzung der Rechtsgemeinschaft"[456]. Die Maßnahmen sollten nach ihrer Meinung möglichst frühzeitig mit dem Beginn des Freiheitsentzuges einsetzen und die gesamte Strafhaft begleiten. Bereits die Behandlungsuntersuchung wäre dazu geeignet, das Verhältnis zwischen Täter und Opfer zu untersuchen und die auszugleichenden Tatfolgen zu ermitteln[457]. Daran anschließend müßten konkret bezeichnete Wiedergutmachungsleistungen in den Vollzugsplan des Gefangenen aufgenommen werden[458]. Um die Grundlage für aktive Ausgleichsbemühungen bei dem Täter zu schaffen, rufen die Autoren darüber hinaus alle Fachdienste sowie ehrenamtlichen Betreuer dazu auf, opferbezogene Einzelgespräche zu führen oder wenigstens die Opferperspektive in die Unterhaltung einfließen zu lassen[459].

Als akutes Problem erkennen *Wulf* und *Rössner* die regelmäßig dürftige finanzielle Leistungsfähigkeit der Gefangenen, die den materiellen Schadensersatzforderungen der Opfer gegenübersteht[460]. In diesem Fall soll eine Schuldenregulierung in Zusammenarbeit mit speziell ausgebildeten Sozialarbeitern[461] als erster Ansatzpunkt zum Zwecke einer wirtschaftlichen Entlastung des Straftäters durchgeführt werden[462]. Um die Voraussetzungen eines materiellen Schadensersatzes zu schaffen, wird darauf hingewiesen, das Fernziel einer leistungsbezogenen Entlohnung der Gefangenen nicht aus den Augen zu verlieren[463]. Bis zu dessen Verwirklichung treten die Autoren dafür ein, den Freigängervollzug mit der Möglichkeit der freien Beschäftigungsverhältnisse auszubauen, da in diesem Rahmen die finanzielle Leistungsfähigkeit der Täter

---

[456]*Rössner / Wulf*, 1984, S. 113

[457]*Rössner / Wulf*, 1984, S. 111

[458]*Rössner / Wulf*, 1984, S. 113

[459]*Rössner / Wulf*, 1984, S. 114 f

[460]*Rössner / Wulf*, 1984, S. 116 ff

[461]*Rössner / Wulf*, 1984, S. 120

[462]*Rössner / Wulf*, 1984, S. 118

[463]*Rössner / Wulf*, 1984, S. 118

steige[464]. Zu Wiedergutmachungszwecken soll neben dem Hausgeld auch auf das Überbrückungsgeld zurückgegriffen werden können[465].

Für die Fälle, in denen eine materielle Schadenswiedergutmachung ausscheidet - wenn beispielsweise der Staat oder bestimmte Gemeinschaftswerte verletzt wurden bzw. das Opfer nicht zu einem Ausgleich bereit ist - sollte der Gefangene zu einer symbolischen Wiedergutmachungsleistung motiviert werden. Vorgeschlagen werden freiwillige Spenden zugunsten von gemeinnützigen Einrichtungen ebenso wie gemeinnützige Arbeit im Rahmen von Lockerungen[466].

Um die Opferbezogenheit der Strafrechtspflege nach außen hin stärker zu dokumentieren, fordern *Rössner* und *Wulf* den Gesetzgeber auf, eine entsprechende kriminalpolitische Entscheidung mittels Gesetzesänderungen zu verdeutlichen[467]. Bezogen auf den Strafvollzug regen die Autoren eine Erweiterung der Gestaltungsgrundsätze an[468] und empfehlen weiterhin eine leistungsbezogene Entlohnung als Bedingung einer materiellen Wiedergutmachung[469].

2.2 „Alternativ-Entwurf Wiedergutmachung" (AE-WGM)

Der AE-WGM verfolgt das Ziel, die Wiedergutmachung als autonome dritte Rechtsfolgenspur in das Sanktionensystem einzubinden[470]. Er findet sich mit dieser Zielsetzung in Übereinstimmung mit den Grundsätzen aller seit dem Jahr 1966 erstellten Alternativentwürfe: der Schaffung einer humanen und liberalen Strafrechtsordnung unter Beachtung des Subsidiaritätsprinzips sowie der Interessen der Opfer[471]. Der vorgelegte Gesetzentwurf umfaßt das gesamte Strafverfahren und bedeutet bei einer kon-

---

[464]*Rössner / Wulf*, 1984, S. 119

[465]*Rössner / Wulf*, 1984, S. 119

[466]*Rössner / Wulf*, 1984, S. 121

[467]*Rössner / Wulf*, 1984, S. 124

[468]§ 3 StVollzG soll um folgenden Absatz 4 ergänzt werden:„(4) Zur Erreichung des Vollzugsziels soll die Einsicht des Gefangenen in die Tatschuld, insbesondere in die beim Opfer verschuldeten Tatfolgen, durch geeignete Maßnahmen geweckt und vertieft werden", vgl. Rössner / Wulf, 1984, S. 134.

[469]*Rössner / Wulf*, 1984, S. 134

[470]*Baumann*, 1992, S. 11

[471]*Baumann*, 1992, S. 35

sequenten Umsetzung eine klare Systemvorgabe[472]. Daher beziehen sich nur wenige Vorschriften auf das Strafvollzugsrecht und damit einhergehend auf die Ausgestaltung des Vollzuges. So bereffen die Vorschläge zum einen allgemeine Regelungen zu Wiedergutmachungsleistungen und zum anderen besondere, das Strafvollzugsgesetz betreffende, Ergänzungen.

Die Wiedergutmachung beinhaltet nach dem Konzept des AE-WGM einen *„Ausgleich der Folgen der Tat durch eine freiwillige Leistung des Täters"* (§ 1 Absatz 1 Satz 1 AE-WGM), der der Wiederherstellung des Rechtsfriedens dient. Erwartet wird, daß die Leistung des Täters als konstruktives Element einen Zustand bewirkt, der zur Beruhigung des Geschädigten und der Rechtsgemeinschaft führt[473]. Vorrang hat die personenbezogene Wiedergutmachung zugunsten des Opfers gegenüber den erst subsidiär in Frage kommenden symbolischen Ausgleichshandlungen (§ 1 Absatz 1 Satz 3 AE-WGM). Eine in § 2 AE-WGM enthaltene beispielhafte Aufzählung hebt besonders geeignete Wiedergutmachungsleistungen materieller und immaterieller Art sowie Arbeitsleistungen hervor.

Die Gesetzesvorschläge zum Ausgleich der Tatfolgen im Strafvollzug sehen zunächst Zusätze zu den bestehenden Vorschriften des Strafvollzugsgesetzes vor. So ist als ergänzende Gestaltungsmaxime folgender § 3 Absatz 4 vorgesehen: *„Die Einsicht des Gefangenen in seine Verantwortung für die Tat, insbesondere für die beim Opfer verschuldeten Tatfolgen, soll geweckt und durch geeignete Maßnahmen des Ausgleichs vertieft werden"*. Die Autoren begründen den Vorschlag ausdrücklich mit der Möglichkeit, durch Wiedergutmachungsbemühungen die bei den Opfern tatbedingt auftretenden Beeinträchtigungen abbauen zu können[474]. Bezogen auf den Täter sehen sie die opferorientierte Tataufarbeitung dagegen bereits in ausreichendem Maß im Gesetz verankert, nämlich als Bestandteil des Vollzugsziels, künftig ein Leben in sozialer Verantwortung ohne Straftatbegehung zu führen (§ 2 Absatz 1 Satz 1 StVollzG)[475].

---

[472]*Baumann*, 1992, S. 35

[473]*Baumann*, 1992, S. 38

[474]*Baumann*, 1992, S. 94

[475]*Baumann*, 1992, S. 94

Weiterhin sieht der AE-WGM die Ergänzung der Regelung zum Vollzugsplan vor, indem in diesen *„Maßnahmen zur Förderung des Ausgleichs der Tatfolgen"* aufgenommen werden sollen (§ 24 AE-WGM). Mit diesem Schritt soll auf eine frühzeitig einsetzende konkrete Wahrnehmung von Chancen zu einem Ausgleich mit dem Opfer hingewirkt und zugleich die Vollzugsgestaltung beeinflußt werden. Denn die hier angesprochenen Maßnahmen müßten nach dem Dafürhalten der Verfasser u.a. für die Frage der Bewilligung von Lockerungen eine maßgebliche Rolle spielen[476].

Im sachlichen Zusammenhang mit vollzuglichen Interessen steht die in § 25 AE-WGM angeregte Errichtung von Ausgleichsfonds durch die Bundesländer, deren Zweckbestimmung in der Förderung der *„Befriedung der aus der Straftat erwachsenen Ansprüche des Verletzten gegen den Verurteilten"* liegt (§ 25 Satz 2 AE-WGM). Die Fonds sollen nach dem Willen der Autoren durch die der Staatskasse im Rahmen der Geldstrafenvollstreckung zugeflossenen Mittel finanziert werden[477].

Schließlich berührt die durch § 9 AE-WGM vorgesehene Änderung der Vorschriften bezüglich der Aussetzung des Strafrestes bei Tatfolgenausgleich die Wiedergutmachung im Strafvollzug. Vorgesehen ist insoweit die Ergänzung des § 57 Absatz 2 Strafgesetzbuch, wonach besondere Umstände, die eine Halbstrafenaussetzung begründen, immer vorliegen, sobald *„der Verurteilte die Folgen der Tat ausgeglichen hat"* (§ 9 AE-WGM). Durch diese Neuerung würde die Wiedergutmachung auch für den Bereich der schwereren Delikte Bedeutung erlangen, wobei insbesondere für Freigänger realistische Chancen eines finanziellen Schadensausgleichs bestehen[478].

---

[476]*Baumann*, 1992, S. 95

[477]*Baumann*, 1992, S. 95

[478]*Baumann*, 1992, S. 60 f

3. Kritik und Möglichkeiten einer Nutzung der dargestellten Konzepte im Strafvollzug

Betrachtet man die Ansätze der beschriebenen Gestaltungsmodelle, läßt sich feststellen, daß diese nur begrenzt für die Ausgestaltung einer opferbezogenen Gestaltung des Strafvollzuges herangezogen werden können.

Der Gedanke der Schadenswiedergutmachung betrifft zwar einen für die Opfer der Straftaten wesentlichen Gesichtspunkt, behandelt aber lediglich einen Ausschnitt der Folgen des sanktionierten Ereignisses. Gerade die Forschungen auf dem Gebiet der Viktimologie haben gezeigt, daß sich die Wirkungen einer Straftat nicht auf einen materiellen Schaden reduzieren lassen, vielmehr facettenreiche, auch psychisch belastende Prozesse in Gang gesetzt werden. Eine opferbezogene Vollzugsgestaltung ist daher aufgerufen, sämtlichen Belangen von Opfern gerecht zu werden. Gerade die bisher neben einer Restitution weniger beachteten Opferinteressen sollen Eingang in den Vollzugsalltag erhalten, was durch eine Beschränkung auf die Schadenswiedergutmachung nicht gewährleistet wird.

Die der Aussöhnung zugrundeliegende idealistische Vorstellung einer Konfliktverarbeitung erscheint für den Vollzugsalltag untauglich. Die Übertragung des aus der Straftat resultierenden konflikthaften Ereignisses auf die gesellschaftliche Ebene ist eine Aufgabe, die während des Strafvollzuges kaum leistbar ist. Denn nicht nur die Gefangenen, sondern ebenso die Opfer der Straftaten und tätig werdende Vermittler müssen den gesellschaftlichen Ansatz akzeptieren und zu dessen Umsetzung bereit sein.

Daher kann das Modell der Konfliktregulierung, das sich auf die Aufarbeitung des persönlichen Konflikts zwischen Täter und Opfer beschränkt, besser in die realen vollzuglichen Verhältnisse integriert werden. Bedenken ergeben sich jedoch hinsichtlich der die Konfliktschlichtung begleitenden vermittelnden Person. Gemäß der theoretischen Grundlage des Modells können auch Personen des sozialen Nahraums der Betroffenen, mithin unprofessionell tätige Dritte, in der Rolle des Vermittlers das konfliktregulierende Verfahren begleiten, falls die Hinzuziehung überhaupt erforderlich scheint. Angesichts der äußeren Umstände einer Konfliktregulierungsarbeit im Strafvollzug, die mit eingeschränkten Möglichkeiten einer Kontaktaufnahme, weiten Anfahrtswegen und langwierigen internen Verwaltungsabläufen einhergeht, kann die

Einschaltung Privater für diese umfassenden Aufgaben lediglich einen Ausnahmecharakter erhalten. Vielmehr ist für die Gewährleistung eines effektiven durchgängigen Verfahrens der Einsatz professioneller sachlicher und personaler Ressourcen notwendig.

Derartiges kann das Konzept des Täter-Opfer-Ausgleiches leisten, das den Gesichtspunkt der Konfliktregulierung in einen Rahmen eingebettet hat, dessen Grundsätze als auf die strafvollzugsrechtliche Situation übertragbar scheinen. In ihrem umfassenden Konzept haben *Rössner* und *Wulf* vorausschauend den Begriff des „Täter-Opfer-Ausgleichs" im Strafvollzug mit der opferbezogenen Vollzugsgestaltung gleichgesetzt.

Ungeachtet dieser prägenden Wortwahl sind Kritikpunkte an diesem Modell ebenso wie an dem des AE-WGM vorhanden.

Die nachfolgenden Bemerkungen beschränken sich dabei auf den im Rahmen der Untersuchung interessierenden Aspekt der Vollzugsgestaltung. Außer Betracht bleibt insbesondere die Frage nach der theoretischen Einordnung der Wiedergutmachung in das bestehende Sanktionensystem.

Eine opferorientierte Vollzugsgestaltung ist im Gegensatz zur Integration der Wiedergutmachung in die Strafsanktion nicht auf die Art der Strafe bezogen, sondern einzig auf die Modalitäten der Vollziehung des Freiheitsentzuges. Unabhängig von dem Anliegen einer Abkehr vom bestehenden Strafsystem sollen Opferinteressen unter den vorzufindenden Bedingungen stärker betont werden. Da eine Änderung der strafrechtlichen Folgen für den Bereich des Freiheitsentzuges in absehbarer Zeit nicht erwartet werden kann[479], erscheint die Konzentration auf die derzeitige vollzugliche Situation sinnvoll. Daher bleibt die infolge der Veröffentlichung des AE-WGM - auch durch die Präsentation des Konzeptes anläßlich des 59. Deutschen Juristentages im Gutachten C durch *Schöch*[480] - neu entfachte Diskussion um die Wiedergutmachung

---

[479]Das gilt zumindest für den Bereich des Freiheitsentzuges für Erwachsene, wo keine Gesetzänderung diskutiert wird.

[480]*Schöch*, 1992

als „dritte Spur" im Kriminalrecht[481] hier unerörtert. Sie spielt für die praktische Umsetzung der Opferperspektive momentan keine Rolle.

Entscheidend für die Einbeziehung einer Opferperspektive in die Vollzugsrealität sind die inhaltlichen Aspekte beider Konzepte. Der AE-WGM beschreibt zwar in seinen allgemeinen Vorschriften die Begriffe „Wiedergutmachung" und „Wiedergutmachungsleistung" (vgl. §§ 1, 2 AE-WGM), äußert sich jedoch nicht zur konkreten Durchführung des Ausgleichs unter den Bedingungen der Haft[482]. Anleitungen zur Konfliktregelung fehlen ebenso wie Aussagen zur Teilnahmebereitschaft von Tätern und Opfern. Insoweit kann für Fragen zur Praktikabilität weder auf den Wortlaut des Gesetzesvorschlags noch auf die Begründung der jeweiligen Normen zurückgegriffen werden. Im Gegensatz dazu regen *Rössner* und *Wulf* eine Reihe von opferorientierten Maßnahmen an, deren Einbindung in die Gestaltung des Strafvollzuges praktisch umsetzbar wäre. In ihrer Konzeption verbinden die Autoren das wesentliche Element des finanziellen Schadensersatzes mit dem des immateriellen Ausgleiches und verdeutlichen damit die umfassende Bedeutung der Opferinteressen. Insoweit sind diese theoretischen Vorgaben einer vertieften weitergehenden Auseinandersetzung zugrunde zu legen.

Kritische Bemerkungen zu den Modellvorschlägen werden allein auf die beiden Konzepten beigefügten Gesetzesformulierungen bezogen. Übereinstimmend sehen sowohl der AE-WGM als auch *Rössner/Wulf* eine Ergänzung der vollzuglichen Gestaltungsgrundsätze vor. Eine Änderung der bestehenden Regelungen ist jedoch nur sinnvoll, wenn mit den bisherigen Normen das Vollzugsziel der Resozialisierung nicht erreicht werden kann. Wie im Rahmen der Erläuterungen zur Opferorientierung des Strafvollzugsgesetzes dargelegt, ist bereits nach den für den Vollzug maßgeblichen Gestaltungsmaximen die Berücksichtigung von Opferinteressen möglich. Einer besonderen Hervorhebung bedarf es nicht, weil weniger die ausdrückliche Nennung als vielmehr

---

[481]Siehe zu dem Aspekt der Wiedergutmachung als „dritte Spur" im Sanktionensystem schon *Roxin*, 1987, insb. S. 44 ff; *Müller-Dietz*, 1988 a, S. 971 ff; insbesondere zum AE-WGM vgl. *Dölling*, 1992, S. 498 f; *Rössner*, 1992, S. 414 f; *Schmidt-Hieber*, 1992, S. 2001 ff; *Loos*, 1993, S. 51 ff; ausführlich zu vollzuglichen Gesichtspunkten: *Rixen*, 1994, S. 215 ff.

[482]Ebenso *Rixen*, 1994, S. 216

eine Veränderung der Einstellung beteiligter Personenkreise Garant für die vermehrte Rücksichtnahme auf die Interessen von Opfern ist[483].

Darüber hinaus birgt eine entsprechend den Vorschlägen geänderte Fassung des Gesetzestextes die Gefahr einer repressiven Auslegung in sich[484]. Sowohl der Wortlaut als auch die Funktion der Gestaltungsgrundsätze könnten dazu genutzt werden, die Rechtsanwendung in Richtung eines tatschuldorientierten Vollzuges auszuweiten[485]. Daß solche Befürchtungen durchaus begründet sind, zeigen insbesondere die Reaktionen auf eine im Entwurf eines Strafvollzugsänderungsgesetzes von 1988 enthaltene ähnliche Vorschrift, wonach zur Erreichung des Vollzugsziels *„die Einsicht des Gefangenen in die Folgen der Tat, insbesondere für das Tatopfer, geweckt und geeignete Formen des Ausgleichs angestrebt werden"* sollten[486]. Wohl fehlt die Verbindung von Ausgleichsbemühungen des Täters mit der Gewährung von Vollzugslockerungen, die Hauptkritikpunkt der Gegner des Entwurfes aus 1988 war[487]. Dennoch ist angesichts des möglichen Wortsinns der Änderungsvorschläge eine repressive Umdeutung des Strafvollzugsrechts denkbar. Denn die im Rahmen ihres Ermessens entscheidungsbefugten Vollzugsbediensteten müssen bei der Ermessensausübung die im gesamten Vollzug zu beachtenden Gestaltungsmaximen berücksichtigen und können diese entsprechend eng auslegen[488].

Die Gegenüberstellung zeigt, daß der Täter-Opfer-Ausgleich als Programm, das neben der Vereinbarung von Wiedergutmachungsleistungen die intrapersonale Konfliktlösung unter der Anleitung professioneller Vermittler vorsieht, von den in der Diskussion befindlichen opferbezogenen Gestaltungsmodellen am besten auf den Strafvollzug übertragbar ist. Mit seinen zugrundeliegenden Ideen kann der Täter-Opfer-Aus-

---

[483]So hat beispielsweise die Einführung des Adhäsionsverfahrens in §§ 403 ff StPO kaum spürbare Auswirkungen auf die Strafrechtspraxis.

[484]*Rixen*, 1994, S. 218

[485]*Rixen*, 1994, S. 218

[486]So der nach dem Entwurf neu einzufügende Satz 3 zu § 4 Absatz 1 StVollzG, vgl. BT-Dr. 11/3694 vom 08.12.1988 - Entwurf eines Gesetzes zur Änderung des Strafvollzugsgesetzes.

[487]Hier nur Deutscher Bundestag - Protokoll der 53. Sitzung des Rechtsausschusses vom 27.09.1989, 53/6 bis 53/26; *Walter*, 1991, S. 263 ff, RN 410 ff m.w.N.; *Calliess / Müller-Dietz*, 1994, § 2, RN 27

[488]*Rixen*, 1994, S. 219

gleich als Ansatzpunkt für soziales Lernen im Strafvollzug sowie im Rahmen der Straffälligen- und Bewährungshilfe dienen[489].

Vor einer Gleichsetzung des Opferbezuges mit dem Täter-Opfer-Ausgleich bedarf es der Überprüfung, ob die dem Konzept zugrundeliegenden Voraussetzungen im Vollzug verwirklicht werden können oder eine Vereinbarung des Modells mit den vollzuglichen Abläufen fehlschlägt.

4. Täter-Opfer-Ausgleich = Opferbezug: einfache Formel oder falsche Rechnung?

Wie dargelegt, eignet sich der Täter-Opfer-Ausgleich nach einem ersten Überblick über die praktizierten Konzepte grundsätzlich am ehesten für die Einbindung von Opferinteressen in die Gestaltung des Strafvollzuges. Ob die Anforderungen, die im Rahmen des Strafverfahrens bis zur Verurteilung des Straftäters an die Durchführung eines gelungenen Täter-Opfer-Ausgleiches gestellt werden, im Strafvollzug in gleichem Maß erfüllt werden können, bedarf einer sorgfältigen Prüfung.

Als problematisch erweist sich insbesondere die fehlende Flexibilität des Gefangenen infolge der Haft. Ein weiterer wichtiger Punkt ist die finanzielle Lage der Inhaftierten, die durchwegs einen vollständigen Schadensersatz nicht zuläßt. Die folgenden Erwägungen greifen besondere Problemlagen auf und führen zu einer abschließenden Einordnung der opferbezogenen Gestaltung des Strafvollzugs.

4.1 Grenzen der Wiedergutmachung im Strafvollzug

4.1.1 Leistungskraft der Strafgefangenen

Die Schadenswiedergutmachung - materiell oder immateriell - ist eines der tragenden Elemente des Täter-Opfer-Ausgleichs. Die Vorrangstellung nimmt, nicht zuletzt wegen dem Bedürfnis der Geschädigten nach einem Ersatz des ihnen entstandenen Schadens, die finanzielle Wiedergutmachung ein. Einer vollständigen Schadensersatzleistung ist regelmäßig aufgrund der schlechten wirtschaftlichen Lage der Strafgefange-

---

[489]*Heinz*, 1993, S. 376

nen enge Grenzen gesetzt. Untersuchungen zur Schuldensituation von Inhaftierten haben eine Durchschnittsverschuldung zwischen 23.000 und 45.000 DM offenbart[490].

Obwohl diese Zahlen nicht verallgemeinerungsfähig sind, sprechen sie für ein hohes Schuldenpotential, was durch Hinweise auf Erfahrungen im Rahmen von Schuldenregulierungsmodellen bestätigt wird[491].

Ein Abbau der Schulden ist im Strafvollzug kaum möglich. Der monatliche Durchschnittsverdienst eines beschäftigten Strafgefangenen in Höhe von etwa 465,--DM[492] kann zu einer effektiven Entlastung nur wenig beitragen. Sofern Gefangene an beruflichen oder schulischen Bildungsmaßnahmen teilnehmen, steht ihnen eine Ausbildungsbeihilfe in gleicher Höhe zu[493]. Doch selbst dieser bescheidene Arbeitslohn kommt nicht jedem Gefangenen zugute, denn die Arbeitslosigkeit im Strafvollzug entspricht dem Anteil der durchschnittlichen Arbeitslosenquote in der Bundesrepublik Deutschland[494]. Den Inhaftierten ohne Arbeitsplatz steht, sofern die Arbeitslosigkeit unverschuldet ist, zwar nach § 46 StVollzG bei Bedürftigkeit ein monatliches Taschengeld zu. Dieses liegt mit einem Betrag von rund 66,-- DM monatlich erheblich unter dem ohnehin geringen Arbeitsentgelt und ist damit ebenso wenig für den Ausgleich hoher Summen geeignet[495].

Diese negativen Vorzeichen sind Anlaß für Bedenken gegen einen materiellen Schadensersatz im Rahmen vollzuglicher Ausgleichsleistungen. Ein Ersatz des Schadens wird wegen der geschilderten finanziellen Probleme der Strafgefangenen als in der

---

[490]*Kühne*, 1982, S. 211 ermittelte im Rahmen einer im Bundesland Niedersachsen durchgeführten Erhebung den Pro-Kopf-Betrag in Höhe von 23.000 DM, wobei bei der Hälfte der untersuchten Gefangenen der Schuldenbetrag im Bereich bis zu 50.000 DM lag; nach den Anfang der 80er Jahre von *Klotz* im baden-württembergischen Vollzug erhobenen Daten lag die Verschuldung dort bei 45.000 DM, vgl. *Klotz*, 1986, S. 96.

[491]Bezogen auf den „Resozialisierungsfonds Hessen" siehe *Freytag*, 1989, S. 124.

[492]Dieser Betrag ist bezogen auf den nordrhein-westfälischen Strafvollzug, vgl. *Justizministerium des Landes Nordrhein-Westfalen*, 2000, S. 48; vor der Erhöhung des Arbeitsentgelts von 5 % auf 9 % des Ecklohnes lag der Durchschnittsverdienst weitaus niedriger - so beispielsweise in 1995 lediglich 250,-- DM, vgl. *Justizministerium des Landes Nordrhein-Westfalen*, 1997, S. 50; BVerfG, Urteil v. 01.07.1998 - 2 BvR 441/90 - - 2 BvR 493/90 - - 2 BvR 618/92 - - 2 BvR 212/93 - - 2 BvL 17/97 - , in ZfStrVo 4/98, 242-249 (249).

[493]*Justizministerium des Landes Nordrhein-Westfalen*, 2000, S. 48

[494]*Justizministerium des Landes Nordrhein-Westfalen*, 1997, S. 49; zum Problem der Arbeitslosigkeit im offenen Vollzug siehe *Wettreck*, 1984, S. 152 ff.

[495]*Justizministerium des Landes Nordrhein-Westfalen*, 2000, S. 48

Praxis kaum durchführbar eingeschätzt[496]. In der Tat ist unter den gegebenen Voraussetzungen eine generelle vollständige materielle Wiedergutmachung utopisch[497]. Selbst die Einrichtung von Resozialisierungsfonds ändert an diesen Vorgaben wenig[498]. Zum einen können nur wenige Strafgefangene - die meist geringen - Darlehen der Fonds in Anspruch nehmen[499]. Zum anderen setzt die Hilfestellung in der Regel frühestens unmittelbar vor dem Ende der Strafhaft ein und damit für die Opfer erst lange Zeit nach dem schädigenden Ereignis.

Der Wiedergutmachung wird weiterhin Skepsis entgegengebracht, weil hierdurch eine Privilegierung vermögender Straftäter gegenüber dem Gros der finanzschwachen Gefangenen befürchtet wird[500]. So könnte die Gefahr bestehen, daß sich ein Teil der Täter Vorteile durch eine zügige schnelle Schuldtilgung „erkauft". Sofern als Ausgleichsleistung nicht allein die vollständige Zahlung des Schadensersatzes, sondern auch das Bemühen des Täters um eine Wiedergutmachung anerkannt wird, kann einer Ungleichbehandlung jedoch wirksam entgegengewirkt werden[501].

Problematisch erscheint zudem die Identität der Gläubiger, denen die finanziellen Leistungen zugute kommen. In vielen Fällen handelt es sich nicht um die unmittelbar geschädigten individuellen Opfer, vielmehr stehen die Gefangenen häufig bei Banken und Versicherungen in der Schuld[502]. Fraglich ist dann, ob die Straftäter zu einer Wiedergutmachung gegenüber diesen Gläubigern motiviert werden können[503]. Diese Aufgabe kann insbesondere durch die an einem Wiedergutmachungsverfahren beteiligten professionelle Vermittler bewältigt werden, indem sie den Tätern im Laufe der Aufarbeitung des Tatgeschehens den Sinn ihrer Leistungen verdeutlichen.

---

[496]*Dünkel*, 1989, S. 438; *Hirsch*, 1990, S. 554 f; *Rixen*, 1994, S. 217; *Heinrich*, 1995, S. 81 f; *Laubenthal*, 1998, RN 152, S. 65

[497]*Müller-Dietz*, 1992, S. 73 f; *Kawamura*, 1994, S. 5; *Rixen*, 1994, S. 217

[498]*Freytag*, 1990, S. 259 m.w.N.

[499]Von ca. 700.000 Verurteilten pro Jahr in der Bundesrepublik Deutschland erhalten nur etwa 500 bis 600 Straffällige (geschätzt) eine Entschuldungshilfe von den bestehenden Resozialisierungsfonds, *Freytag*, 1990, S. 262.

[500]*Hirsch*, 1990, S. 555

[501]*Hirsch*, 1990, S. 555

[502]*Dünkel*, 1989, S. 439

[503]*Hirsch*, 1990, S. 555 m.w.N.

Trotz dieser Kritikpunkte kann der Aspekt der materiellen Wiedergutmachung sinn-voll in die Vollzugsgestaltung integriert werden. Bei Geldleistungen des Täters ist nicht die Höhe der monatlich gezahlten Beträge entscheidend, sondern die Tatsache, daß überhaupt Schulden reguliert werden[504]. Ebenso wichtig wie ein gesamter finan-zieller Schadensausgleich sind Vereinbarungen über eine eventuelle Stundung bzw. Reduzierung der geschuldeten Forderung, die Zahlungsmodalitäten oder auch die Ent-richtung eines Teilbetrages, um dem Bemühen des Täters zur Wiedergutmachung des Schadens Ausdruck zu verleihen. Der Gefahr, daß die Zahlung einer nur geringen Summe vom Opfer als „Geste der Verhöhnung" statt als „Geste der Versöhnung" auf-gefaßt wird[505], kann im Rahmen der persönlichen Auseinandersetzung mit Hilfe eines pädagogischen Vermittlers begegnet werden.

Nur zum Teil wurde die Möglichkeit einen finanziellen Schadensersatz zu gewährlei-sten verbessert, indem in Folge der bereits erwähnten Bundesverfassungsgerichtsent-scheidung aus dem Jahr 1998[506] die schon seit Inkrafttreten des Strafvollzugsgesetzes erhobene Forderung nach einer Erhöhung des Arbeitsentgeltes[507], wenn auch nur in geringem Umfang, umgesetzt wurde[508].

Nicht vergessen werden sollte darüber hinaus, daß Wiedergutmachung nicht aus-schließlich mit materiellem Schadensersatz gleichgesetzt werden kann. Wiedergutma-chungsleistungen zum Ausgleich immaterieller Schäden müssen nicht zwangsläufig einen finanziellen Einsatz des Täters zu Gunsten des Opfers bedeuten[509]. Gerade im Bereich des immateriellen Schadens kann eine Aussprache der Beteiligten oder eine Entschuldigung des Täters helfen, vordringliche Aufgaben bei der Bewältigung des Geschehenen zu lösen[510].

---

[504]*Brenzikofer* in: *Lösch*, 1996, S. 30

[505]Vgl. *Heinrich*, 1995, S. 81 f

[506]BVerfG, Urteil v. 01.07.1998 - 2 BvR 441/90 - - 2 BvR 493/90 - - 2 BvR 618/92 - - 2 BvR 212/93 - - 2 BvL 17/97 - , in ZfStrVo 4/98, 242-249; siehe hierzu auch unter 1. Kapitel III. 1.1.7 + 2.3.

[507]*Schneider*, 1975 a, S. 167 f; *Müller-Dietz*, 1992, S. 73

[508]Siehe hierzu 1. Kapitel III 1.1.7

[509]Anders: *Laubenthal*, 1998, RN 152, S.65

[510]Beispielsweise Abbau von Ängsten vor einem Racheakt des Täters beim Opfer.

4.1.2 Wiedergutmachung und „opferlose" Delikte

Bei bestimmten Deliktsgruppen, durch deren Begehung der Staat oder andere Universalrechtsgüter verletzt wurden, scheidet die materielle oder immaterielle Wiedergutmachung mangels „greifbarem" Opfer aus. Bedeutung erhält in diesem Zusammenhang die Auseinandersetzung um die Definition des Opferbegriffs und die daran anschließende Frage, ob abstrakte Rechtsgüter in diesem enthalten sind. Denn nur dort, wo ein Opfer zu beklagen ist, kann eine Auseinandersetzung zwischen Schädiger und Geschädigtem in Form eines Täter-Opfer-Ausgleichs stattfinden.

Geht man richtigerweise davon aus, daß es keine Straftat ohne Opfer gibt[511], kann jeder verübten Straftat eine verletzte Person zugeordnet werden - wenn auch „nur" als einzelner, der Allgemeinheit angehörender Mensch, der vermittels dieser Zugehörigkeit in den Rechtsgüterschutz einbezogen ist[512]. Selbst bei Delikten, bei denen die Belange der Allgemeinheit in Rede stehen, sind Konstellationen denkbar, in denen der Täter bestrebt ist, die Folgen der Tat wenigstens teilweise aus eigenem Antrieb auszugleichen[513]. Auf diese Bedürfnisse ist in gleichem Maß einzugehen, wie bei der Betroffenheit natürlicher Personen als Opfer der Straftat.

In Betracht kommt in diesen Fällen eine symbolische Ausgleichsleistung, wie beispielsweise die Zahlung eines bestimmten Geldbetrages oder gemeinnützige Leistungen zugunsten von Opferhilfsorganisationen oder anderen Einrichtungen, die möglicherweise in ideellem Zusammenhang mit der Tatbegehung stehen[514].

Die Gefahr einer Ungleichbehandlung der Täter „opferloser" Delikte gegenüber denjenigen, die eine natürliche Person verletzt haben[515], besteht zumindest dann nicht, wenn der Täter-Opfer-Ausgleich eine freiwillige Option für den Strafgefangenen bleibt. Erst sobald das Fehlen von Wiedergutmachungsbemühungen repressive vollzugliche Reaktionen zur Folge hat, sind Spannungen mit dem Gleichheitssatz zu be-

---

[511]*Maeck*, 1983, S. 17; *Jung*, 1993, S. 584

[512]*Marx*, 1972, S. 79 ff

[513]*Schöch*, 1992, C 74

[514]*Rössner / Wulf*, 1984, S. 121; *Wulf*, 1985, S. 76; *Schöch*, 1992, C 74; §§ 1 Absatz 1 Satz 3, 2 Absatz 1 AE-WGM, vgl. *Baumann*, 1992, S. 1

[515]*Maiwald* zitiert bei *Dölling*, 1987, S. 160; *Hirsch*, 1990, 537; *Dölling*, 1992, 495

fürchten. Diese werden aber von vornherein gegenstandslos, sofern der materiellen bzw. immateriellen Schadenswiedergutmachung die symbolische gleichgestellt wird und damit eine Benachteiligung nicht zu erwarten ist.

4.1.3 Die Schwere der Tat als Kriterium für Wiedergutmachung

Die Schaffung der Möglichkeit eines Täter-Opfer-Ausgleichs im Strafvollzug bedeutet notwendig die Integration schwerer Kriminalität in das Wiedergutmachungsmodell. Erfahrungen mit Fällen von schwerwiegenden Straftaten liegen nur selten vor. Die meisten Projekte zum Täter-Opfer-Ausgleich sind im Jugendstrafrecht angesiedelt und regelmäßig nur auf minderschwere Delikte ausgelegt - die Arbeit mit Erwachsenen bleibt die Ausnahme[516]. Vermutlich rührt die Skepsis, die einer Durchführung von Wiedergutmachungsverfahren in diesen Bereichen entgegengebracht wird, aus den insoweit fehlenden Informationen. Die Kritiker einer Einbeziehung schwerer Taten in Täter-Opfer-Ausgleichsprojekte stützen ihre ablehnende Haltung folglich nicht auf empirisch gesicherte Erkenntnisse, sondern stellen ihre Meinungen ohne nähere Erläuterung als allgemeingültig dar. So wird die Grenze bei schweren Gewalt- und Sexualstraftaten als „unstreitig" bezeichnet[517] oder eine „kulturelle Selbstverständlichkeit" ins Felde geführt, wonach sich nicht jegliches Delikt für einen Täter-Opfer-Ausgleich eigne[518].

Inzwischen häufen sich Stimmen, die aus verschiedenen Gründen für die Berücksichtigung aller Straftaten - unabhängig von dem Grad der Schwere - plädieren[519]. Der grundsätzliche Ausschluß schwerer Delikte korreliert nicht nur mit dem Gleichbehandlungsgrundsatz, sondern ist auch im Hinblick auf die Opfer nicht sachgerecht. Oftmals zeichnet sich besonders bei ihnen der Wunsch nach einer Verarbeitung der Tatfolgen und einer Entschädigung ab[520]. Wichtiger als die Einordnung in abstrakte Deliktskategorien ist daher die Zumutbarkeit eines Täter-Opfer-Ausgleiches[521]. Die

---

[516]*Schreckling*, 1992, insb. S. 2, 6, 11

[517]*Villmow / Plemper*, 1989, S. 15

[518]*Lamnek*, 1997, S.100

[519]Ausführlicher *Pieplow*, 1992, S. 188 ff; siehe weiterhin: *Schöch*, 1992, C 74; *Trenczek*, 1992, S. 194; *Walter*, 1992, S. 69; *Hillenstedt*, 1993, S. 274

[520]*Schöch*, 1992, C 74 m.w.N.

[521]So auch *Schöch*, 1992, C 74

Tatschwere, die der Einzelne empfindet, hält sich nicht an die Rangordnung der Paragraphen des Strafgesetzbuches, vielmehr bestimmt die Lebenswelt des Betroffenen die Dimension der persönlichen Verletzung[522]. Die Opfer von Straftaten erfahren Viktimisierungsprozesse individuell, vermeintlich minderschwere Deliktskategorien sind dabei irrelevant[523]. Das Opfer beurteilt deshalb nicht das bestimmte Delikt als schwer, sondern die spezielle Form der Tatbegehung[524].

Diesen Standpunkt scheinen praktische Erfahrungen mit dem Täter-Opfer-Ausgleich zu bestätigen. So lassen sich keinerlei Zusammenhänge zwischen seinem Gelingen und dem Schweregrad des Delikts oder dessen Folgen erkennen[525]. Daneben sprechen Einzelfallberichte für die prinzipielle Durchführbarkeit von Wiedergutmachungsbemühungen ohne Beschränkung auf bestimmte Deliktsgrade[526].

Zweifellos wird sich die Aufarbeitung des Konfliktes im Rahmen eines Täter-Opfer-Ausgleichs regelmäßig schwieriger gestalten und ein wegen des Schadensausmaßes einfühlsames Vorgehen erfordern. Wegen der hohen Haftdauer bei schweren Delikten ist eine behutsame Handlungsweise des Vermittlers möglich, weshalb die Chance eines Wiedergutmachungsverfahrens für Opfer und Täter nicht an der Deliktseinordnung scheitern sollte.

4.1.4 Ungleichbehandlung von Randgruppen im Vollzug - am Beispiel nichtdeutscher Gefangener

Die Gesamtheit der nichtdeutschen[527] Inhaftierten ist nicht homogen. Unterscheidungen ergeben sich nicht nur aufgrund des Geschlechts, des Alters oder der Religionszugehörigkeit - ebenso deutlich lassen sich verschiedene Gruppen nach den Herkunfts-

---

[522]*Pieplow*, 1992, S. 189; *Sessar*, 1992, S. 18; *Hagemann*, 1993, S. 273

[523]*Kilchling*, 1995, S. 178

[524]*Sessar*, 1992, S. 18

[525]Für das Reutlinger Projekt „Handschlag", das mit Jugendlichen und Heranwachsenden arbeitet, *Kuhn*, 1992, S. 85.

[526]*Trenczek*, 1992, S. 193 f berichtet von einem Treffen zwischen einem wegen schweren Raubes sowie versuchten Mordes verurteilten Mannes und seinem weiblichen Opfer sowie von den Erfahrungen eines Vergewaltigungsopfers, für das die Begegnung mit dem Täter ein wichtiger Schritt zur Wiedererlangung der Kontrolle über das eigene Leben war.

[527]Wozu Ausländer ebenso wie Staatenlose zählen.

ländern voneinander abgrenzen. Die Vielfalt der Staatsangehörigkeiten läßt sich am Beispiel des nordrhein-westfälischen Strafvollzuges eindrucksvoll aufzeigen: allein im Jahr 1999 befanden sich dort Ausländer aus 114 Staaten in Haft[528]. Der Ausländeranteil aller Inhaftierten betrug dabei cirka 32 %[529]

Die Arbeit mit ausländischen Gefangenen gestaltet sich unter diesen Vorzeichen diffizil: neben Sprachproblemen müssen die einzelnen Jahrgänge entsprechend ihrer Interessen verschieden behandelt werden[530]. Zu diesen Schwierigkeiten tritt der Konflikt zwischen dem Vollzugsziel der Resozialisierung und ausländerrechtlichen Vorgaben[531] - die Durchführung von Maßnahmen mit dem Ziel der Integration in die Gesellschaft vor dem Hintergrund der drohenden Ausweisung verspricht nur wenig Erfolg. Die Motivation von Bediensteten und Strafgefangenen zu resozialisierende Maßnahmen erscheint vor diesem Hintergrund kaum erreichbar. Schließlich ergänzen im Haftalltag auftretende Unstimmigkeiten der ausländischen Gefangenen mit deutschen Mithäftlingen, die sich ebenfalls negativ auf den Vollzug auswirken, die problematische Ausgangsbasis[532].

Zeichnen sich unter diesen Voraussetzungen von vornherein für die Strafvollzugsgestaltung schwer überbrückbare Widrigkeiten ab, könnte die Berücksichtigung von Opferinteressen von vornherein zum Scheitern verurteilt sein. Die angesprochenen Probleme bergen die Gefahr, daß ausländische Gefangene seitens des Vollzuges weniger Chancen auf die Durchführung eines Täter-Opfer-Ausgleichs erhalten, weil die Anstrengungen bis zu einem möglichen Gelingen als viel zu hoch angesehen werden. Bedenken ergeben sich zum einen wegen der auftretenden Verständigungsschwierigkeiten, die vielfach die Hinzuziehung eines Dolmetschers, verbunden mit der Frage der Kostentragung, notwendig machen dürfte. Zum anderen erscheint zweifelhaft, ob insbesondere den Ausländern, die allein zur Begehung von Straftaten in die Bundesrepublik Deutschland eingereist sind, die Konflikthaftigkeit ihrer Delinquenz aufgezeigt werden kann und sie für die Belange der Opfer sensibilisiert werden können.

---

[528] *Justizministerium des Landes Nordrhein-Westfalen*, 2000, S. 65

[529] Bezogen auf Nordrhein-Westfalen, *Justizministerium des Landes Nordrhein-Westfalen*, 2000, S. 65; für alle deutschen Anstalten knapp 30 %, vgl. *Müller-Dietz*, 2000, S. 232.

[530] *Justizministerium des Landes Nordrhein-Westfalen*, 2000, S. 65

[531] *Schäfer*, 1984, S. 98 ff; *Böhm*, 1984, S. 118 ff; *Walter*, 1999, S. 128, RN 88

[532] *Walter*, 1999, S. 128, RN 88

Ob die Befürchtungen auf die Vollzugswirklichkeit gestützt werden können, ist bislang unklar. Bekannt sind alleine die statistisch erfaßten Anteile der Nichtdeutschen sowie der Abschiebehäftlinge, bezogen auf die Gefangenenpopulation in Gesamtdeutschland. Während die Quote der ausländischen Inhaftierten von 13,15 % im Jahr 1990 auf 21,25 % im Jahr 1992 gestiegen ist, verringerte sich die Zahl der Abschiebehäftlinge von 2584 im Jahr 1993 auf 1688 im Jahr 1995[533]. Offen bleibt dagegen, wie viele Ausländer ausreichend Deutsch sprechen oder gar seit langem in der Bundesrepublik Deutschland leben und hier ihren Lebensmittelpunkt haben. Bei der Frage der Verwirklichung des Täter-Opfer-Ausgleiches dürfen darüber hinaus die Opfer nicht in Vergessenheit geraten. Gerade in deren Interesse sind vermehrte Anstrengungen zu unternehmen, unabhängig von der Nationalität der Gefangenen.

4.2 Die Straftat als sozialer Konflikt zwischen Täter und Opfer

4.2.1 Personalisierung des Konflikts und verletztes Rechtsgut

Der Täter-Opfer-Ausgleich als Verfahren zur Aufarbeitung des strafrechtsrelevanten Geschehens und dessen Folgen kann als persönliche Auseinandersetzung nur durchgeführt werden, wenn der Straftäter mit einem Opfer konfrontiert wird. Besteht die Möglichkeit einer Kontaktaufnahme bei der Verletzung natürlicher Personen grundsätzlich ohne Schwierigkeiten[534], fehlt bei einer Schädigung juristischer Personen oder abstrakter Rechtsgüter ein „greifbares" Gegenüber.

In diesen Fällen kann anstelle unmittelbaren Opfers ein Repräsentant des verletzten Rechtsgutsträgers zur Durchführung eines Täter-Opfer-Ausgleichsverfahrens hinzugezogen werden. Da jeder verübten Straftat eine verletzte Person zugeordnet werden kann, läßt sich für jede Fallkonstellation jemand finden, der im Zusammenhang mit den verübten Delikten geschädigt wurde. Die regelmäßig in Betracht zu ziehenden symbolischen Ausgleichsleistungen können hierbei von diesen Personen entgegengenommen werden.

---

[533]Quelle: *Statistisches Bundesamt* 1992, S. 8 f und 1997 a, S. 58; 1997 b, S. 378

[534]Bei Tötungsdelikten kommen nur mittelbar verletzte Angehörige oder andere Bezugspersonen des unmittelbaren Opfers in Betracht, was gleichermaßen bei der Schädigung von Kleinkindern gilt.

4.2.2 Ungeeignetheit des Zeitpunkts als Hemmnis der Wiedergutmachung

Der Strafvollzug ist das letzte Glied in der Kette staatlicher Interventionen im Rahmen des Strafprozesses. Erst mit der Rechtskraft des Urteils setzt die Vollstreckung der verhängten Freiheitsstrafe ein. Der Abstand zur Tat ist daher im Vollzug länger als in jedem vorherigen Stadium. Wegen des späten Zeitpunkt werden erstmals im Vollzug einsetzende Wiedergutmachungsbemühungen vielfach als problematisch angesehen[535].

Mit zunehmender zeitlicher Entfernung von der Tat setzt bei den Straftätern regelmäßig ein Verfälschungsmechanismus bezüglich des Tatgeschehens im Sinne einer Entlastung ein, oftmals in Verbindung mit einer Distanzierung vom Opfer und dessen Schäden[536]. Die Täter entwickeln, sofern eine natürliche Person von der Straftat betroffen ist, häufig Strategien der Entpersonalisierung und Entindividualisierung des Opfers, weil gegen eine Schädigung von Menschen größere moralische Widerstände bestehen als bei abstrakten Rechtsgütern[537]. Derartige Techniken der Neutralisierung von Unrecht werden angewandt, um Rechtfertigungen für das eigene kriminelle Verhalten zu konstruieren[538]. Die Neutralisierungstechniken beruhen entweder auf der Ablehnung der Verantwortung, der Verneinung des Unrechts, der Ablehnung des Opfers, der Verdammung der Verdammenden oder auf der Berufung auf höhere Instanzen[539]. Für den Gefangenen erscheint es mithin problemloser und damit attraktiver, neutralisierende Erklärungen für sein Verhalten auszudenken, als mit seiner individuellen Schuld und Verantwortlichkeit für die Leiden der Opfer konfrontiert zu werden[540]. Dennoch bedarf es in manchen Fällen erst des Freiheitsentzuges als Umfeld, in dem der Straftäter nach dem Gerichtsprozeß zur Ruhe kommen kann, um die innere Bereitschaft zu einer Wiedergutmachungsleistung zu wecken[541].

---

[535]*Pfeiffer, H.*, 1989, S. 66; *Lamnek*, 1997, S. 393

[536]*Göppinger*, 1980, S. 600 f; *Wulf*, 1985, S. 65; *Pfeiffer, H.*, 1989, S. 66

[537]*Schneider*, 1982 a, S. 16

[538]*Messmer*, 1992, S. 123

[539]*Sykes / Matza*, 1968, S. 360 ff

[540]*Messmer*, 1990, S. 69

[541]Siehe hierzu insbesondere das bei *Brenzikofer*, 1982, S. 371 f, veröffentlichte Zitat eines Insassen der schweizerischen Strafanstalt Saxerriet.

Ebenso wie die Täter können die Opfer ihre Haltung zu einem Täter-Opfer-Ausgleich mit zunehmendem Zeitablauf kontraproduktiv verändern. Aufkommende bzw. verstärkte Rachegefühle und Ängste verstellen möglicherweise den Weg zu einer Konfliktbewältigung mit dem Täter[542]. Andererseits lindern einsetzende Verarbeitungsprozesse beim Opfer bestehende Folgeschäden, weshalb unpassende Ausgleichsversuche Gefahr laufen, psychische Schäden wieder aufleben zu lassen[543]. Oftmals bedarf es einiger Zeit, bis die durch die Straftat erlittenen Verletzungen aufgearbeitet sind und die Akzeptanz von Wiedergutmachungsleistungen des Täters vorhanden ist[544].

Versteht sich der Täter-Opfer-Ausgleich als Instrument zur Wiederherstellung des Rechtsfriedens und als Angebot zur Befriedigung der Opferinteressen, bedarf es der Rücksichtnahme auf beiden Seiten des Ausgleichsverfahrens. Die Bereitschaft zur Konfliktverarbeitung muß bei Täter *und* Opfer vorhanden sein, so daß der zeitliche Ablauf des Täter-Opfer-Ausgleichs auf die Bedürfnisse der Beteiligten abzustimmen ist[545]. Eine Beschränkung von Wiedergutmachungsinitiativen auf die Zeit vor der Strafhaft widerspricht daher den Belangen von Opfern und Tätern.

4.3   In Unfreiheit zur „Freiwilligkeit"?

Ein Charakteristikum des Täter-Opfer-Ausgleichs ist die freiwillige Mitwirkung sowohl seitens der Geschädigten als auch der Straftäter. Zweifel an der Freiwilligkeit werden geäußert, sobald eine Wiedergutmachungsleistung nicht bereits vor dem Beginn des Strafverfahrens erbracht wurde[546]. Mit dem Einsetzen der staatlichen Kontrolle unterliegen die Beteiligten einem subtilen Druck durch das drohende oder schon in Gang gesetzte Verfahren[547]. Während der Straftäter in einem frühen Verfahrensstadium zur Abwendung eines schlimmeren Übels das Täter-Opfer-Ausgleichsverfahren

---

[542]*Pfeiffer, H.*, 1989, S. 66

[543]*Wulf*, 1985, S. 69; *Schädler*, 1992, S. 27 f

[544]Zur zeitlichen Komponente verschiedener Schäden siehe *Shapland / Wilmore / Duff*, 1985, S. 97 ff.; daß ein Bedürfnis an Wiedergutmachung während der Haftverbüßung vorhanden ist, zeigt die Untersuchung von *Kilchling*, wonach rund 1/3 aller befragten Opfer Anstrengungen des Täters zur Wiedergutmachung im Strafvollzug als sinnvoll erachten, *Kilchling*, 1995, S. 531

[545]*Hartwig*, 1991, S. 107

[546]*Frehsee*, 1992, S. 59; *Kaiser*, 1992, S. 48; *Schöch*, 1992, C 69; *Bannenberg / Rössner*, 1993, S. 337 grundsätzliche Bedenken: *Feltes*, 1990, S. 140; *Hirsch*, 1990, S. 549

[547]*Weigend*, 1989, S. 327

anstreben mag[548], will sich das Opfer möglicherweise nicht für die Verhängung einer negativen Sanktion wegen seiner Mitwirkungsverweigerung verantwortlich fühlen[549]. In Ansehung der Realität wird man daher von der Vorstellung einer vollkommenen Freiwilligkeit bei der Regelung strafrechtlich erfaßter Konflikte abrücken müssen[550].

Die Beschränkungen der Freiwilligkeit gelten in gleicher Weise für die Situation im Strafvollzug. Der Strafgefangene sieht sich Anforderungen und Erwartungen gegenüber, die seine Autonomie einschränken. Spätestens zum Zeitpunkt einer möglichen Strafrestaussetzung nach §§ 57, 57 a des Strafgesetzbuches wird er sich fragen, ob nicht das Erbringen von Wiedergutmachungsleistungen vorteilhaft für die Beurteilung seines „Verhaltens im Vollzug" ist, das bei der Frage der vorzeitigen Entlassung Bedeutung erlangt[551].

Trotz des auf den Gefangenen einwirkenden Drucks, kann eine freiwillige Entscheidung getroffen werden. Erst sobald das Tragen von Verantwortung ausschließlich auf staatlich auferlegtem Zwang beruht, scheidet eine Wiedergutmachung aus freien Stücken aus[552]. Dem Strafgefangenen verbleibt jedoch die Wahl zwischen der Verantwortungsübernahme im Rahmen eines Täter-Opfer-Ausgleichs und der Passivität des Vollzugsalltags. Diese - wenn auch begrenzte - Autonomie ermöglicht es dem Täter, einen aktiven und sozialkonstruktiven Beitrag zur Normerfüllung zu leisten[553]. Auf welcher, sowieso kaum faßbaren, ethischen Gesinnung diese Entscheidung beruht, bleibt unbeachtlich. Maßgeblich ist letztlich allein der Erfolg des gewählten Verhaltens[554].

---

[548]*Weigend*, 1989, S. 328

[549]*Kaiser*, 1992, S. 48; *Schädler*, 1992, S. 28

[550]*Weigend*, 1989, S. 326

[551]Nach § 57 Absatz 1 Satz 2 StGB, der gemäß § 57 a Absatz 1 Satz 2 StGB für die lebenslange Freiheitsstrafe entsprechend gilt, sind bei der Entscheidung einer Aussetzung des Strafrestes bei zeitigen Freiheitsstrafen „namentlich die Persönlichkeit des Verurteilten, sein Vorleben, die Umstände seiner Tat, sein Verhalten im Vollzug, seine Lebensverhältnisse und die Wirkungen zu berücksichtigen, die von der Aussetzung für ihn zu erwarten sind" (Unterstreichung von der Verfasserin).

[552]Zur Dualität von zwangsweiser Verantwortungsauferlegung und freiwilliger Verantwortungsübernahme siehe *Rössner*, 1992, S. 411.

[553]*Rössner*, 1992, S. 411

[554]*Rössner*, 1992, S. 411; *Schöch*, 1992, C 70; *Bannenberg / Rössner*, 1993, S. 337

Eine derartige „relative" Freiwilligkeit[555] ist der Strafrechtspflege nicht fremd. Der
Bereich, in dem der Straftäter regelmäßig zwischen der Befolgung einer Auflage (z.b.
Schadenswiedergutmachung) und den uneingeschränkten strafrechtlichen oder strafprozessualen Folgen wählen kann, reicht von einer bedingten Einstellung im Ermitt-
lungsverfahren bis zur Strafaussetzung zur Bewährung[556]. Der auf die Gefangenen im
Strafvollzug ausgeübte Druck ist unter den heutigen Voraussetzungen sogar weniger
intensiv, weil eine Abhängigkeit zwischen Wiedergutmachungsleistung und Vergünstigung in vergleichbarer Form nicht besteht[557].

4.4   Fazit

Die Auseinandersetzung mit dem Wesen des Täter-Opfer-Ausgleichs hat gezeigt, daß
dessen Grundmaximen im Strafvollzug eingehalten werden können. Durch ein weitge-
fächertes Handlungsspektrum ist dieses Konzept besonders geeignet, den Opfergedanken in den bislang rein täterorientierten Strafvollzug zu integrieren.

Bereits die Kontaktaufnahme zwischen Täter und Opfer schafft den notwendigen
Raum für das Opfer, seine in der Straftat begründeten Sorgen und Nöte zu äußern sowie die Angst vor einer weiteren Viktimisierung abzubauen. Im Verlauf des Täter-
Opfer-Ausgleichs können die Belange des Opfers sachgerecht berücksichtigt werden.
Wichtig ist dabei insbesondere die Kompensation des über den finanziellen Verlust
hinausgehenden Schadens, der - obwohl vorhanden - vielfach nicht ausreichend ausgeglichen wird[558].

Neben dem Opfer kann der Täter von dem Ausgleichsverfahren profitieren, indem
künftige Schadensersatzleistungen vereinbart werden, die ein wesentlicher Aspekt der
regelmäßig erforderlichen Schuldenregulierung sind. Weiterhin ist die in diesem
Rahmen ermöglichte Schuldverarbeitung von Bedeutung, denn nicht jeder Gefangene

---

[555]*Hirsch*, 1990, S. 549

[556] § 153 a StPO, §§ 56 b Absatz 3, 56 c Absatz 4, 59 a Absatz 2 und 3 StGB, §§ 35 ff BtMG

[557]Anders die Situation bei einer Änderung der Lockerungsvorschriften nach § 11 StVollzG, so daß
Vergünstigungen nur gewährt werden bei einem Bemühen des Gefangenen um eine Wiedergutmachung
des Schadens; vgl. Initiative des Bundesrats 1988.

[558]*Kilchling*, 1995, S. 176

hat die von ihm begangene Straftat psychisch verarbeitet, vielmehr kann das Bedürfnis zur Aussprache mit dem Opfer vorhanden sein.

Auch im Hinblick auf den Strafvollzug leistet der Täter-Opfer-Ausgleich einen wertvollen Beitrag zur Unterstützung der im Behandlungsvollzug bestehenden Zielsetzung. Die Auseinandersetzung des Täters mit der Tat und den Folgen der Straffälligkeit fördert die Verwirklichung des Vollzugsziels der Resozialisierung, indem die Bewußtwerdung der Konsequenzen aus der Straftat einen wichtigen Schritt zur Vermeidung künftiger Delinquenz darstellt.

Aus dem Gesagten folgt, daß die Gleichsetzung des Begriffes einer „opferbezogenen Gestaltung des Strafvollzuges" mit dem Täter-Opfer-Ausgleich möglich ist. Ob die theoretische Analyse den praktischen Gegebenheiten entspricht, wird im folgenden Kapitel untersucht.

2. Kapitel:
Betrachtung der Vollzugswirklichkeit unter opferbezogenen Gesichtspunkten anhand einer Untersuchung in der Justizvollzugsanstalt Hagen - Darstellung und Interpretation

I. Einführung

1. Konzeption der Untersuchung

Die Auseinandersetzung mit der Opferperspektive im Strafvollzug wirft Fragestellungen auf, die nur in Ansehung der vollzuglichen Praxis zu beantworten sind. Während der Opferbezug in der theoretischen Diskussion ein beliebter Anlaß ist, um mit Hilfe alltagstheoretischer Erklärungen vermeintlich plausibel zu argumentieren[559], fehlen empirische Untersuchungen zur Vollzugswirklichkeit als Grundlage einer wissenschaftlichen Hypothesenbildung. Die einschlägigen Berichte zu diesem Thema können daher ihre Aussagen regelmäßig nicht auf praktische Erkenntnisse stützen[560]. Überlegungen zur Berücksichtigung von Opferinteressen im Vollzug müssen sich jedoch, genau wie die Erstellung praxistauglicher Konzepte, an der Vollzugswirklichkeit orientieren. Denn nur so können gültige Thesen gebildet werden und ist eine Realisierung theoretischer Vorgaben begründbar und vertretbar. Erst der Blick auf die realen vollzuglichen Vorgaben läßt ein abschließendes Urteil über die Durchführbarkeit und - ebenso essentiell - über die Notwendigkeit einer opferbezogenen Vollzugsgestaltung zu.

---

[559] *Rixen*, 1994, S. 216

[560] Soweit sich *Wulf* (1985, S. 70) auf „Erfahrungsberichte(n) aus ausländischen Modellanstalten und Einzelfallberichte(n) deutscher Vollzugspraktiker" bezieht, unterläßt er die Nennung des dazugehörigen Quellennachweises; auch *Kube* (1986, S. 126) nimmt Bezug auf eine nach seinem Bekunden von *Herrfahrt* durchgeführte Befragung von Inhaftierten zu deren Interesse an einem Täter-Opfer-Ausgleich während des Freiheitsentzuges, ohne diese Quelle nachzuweisen.

Das Fehlen praktischer Erfahrung wurde schon frühzeitig erkannt[561]. Bislang hat sich an dieser Situation, trotz des vielfältigen Interesses am Opfer, wenig geändert. Know-How im Hinblick auf eine opferbezogene Vollzugsgestaltung ist im bundesdeutschen Strafvollzug fast nicht vorhanden. Einzig im Bereich der Schuldnerberatung und Schuldenregulierung, vorwiegend im Zuge der Vorbereitung der Haftentlassung, findet die Wiedergutmachung materieller Opferschäden als Teilaspekt der Zahlungsverpflichtungen von Inhaftierten verstärkte Beachtung[562]. So bestehen in einigen Bundesländern Entschuldungsprogramme, die staatlich unterstützt im Bereich der Schuldenregulierung arbeiten[563]. Generell werden die verschuldeten Gefangenen durch die Vermittlung von Bank-Bürgschaften unterstützt, wobei in Einzelfällen kleinere Beträge als Darlehen direkt aus den jeweils bestehenden Fonds vergeben werden können[564]. Einzig die in Baden-Württemberg seit 1974 bestehende Stiftung „Resozialisierungsfonds Dr. Traugott Bender" gewährt ausgewählten Inhaftierten zinslose Darlehen zur Tilgung vorhandener Schulden[565]. Bundesländer ohne staatliche Schuldenregulierungsprogramme verweisen auf eine ausreichende Tätigkeit von Vereinen sowie Organisationen der freien Wohlfahrtsverbände im Bereich der Entschuldung[566].

Weitere opferbezogene Themen werden allenfalls in der - mit dem Regelvollzug nicht gleichzusetzenden - Praxis der sozialtherapeutischen Anstalten vermehrt in die Behandlungsmaßnahmen integriert[567]. So sind beispielsweise in Crailsheim und München Anstalten eingerichtet, die nur bestimmte Delinquenten (Drogenkranke bzw. Sexualstraftäter) aufnehmen[568]. Angesichts der regionalen Unterschiede bei der Gestaltung des Haftlebens[569] und der sehr begrenzten Aufnahmekapazität sozialtherapeutischer

---

[561] *Wulf*, 1985, S. 67; *Müller-Dietz*, 1985 b, S. 257

[562] Umfassend zur Entschuldungshilfe siehe *Freytag*, 1989

[563] Vgl. die Aufstellung bei *Freytag*, 1989, S. 80

[564] *Freytag*, 1989, S. 81

[565] Ministerium für Justiz, Bundes- und Europaangelegenheiten des Landes Baden-Württemberg, 1990, S. 114

[566] *Freytag*, 1989, S. 79

[567] Eine prägnante Kurzdarstellung der grundsätzlichen Konzeption sozialtherapeutischer Anstalten findet sich bei *Calliess / Müller-Dietz*, 2002, § 9, RN 7 ff.

[568] Rotthaus in: *Schwind / Böhm*, 1999, § 9, RN 2

[569] *Kaiser* in: *Kaiser / Kerner / Schöch*, 1992, § 9, RN 51; *Walter*, 1999, S. 310, RN 314

Einrichtungen[570] können einheitliche Aussagen für diesen Bereich jedoch kaum getroffen werden.

1.1 Täter-Opfer-Konfrontationen im Rahmen strafvollzuglicher Projekte

1.1.1 Jugendstrafanstalt Hameln

Im Bereich des Jugendvollzuges konnten anders als im Erwachsenenvollzug in der Jugendstrafanstalt Hameln Erfahrungen mit Täter-Opfer-Konfrontationen gesammelt werden. Im Rahmen einer Sexualstraftätertherapie, der ein verhaltenstherapeutisches Konzept zugrunde lag, wurde von den Anstaltspsychologen gemeinsam mit Laienhelferinnen ein Geschlechterrollenseminar durchgeführt[571]. Ein Schwerpunkt des umfangreichen Curriculums (vorgesehen waren ca. 20 Sitzungen mit einer Dauer von jeweils drei bis vier Stunden) stellte die Konfrontierung der Häftlinge mit Opferaussagen dar[572]. Vordringlich sollte das Seminar nahezu alle Bereiche der Sexualität und deren Erleben thematisieren und letztlich das Verständnis einer partnerschaftlichen Sexualität wecken[573]. Nicht zuletzt aufgrund seiner Begrenzung auf Sexualstraftäter erreichte das - mittlerweile eingestellte[574] - Projekt nur eine geringe Anzahl von Inhaftierten[575]. Daß es sich bei der Durchführung von Täter-Opfer-Konfrontationen um einen für alle Beteiligten sensiblen Bereich handelt, zeigen die Gründe für das Scheitern des Hamelner Modellprojektes: unzumutbare Repressionen gegenüber den Straftätern im Verlauf der Sitzungen führten im Sommer 1989 zum Abbruch des Seminars[576].

---

[570]Die Zahl der Haftplätze in sozialtherapeutischen Einrichtungen entsprach 1991 einem Anteil von nur 1% der Belegungskapazität aller Haftplätze, vgl. *Rotthaus* in: *Schwind / Böhm*, 1991, § 9, RN 2 und stagniert bis heute, vgl. *Rotthaus* in: *Schwind / Böhm*, 1999, § 9, RN 2.

[571]*Dünkel*, 1989, S. 433

[572]Anhand von Tonbandaufnahmen, durch Berichte von Müttern der Opfer bzw. durch die Auseinandersetzung mit weiblichen „Modellpersonen" wie Mitgliedern aus Frauengruppen, Psychologinnen, Freundinnen sowie früheren Opfern, vgl. *Kube*, 1986, S. 125; *Dünkel*, 1989, S. 434 spricht von 30 bis 40 Gruppensitzungen.

[573]*Kube*, 1986, S. 125

[574]*Dünkel*, 1990 b, 105

[575]So haben im Zeitraum von Juli 1985 bis Februar 1986 nur vier Gefangene an dem Geschlechtsrollenseminar teilgenommen, *Dünkel*, 1989, S. 434.

[576]*Dünkel*, 1990 b, 105

Sonstige Berichte über Programme, die ein Zusammentreffen von Täter und Opfer im Strafvollzug anstreben, beziehen sich - soweit ersichtlich - ausschließlich auf das Ausland.

1.1.2 Vollzugsanstalt Saxerriet / Schweiz

Als eindrucksvoll zeigt sich insbesondere das in der offenen schweizerischen Vollzugsanstalt Saxerriet durchgeführte Modell direkter Täter-Opfer-Kontakte[577]. Das Wiedergutmachungsprogramm ist für erstmalig einsitzende erwachsene Straftäter bestimmt, die wegen der Begehung unterschiedlichster Delikte eine Haftstrafe mit durchschnittlicher Dauer von 4 ½ Jahren verbüßen[578]. Neben der Schuldenregulierung, unter Aufstellung eines individuellen Wiedergutmachungsplanes (ein Teil des Verdienstes der Inhaftierten wird zum Zwecke der Wiedergutmachung verwendet), zählen gemeinnützige Arbeit während der Freizeit sowie die Aufarbeitung der Opferproblematik zu den Aufgaben der Strafanstalt[579]. Gleich zu Beginn des Aufenthaltes in Saxerriet werden die Gefangenen in Gesprächen mit Wiedergutmachungsberatern auf die Situation der Opfer aufmerksam gemacht. In der Folgezeit werden Hintergründe der Tat aufgearbeitet, mit dem Ziel, Kontakt zu den Opfern aufzunehmen[580]. Die Entschuldung steht dagegen zunächst in der freien Entscheidung der Inhaftierten. Erst nach einer Aufenthaltsdauer von bis zu zwei Jahren können die Gefangenen zu einer Schuldenregulierung verpflichtet werden. Zu den Obliegenheiten der eigens zu diesem Zweck eingesetzten Schuldenregulierer gehört die Auflistung aller Gläubiger und der dazugehörigen Forderungen sowie die Kontaktaufnahme mit den Gläubigern. Sie bereiten die Entlassung durch Erstellung eines Haushaltsplans für die Gefangenen vor und begleiten die anschließende Sanierung des Straftäters[581].

Schon zu Beginn des Vollzuges sind die Gefangenen verpflichtet, einen Teil ihres Verdienstes auf ein persönliches Wiedergutmachungskonto zu überweisen. Der eingegangene Geldbetrag kommt entweder dem Opfer bzw. einer gemeinnützigen Institu-

---

[577]Eingehend hierzu *Brenzikofer*, 1997, S. 377 ff.; siehe auch *Dünkel*, 1989, S. 436

[578]*Brenzikofer*, 1986, S. 220

[579]*Brenzikofer*, 1997, S. 377

[580]*Brenzikofer*, 1997, S. 379 f.

[581]*Brenzikofer*, 1997, S. 379

tion zugute oder wird zur Schuldenregulierung (hier jedoch nur maximal zur Hälfte der eingezahlten Summe) verwendet[582].

Die umfassende Begleitung der Gefangenen bei der Entschuldung und den umfangreichen Wiedergutmachungsleistungen erfordern konsequenterweise einen erhöhten personellen Aufwand, wobei die Zusammenarbeit der verschiedenen Stellen besonders wichtig ist[583]. Die Erfahrungen in der Strafanstalt bestätigen die Bedürfnisse vieler Opfer, ihre Situation zu schildern und das Erlebte aufzuarbeiten und rechtfertigen damit den erhöhten Aufwand[584].

1.1.3 „Minnesota Restitution Center" / USA

In den USA, die seit jeher Schrittmacher für die Umsetzung opferorientierter Bestrebungen sind, finden sich nur vereinzelt in wenigen Bundesstaaten ausschließlich im Strafvollzug angesiedelte Täter-Opfer-Ausgleichsprogramme[585]. Ein in dem Staat Minnesota in den Jahren 1972 bis 1976 im „Minnesota Restitution Center" durchgeführtes Projekt könnte anregend für die Gestaltung des bundesdeutschen Strafvollzuges sein. Die in das Wiedergutmachungsprogramm aufgenommenen erwachsenen Straftäter, sämtlich Vermögensdelinquenten mit durchwegs krimineller Karriere sowie Hafterfahrung, schlossen zunächst in der Haftanstalt mit den Opfern vertragliche Vereinbarungen als Grundlage von Schadensersatzleistungen ab. Der erfolgreiche Abschluß eines Vertrages führte zunächst zu einer bedingten Entlassung der Inhaftierten. Die daraufhin in einem Wohnheim gemeinsam untergebrachten Delinquenten erhielten dort die Möglichkeit, durch eigene Zahlungen Wiedergutmachungen zu leisten. Begleitend wurden Gruppensitzungen als therapeutische Veranstaltungen für die Teilnehmer angeboten[586].

---

[582]*Brenzikofer*, 1997, S. 381

[583]*Brenzikofer*, 1997, S. 385, sowie die Aufstellung des personellen Aufwandes im Schaubild a.a.O. S. 384.

[584]*Brenzikofer*, 1986, S. 220 f.

[585]*Dünkel*, 1989, S. 436 f., m.w.N., berichtet über Projekte mit Gewalttätern in Oklahoma und New York, die allerdings im Bereich des Jugendstrafvollzuges ansässig sind.

[586]*Schneider*, 1975 a, S. 169 ff.; *Müller-Dietz*, 1985 b, S. 257; *Lamnek*, 1997, S. 379

1.2 Ansichten von Vollzugsbediensteten und Gefangenen über eine Opferperspektive im Vollzug - Meinungsbefragung im baden-württembergischen Strafvollzug

Angesichts dieser - nur als lückenhaft zu bezeichnenden - Kenntnisse ist der Blick auf die im Strafvollzug vorzufindende Situation sowie auf die Einstellungen von Inhaftierten und Vollzugsbediensteten bezüglich opferbezogener Maßnahmen ein wichtiger Schritt zur Verwissenschaftlichung der derzeitigen Diskussion um die Opferperspektive im Vollzug.

Erste Stimmungsbilder konnten im Zuge einer im Jahr 1993 durchgeführten Seminar- und Gesprächsreihe mit Vollzugsangehörigen und Gefangenen in Baden-Württemberg gesammelt werden[587]. Sowohl die Bediensteten als auch die Strafgefangenen nahmen vor dem Hintergrund unterschiedlicher vollzuglicher Erfahrungen Stellung zur Idee des Täter-Opfer-Ausgleichs im Strafvollzug. Während die Vollzugsbediensteten entweder im Bereich des Untersuchungshaftvollzuges und des (Jugend)strafvollzuges tätig waren, befand sich ein Teil der Gefangenen in Untersuchungshaft, die restlichen verbüßten wegen der Begehung verschiedener Delikte Haftstrafen von unterschiedlichster Dauer[588].

Die Mitarbeiter des Vollzugsstabes erhoben bezüglich der generellen Durchführung von Ausgleichsmöglichkeiten im Rahmen des Strafvollzuges verschiedene Bedenken. Zum einen wurde darauf hingewiesen, daß primär zu Beginn der Haft der richtige Zeitpunkt zur Einleitung von Wiedergutmachungsleistungen sei, da Neutralisierungstendenzen im Laufe der Haftzeit die persönliche Verantwortlichkeit der Gefangenen schmälerten. Zum anderen wurde die Chance eines Täter-Opfer-Ausgleichs mit ausländischen Häftlingen wegen der sprachlichen Probleme und oftmals drohender Abschiebung eher pessimistisch eingeschätzt[589]. Insgesamt wurde die Durchführung eines Täter-Opfer-Ausgleichs während der Haftzeit als eher sinnlos betrachtet - vorrangig seien im Strafvollzug Bemühungen zur Kontaktaufnahme oder Vorbereitungen zu Ausgleichshandlungen zu treffen[590]. Die praktische Realisierung sei externen Trägern

[587] Delattre / Wandrey, 1995, S. 19 ff.

[588] Delattre / Wandrey, 1995, S. 25

[589] Delattre / Wandrey, 1995, S. 26

[590] Delattre / Wandrey, 1995, S. 31

zu überlassen[591]. Für eine materielle Schadenswiedergutmachung sahen die Vollzugsbediensteten aufgrund der geringen Verdienstmöglichkeiten nur einen schmalen Spielraum. Vor einer Koppelung von Wiedergutmachungsleistungen mit Vollzugslockerungen wurde im Hinblick auf die Gefahr der Heuchelei und der Ungleichbehandlung verschiedener Tätergruppen gewarnt[592].

Die Gefangenen bewerteten einen Täter-Opfer-Ausgleich mehrheitlich als positiv und zeigten sich, bezogen auf die eigene Straffälligkeit, vielfach zu Ausgleichshandlungen bereit. Das Interesse wurde jedoch unter der Prämisse bekundet, daß im Vollzug ausreichende Möglichkeiten für eine Durchführung, insbesondere Voraussetzungen für eine finanzielle Wiedergutmachung, geschaffen und die Bemühungen von der Justiz anerkannt würden[593]. Einhellig votierten die Gefangenen für die Schaffung einer justizunabhängigen Vermittlungsstelle als Initiator der Durchführung eines Täter-Opfer-Ausgleiches[594]. Vor einer Verknüpfung von Ausgleichsleistungen mit Vergünstigungen warnten die Inhaftierten, weil damit ein tendenzieller Zwang zum Ausgleich entstünde[595].

Die im Laufe der Gespräche zusammengetragenen Einschätzungen von Vollzugsbediensteten und Gefangenen zeigen, daß Maßnahmen der Schadenswiedergutmachung und Konfliktregelung grundsätzlich positiv bewertet werden, obwohl die derzeitigen Verhältnisse im Strafvollzug nach Auffassung der Gesprächspartner einer Realisierung teilweise entgegenstehen.

1.3   Fazit aus der vorgefundenen Situation für das eigene Forschungskonzept

Die bislang unzureichende Beachtung von Einstellungen der Personenkreise, die im Strafvollzug durch eine opferbezogene Vollzugsgestaltung betroffen sind, ist anhand der dargestellten - seltenen - Initiativen deutlich geworden. Obwohl zunächst ein Bedarf an opferorientierten Maßnahmen festgestellt werden muß, bevor an die Durch-

---

[591]*Delattre / Wandrey*, 1995, S. 32

[592]*Delattre / Wandrey*, 1995, S. 29

[593]*Delattre / Wandrey*, 1995, S. 25 und S. 27 f.

[594]*Delattre / Wandrey*, 1995, S. 31

[595]*Delattre / Wandrey*, 1995, S. 28

112

führung konkreter Schritte, wie z.B. Gesetzesänderungen, gedacht werden kann, ist die Ausgangslage im Strafvollzug weitgehend unerforscht.

Das vorhandene Wissen soll mit Hilfe der vorliegenden Untersuchung vervollständigt werden. Die gewonnenen Erkenntnisse können dazu beitragen, die Bereitschaft von Inhaftierten und Vollzugsbediensteten zur Mitwirkung an einem vollzuglichen Täter-Opfer-Ausgleich sowie dessen Tauglichkeit im Hinblick auf die Gefangenenpopulation einzuschätzen. Gleichzeitig soll eine realistische Beurteilung der faktischen Folgen einer opferbezogenen Gestaltung für die vollzugliche Organisation ermöglicht werden. In dem so gesteckten Rahmen handelt es sich bei der Forschungsarbeit um eine explorative Untersuchung mit dem Ziel, die notwendigen theoretischen Voraussetzungen zu schaffen, um Hypothesen formulieren zu können. Die ermittelten Fakten und empirischen Sachverhalte sollen Anregung bieten, Ideen über Wirkungszusammenhänge zu entwickeln und die in der Auseinandersetzung um einen Opferbezug aufgestellten „Hypothesen" zu überdenken.

Die Untersuchung ist weder dazu bestimmt ein vollständiges Bild der Situation im Strafvollzug zu zeichnen noch ein umfassendes Konzept einer Opferperspektive zu entwerfen. Vielmehr stellt die Studie einen Ausschnitt der bundesdeutschen Vollzugswirklichkeit dar. Das gewonnene konkrete Wissen kann so als Grundlage für die zukünftige theoretische Diskussion dienen und weitergehende Forschungstätigkeiten stimulieren.

Um ein breitgefächertes Spektrum von Informationen zu erlangen, wurden neben den Gefangenen ausgewählte Vollzugsbedienstete in die Untersuchung einbezogen. Insbesondere weil letztere Impulsgeber auf der vollzuglichen Seite sind, und somit für die Umsetzung innovativer Ideen eine zentrale Rolle einnehmen, ist die Berücksichtigung des Stimmungsbildes innerhalb des Vollzugsstabes von besonderer Bedeutung. Das Hauptaugenmerk war dennoch auf die Inhaftierten gerichtet, die als potentielle Teilnehmer von Täter-Opfer-Ausgleichsbemühungen für die Sinnfrage eines Opferbezuges der Vollzugsgestaltung wichtig sind.

Eine - durchaus als erstrebenswert erkannte - Opferbefragung konnte aus mehreren Gründen nicht durchgeführt werden. Zum einen hätte die Gefahr einer Reviktimisierung der Opfer bestanden. Darüber hinaus wäre im Rahmen der Exploration ein Auffangen von Opferreaktionen auf die erneute Konfrontation mit der Viktimisierung nicht leistbar gewesen. Allenfalls professionelle Opferhilfestellen könnten die erforderlichen Hilfestellungen gewähren. Eine ausreichende Vorsorge in diesem Bereich lag außerhalb der Leistungsfähigkeit. Auch der zeitliche Aufwand hätte, ungeachtet der datenrechtlichen Schwierigkeiten im Zusammenhang mit dem Zugänglichmachen der Adressen der Opfer, ein in angemessener Zeit durchführbares Forschungskonzept verhindert. Die Sichtweise der Opfer wurde deshalb alleine anhand verschiedener Fragestellungen an die Gefangenen und Vollzugsbediensteten berücksichtigt.

2. Methodik und Realisierung der Studie

2.1 Auswahl der Untersuchungsgruppen

2.1.1 Justizvollzugsanstalt Hagen - eine nordrhein-westfälische Einweisungsanstalt

Die Untersuchung wurde in der Justizvollzugsanstalt Hagen durchgeführt. Ausschlaggebend für die Auswahl der Justizvollzugsanstalt Hagen war deren besondere Funktion als Einweisungsanstalt im Sinne des § 152 Absatz 2 StVollzG für das Bundesland Nordrhein-Westfalen[596]. In diesem überregionalen Diagnosezentrum werden für alle männlichen erwachsenen Strafgefangenen mit einer restlichen Vollzugsdauer von mindestens 24 Monaten Auswahlverfahren durchgeführt[597]. Aufgrund von Verhaltensbeobachtungen, Tests, Umfragen und Gesprächen mit den Strafgefangenen werden diese nach dem Grad ihrer kriminellen Gefährdung klassifiziert, d.h. einer bestimmten Gruppe von Gefangenen nach festgelegten Merkmalen zugeordnet[598]. Entsprechend der Klassifizierung werden die Inhaftierten in Justizvollzugsanstalten eingewiesen, die

---

[596]Seit dem 1. Januar 1997 wird das Einweisungsverfahren nur noch in der Justizvollzugsanstalt Hagen durchgeführt - bis zu diesem Zeitpunkt bestand mit der Justizvollzugsanstalt Duisburg-Hamborn eine zweite Einweisungsanstalt, die für den Bezirk des Vollzugsamtes Rheinland (Hagen dagegen für den Bereich des Vollzugsamtes Hamm) zuständig war, vgl. *Justizministerium des Landes Nordrhein-Westfalen*, 1997, S. 25, *Thole*, 1975, S. 262; ausführlich zum Verfahren der Einweisung siehe *Thole*, 1975, S. 261 ff.; kritisch zum Einweisungsverfahren: *Weber, Hartmut-Michael* „Einweisungsverfahren im Gefängnis - Zur Legitimation strafjustizieller Zugriffe" in: Kriminalsoziologische Bibliografie 1986/Jg. 13, Heft 53, S. 47- 81.

[597]Die bis zum 31. August 1989 geltende Praxis der Zuführung von Gefangenen mit einer Vollzugsdauer von mehr als 18 Monaten hat insoweit eine Abänderung erfahren, vgl. *Justizministerium des Landes Nordrhein-Westfalen*, 1994, S. 24.

[598]*Koepsel*, 1982, S. 199; Justizministerium des Landes Nordrhein-Westfalen, 1981, S. 4

den diagnostizierten Bedürfnissen entgegenkommen[599]. Für die Zuweisung stehen in ganz Nordrhein-Westfalen insgesamt 19 Vollzugseinrichtungen zur Verfügung, die ein, nach systematischen Gesichtspunkten differenziertes, Behandlungsangebot bereitstellen[600].

Zuständig für die Diagnosetätigkeit ist eine Einweisungskommission, die sich aus Juristen, einem Arbeitsberater des Arbeitsamtes, Pädagogen, Psychologen, Sozialarbeitern, Sozialwissenschaftlern sowie Beamten des allgemeinen Vollzugsdienstes zusammensetzt[601]. Die Entscheidungen werden in sogenannten „Spruchkörpern" getroffen, die aus drei, fünf oder sieben Mitgliedern der Einweisungskommission bestehen. Welchen Fachbereichen die Mitwirkenden angehören, richtet sich nach den jeweiligen Delikten der zu diagnostizierenden Gefangenen[602]. Grundsätzlich ist ein Jurist - regelmäßig in der Funktion des Vorsitzenden des Spruchkörpers - an der Einweisungsentscheidung beteiligt. Der Vorsitzende trifft sein Votum allein nach Aktenlage, während die anderen Angehörigen des Spruchkörpers ein persönliches Diagnosegespräch mit dem Inhaftierten führen. Für die schriftliche Niederlegung des Einweisungsbeschlusses ist jeweils der im Vorfeld festgelegte Federführer zuständig.

Neben der Einweisung liegt ein weiterer Schwerpunkt der Tätigkeit der Einweisungskommission bei der Abgabe von Empfehlungen für die Aufstellung des Vollzugsplanes durch die jeweiligen Verbüßungsanstalten und damit der weiteren Ausgestaltung des Vollzuges[603]. Hierdurch soll sichergestellt werden, daß den Strafgefangenen, entsprechend ihrer persönlichen Fähigkeiten, unterstützende Behandlungsmaßnahmen zuteil werden. Daneben werden den nach der Einweisung zuständigen Justizvollzugsanstalten Erkenntnisse über die Defizite der Gefangenen vermittelt, um diese bei der Planung des Vollzuges berücksichtigen zu können[604].

---

[599] *Justizministerium des Landes Nordrhein-Westfalen*, 1981, S. 4

[600] *Justizministerium des Landes Nordrhein-Westfalen*, 1981, S. 4; *Justizministerium des Landes Nordrhein-Westfalen*, 1997, Übersicht auf S. 26

[601] *Justizministerium des Landes Nordrhein-Westfalen*, 1997, S. 27

[602] *Justizministerium des Landes Nordrhein-Westfalen*, 1981, S. 5

[603] *Justizministerium des Landes Nordrhein-Westfalen*, 1997, S. 27

[604] *Justizministerium des Landes Nordrhein-Westfalen*, 1997, S. 27

Die Diagnose in der Einweisungsanstalt steht als Behandlungsuntersuchung nach § 6 StVollzG am Beginn eines langjährigen Freiheitsentzuges, zeitlich noch vor der Erstellung des Vollzugsplanes. Die Diagnostik während des Aufnahmeverfahrens ist daher der frühestmögliche Ansatz für eine Einflußnahme auf den Gefangenen. Bereits zu diesem Zeitpunkt könnten opferbezogene Maßnahmen eingeleitet werden. Der für die Anbahnung eines Täter-Opfer-Ausgleiches erforderliche Zeitaufwand macht einen zügigen Beginn opferbezogener Aktivitäten notwendig und sollte daher für die langstrafigen Gefangenen bereits in der Einweisungsanstalt anfangen.

Nicht zuletzt diese Überlegungen führten zu der Entscheidung, die Forschungsarbeit in der Justizvollzugsanstalt Hagen durchzuführen. Daneben spielten, die Einstellung gegenüber Wiedergutmachungsleistungen beeinflussende, Neutralisierungstendenzen von Strafgefangenen ein Rolle, die am Anfang des Freiheitsentzuges seltener auftreten als mit fortschreitender Haftdauer. Für die Einweisungsanstalt sprach weiterhin die Gewährleistung einer homogenen Untersuchungsgruppe von Inhaftierten, bezogen auf die Haftsituation zum Zeitpunkt der Untersuchung. In der Justizvollzugsanstalt Hagen war sichergestellt, daß sich alle Gefangenen einer mindestens zwei Jahre dauernden Haft gegenübersahen - eine komplizierende Unterscheidung in kurz- oder langstrafige Gefangene konnte dadurch vermieden werden.

2.1.2 Vollzugsbedienstete

Die Befragung der Vollzugsbediensteten beschränkte sich auf die Angehörigen der Einweisungskommission. Die Einschränkung ergibt sich aus den Besonderheiten der Einweisungsanstalt, in der die Gefangenen regelmäßig nur für die Dauer von ca. zwei Monaten zum Zweck der Diagnostizierung untergebracht sind[605]. Die Situation in der Justizvollzugsanstalt ist somit durch eine hohe Fluktuation der Insassen gekennzeichnet. In der kurzen Zeit ihres Aufenthaltes ist die Schaffung eines persönlichen Verhältnisses zwischen den Bediensteten des Allgemeinen Vollzugsdienstes und den Gefangenen kaum möglich, weshalb sich die Aufgaben des Allgemeinen Vollzugsdienstes vermehrt auf die Gewährleistung eines ordnungsgemäßen Ablaufs des Anstaltsalltags konzentrieren. Es bot sich daher an, die Untersuchung auf diejenigen Mitarbeiter des Vollzugsstabes zu begrenzen, die aufgrund ihrer Diagnosetätigkeit Anstöße für opferbezogenes Arbeiten geben können.

---

[605]*Koepsel*, 1982, S. 197

2.1.3 Gefangene

Die Untersuchung umfaßt grundsätzlich alle Gefangenen, denen im Dezember 1994 die Einweisungsentscheidung durch die jeweiligen Spruchkörper mitgeteilt wurde. Ausländische Inhaftierte mit nur geringen deutschen Sprachkenntnissen konnten nicht berücksichtigt werden, da insoweit ein einheitlicher Ablauf der Erhebungen gefährdet war. Ein weiterer Gefangener wurde wegen seines hohen Grades an Gefährlichkeit für die Interviewerin von der Erhebung ausgeschlossen[606].

2.2   Erhebungsinstrumente

2.2.1   Befragung von Vollzugsbediensteten

Die Mitglieder der Einweisungskommission wurden mittels eines standardisierten Fragebogens schriftlich befragt[607]. Dieser Weg bot sich an, um den Zeitaufwand für die Interviewerin und die Kommissionsteilnehmer möglichst gering zu halten. Angestrebt war die Erhebung aller Personen, die für die Einweisungsentscheidungen zum Zeitpunkt der Exploration der Gefangenen, mithin im Dezember 1994, verantwortlich waren. Für ein persönliches Interview wäre neben der Gefangenenbefragung allerdings aufgrund der anstaltsinternen Verwaltungsabläufe nur wenig Raum geblieben.

Der den Bediensteten zugeleitete Fragebogen umfaßt drei größere Komplexe: zunächst werden allgemeine personenbezogene Daten erhoben, daneben werden Fragen zu der Tätigkeit in der Einweisungsanstalt gestellt und schließlich sollen Meinungen zu einer opferbezogenen Vollzugsgestaltung erfragt werden. Insbesondere die Erfassung von Einstellungen macht offene Fragestellungen erforderlich, der größte Teil der Informationen beruht jedoch auf geschlossenen Fragen.

---

[606]Ein Gespräch hätte nur im Beisein eines Mitarbeiters des allgemeinen Vollzugsdienstes oder bei Hand- und Fußfesselung des Gefangenen stattfinden können - wegen der unter diesen Bedingungen störenden Einflüsse auf das Zusammentreffen wurde von einem Interview abgesehen.

[607]Siehe Anhang I

2.2.2 Befragung von Gefangenen

Für die Untersuchung bezüglich der Inhaftierten wurden verschiedene Untersuchungsinstrumente genutzt.

Den ersten Schritt bildeten standardisierte mündliche Einzelinterviews mit den Gefangenen[608]. Neben den Angaben zu Person und Delinquenz wurden u.a. Daten zu der Haftsituation und den Folgen der Straftat erhoben. Vervollständigt wurden diese Informationen durch Fragen nach der persönlichen Haltung zur Wiedergutmachung.

Parallel zu der mündlichen Befragung wurden die jeweiligen Gefangenenpersonalakten sowie die diesen beigefügten Gerichtsurteile und weiteren Unterlagen analysiert. Ergänzend konnte teilweise auf Fragebögen der Justizvollzugsanstalt Hagen, die im Rahmen des Einweisungsverfahrens von den Gefangenen mit ausreichenden Deutschkenntnissen auszufüllen sind, zurückgegriffen werden. Zum Teil wurden Angaben zur Person und zur Delinquenz vervollständigt, daneben wurden die bei der persönlichen Befragung erhaltenen Informationen hinsichtlich der Übereinstimmung mit dem Akteninhalt überprüft. Die Auswertung der anstaltsinternen Fragebögen erfolgte gleichfalls zu einem Abgleich der bereits erhobenen Daten.

2.3 Zum Wahrheitsgehalt der Erhebungen

Der Erhalt von den Tatsachen entsprechenden Forschungsergebnissen hängt von vielen Kriterien ab. Schon die Auswahl des Untersuchungsmaterials beeinflußt die Aussagekraft der erwarteten Untersuchungsergebnisse[609]. Entsprechend dem gegenwärtigen Stand der opferbezogenen Forschung im Strafvollzug, wurde für die vorliegende Untersuchung der Schwerpunkt auf das Untersuchungsinstrument der mündlichen bzw. schriftlichen Befragung gelegt. Das Mittel der Befragung bedeutet die Erfassung verbalen Verhaltens kraft Kommunikation zwischen zwei oder mehreren Personen - durch Fragen und Antworten - in bestimmten Situationen und mit gegenseitigen Erwartungen[610]. Dieser Prozeß ist anfällig für verschiedenartige Störfaktoren, die sich

---

[608]Siehe Anhang II

[609]*Bortz / Döring*, 1995, S. 52

[610]*Atteslander*, 1995, S. 132

negativ auf die Resultate auswirken können[611]. Da die Befragung eine Vielzahl von Stärken hinsichtlich der Erreichbarkeit der angestrebten Informationen aufweist, wurden die Schwächen in Kauf genommen und Störungen durch eine sorgfältige Vorgehensweise so gering wie möglich gehalten.

Um den Vollzugsbediensteten die Bedeutung des Forschungsvorhabens zu erläutern und dadurch ihre Motivation zur Teilnahme zu erhöhen, wurde die Untersuchung im Rahmen eines mündlichen Besprechungstermins in der Justizvollzugsanstalt unter Anwesenheit der Mitglieder der Einweisungskommission vorgestellt. Daneben war dem schriftlichen Fragebogen auf einem Beiblatt entsprechende Hinweise beigefügt. Dennoch waren die Vollzugsbediensteten in der eigentliche Befragungssituation - aufgrund der Schriftlichkeit - einer Beeinflussung durch die Person der Interviewerin weitgehend entzogen. In Kauf genommen werden mußte jedoch der Nachteil einer unkontrollierten Erhebungssituation[612]. Eine Überprüfung der Verständlichkeit des Untersuchungsinstrumentes entfiel bei der schriftlichen Befragung. Um das Verständnisproblem möglichst gering zu halten, wurde großer Wert auf eine deutliche Fragestellung und eine klare Anleitung zur Bearbeitung des Fragebogens gelegt. Zwar konnten die Befragten bei der Beantwortung einzig auf die in dem Fragebogen enthaltenen Informationen zurückgreifen, andererseits entfiel ein direkter Einfluß durch einen persönlichen Interviewer. Als positiver Effekt dieser Vorgehensweise kann die erhöhte „Ehrlichkeit" bei den Antworten ausgemacht werden[613]. Den Befragten wird es durch die gewählte Methode weiterhin ermöglicht, genügend Zeit für überlegte Antworten zu finden[614], was gleichsam für eine gesteigerte Gültigkeit der Antworten spricht.

Ein Pretest zur Überprüfung des an die Gefangenen gerichteten Fragebogens hinsichtlich der Gültigkeit und Zuverlässigkeit fand im Oktober 1994 in der Justizvollzugsanstalt Köln-Ossendorf statt. Die Gespräche wurden in Abwesenheit von Vollzugsbediensteten alleine mit den Gefangenen in einem separaten Raum geführt. Insgesamt konnten neun Interviews geführt werden, davon zwei mit ausländischen Inhaftierten.

[611] *Bortz / Döring*, 1995, S. 225 ff.

[612] *Atteslander*, 1995, S. 163

[613] *Schnell / Hill / Esser*, 1993, S. 367

[614] *Schnell / Hill / Esser*, 1993, S. 367

Alle Befragten waren bereits rechtskräftig verurteilt, zum Teil warteten sie auf die Verlegung in die Justizvollzugsanstalt Hagen.

Die Bandbreite der den Urteilen zugrundeliegenden Straftaten war hinsichtlich der Schwere der Delikte mit der Untersuchungssituation in Hagen vergleichbar. Zwei Gefangene waren wegen Raubes, drei wegen Tötungsdelikten und je ein Proband wegen sexuellen Mißbrauchs, Betruges bzw. des Verstoßes gegen das Betäubungsmittelgesetz straffällig geworden. Lediglich ein Befragter hatte sich wegen eines regelmäßig kein Einweisungsverfahren nach sich ziehenden Deliktes, strafbar gemacht. Es sich handelte sich um Fahren ohne Führerschein.

Die mündliche Befragung der Gefangenen sollte, um Verzerrungen entgegenzuwirken, nach einer festgelegten Struktur durchgeführt werden. Die Interviewsituation wurde bei den Pretests mehrfach erlebt, so daß ein einheitliches Verhalten während der Befragung trainiert worden war. Der Pretest diente ebenfalls der Kontrolle des Fragebogens, wobei die Verständlichkeit der Formulierungen eine große Rolle spielte. Die Situation in der Justizvollzugsanstalt Hagen war bezogen auf die räumlichen Gegebenheiten (Zimmer, Sitzordnung) und dem Ablauf des Gespräches generell sehr ähnlich. Beispielsweise wurde die Belehrung über datenschutzrechtliche Aspekte jeweils vor dem Interview mit ähnlichen Worten erteilt.

Die zusätzlich zur Befragung durchgeführte Aktenanalyse diente nicht nur der Sammlung von Daten, sondern zum Teil darüber hinaus zur Überprüfung von im Interview erlangten Informationen. Da es neben Verzerrungen durch das Verhalten der Befragungsperson auch zu Antwortverfälschungen durch den Interviewpartner kommen kann[615], sollten Fehlerquellen durch einen Vergleich aufgedeckt werden. Nicht zu allen Untersuchungspersonen konnten die Akten eingesehen werden. So waren die Unterlagen dreier Gefangener wegen einer zügigen Verlegung in die Verbüßungsanstalt nicht mehr zugänglich, ein weiterer versagte seine Zustimmung zur Einsichtnahme. Der anstaltsinterne Fragebogen war nur in den Akten der Gefangenen mit hinreichenden Deutschkenntnissen enthalten, so daß von drei weiteren Befragten vollständige Erhebungen unmöglich waren.

---

[615]Hierzu mit Beispielen und weiteren Nachweisen *Bortz / Döring*, 1995, S. 228 f.

2.4 Ablauf der Untersuchungen

2.4.1 Schriftliche Befragung der Vollzugsbediensteten

Die schriftlichen anonymisierten Fragebögen wurden den 21 Mitgliedern der Einweisungskommission bis Mitte Dezember 1994 über das Sekretariat der Justizvollzugsanstalt zugeleitet. Dieser Weg wurde gewählt, um eine persönliche Einflußnahme möglichst auszuschließen. Die Interviewerin war den Vollzugsbediensteten bereits zu Beginn der Tätigkeit vor Ort durch den Anstaltsleiter vorgestellt worden, so daß auf das Forschungsvorhaben sowohl mündlich als auch mittels eines dem Fragebogen beigefügten Begleitschreibens hingewiesen werden konnte. Der Rücklauf der Fragebögen, für den eine Frist bis Ende Dezember 1994 festgelegt war, erfolgte ebenfalls über das Sekretariat, weshalb weder die Person des Befragten noch der Zeitpunkt der Rückgabe bekannt wurden.

2.4.2 Datenerhebung bezüglich der Gefangenen

Der Verlauf der mündlichen Befragung wurde durch den Ablauf des Einweisungsverfahrens geprägt. Die Pläne der jeden Donnerstag stattfindenden Spruchkörpersitzungen, auf denen zum einen die zu verabschiedenden Gefangenen und zum anderen die Zusammensetzung der jeweiligen Spruchkörper verzeichnet sind, standen regelmäßig am Freitag der Vorwoche fest. Anhand dieser Liste wurden die Inhaftierten zunächst nach ihrer Bereitschaft zu einem Gespräch gefragt. Zu diesem Zweck suchte die Interviewerin in Begleitung eines Vollzugsbeamten des Allgemeinen Vollzugsdienstes jeden Gefangenen Freitags oder Montags vor seiner Zelle auf und ersuchte - unter Hinweis auf die Anstaltsunabhängigkeit des Forschungsvorhabens - um Teilnahme. Von vornherein ausgeschlossen war die Befragung von Häftlingen mit unzureichenden Deutschkenntnissen. Diesbezüglich wurde von einem Mitarbeiter des Allgemeinen Vollzugsdienstes, der mit allen in der Justizvollzugsanstalt Hagen aufgenommenen Inhaftierten in Kontakt stand, vermerkt, ob ein Interview sinnvoll durchzuführen wäre.

Üblicherweise wurden die Diagnosegespräche der Einweisungskommission mit den Gefangenen am Wochenbeginn nach Bekanntgabe der Spruchkörperliste abgehalten. Um einen reibungslosen Prozeß des Aufnahmeverfahrens zu gewährleisten, wurden die Interviews zeitlich nach den Einweisungsgesprächen geführt. Die mündliche Befragung fand in einem dem Gefangenentrakt ausgegliederten Arbeitszimmer statt, nur in Anwesenheit des Befragten und der Interviewerin. Die Gefangenen wurden von einem Bediensteten des Allgemeinen Vollzugsdienstes zum Interview geleitet und anschließend, nach telefonischer Rücksprache, zu ihren Zellen zurückgebracht.

Vor der Befragung wurden die Inhaftierten nochmals ausdrücklich auf die Unabhängigkeit der Untersuchung von den Interessen der Justizvollzugsanstalt hingewiesen. Selten waren an dieser Stelle weitere Erläuterungen zu dem Forschungsvorhaben erforderlich. Weiterhin wurden die Probanden um ihre Zustimmung zur Akteneinsicht gebeten.

Die Gespräche, die sich an der Vorgabe des standardisierten Fragebogens orientierten, verliefen regelmäßig in entspannter Atmosphäre und dauerten zwischen 30 und 45 Minuten. Die Fragen wurden mündlich gestellt, lediglich eine Frage wurde mit den vorgegebenen Antwortmöglichkeiten schriftlich vorgelegt, um den Befragten die Fragestellung zu verdeutlichen und die Beantwortung zu erleichtern[616]. Den Gefangenen war es darüber hinaus freigestellt, sich aus eigenem Antrieb zu ihrer Situation in der Haft zu äußern. Oftmals wurde die Chance zu einem Gespräch über den Fragenkatalog hinaus im Anschluß an die Exploration genutzt, was zu einer längeren Dauer der Unterredung führte. Eventuelle zusätzlich erhaltene Informationen sind nicht in die empirische Auswertung eingeflossen, um die Gültigkeit der im Interview gegebenen Antworten nicht zu gefährden.

Die Aktenauswertung erfolgte zeitlich nach den Interviews. Als problematisch erwies sich die Koordination mit den verschiedenen Mitarbeitern des Spruchkörpers, die ebenfalls auf die Akten angewiesen waren. Mit Hilfe der Verwaltung konnte letztlich auf fast alle Akten zugegriffen werden. Zusätzlich zu den Gefangenenpersonalakten wurden die dem Freiheitsentzug zugrundeliegenden Gerichtsurteile analysiert. Daneben wurde der anstaltsinterne Fragebogen in die Erhebung einbezogen, der von allen Gefangenen bereits zu Beginn des Aufenthaltes in der Justizvollzugsanstalt Hagen ausgefüllt wird.

---

[616]Vgl. Anhang II, Frage 44

II. Befragung der Vollzugsbediensteten

1. Vorbemerkungen

Werden das Opfer, die Straftat und die Folgen der Straffälligkeit von den Mitgliedern der Einweisungskommission im Rahmen ihrer Diagnosetätigkeit thematisiert? Wie ist die Haltung der Vollzugsbediensteten bezüglich einer opferbezogenen Strafvollzugsgestaltung? Sehen die Mitarbeiter die Notwendigkeit einer Umorientierung des Strafvollzuges? Diese Fragestellungen interessierten vorrangig bei der Befragung der Bediensteten. Die Antworten sollen ein Stimmungsbild der vollzuglichen Situation einfangen sowie Anregungen für Ansatzpunkte einer Integration des Opfergedankens liefern.

Der Vollzugsstab stand der Untersuchung insgesamt sehr skeptisch gegenüber. Die Bereitschaft zur Mitarbeit blieb trotz schriftlicher und mündlicher Erläuterung des Forschungsvorhabens gering. Von den 23 Mitgliedern der Einweisungskommission[617] beantworteten lediglich sieben den Fragebogen[618]. Der Psychologische Dienst verweigerte geschlossen die Unterstützung, während von den anderen Fachdiensten wenigstens ein Angehöriger an der Befragung teilnahm. Die Graphik auf Seite 118 veranschaulicht den Anteil der Probanden an den verschiedenen Berufsgruppen (siehe Abb. 1).

---

[617]Die Zusammensetzung der Einweisungskommission hinsichtlich Anzahl und Fachdienst ergibt sich aus der Verteilung der Vollzugsbediensteten auf die Spruchkörpersitzungen im Dezember 1994.

[618]Im Folgenden wird einheitlich die männliche Geschlechtsform im Text benutzt.

Abb. 1:   **Anzahl der an der Befragung teilnehmenden Vollzugsbediensteten im Vergleich zu der Gesamtzahl der jeweiligen Fachdienste in der Einweisungskommission**

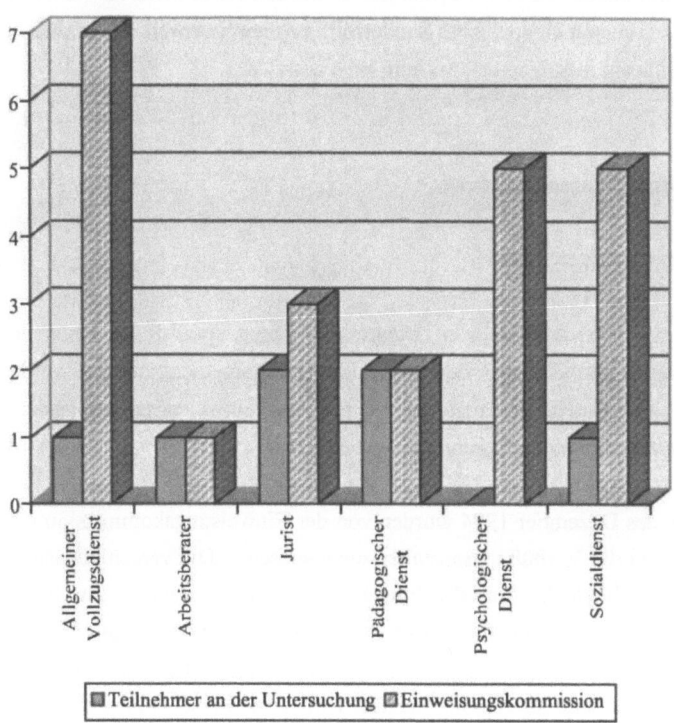

Die Zurückhaltung der Einweisungskommission stand in Kontrast zu dem Interesse und Engagement des Allgemeinen Vollzugsdienstes. Trotz der Mehrbelastung durch Zu- und Abführung der Gefangenen unterstützten die Vollzugsbediensteten den Ablauf der Untersuchungen nach Kräften, was als Hinweis darauf gewertet werden kann, daß nicht jegliche Forschung von „außen" auf eine kritische Haltung trifft.

Die befragten Vollzugsbediensteten waren zum Zeitpunkt der Untersuchung zwischen 30 und 60 Jahre alt[619]. Der Altersunterschied ähnelt der Spanne der Beschäftigungsdauer im Strafvollzug: die kürzeste Dienstzeit betrug 1 ½ Jahre gegenüber fast 21 Jah-

---

[619]Bei einem Durchschnittswert von 46,43 Jahren.

ren als längstem Zeitraum. Läßt man den Bediensteten mit der geringsten Berufserfahrung außer acht, ergibt sich für die sechs restlichen Interviewten eine Tätigkeit im Strafvollzug von mindestens 7 ½ Jahren Dauer. Durchschnittlich absolvierten die Vollzugsmitarbeiter von ihrer bisherigen Dienstzeit etwas mehr als sieben Jahre in der Einweisungsanstalt Hagen. Eine Sonderrolle nehmen insoweit die beiden Juristen ein, die ihren Dienst in Hagen erst im Jahr 1994 antraten.

2. Die Diagnosegespräche

2.1 Der äußere Ablauf

Allgemeine Informationen zum Diagnoseverfahren speziell im Untersuchungszeitraum konnten den Listen zu den Spruchkörpersitzungen entnommen werden. Ergänzt werden diese Daten, die sich auf die gesamte Einweisungskommission beziehen, durch die schriftliche Befragung der Bediensteten.

Im Laufe des Dezember 1994 wurden von der Einweisungskommission insgesamt 92 Inhaftierte in die Verbüßungsanstalten eingewiesen[620]. Die verschiedenen Fachdienste waren unterschiedlich oft an den Einweisungsverfahren beteiligt. Am häufigsten nahmen Juristen an den, generell mit drei Mitarbeitern besetzten, Spruchkörpersitzungen teil. Da sie in über 90 % der Fälle den Vorsitz übernahmen, relativiert sich die Arbeitsbelastung, denn der Vorsitzführende trifft seine Entscheidung allein aufgrund der Aktenlage und damit unter erheblich geringerem Zeitaufwand als seine Kollegen. Besonders beschwert ist dagegen der Federführer des Spruchkörpers. Ihm obliegt die schriftliche Ausarbeitung des jeweiligen Falles. Der Allgemeine Vollzugsdienst war von der Federführung gänzlich ausgenommen, was mit den sonstigen vollzuglichen Aufgaben dieses Fachdienstes zusammenhängen mag. Die Hauptbelastung trugen insoweit der Pädagogische Dienst sowie der Sozialdienst mit mindestens zehn Federführungen pro Bedienstetem, soweit keine urlaubs- oder krankheitsbedingten Ausfälle zu verzeichnen waren. Im Höchstfall wurden einem Mitarbeiter in einer Woche fünf Fälle zur Federführung übertragen. Durchschnittlich nahmen die Mitglieder der Einweisungskommission im Dezember 1994 an zwölf Spruchkörpersitzungen teil. Wenn

---

[620]Die auf die Gesamtheit der Einweisungskommission bezogenen Daten ergeben sich aus den Listen der Spruchkörpersitzungen bezogen auf den Monat Dezember 1994.

man die Teilnahme als Vorsitzender unberücksichtigt läßt, ergibt sich ein Durchschnittwert von acht Beteiligungen, was gleichzusetzen ist mit der Anzahl der zu leistenden Diagnosegespräche.

Die Anzahl der Kontakte mit Gefangenen erhöht sich für einen Teil der Vollzugsbediensteten, sofern neben den Spruchkörpersitzungen das gesamte Einweisungsverfahren einbezogen wird. Die sieben befragten Bediensteten nennen - bezogen auf das Aufnahmeverfahren - Zahlen zwischen 8 und 120 Gefangene, mit denen sie innerhalb eines Monats konfrontiert sind. Die großen Unterschiede lassen sich mit den verschiedenen Funktionen der Vollzugsbediensteten in der Einweisungsanstalt erklären. Teilweise treffen die Befragten unabhängig von einer Teilnahme an Spruchkörperentscheidungen mit Gefangenen zusammen, so insbesondere Mitarbeiter des Allgemeinen Vollzugsdienstes.

Alle Vollzugsbediensteten schöpfen die zur Diagnose notwendigen Informationen aus den Personalakten und dem persönlichen Gespräch mit den Gefangenen[621]. Etwas mehr als die Hälfte der Bediensteten informiert sich zusätzlich bei anderen Fachdiensten. Seltener werden Auskünfte von anderen Behörden eingeholt oder weitere schriftliche Unterlagen, wie die Hausakte bzw. Arbeitsnachweise und Zeugnisse herangezogen.

Die Diagnosegespräche - jeder Bedienstete spricht nur einmal mit jedem Gefangenen - dauern bei allen Befragten wenigstens eine halbe Stunde. Die Länge der Unterredung ist nach der Einschätzung dreier Spruchkörpermitglieder von der Persönlichkeit der Gesprächspartner abhängig. Eine längere Auseinandersetzung erfordern danach als „labil", „gewalttätig" oder „redselig" charakterisierte Strafgefangene. Sofern Behandlungsmaßnahmen ausgearbeitet werden müssen bzw. der zu Diagnostizierende keine eigenen Ziele für die Haftzeit vor Augen hat, ist ebenfalls ein intensives Gespräch notwendig[622]. Hat ein Gefangener zwar Zukunftspläne, sind diese aber im Vollzug nicht umzusetzen, muß sich der jeweilige Fachdienst gleichsam länger mit ihm beschäftigen. Gleiches gilt bei unstimmigen biographischen Daten, die einer Aufar-

---

[621]Die folgenden Daten beziehen sich ausschließlich auf die schriftliche Befragung der Vollzugsbediensteten - nicht mehr auf die gesamte Einweisungskommission.

[622]Jeweils 2 Nennungen.

beitung bedürfen[623]. Dagegen ist gemäß der Erfahrung eines Teils der Vollzugsbediensteten bei Ausländern und Wiederkehrern eine Diagnose bereits nach einem kurzen Gespräch möglich[624]. Auch die Eignung des Gefangenen zu Lockerungen oder das Vorhandensein eines erreichbaren Zieles vereinfacht regelmäßig die Beurteilung[625]. Falls die Inhaftierten die Mitarbeit verweigern, ist die persönliche Auseinandersetzung ebenso schnell vorbei.

2.2 Die inhaltliche Gestaltung

Mittels verschiedener Fragestellungen wurde die Thematik der Diagnosegespräche ermittelt. Zunächst sollten die Bediensteten anhand einer vorgegebenen Liste möglicher Gesprächsinhalte mitteilen, wie häufig sie die jeweiligen Gesichtspunkte gegenüber den Gefangenen ansprechen. Ein Befragter traf ausschließlich in der Funktion des Spruchkörpervorsitzenden auf die Einzuweisenden. Nicht die Diagnose, sondern die Bekanntgabe der Einweisungsentscheidung war daher Kernpunkt der Unterredungen. Aus diesem Grund nahmen letztlich nur sechs Bedienstete zum Inhalt von Diagnosegesprächen Stellung, weshalb im folgenden nur deren Angaben berücksichtigt werden.

Fast durchwegs wird bei jedem Gefangenen die begangene Straftat thematisiert, lediglich ein Mitarbeiter knüpft nur in der Regel an das Delikt an. Die genaueren Umstände der Tatbegehung werden nicht im gleichen Umfang angesprochen. Nur vier Befragte erörtern die Begleitumstände generell, jeweils ein weiterer regelmäßig bzw. manchmal. Auch die Tatschuld wird seltener erwähnt. Für drei Bedienstete gehört dieser Aspekt zu jedem Diagnosegespräch, während zwei die Schuldfrage in der Regel und ein Befragter nur manchmal besprechen.

Ein tendenzieller Schwerpunkt zeichnet sich zugunsten von täterbezogenen Blickpunkten ab. Die am häufigsten[626] in die Gespräche aufgenommenen Themen - die finanzielle Situation des Straftäters, bestehende Weiterbildungsmöglichkeiten sowie

---

[623] Jeweils 1 Nennung.

[624] Jeweils 2 Nennungen.

[625] Jeweils 1 Nennung.

[626] 4 Befragte gehen immer auf diese Punkte ein, die anderen beiden „in der Regel".

die Zukunftsperspektiven - beziehen sich ausnahmslos allein auf den Gefangenen. Lediglich die Folgen der Tat für den Täter selbst und dessen Verantwortung für diese Folgen werden nicht so oft beredet. Drei Befragte greifen diese Aspekte in jedem Fall auf, die anderen jeweils selten, manchmal bzw. regelmäßig.

Ein etwas anderes Bild ergibt sich, wenn sich das Gesprächsthema nicht ausschließlich um den Gefangenen dreht. So wird das Opfer nur von einem Bediensteten in jedem Fall thematisiert. Drei Befragte erwähnen das Opfer in der Regel, während die restlichen beiden nur manchmal von dem Opfer sprechen. Auch die Folgen der Tat für das Opfer finden seltener Berücksichtigung. Die Bandbreite der Häufigkeiten führt bei diesem Gesichtspunkt sogar dahin, daß die Tatfolgen in einem Fall nur selten angesprochen werden. Allein der Aspekt der Verantwortung des Täters für die Folgen für das Opfer ist öfter Inhalt der Unterredung. Drei Befragte beziehen diese Frage in jedes Diagnosegespräch ein, ein weiterer regelmäßig. Am seltensten werden Möglichkeiten zur Wiedergutmachung in den Gesprächen aufgegriffen. Die Mehrheit der Befragten bespricht diese nur manchmal oder sogar selten[627].

Erstaunlich ist die Zurückhaltung bei opferbezogenen Gesichtpunkten, wenn bedacht wird, daß sechs Bedienstete - mithin fast alle - der Meinung sind, es sei die Aufgabe jedes Mitarbeiters im Vollzug, die Themen Opfer sowie Folgen der Straftat für das Opfer gegenüber dem Täter anzusprechen. Lediglich ein Befragter spricht sich dafür aus, einen eigens hierfür einzurichtenden Fachdienst mit diesen Aufgaben zu betrauen.

Verdeutlicht wird Gewichtung von täter- und opferbezogenen Aspekten in der folgenden Tabelle 1, in der die verschiedenen Gesprächsgegenstände und deren Berücksichtigung gegenübergestellt werden.

---

[627]Jeweils 2 Nennungen.

Tabelle 1: Themen der Diagnosegespräche und die Häufigkeit ihres Auftretens aus der Sicht der Bediensteten

Täterbezogene Aspekte:

	Tatschuld	Folgen der Tat für den Täter	Verantwortung für diese Folgen	Zukunftsperspektiven	Finanzielle Situation	Weiterbildung
ja	3	3	3	4	4	4
in der Regel	2	1	2	2	2	2
manchmal		1	1			
selten		1				
nein						

Opferbezogene Aspekte:

	Opfer	Folgen der Tat für das Opfer	Verantwortung für diese Folgen	Folgen der Tat für Partnerin / Kind	Wiedergutmachung
ja	1	2	3	1	1
in der Regel	3	1	1	3	1
manchmal	2	2	2	2	2
selten		1			2
nein					

Ergänzt wird die Untersuchung bezüglich des Inhalts der Diagnosegespräche durch eine offene Frage nach den drei wichtigsten Themen der Unterredungen. Drei Sujets bestimmen danach überwiegend die Gespräche. Zum einen nimmt die Gestaltung des Strafvollzuges eine Vorrangstellung ein, wobei über Allgemeines hinaus Fragen nach einer schulischen Förderung und der finanziellen Sanierung der Gefangenen eine tragende Rolle spielen. Letztgenannte Gesichtspunkte bestimmen auch die Zukunftsperspektiven der Täter, die durchwegs thematisiert werden. Schließlich ist der bisherige Lebensweg der Straftäter Schwerpunkt der Diagnose. Neben der Lebensgeschichte interessieren hier insbesondere die kriminelle Entwicklung sowie die Hintergründe der aktuellen Kriminalität.

Die folgende Tabelle veranschaulicht die zentralen Gesprächsthemen.

Tabelle 2:   Zentrale Themen des Diagnosegespräches

Thema	Nennungen
Vollzugsgestaltung	3
Zukunftsperspektiven	3
Kriminelle Entwicklung/Straftat	3
Lebensgeschichte	2
Hintergründe der Kriminalität	2
Schulische Förderung	2
Finanzielle Situation/Schuldenberatung	2
Soziales Umfeld	1
Persönlichkeit des Gefangenen	1
Ausländerrechtliche Probleme	1
Sicherheitsmaßnahmen	1

3.   Die Arbeit im Strafvollzug

3.1   Die Tätigkeit als Mitglied der Einweisungskommission

Die Spruchkörper haben neben der Funktion der Zuweisung der Gefangenen zu den einzelnen Verbüßungsanstalten die Aufgabe, Anregungen zur Gestaltung der Vollzugspläne zu geben. Den Einfluß ihrer Arbeit auf die Vollzugspläne bezeichnen drei Bedienstete als groß, ein weiterer Befragter gar als sehr groß. Die anderen Vollzugsbeamten bewerten das Maß des Einflusses je nach Einzelfall als unterschiedlich hoch, wobei die Spannbreite von „gering" bis „sehr groß" verläuft.

Drei Bedienstete sind der Meinung, sie könnten durch ihre Tätigkeit das Bewußtsein und die Einstellungen der Gefangenen beeinflussen. Zwei Befragte glauben, gelegentlich einen Einfluß auf die Straftäter auszuüben, während ein weiterer eine Einwirkung gänzlich von sich weist. Ein Befragter verweigert die Beantwortung der Frage unter dem Hinweis, daß eine Einflußnahme auf die Gefangenen nicht zu den Aufgaben der Mitglieder der Einweisungskommission gehöre. Dieser sieht aus dem gleichen Grund keine Veranlassung, auf die Inhaftierten in stärkerem Maß als bisher einzuwirken. Die anderen Bediensteten erkennen durchaus Möglichkeiten, ihren - damit als positiv eingeschätzten - Einfluß auf die Gefangenen zu vergrößern. Sie sind insgesamt der Auffassung, daß eine Voraussetzung hierfür zunächst die erhöhte Bereitschaft der Straftäter zur Mitarbeit ist. Die Mehrzahl der Bediensteten[628] erwarten eine verbesserte Einflußmöglichkeit, sobald mehr Zeit für den einzelnen zur Verfügung steht. Nur zweimal wird dagegen ein Zusammenwirken aller Fachdienste und Vollzugsbediensteten gefordert.

3.2 Die Situation der Gefangenen - insbesondere in der Einweisungsanstalt

Der Druck, dem die Gefangenen in der Einweisungssituation ausgesetzt sind, um mittels einer Verhaltensänderung eine bessere Beurteilung zu erreichen, wird von zwei Bediensteten generell als hoch eingeschätzt. Vier Befragte sind der Meinung, die Intensität des Druckes hänge vom jeweiligen Gefangenen ab und sei deshalb nicht pauschal einzustufen. Ein Vollzugsmitarbeiter beantwortete die Frage nicht.

Trotz dieser Einschätzung der Situation während der Diagnose zeigen sich immerhin drei Bedienstete davon überzeugt, das natürliche und alltägliche Verhalten der Gefangenen beim Diagnosegespräch feststellen zu können. Die Mehrheit[629] glaubt das Alltagsverhalten in einem Teil der Fälle zu erkennen.

Alle Bediensteten sind der Auffassung, daß die Gefangenen auch in der Haftsituation freiwillige Entscheidungen treffen können.

---

[628] 5 Nennungen.

[629] 4 Nennungen.

4. Standpunkte zur Strafvollzugspraxis

4.1 Die Resozialisierung

Die allgemeine Frage nach den Aufgaben des Strafvollzuges sollte die Einstellung der Vollzugsbediensteten zum Vollzugsziel der Resozialisierung sowie der Durchführung von Resozialisierungsmaßnahmen erhellen. Die Befragten sollten vier Funktionen nennen und diese entsprechend ihrer Wichtigkeit in eine Rangfolge einordnen.

Überraschend ist, daß ein Bediensteter die Resozialisierung als Vollzugsziel überhaupt nicht nennt. Viermal wird sie als wichtigste Aufgabe auf den 1. Rang gesetzt (zweimal auf den 2. Platz) und genießt damit eine eindeutige Präferenz. Ähnlich zentral wird der Schutz der Öffentlichkeit bewertet. Zweimal als wichtigste Funktion beschrieben sowie vier Nennungen auf dem zweiten Rang verdeutlichen die Bedeutung des Öffentlichkeitsschutzes für die Befragten.

Weitere Gesichtspunkte werden überwiegend einmal erwähnt, regelmäßig als weniger wichtig. Meistens handelt es sich um täterbezogene Aspekte, wie Wiedereingliederungsmaßnahmen schulischer bzw. beruflicher Art oder die Übernahme von sozialer Kompetenz. Diese sind als Bestandteil des Vollzugszieles der Resozialisierung in die Aufgabe des Strafvollzuges integriert. Eine Übersicht befindet sich in der folgenden Tabelle 3.

Tabelle 3: Von den Vollzugsbediensteten genannte Vollzugsziele

Aufgaben des Strafvollzuges	1. Rang	2. Rang	3. Rang	4. Rang
Resozialisierung	4	2		
Schutz der Öffentlichkeit	2	4		1
Ursachen der Kriminalität aufgreifen	1			
Integration		1		
(schul./berufl.) Wiedereingliederung			1	1
Generalprävention			1	
Opferausgleich			1	
Wiedergutmachung gewährleisten			1	
Übernahme sozialer Kompetenz			1	
Verdeutlichung des Strafcharakters				2
Alternativen zur Kriminalität aufzeigen				1

Was die Befragten unter dem Begriff „Resozialisierung" verstehen, verdeutlichen die Antworten auf die Frage nach dem möglichen Resultat erfolgreicher Resozialisierungsmaßnahmen. Der überwiegende Teil der Bediensteten (5) sieht als Ergebnis die Integration des Straffälligen in die Gesellschaft und das Berufsleben. Weiterhin erwähnen die Befragten als Folge einer gelungenen Resozialisierungsarbeit ein Leben ohne Straftaten sowie die Umorientierung der Gefangenen hinsichtlich der beruflichen Perspektiven und der eigenen Persönlichkeit[630]. Schließlich erachtet ein Vollzugsbediensteter die Übernahme sozialer Kompetenzen als möglich.

Pessimistisch war die Einschätzung hinsichtlich der Erreichbarkeit der Resozialisierung durch den Strafvollzug. Nur zwei Befragte glauben daran für den Fall einer konsequenten Durchführung der durch die Einweisungsanstalt angeregten Vollzugsmaßnahmen. Die anderen Bediensteten folgen dieser Ansicht nur bezogen auf einen Teil der Gefangenen. Fünf Bedienstete erklären die Effektivität von Resozialisierungsmaßnahmen ohne die freiwillige Mitarbeit der Straftäter als ausgeschlossen. Dagegen äußern zwei Befragte die Auffassung, eine effektive Arbeit sei auch ohne Freiwilligkeit seitens der Gefangenen möglich.

---

[630] Je 3 Nennungen.

Fast alle Vollzugsbeamten (6) zeigen sich davon überzeugt, daß es Gefangenengruppen gebe, deren Chancen zu einer erfolgreichen Resozialisierung günstiger seien als die anderer. Entscheidend ist nach der Meinung von vier Befragten, ob sich die Probleme, die Anlaß der Kriminalität waren, noch nicht gefestigt haben bzw. ob es sich um Konflikttäter handelt. In diesen Fällen erscheint der Erfolg von Behandlungsmaßnahmen eher gewährleistet. Weiterhin werden die Gruppe der Erstinhaftierten (3), der mitarbeitsbereiten Gefangenen (2) sowie Jugendliche (1) als begünstigt genannt.

Nach der Auffassung aller Bediensteten gibt es dagegen bestimmte Inhaftierte, bei denen Resozialisierungsmaßnahmen grundsätzlich nicht erfolgreich durchgeführt werden können. Zu diesen zählen insbesondere Gefangene, deren Probleme gefestigt und damit nicht lösbar sind, wie z.B. Drogenabhängige (3). Weiterhin sollen hierzu Straftäter gehören, bei denen die Angebote des Strafvollzuges bereits ausgeschöpft sind (2) oder deren Lebensführung auf Kriminalität ausgerichtet ist (3). Darüber hinaus erwähnen zwei Befragte die Straftäter, die im Zusammenhang mit der Organisierten Kriminalität stehen.

4.2 Die Durchführung einer opferbezogenen Vollzugsgestaltung

Ein Überblick über den Kenntnisstand der Vollzugsbediensteten bezüglich eines Opferbezuges in der Strafrechtspflege sollte anhand allgemeiner Fragen nach den Begriffen des Täter-Opfer-Ausgleichs sowie der opferbezogenen Strafvollzugsgestaltung gewonnen werden.

Die Aufforderung an die Befragten, die zentralen Bestandteile eines Täter-Opfer-Ausgleiches aufzulisten[631], erbrachte eine vielfältige Palette von mehr oder weniger umfangreichen Definitionen, die im folgenden im Wortlaut wiedergegeben werden. Es zeigte sich, daß fast alle Bediensteten materielle Aspekte in die Begriffsbestimmung einbeziehen. Nur selten wird das Opfer als aktiv Beteiligter des Ausgleiches genannt, einmal mit dem Hinweis auf eine Entschuldigung des Täters und ein weiteres Mal im Zusammenhang mit der Hilfe für das Opfer.

---

[631]Vgl. Anhang I, Frage 30

Komponenten eines Täter-Opfer-Ausgleichs nach den Definitionen der sieben befragten Bediensteten:

- Gerechte Arbeitsentlohnung + Arbeit im freien Beschäftigungsverhältnis + Belohnung des Täters, wenn er Ausgleich sucht + Freiwilligkeit + Hilfe des Opfers
- Einwirkung auf den Täter + rechtliche Grundlagen zur Schadenswiedergutmachung + Schaffung materieller Voraussetzungen zur Schadenswiedergutmachung
- Entschädigung + Wiedergutmachungsversuch
- fundiertes Behandlungskonzept
- Entschuldigung des Täters + finanzieller Ausgleich soweit möglich
- materielle Schadenswiedergutmachung + Tatschuldverarbeitung
- finanzielle Elemente

Lediglich fünf der Befragten setzen sich inhaltlich mit dem Begriff der opferbezogenen Vollzugsgestaltung auseinander[632]. Genau wie bei der Beschreibung des Täter-Opfer-Ausgleichs ist die materielle Schadenswiedergutmachung ein wesentliches Element[633]. Die Auseinandersetzung mit dem Opfer wird in gleichem Maß als essentiell gewertet, wobei zwei Bedienstete explizit den direkten Kontakt mit dem Opfer erwähnen. Einen genauen Überblick der Antworten im Wortlaut gibt die folgende Aufstellung.

Definitionen einer opferbezogenen Vollzugsgestaltung:

- Gedankliche und selbstkritische Auseinandersetzung mit dem Opfer
- die Gefangenen während des Vollzuges zu finanzieller Wiedergutmachung führen
- Wiedergutmachung im Kontakt mit dem Opfer + materielle Wiedergutmachung durch eigene Arbeitsleistung
- Schadenswiedergutmachung + Ermöglichen von Opferkontakt + Auseinandersetzung mit dem Opfer
- Hinwirken auf materielle + immaterielle Wiedergutmachung

---

[632]Vgl. Anhang I, Frage 23

[633]4 Nennungen.

Verschiedene Fragen zu der Rolle der Opfer bei der Strafvollzugsgestaltung sollten Aufschluß über das Verständnis der Vollzugsbediensteten von der vollzuglichen Praxis und deren Perspektiven bringen.

Daß die Interessen der Opfer von Straftaten im Strafvollzug bisher nicht erschöpfend beachtet werden, steht für fünf Bedienstete fest. Nur zwei Befragte sind der Ansicht, weitere Möglichkeiten zur Berücksichtigung von Opferinteressen seien nicht vorhanden.

Die Vollzugsbediensteten nennen vielfältige Ansatzpunkte für die Ausgestaltung eines opferbezogenen Strafvollzuges. So gibt es den Vorschlag, den Opferausgleich in den Vollzugsplan aufzunehmen. Daneben wird angeregt, vollzugliche Vergünstigungen von einer Auseinandersetzung mit dem Opfer abhängig zu machen bzw. sogenannte „Büßerstunden" einzuführen. Ein Hinweis auf eine höhere Entlohnung der Gefangenen zur Ermöglichung einer materiellen Schadenswiedergutmachung erfolgt in diesem Zusammenhang ebenso wie die Aufforderung, den Opfergedanken im Rahmen von Behandlungsmaßnahmen zu berücksichtigen.

Mehrheitlich votieren die Bediensteten für das Hinwirken in Richtung auf eine Wiedergutmachung des durch die Straftat entstandenen Schadens bei jedem Gefangenen (5). Lediglich ein Befragter lehnt eine solche Generalisierung ab.

Ob eine Anhebung des Arbeitsentgeltes die Bereitschaft der Gefangenen zu einem finanziellen Schadensausgleich steigern würde, beurteilen die Vollzugsmitarbeiter unterschiedlich. Lediglich ein Bediensteter zeigt sich aufgrund der mit Inhaftierten geführten Gespräche von einer Motivationssteigerung überzeugt. Vier Befragte bewerten diese Folge als teilweise zutreffend. Ein Vollzugsbediensteter widerspricht generell einer erhöhten Zustimmung zur Wiedergutmachung im Falle einer besseren Entlohnung.

Die Einführung einer obligatorischen Schuldnerberatung für alle Gefangenen mit Schulden befürworten vier Bedienstete, die restlichen sprechen sich gegen derartige Maßnahmen aus.

Die Auseinandersetzung des Täters mit den Folgen der Tat für das Opfer wertet ein Großteil der Befragten als eher positiv[634]. Allerdings bekundet die gleiche Zahl von Bediensteten ihre Überzeugung davon, daß in bestimmten Situationen eine Erörterung mit dem Täter über das Opfer sinnlos sei (lediglich zwei Befragte sehen in einer solchen Auseinandersetzung immer eine Bedeutung). Die vermeintliche Zwecklosigkeit eines Gedankenaustauschs knüpft zum einen an bestimmte Delikte (i.d.R. sogenannte „opferlose" Taten) an, zum anderen bezieht sie sich auf das Verhalten des Täters nach der Tatbegehung. Folgende Straftaten werden in diesem Zusammenhang erwähnt: Drogenhandel, Betrug in großem Umfang bzw. zum Nachteil von Versicherungen, Steuerhinterziehung, Geldfälscherei sowie Tötungsdelikte. Eine Auseinandersetzung scheidet nach Ansicht der Vollzugsbediensteten gleichfalls bei Uneinsichtigkeit des Täters aus[635], wenn der Täter von vornherein ein Gespräch ablehnt bzw. die Schuld beim Opfer sucht oder sich selbst als Opfer ansieht[636]. Weiterhin wirkt sich nach Ansicht der Bediensteten ein bereits abgeschlossener Schadensausgleich durch Versicherungen bzw. eine ablehnende Haltung des Opfers aus[637].

Vier Bedienstete sind der Meinung, ein im Strafvollzug erfolgender Gedankenaustausch zwischen Täter und Opfer diene den beiderseitigen Interessen. Zwei Befragte verneinen dies, ein weiterer beantwortet die Frage nicht.

Drei Vollzugsbedienstete stehen einer Kontaktaufnahme mit dem Opfer positiv gegenüber, sofern sich daraus Vorteile für den im Vollzug einsitzenden Täter ergeben könnten. Zwei Bedienstete lehnen eine solche Maßnahme ab. Zweimal wird die Frage nicht beantwortet.

Fast einhellig begrüßen die Befragten ein Kontakt zwischen dem Opfer und dem Täter im Strafvollzug, unter der Voraussetzung, daß die Initiative hierzu vom Opfer ausgeht. Lediglich ein Bediensteter verweigert auch zu dieser Frage die Antwort.

---

[634] 5 Mitarbeiter begrüßen diesen Ansatz, während 2 mit „ich weiß nicht" antworten.

[635] 2 Nennungen.

[636] Jeweils 1 Nennung.

[637] Jeweils 1 Nennung.

5. Zusammenfassung und Bewertung

Die geringe Antwortquote, gepaart mit der Vielfältigkeit der fachlichen Ausrichtung der Untersuchungsteilnehmer, läßt allenfalls eine über die einfache Beschreibung hinausgehende tendenzielle Beurteilung der gewonnenen Erkenntnisse zu. Die Untersuchung vermittelt gleichwohl einen Einblick in die Berufspraxis und die Einstellungen der Vollzugsbediensteten. Die lange Beschäftigungsdauer läßt auf ein umfangreiches Erfahrungspotential schließen, was für den Praxisbezug der ermittelten Daten spricht. Die gesammelten Informationen sind daher grundsätzlich tauglich, die wenigen vorhandenen Kenntnisse sinnvoll zu ergänzen.

Die in den Diagnosegesprächen aufgegriffenen Themen variieren zwangsläufig schon allein wegen der unterschiedlichen fachlichen Ausrichtung der Bediensteten. Dennoch ist ein gemeinsamer Nenner erkennbar. Überwiegend werden die verübte Straftat und die Person des Täters erörtert. Am häufigsten kommen die finanzielle Lage, eventuelle Weiterbildungsmöglichkeiten sowie die Zukunftsperspektiven zur Sprache. Das Opfer bzw. die Folgen der Tat für das Opfer werden dagegen eher vernachlässigt, denn ein Teil der Befragten macht diese Gesichtspunkte nur „manchmal" oder gar „selten" zum Gegenstand der Unterredung. Noch vereinzelter erfolgen Hinweise auf eine mögliche Wiedergutmachungsleistung der Täter. Insgesamt betrachtet treten opferbezogene Aspekte hinter der eindeutigen Täterorientierung zurück.

Die fehlende Präsenz des Opfergedankens schlägt sich bei dem Wissensstand der Befragten hinsichtlich der Bedeutung des Täter-Opfer-Ausgleichs und der opferbezogenen Vollzugsgestaltung nieder. Die vorhandenen Kenntnisse sind lückenhaft, zur Erläuterung werden überwiegend nur Einzelaspekte genannt. Hauptsächlich deklarieren die Bediensteten materielle Gesichtspunkte als wesentliche Elemente des Täter-Opfer-Ausgleichs, während das Verbrechensopfer nur am Rande Beachtung findet. In gleichem Maße wird bei der Erklärung einer opferbezogenen Vollzugsgestaltung die finanzielle Schadenswiedergutmachung besonders hervorgehoben. Anders als beim Täter-Opfer-Ausgleich wird in diesem Zusammenhang jedoch die Auseinandersetzung mit dem Opfer gleichermaßen betont.

Die Akzeptanz und eine daraus resultierende Unterstützung der Ausweitung opferbezogener Behandlungsmaßnahmen muß mit Skepsis betrachtet werden. Lediglich 5 von 7 Befragten sehen die Notwendigkeit, die Interessen von Opfern im Strafvollzug stärker als bisher zu berücksichtigen. Genauso hoch ist der Anteil derjenigen, die sich für ein Hinwirken in Richtung Wiedergutmachung des durch die Straftat entstandenen Schadens bei jedem Gefangenen aussprechen. Uneinheitlich ist die Einstellung zur Einführung einer obligatorischen Schuldnerberatung im Vollzug. Dafür stimmen 3, während 4 gegen eine solche Maßnahme votieren. Unterschiede treten ebenfalls auf in der Einschätzung des Zustimmungsverhaltens bezüglich eines materiellen Schadensausgleichs für den Fall einer Anhebung des Arbeitsentgelts. Die Antworten liegen hier in dem Spektrum zwischen der Annahme einer Motivationssteigerung bei erhöhter Bezahlung und deren Zurückweisung.

Die Auseinandersetzung mit den Geschädigten wird von einem Großteil der Befragten eher positiv eingeschätzt, wobei regelmäßig die Überzeugung mitspielt, daß besondere Fallkonstellationen einem sinnvollen Austausch entgegenstehen. Nach Ansicht der Bediensteten gilt das insbesondere für bestimmte (regelmäßig sog. „opferlose") Delikte und für gewisse Täterpersönlichkeiten. Fast einhellig wird eine Kontaktaufnahme zwischen Täter und Opfer begrüßt, sofern die Initiative von dem Verletzten ausgeht. Weniger Zustimmung erhält dagegen ein Kontakt in der Absicht, dem Gefangenen Vorteile für die weitere Haftzeit zu bringen.

Gegen die Durchsetzung einer generell opferorientierten Vollzugsgestaltung spricht die Meinung der Vollzugsbediensteten über die Effektivität des Behandlungsvollzuges. Von einer weitgehenden Verwirklichung der Resozialisierung sind die wenigsten Bediensteten überzeugt. Insbesondere wird die freiwillige Mitwirkung der Gefangenen als unabdingbare Voraussetzung erwähnt. Mehrheitlich wird die Chance einer erfolgreichen Resozialisierung nur für einen Teil der Inhaftierten gesehen. Günstig wirkt es sich nach Ansicht der Befragten aus, wenn sich die Kriminalität bis zum Haftantritt nicht gefestigt hat oder es sich um erstinhaftierte und mitarbeitsbereite Straftäter handelt. Als aussichtslos gelten resozialisierende Maßnahmen dagegen bei Drogenabhängigen, Tätern, deren Leben auf Kriminalität ausgerichtet ist, Mitgliedern der Organisierten Kriminalität und Strafgefangenen, bei denen die Angebote des Strafvollzuges bereits ausgeschöpft sind.

Die anhand der Untersuchung gewonnenen Erkenntnisse lassen nur eine verhalten optimistische Einschätzung der Ausgangslage für eine Opferorientierung des Strafvollzuges zu. Positiv stimmt, daß trotz der derzeitig eindeutigen Ausrichtung auf den Täter, die Opfer von Straftaten zumindest teilweise im Rahmen der Diagnosegespräche nicht in Vergessenheit geraten. Gleichzeitig tritt jedoch gerade in Bezug auf die Diagnosetätigkeit ein potentielles Feld für weitergehende opferbezogene Interventionen deutlich zutage. Insbesondere die Chancen einer Wiedergutmachung des Schadens werden zu selten thematisiert. Über die eigene berufliche Tätigkeit hinausgehende Vorschläge der Vollzugsbediensteten zu einer opferbezogenen Gestaltung des Vollzuges wurden nur von einem Teil der Befragten eingebracht, da zwei Mitarbeiter keine weiteren Möglichkeiten für eine Berücksichtigung von Opferinteressen erkennen. Neben in der Fachliteratur publizierten Anregungen, wie die Aufnahme des Täter-Opfer-Ausgleiches in den Vollzugsplan, der Verknüpfung vollzuglicher Vergünstigungen mit der Auseinandersetzung um das Opfer oder der Auszahlung eines höheren Arbeitsentgelts, wird die Forderung nach einer Einführung sogenannter „Büßerstunden" erhoben. Dieser nicht näher erläuterte Begriff weckt allein durch seinen Wortlaut restriktive Assoziationen, die mit einer Hilfe oder Unterstützung für den Geschädigten der Straftat nichts gemein haben.

Das insgesamt lückenhafte Wissen um die Bedeutung einer opferbezogenen Vollzugsgestaltung offenbart die Notwendigkeit von Fort- bzw. Weiterbildungsmaßnahmen seitens der Bediensteten. Neben dem Ausbau sachlicher Rahmenbedingungen ist die Initiative des Personals essentiell für die Umsetzung opferbezogener Maßnahmen. Dessen Entschlußkraft erscheint zumindest dann in Teilbereichen durch festgefahrene Denkschemata gehemmt, wenn bestimmte Gefangene, allein aufgrund einer innerhalb kurzer Zeit vorgenommenen Kategorisierung, als nicht oder nur wenig resozialisierungsfähig eingestuft werden.

III. Befragung der Gefangenen

1. Vorbemerkungen

Als Folge einer Straftat ist die Inhaftierung vergleichsweise selten. Vielfältige Selektionsprozesse mindern die Zahl der mit unbedingtem Freiheitsentzug bestraften Delinquenten[638]. Dennoch gelangen pro Jahr ungefähr 90.000 Personen in den Strafvollzug[639]. Jährliche Stichtagszählungen weisen seit einigen Jahren eine steigende Zahl von Strafgefangenen in der Bundesrepublik Deutschland aus. Nachdem im Jahr 1991 mit 37.468 Gefangenen insgesamt ein Tiefpunkt erreicht war, stieg die Anzahl der Inhaftierten auf 46.516 im Jahr 1995[640].

Im Bundesland Nordrhein-Westfalen blieb die Belegungssituation in den Justizvollzugsanstalten während der letzten Jahre, nach einer leichten Steigerung der Gesamtzahl zu Beginn der 90er Jahre, konstant bei einem Wert von etwa 17.000 Gefangenen. Den Einweisungsanstalten wurde nur ein geringer Anteil der Inhaftierten zugeführt. Wie die folgende Abbildung 2 zeigt, ist die Zahl der in den letzten Jahren durchgeführten Einweisungsverfahren leicht angestiegen.

---

[638] *Walter*, 1999, S. 99 f, RN 65 f

[639] *Walter*, 1991, S. 68, RN 69

[640] Statistisches Bundesamt, 1997 a, S. 80

Abb. 2*: **Anzahl der Strafgefangenen, die in den Jahren 1980, 1990, 1992,**

1993, 1994 und 1995 eine Einweisungsanstalt durchlaufen haben

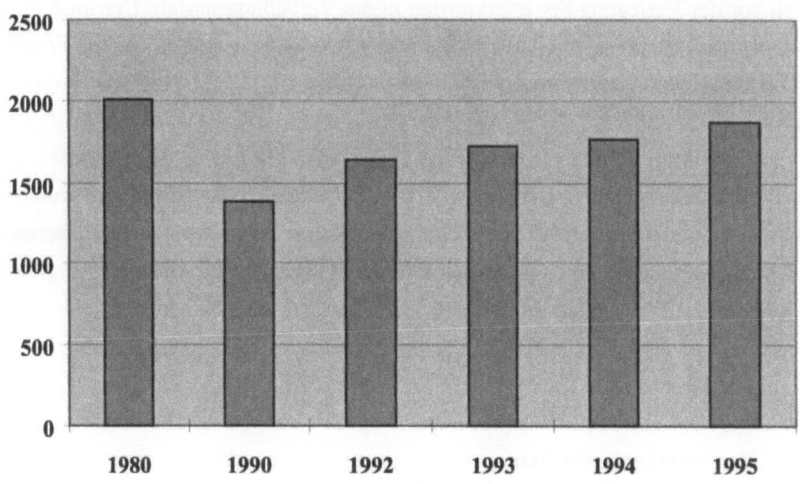

*Quelle: *Justizministerium des Landes Nordrhein-Westfalen*, 1994, S. 25; 1997, S. 26

Die in die Untersuchung einbezogenen Gefangenen durchliefen alle im Dezember 1994 das Einweisungsverfahren in der Justizvollzugsanstalt Hagen. Ausweislich der Listen zu den Spruchkörpersitzungen waren insgesamt 92 Gefangene für das Einweisungsverfahren vorgesehen. Nur ein Teil dieser Gruppe konnte bei der Erhebung berücksichtigt werden. In zehn Fällen verhinderte eine Einweisung nach Aktenlage bzw. eine ambulante Entscheidung die Befragung. Von den restlichen Straftätern schieden aufgrund mangelnder Sprachkenntnisse zehn weitere Probanden für die Erhebung aus. Wegen der erhöhten Gefährlichkeit wurde auf die Befragung eines weiteren Inhaftierten verzichtet[61]. Von den verbleibenden 71 potentiellen Gesprächspartnern nahmen schließlich 50 an den mündlichen Interviews teil. Die Quote der Beteiligung war mit 70 % (d.h. 54 % aller im Untersuchungsmonat eingewiesener Gefangener) erwartungsgemäß hoch, stellt die Möglichkeit der Kommunikation mit jemandem von „außen" doch eine willkommene Abwechslung des Anstaltslebens dar.

---

[61]Das Interview hätte entweder unter Fuß- und Handfesselung des Gefangenen oder in Anwesenheit eines Bediensteten durchgeführt werden müssen. Unter diesen, die Untersuchungsanordnung störenden, Umständen wurde von der Befragung Abstand genommen.

Lediglich 47 Gefangenenpersonalakten waren für die Aktenanalyse zugänglich. In den anderen Fällen wurde entweder die Zustimmung zur Einsichtnahme verweigert oder das Einweisungsprocedere der Justizvollzugsanstalt verhinderte den Zugang zu den Akten vor der Verlegung der Interviewten in die Verbüßungsanstalt. Der im Rahmen des Diagnoseverfahrens von den Inhaftierten zu bearbeitende anstaltsinterne Fragebogen konnte wegen unzureichender Deutschkenntnisse nur von 43 Straftätern ausgefüllt werden.

Die Datenerhebung stützt sich auf alle drei erwähnten Untersuchungsinstrumente. Sofern den Darstellungen der Untersuchungsergebnisse keine besonderen Hinweise zu entnehmen sind, liegen ihnen die in den Interviews erlangten Informationen zugrunde.

2. Die Täter

2.1 Personenbezogene Daten

2.1.1 Staatsangehörigkeit

Als problematisch für die Situation im Strafvollzug erweist sich insbesondere der Kreis der nichtdeutschen Inhaftierten. Die ausländischen Gefangenen bilden aufgrund abweichender Staatsangehörigkeiten und Jahrgänge keine einheitliche Gruppe[642]. Allein im Jahr 1999 befanden sich Ausländer aus 114 Herkunftsländern im nordrhein-westfälischen Strafvollzug[643]. Sprachprobleme, Differenzen mit deutschen Mithäftlingen sowie der Konflikt zwischen dem Vollzugsziel der Resozialisierung und ausländerrechtlichen Vorgaben erschweren die Arbeit im Strafvollzug[644].

Die Anzahl der Ausländer an der Gesamtzahl der Strafgefangenen ist Schwankungen unterworfen. Hervorgerufen werden die Veränderungen u.a. durch unterschiedliche Migrationsbewegungen, der wirtschaftlichen Zugkraft der Bundesrepublik Deutschland oder der jeweiligen ausländerpolitischen Lage[645]. Die Quote der ausländischen

---

[642]Justizministerium des Landes Nordrhein-Westfalen, 1992, S. 61

[643]Justizministerium des Landes Nordrhein-Westfalen, 2000, S. 65

[644]*Walter*, 1999, S. 127 f, RN 88

[645]*Müller-Dietz*, 1986, S. 4; *Walter*, 1999, S. 128, RN 89

Inhaftierten im nordrhein-westfälischen bzw. gesamtdeutschen Strafvollzug läßt sich der nachfolgenden Abbildung 3 entnehmen.

Abb. 3*:   **Ausländeranteil der Inhaftierten in Nordrhein-Westfalen in den Jahren 1990, 1992, 1994, 1996 und 1999**

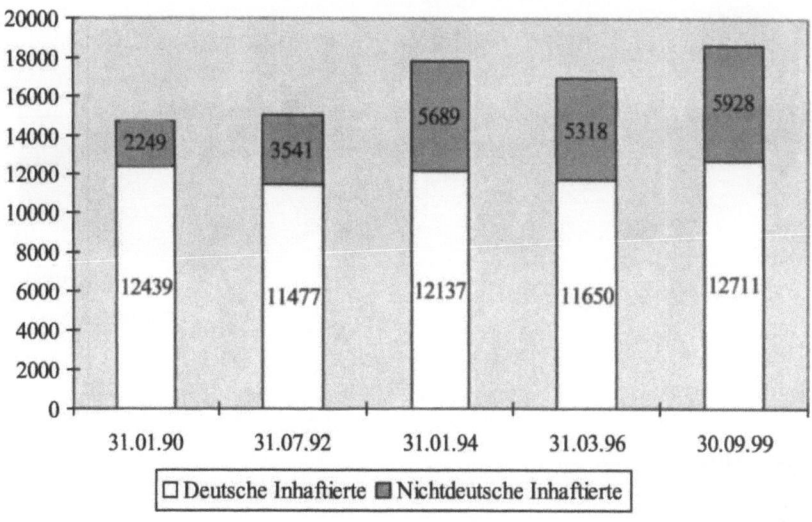

*Quelle: *Justizministerium des Landes Nordrhein-Westfalen,* 1990, S. 60; 1992, S. 60; 1994, S. 63 ; 1997, S. 63, 2000, S. 65.

Bei den Befragten handelt es sich zu 86 % um deutsche Staatsangehörige. Das entspricht nicht dem durchschnittlichen Ausländeranteil in der Einweisungsanstalt, der regelmäßig höher liegt. Die geringe Quote an ausländischen Probanden ist jedoch wegen des Auswahlkriteriums der Sprachkenntnis verständlich. Die Nationalitäten der interviewten ausländischen Gefangenen sind aus dem nachstehenden Diagramm ersichtlich. Drei Inhaftierte stammen aus der Türkei, zwei aus den Niederlanden und je einer aus Marokko bzw. Polen. Zum Zeitpunkt der Tatbegehung lebten fünf der Nichtdeutschen mit ihren Familien schon seit längerem in der Bundesrepublik Deutschland. Der kürzeste Aufenthalt betrug 28 Monate. Lediglich die beiden Niederländer hatten ihren Wohnsitz in ihrem Heimatland.

Abb. 4:   **Herkunftsländer der Probanden**

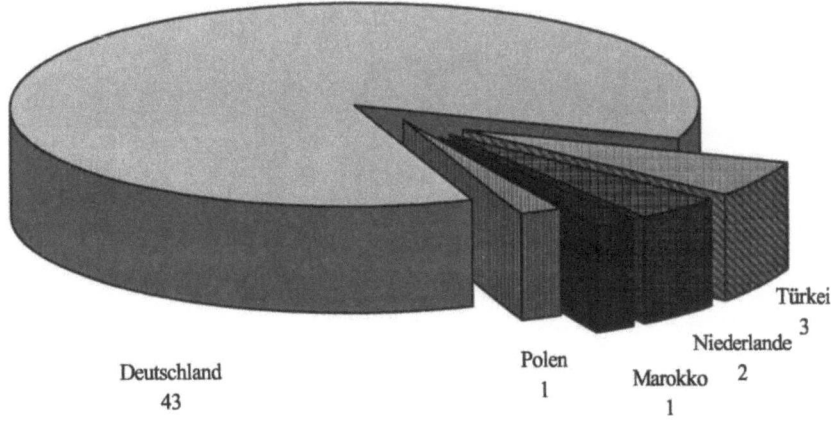

Deutschland
43

Polen
1

Marokko
1

Niederlande

Türkei
3

Niederlande 2

2.1.2 Alter

Zum Zeitpunkt der Tatbegehung betrug das Alter der Gefangenen, soweit die Geburtsdaten den Akten entnommen werden konnten, zwischen 20 und 50 Jahre. Der Median von 28 gleicht dem altersmäßigen Schwerpunkt der kriminellen Aktivitäten, denn rund ein Viertel der Probanden (25,53 %) war bei der Tatausführung 27 oder 28 Jahre alt.

Aufgrund der verstrichenen Monate bis zur Verurteilung und der Inhaftierung liegt das Alter der Gefangenen zum Zeitpunkt des Interviews entsprechend höher. Wenige Befragte sind jünger als 25 Jahre, die meisten Männer sind um die 30 Jahre alt (16 im Alter von 29 bis 31 Jahre = 34 %). Ein Vergleich mit der Altersstruktur der männlichen erwachsenen Strafgefangenen in Nordrhein-Westfalen zeigt eine ähnliche Verteilung der verschiedenen Altersgruppen. Lediglich im Bereich derjenigen von „unter 25 Jahre" liegt der Anteil der einzuweisenden Gefangenen um circa 10 % niedriger als bei den vergleichbaren Jahrgängen in Nordrhein-Westfalen. Um die entsprechende Quote ist die Zahl der 25 bis unter 40-jährigen erhöht. Zur Verdeutlichung dient das folgende Diagramm, das die Altersstrukturen der Gefangenen im nordrhein-westfälischen Strafvollzug und der Probanden gegenüberstellt.

Abb. 5*: **Männliche erwachsene Strafgefangene und Sicherungsverwahrte in Nordrhein-Westfalen nach Altersgruppen im Vergleich zu den Probanden**

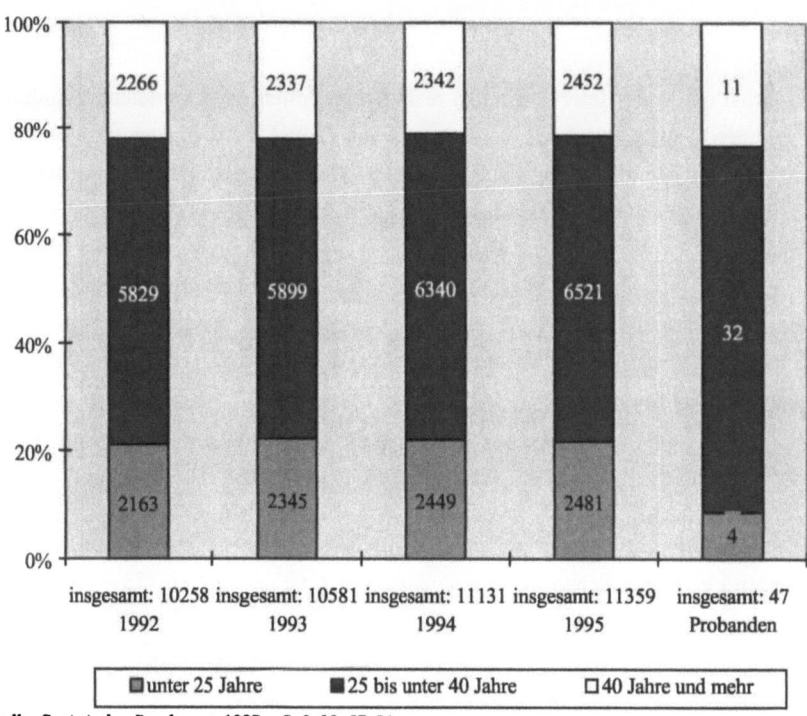

insgesamt: 10258 insgesamt: 10581 insgesamt: 11131 insgesamt: 11359 insgesamt: 47
    1992   1993   1994   1995   Probanden

| ▨ unter 25 Jahre | ■ 25 bis unter 40 Jahre | □ 40 Jahre und mehr |

*Quelle: *Statistisches Bundesamt,* 1997 a, S. 9, 33, 57, 81

2.1.3 Familienstand

Exakte Daten zu dem Personenstand sowie der Anzahl der Kinder von Strafgefangenen bezogen auf den Strafvollzug in der Bundesrepublik Deutschland fehlen. Schätzungen gehen davon aus, daß ca. 20 % aller Inhaftierten verheiratet sind oder in einer dauerhaften Beziehung leben[646]. Für das Land Nordrhein-Westfalen ergeben Stich-

---

[646]*Busch / Fülbier / Meyer,* 1987, S. 5

tagserhebungen aus den vergangenen Jahren Prozentsätze verheirateter inhaftierter Männer von etwa 22 %, während der Anteil verheirateter Frauen mit über 31 % deutlich höher liegt[647]. Die Frage nach dem Anteil der Gefangenen, die in einer festen Partnerschaft leben, ist mit diesen Zahlen alleine nicht beantwortet, denn weder der Trauschein ist Gewähr für eine Lebensgemeinschaft noch ist dessen Fehlen für die Nichtexistenz einer dauerhaften Beziehung ausschlaggebend. Das wird insbesondere anhand der eigenen Untersuchungsergebnisse deutlich, wonach die Zahl der Ehemänner nicht mit der Quote der „Partner" gleichgesetzt werden kann.

Zunächst ergibt das Interview einen recht hohen Anteil an verheirateten Inhaftierten. Unter den Gefangenen befinden sich etwa ein Drittel Verheirateter (17), von denen vier Männer von der Ehefrau getrennt lebten. Dadurch verringert sich der Anteil der mit der Ehepartnerin zusammenlebenden Straftäter auf 26 %. Einer der Getrenntlebenden hat bereits eine neue Partnerin. Die Hälfte der Interviewpartner bezeichnet sich als ledig, wobei elf Befragte eine feste Beziehung zu einer Partnerin unterhalten. Unter den Gefangenen befinden sich sechs Geschiedene, von denen drei in einer anderweitigen gefestigten Beziehung leben. Zwei Befragte sind verwitwet. Alleine leben danach mit 22 Männern insgesamt 44 % der Probanden. Diese Zahl ergibt sich aus der Anzahl der Ledigen, Geschiedenen und getrennt Lebenden ohne feste Beziehung sowie der Witwer. Die Mehrzahl der Befragten hat demnach eine Partnerin.

Die Auswertung der Akten ergibt ein leicht verändertes Bild. Zwar geben ihren Familienstand ebenfalls knapp 50 % der Gefangenen als „ledig" an (23 = 48,94 %), es wollen aber nur zwei davon in einer festen Beziehung leben. Die Zahl der Verheirateten stimmt dagegen ebenso wie die der Witwer mit den Interviews überein. Von den Ehemännern leben vier von ihren Frauen getrennt in einer anderen Partnerschaft. Fünf der Befragten sind geschieden, wovon einer eine neue Lebensgefährtin hat. Nach diesen Angaben leben 27 Gefangene, also mehr als die Hälfte (57,45 %), ohne gefestigte Beziehung.

---

[647] Während der Anteil der verheirateten Frauen Anfang der 90er Jahre bei rund 35 % lag, ist mittlerweile ein leichter Rückgang auf 31,9 % in 1999 auszumachen, *Justizministerium des Landes Nordrhein-Westfalen*, 1990, S. 96 ff; 1992, S. 95 ff; 1994, S. 95 ff; 1997, S. 97 ff, 2000, S. 106.

Tabelle 4*: Familienstand der männlichen erwachsenen Gefangenen in Nordrhein-Westfalen sowie der Untersuchungsgruppe in Prozent

Jahr	ledig	verheiratet	verwitwet	geschieden
1990 (NW)	58 %	21,4 %	1,3 %	19,3 %
1992 (NW)	58,8 %	22,1 %	1,1 %	18 %
1994 (NW)	60,8 %	21,8 %	0,9 %	16,5 %
1995 (NW)	59,8 %	22,4 %	1,2 %	16,6 %
1999 (NW)	60,5 %	22,4 %	1,2 %	15,9 %
Dez. 1994 (Interview)	50 %	34 %	4 %	6 %
Dez. 1994 (Akte)	48,9 %	36,2 %	4,3 %	10,6 %

*Quelle: Justizministerium des Landes Nordrhein-Westfalen 1990, S. 96ff; 1992, S. 95ff; 1994, S. 95 ff; 1997, S. 97 ff, 2000, S. 106

Unter den Befragten befinden sich 27 Väter. Überwiegend haben die Gefangenen ein (12) oder zwei (10) Kinder. Drei Inhaftierte sind dreimalig Väter, je ein Gefangener Vater von vier bzw. fünf Kindern. Die meisten Väter haben mindestens ein minderjähriges Kind (85,19 %). Nur vier Gefangene haben ausschließlich erwachsene Kinder.

Nicht alle Väter stehen in Kontakt zu ihren Kindern. Lediglich 19 Befragte (70,37 %) halten die Beziehung zu den Kindern aufrecht. Sechs Strafgefangene haben jeglichen Kontakt abgebrochen, zwei Väter treffen nur noch einige ihrer Kinder.

2.1.4 Bildung

Die Ausbildungs- und Berufssituation von Strafgefangenen ist im Vergleich zur Gesamtbevölkerung eher ungünstig[648]. Weil insoweit Angaben in der Strafvollzugsstatistik des Bundes fehlen, kann zur Darstellung der bestehenden Lage bisher ausschließlich auf Einzeluntersuchungen zurückgegriffen werden. Hier läßt sich eine Tendenz ausmachen, die eine Vielzahl von Mankos aufzeigt[649]. Regelmäßig setzt sich die Kli-

[648]*Walter*, 1999, S. 413, RN 471

[649]*Walter*, 1999, S. 123, RN 84

entel im Vollzug verstärkt aus Sonderschulabsolventen, Schülern ohne Abschluß sowie Ausbildungsabbrechern zusammen.

Bezogen auf den Schulabschluß der Insassen von Einweisungsanstalten im Bundesland Nordrhein-Westfalen ergibt eine Untersuchung aus dem Jahr 1991, daß fast die Hälfte der Gefangenen (48,8 %) die Schullaufbahn abgebrochen oder die Sonderschule besucht haben. Einen Hauptschul- bzw. Volksschulabschluß können 34,6 % aufweisen, einen höherwertigen Abschluß nur 16,6 % der Häftlinge.

Diese negativen Zahlen werden durch die Aktenauswertung in Hagen nicht bestätigt. Zwar haben 13 Gefangene (N = 46) die Schule ohne Abschluß oder als Sonderschüler verlassen, die Mehrheit hat jedoch einen Hauptschul- bzw. Volksschulabschluß erreicht (22). Auch Gefangene mit einem höheren Abschluß als den vorgenannten sind häufiger vertreten (11).

Graphik Nr. 6 vergleicht die Schulbildung der Gefangenen, die das Einweisungsverfahren in den Jahren 1989, 1991, 1993, 1995 und 1999 durchlaufen haben mit derjenigen der Untersuchungsgruppe.

Aktuelle Daten einer im nordrhein-westfälischen Strafvollzug durchgeführten Erhebung offenbaren neben schulischen Defiziten einen Mangel an beruflicher Bildung. Einem Anteil von etwa zwei Drittel der erwachsenen männlichen Strafgefangenen fehlt eine abgeschlossene Berufsausbildung. Im Jugendstrafvollzug trifft dieses Manko mit 97 % auf fast alle Insassen zu. Damit sind weniger als 40 % der Gesamtzahl der Gefangenen in Nordrhein-Westfalen Ausbildungsabsolventen[650]. Bei den befragten Strafgefangenen zeigt sich diesbezüglich ein positiveres Bild[651]. Obwohl auch diese mehrheitlich keinen Abschluß vorweisen können (53,19 %), liegt die Quote der Inhaftierten mit beendeter Berufsausbildung von 46,81 % etwas höher als im Landesvergleich.

---

[650]*Justizministerium des Landes Nordrhein-Westfalen*, 2000, S. 42

[651]Die Daten wurden anhand der Akten erhoben.

Abb. 6*: **Schulbildung der Strafgefangenen in den Einweisungsanstalten des Landes Nordrhein-Westfalen für die Jahre 1989, 1991, 1993, 1995 und 1999 im Vergleich zu den Probanden in Prozent**

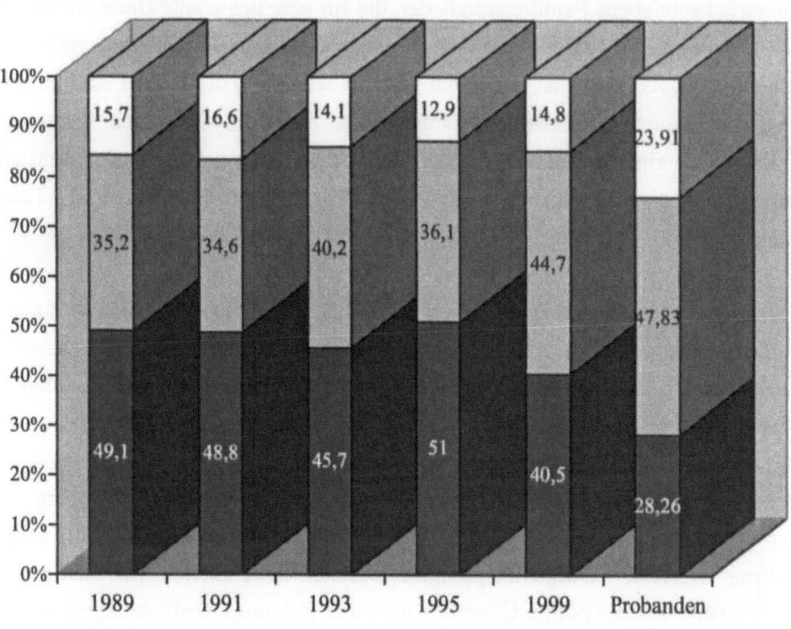

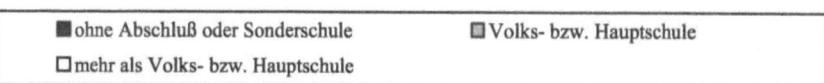

■ ohne Abschluß oder Sonderschule   ▢ Volks- bzw. Hauptschule

▢ mehr als Volks- bzw. Hauptschule

* Quelle: *Justizministerium des Landes Nordrhein-Westfalen,* 1990, S. 36; 1992, S. 36; 1994, S. 37; 1997, S. 36, 2000, S. 35

Weniger als die Hälfte der Gefangenen übten vor der Inhaftierung einen Beruf aus. Sieben Probanden waren als Arbeiter und neun als Angestellte tätig. Sechs Gefangene waren Selbständige, während ein weiterer im Beamtenverhältnis stand. Die restlichen 24 Befragten waren arbeitslos (51,06 %).

2.1.5 Finanzielle Situation

Die Verschuldung im Strafvollzug ist ein Thema, das in vielerlei Beziehung Brisanz erhält. Wirken sich Schulden im Verlauf der Haftzeit auf den Gefangenen selbst regelmäßig nicht spürbar aus, verschärft sich seine Lage spätestens nach der Entlassung.

Die dem Entlassenen zustehenden Mittel aus angespartem Überbrückungsgeld, Eigengeld und möglichen Beihilfen nach § 75 StVollzG sind bescheiden und in Freiheit schnell aufgebraucht. Schwieriger ist die Situation während der Inhaftierung dagegen für zurückgebliebene Familienmitglieder, die auf eine finanzielle Unterstützung durch den Lebensgefährten oder Vater angewiesen sind. Unterhaltszahlungsverpflichtungen können mangels Verdienst nur selten geleistet werden[652], die Frauen sind infolge der Haft des Mannes auf Sozialhilfe angewiesen. Auch die Opfer der Straftaten sind Leidtragende einer hohen Verschuldung des Täters. Eine materielle Schadenswiedergutmachung wird zur Illusion, wenn der Schuldenberg des Straftäters in die Tausende geht.

Verschiedene Untersuchungen haben beträchtliche Durchschnittsverschuldungen im Vollzug offenbart. Eine im Bundesland Niedersachsen durchgeführte Erhebung von Gefangenen mit unterschiedlichen Delikten und verschiedenen Altersstufen ergibt eine pro-Kopf-Verschuldung von etwa 23.000 DM. Bei der Hälfte der Gefangenen liegt die Schuldenlast bis zu einem Wert von 50.000 DM[653]. Eine höhere durchschnittliche Verschuldung stammt aus einer Untersuchung in Baden-Württemberg Anfang der 80er Jahre. Hier wird ein Betrag von 45.000 DM bezogen auf den Erwachsenenvollzug errechnet[654]. Allgemeingültigkeit besitzen diese Zahlen nicht. Oftmals fehlt den Gefangenen der nötige Überblick über ihre Zahlungsverpflichtungen, so daß die Schätzungen meistens ungenau sind. Es muß daher eher von einer größeren Verschuldung ausgegangen werden[655].

Von den im Interview auf ihre finanzielle Lage angesprochenen Gefangenen erwähnen 38 Schulden aus der Zeit vor der Inhaftierung, ein weiterer Befragter ist sich hinsichtlich einer Verschuldung nicht sicher. Insgesamt sind nach eigener Auskunft nur 22 % aller Probanden schuldenfrei.

Anhand der Aktenauswertung konnte die Schuldensituation genauer ermittelt werden. So enthält der anstaltsinterne Fragebogen verschiedene Fragen zu Schulden und Gläu-

---

[652]*Busch / Fülbier / Meyer*, 1987, S. 34

[653]*Kühne*, 1982, S. 211

[654]*Klotz*, 1986, S. 96

[655]*Walter*, 1999, S. 405, RN 455

bigern. Weiterhin können vielfach den beigefügten Gerichtsurteilen Informationen entnommen werden. Lediglich von zwei Probanden, deren Fragebogen keine Angaben bezüglich ihrer Verschuldung enthalten, befinden sich auch in den Urteilen keinerlei Hinweise. Es zeigt sich, daß eine Vielzahl der Befragten entweder im Interview oder im Anstaltsfragebogen auf Schulden hinweisen, aber nicht in der Lage sind, den Betrag genauer zu beziffern. Deshalb muß eine Aufschlüsselung der Schuldenverteilung entsprechend der Höhe zwangsläufig lückenhaft bleiben.

Insgesamt sind laut Aktenlage nur sechs Gefangene schuldenfrei, d.h. 12,77 %[656]. Zwei Inhaftierte wissen nicht, ob offene Verbindlichkeiten bestehen. Von den verschuldeten Probanden können zehn die genaue Summe der Verpflichtungen nicht angeben (21,28 %). 27 Gefangene nennen den genauen Betrag (57,45 %). Die Höhe der (bekannten) Schulden beginnt bei einem Wert von 5.000 DM und reicht bis zu 450.000 DM. Die Hälfte dieser Schuldner sieht sich mit Forderungen in Höhe von mindestens 30.000 DM konfrontiert. Allein die bekannten Verbindlichkeiten ergeben damit einen Wert von über 3 Millionen DM. Der Mittelwert liegt für die 37 Gefangenen, die nach Aktenlage verschuldet sind bei 81.108,10 DM. Die durchschnittliche Verschuldung sinkt auf rund 60.000,00 DM, sofern diejenigen mit einbezogen werden, die schuldenfrei sind oder keine Angaben machen. Einen detaillierten Überblick über die Schuldensituation der Untersuchungsgruppe gibt die folgende Tabelle 5.

---

[656]Bei einer Gesamtzahl der Gefangenen N von 47.

Tabelle 5:   Angaben zu den Schulden anhand von Fragebogen **und** Urteilen

Schuldensituation	Gefangene (N=47)	Prozent
Schulden ja, genauer		
Betrag bekannt:	27	57,45 %
davon:	**davon:**	**davon:**
5.000 bis unter 10.000	6	22,22 %
10.000 bis unter 25.000	7	25,93 %
25.000 bis unter 100.000	6	22,22 %
über 100.000	8	29,63 %
Schulden ja, Höhe ?	10	21,28 %
Schulden ?	2	4,26 %
keine Schulden	6	12,77 %
keine Angaben	2	4,26 %

Betrachtet man die Schuldensituation der Gefangenen bezogen auf die einzelnen Deliktsgruppen, lassen sich Besonderheiten bezüglich verschiedener Deliktszugehöriger
feststellen. Auffallend hoch ist beispielsweise die Anzahl der wegen eines Eigentumsdeliktes Verurteilten, die keine Angaben zur Summe der Schulden machen. Liegt
die Quote bei der Gruppe der wegen Diebstahls oder Unterschlagung Inhaftierten bei
50 %, steigt dieser Wert bei den Räubern sogar auf 57,14 % an. Wegen der geringen
Zahl der Straftäter gegen das Leben (4) ist der dort zu verzeichnende Anteil von ebenfalls der Hälfte aller Gruppenangehörigen weniger aussagekräftig. Bei den wegen
Betruges bzw. eines Steuerdeliktes Verurteilten - die ausnahmslos verschuldet sind -
finden sich mit 71,43 % überdurchschnittlich viele, die Schulden in Höhe von über
100.000 DM haben. Die folgende Tabelle 6 verdeutlicht die deliktsbezogenen Unterscheidungen hinsichtlich der Schuldenhöhe und ihrer Häufigkeitsverteilung.

Tabelle 6:   Schulden und Deliktsart

Deliktsgruppe	Anzahl insg.	1 - 10.000	über 10.000 - 50.000	über 50.000 - 100.000	über 100.000	?	nein
Körperverletzung	1					1	
Diebstahl	8	4				4	
Raub	14	1	4		1	8	
Betrug	7			1	5	1	
Sexualdelikt	8	2	1	1	1	1	2
Tötungsdelikt	4		1		1	2	
Drogendelikt	8	3		1		2	2

Werden alle im Interview und mittels der Aktenauswertung erhaltenen Informationen bezüglich der Verschuldung zusammengefaßt, verschlechtert sich die finanzielle Lage der gesamten Stichprobe nochmals. Berücksichtigt man die Gefangenen, deren Akten keine Hinweise auf eine Verschuldung entnommen werden konnten (die eine Frage nach Schulden verneinen, keine Angaben machen können oder wollen bzw. deren Akten nicht eingesehen wurden), aber in der mündlichen Befragung bejahen, steigt die Zahl der Probanden mit Schulden auf insgesamt 46, mithin 92 % aller Befragten[657].

Die Gläubiger der Gefangenen sind aufgrund der Angaben in den anstaltsinternen Fragebögen von 36 Befragten bekannt. Zwar können zehn Schuldner die Höhe der Verschuldung nicht näher beziffern, benennen aber trotzdem die Gläubiger (von einem Gefangenen läßt sich das Ausmaß der Schulden aus den Urteilsgründen entnehmen). Ein Gefangener verweigert die Preisgabe der Schulden, obwohl er seine Gläubiger nennt. In diesem Fall hilft ebenfalls das Urteil bezüglich des geschuldeten Betrages weiter. Lediglich 25 Häftlinge kennen sowohl die Höhe der Verschuldung als auch die Gläubiger.

---

[657]Sofern bezüglich der Gefangenen nach mündlichem Gespräch und Aktenauswertung unterschiedliche Informationen über eine Verschuldung vorhanden waren - so wurden teilweise in den Interviews Schulden verneint, aber in den Fragebögen bejaht oder in der mündlichen Befragung bejaht und gegenüber der Justizvollzugsanstalt verschwiegen - wurde die Existenz von Schulden als wahr unterstellt.

Die weitaus größte Anzahl der Gefangenen ist bei Kreditinstituten verschuldet (26 = 72,22 % von N = 36). Bei mehr als der Hälfte der Schuldner, 52,78 % (19), bestehen Verpflichtungen gegenüber dem Gericht bzw. Rechtsanwälten. Seltener tritt der Staat, z.B. das Sozialamt, als Gläubiger auf (8), gefolgt von den Opfern der Straftaten bzw. deren Versicherungen (6), Privatleuten oder Versandhäusern. Je ein Gefangener hat Schulden bei Gläubigern aus der Zeit der Selbständigkeit bzw. bei Versicherungen. Die Rangfolge der Gläubiger kann Tabelle 7 entnommen werden.

Tabelle 7: **Zusammenstellung der Anzahl der Gläubiger bezogen auf die verschiedenen Deliktskategorien**

Gläubiger	Körperverletzung	Diebstahl	Raub	Betrug	Steuerdelikt	Sexualdelikt	Tötungsdelikt	Bt MG
Kreditinstitute: 6		6	7	2		4	4	3
Gericht/RA: 19	1	5	3	1	1	3	3	2
Staat: 8		1	3		2	1		1
Opfer[658]: 6			2	2	2			
Private: 6	1	2				1	1	1
Versandhäuser: 3		2						1
Versicherungen:1						1		
unbekannt: 2		1	1					
Keine Antwort: 2								
Keine Schulden: 6		2				2		2

Ordnet man den einzelnen Deliktsgruppen die von ihnen benannten Gläubiger zu, werden Unterschiede hinsichtlich der Verteilung der Forderungsinhaber sichtbar (siehe Tabelle 7). Bei den Diebstahlsdelikten rangieren mit 75 % die Kreditinstitute an erster Stelle der Gläubigerrangfolge. Weitere Hauptgläubiger sind mit 62,5 % die Gerichtskasse bzw. die Rechtsanwälte der Straftäter. Nur von einem Viertel der Gruppe werden die Geschädigten und deren Versicherungen als Gläubiger benannt. Hauptgläubiger der „Räuber" sind ebenfalls die Banken (58,3 %). Genau wie bei den wegen Diebstahls Verurteilten rangieren die Opfer am Ende der Rangskala. Allein bei

---

[658]Hierzu zählen auch die Versicherungen der Opfer.

den Vermögensdelikten werden die Geschädigten mit 57,14 % öfter genannt, wobei zwei Täter wegen Steuerdelikten inhaftiert sind und der Staat als Gläubiger offensichtlich ist. Die Straftäter gegen das Leben haben ausnahmslos Schulden bei Kreditinstituten und dazu fast alle bei Gericht bzw. Anwälten (75 %). Auffallend ist, daß von dieser Gruppe nur ein weiterer Gläubiger angegeben wird. Breiter gestreut ist dagegen Verteilung der Gläubiger bei den Drogendelinquenten. Zwar sind auch hier die Hauptgläubigerinnen Banken und Sparkassen (42,86%), dennoch sind vier weitere Gläubiger mit geringen Anteilen belastet.

Den Gefangenenpersonalakten läßt sich weiterhin entnehmen, daß 24 Inhaftierte als Folge der Tatbegehung Schulden machten. Diese Gruppe setzt sich zusammen aus den Strafgefangenen mit Rückständen bei Gericht und Rechtsanwälten sowie den Geschädigten (inkl. dem Staat, sofern Steuerdelikte begangen wurden) bzw. deren Versicherungen. Die restlichen Gefangenen sind laut Aktenlage entweder nicht verschuldet oder stehen bei anderen Gläubigern in der Schuld. Der Blick auf Tabelle 7 zeigt, daß der Anteil derjenigen, die aufgrund ihrer Straffälligkeit verschuldet sind, bei den Deliktsgruppen „Diebstahl", „Betrug" und „Totschlag" mit jeweils über 70 % deutlich erhöht ist. Ausgeglichen präsentieren sich die Quoten dagegen bei der Kategorie „Raub und Erpressung", wo vier Gefangene wegen der Tatbegehung, aber drei Befragte unabhängig von dieser Schulden haben. Bei dieser Tätergruppe fehlen jedoch Informationen von fünf Inhaftierten, so daß die Anteile letztlich nicht endgültig festgestellt werden können. Betrachtet man die Sexualstraftäter sowie die Drogendelinquenten, so zeigt sich, daß hier die Verschuldung zum Großteil unabhängig von der Straffälligkeit vorliegt. Während rund 57 % derjenigen, die wegen eines Drogendeliktes verurteilt sind, sich nicht wegen der Tatbegehung in Rückstand mit Zahlungen befinden, steigt der Anteil bei den Sexualdelinquenten auf 62,5%.

Die meisten Gefangenen haben gegenüber mehreren Gläubigern Schulden. Nur elf Schuldner stehen bei einem einzigen Forderungsinhaber in der Schuld, zwanzig haben gegenüber zwei Stellen Verbindlichkeiten. Zwei bzw. drei Gefangene geben die Zahl der Gläubiger mit drei bzw. vier an.

2.1.6 Soziales Umfeld

Um einen Eindruck von der sozialen Integration der Gefangenen zu gewinnen, interessierten Informationen zu den Erziehungspersonen sowie den sozialen Kontakten, die die Probanden vor und während der Haftzeit pflegten.

Die Frage nach den Bezugspersonen der Kinder- und Jugendzeit und der aktuellen Verhältnisse zu ihnen wird von den Gefangenen in dem anstaltsinternen Fragebogen beantwortet. Nur 32 weibliche Erziehungspersonen der Gefangenen leben noch[659]. Der Großteil der Inhaftierten[660] bezeichnet die Beziehung zu der Frau, die sie bis zum 18. Lebensjahr erzogen hat als sehr gut, fünf noch als gut. Nur selten wird das Verhältnis als mäßig (2) oder gar als schlecht (3) eingestuft. Den Kontakt zu der weiblichen Erziehungsperson haben neun Gefangene abgebrochen, zwei weitere antworten nicht auf die Frage.

Die Zahl der männlichen lebenden Erziehungspersonen ist mit 24 sogar geringer als bei den Frauen. Die Beziehungen sind darüber hinaus insgesamt weniger innig. Zwar bewerten auch hier die meisten Gefangenen[661] das Verhältnis mit „sehr gut" und vier weitere mit „gut". Im Vergleich zu den weiblichen Erziehenden ist der Anteil jedoch deutlich geringer (54,17 % bei den Männern gegenüber 71,87 % bei den Frauen). Als „mäßig" empfinden drei Befragte die Beziehung, als schlecht nur einer. Häufiger wurde jeglicher Kontakt abgebrochen[662].

Die Interviewpartner sollten Angaben zu den Personen bzw. Personenkreisen machen, mit denen sie vor der Inhaftierung ihre Freizeit verbrachten[663]. Die Mehrzahl der Gefangenen traf Freunde und Bekannte (32 = 64 %). Ein Anteil von 22 Befragten verlebte die Freizeit mit der Familie. 16 Männer nennen die Ehefrau bzw. die Freundin als Person, der sie ihre Zeit widmeten. Seltener wurden Verabredungen mit Ver-

---

[659]N = 43 Gefangene.

[660]18 Nennungen.

[661]9 Nennungen.

[662]Von 7 Gefangenen; darüber hinaus fehlt einem Gefangenen von vornherein die männliche Erziehungsperson und ein weiterer verweigert eine diesbezügliche Auskunft.

[663]Mehrfachnennungen waren möglich, weshalb die Summe der Antworten größer als der Kreis der befragten Gefangenen ist.

wandten (5) oder Arbeitskollegen getroffen (7). Drei Häftlinge waren überwiegend allein.

24 Befragte verkehrten stets mit denselben Leuten, während 17 teilweise den Bekanntenkreis wechselten. Lediglich ein Gefangener änderte ständig seinen Bekanntenkreis.

Die Mehrheit der Strafgefangenen ist laut Auskunft der Akten der Meinung, sie hätten mindestens einen echten Freund im Bekanntenkreis, das sind 74,42 %. 18 Häftlinge sprechen von genau einem Freund, vierzehn haben nach eigenen Angaben mehrere Freunde unter ihren Bekannten gefunden. Vier Gefangene können nicht genau sagen, ob sie einen echten Freund haben oder hatten, während sechs definitiv davon ausgehen, keinen Freund zu haben.

Für den Verlauf der Haftzeit äußern die Inhaftierten vielfältige Kontaktwünsche nach außen. Die meisten (19) wollen in Verbindung zu ihrer Lebensgefährtin bleiben. Eine wichtige Rolle spielt weiterhin erwartungsgemäß die Familie. Lediglich acht Probanden lehnen einen Kontakt zu Familienmitgliedern gänzlich ab. Ansonsten erwähnen 15 Gefangenen die „Familie", 12 Befragte die „Eltern" bzw. ein „Elternteil", 10 die „Kinder" sowie 14 Probanden die „Verwandten". Auffällig ist, daß nur wenige Gefangene, deren Eltern noch leben, mit diesen in Verbindung bleiben wollen, obwohl die Beziehungen überwiegend als „gut" bis „sehr gut" bezeichnet werden. Nur 30 % der insgesamt 40 Befragten mit mindestens einem lebenden Elternteil wollen den Kontakt zu den Erziehungspersonen aufrechterhalten. Viele Inhaftierte legen Wert auf Kontakt zu Freunden und Bekannten[664]. Werden die Ausprägungen „Freunde" und „Bekannte" zusammengefaßt, wollen 20 Gefangene zu mindestens einer dieser Gruppen Kontakt behalten. Seltener wird auf Arbeitskollegen[665] und nur einmal auf eine Drogenberatungsstelle verwiesen. In zwei Fällen werden keinerlei Außenkontakte angestrebt.

16 Inhaftierte wünschen eine Kontaktaufnahme zu verschiedenen Personen erst für die Zeit nach der Entlassung. Mit diesen Personen wollen die Befragten während der Verbüßung der Haftstrafe keine Verbindung herstellen. 43,75 % dieser Gruppe äußern

---

[664] 13 bzw. 12 Nennungen.

[665] 3 Nennungen.

den Wunsch, Freunde oder Bekannte wiederzusehen (7). Drei Inhaftierte beabsichtigen, den Kontakt zu Verwandten, zwei zu ihren Kindern sowie einer zu seiner Ehefrau wieder aufzunehmen. Ein Gefangener will das Opfer, ein anderer seinen letzten Arbeitgeber kontaktieren. Ein Gesprächspartner verschweigt, mit wem er die Verbindung aufnehmen möchte.

2.1.7 Sonstiges

Ein Hinweis darauf, ob innerhalb der Gruppe der Befragten sozial Randständige überrepräsentiert sind, könnte sich aus Daten bezüglich einer persönlichen Betreuung der Inhaftierten durch eine soziale Dienststelle ergeben.

13 Gefangene wurden vor der Haftzeit von sozialen Einrichtungen betreut oder unterstützt[666]. Überwiegend war das Sozialamt in die Fürsorge eingebunden. Fünf Probanden fanden Hilfe beim Sozialamt, zwei bei der Gefangenenfürsorge und je ein Gefangener bei Jugendamt, Arbeitsamt, Caritas bzw. einer Drogenberatungsstelle. Um zwei Häftlinge kümmerten sich Sozial- und Jugendamt.

Die Angehörigen von 13 Inhaftierten empfingen ebenso wie die Männer Unterstützung durch soziale Dienststellen[667]. Zum Großteil war auch hier das Sozialamt in die Hilfeleistungen eingebunden[668]. Weiterhin erfolgte eine Betreuung seitens des Jugendamtes (1), des Jugend- und Sozialamtes (2) und in einem Fall zusätzlich zu diesen Ämtern von der Caritas.

Insgesamt in fünf Fällen wurden neben dem Gefangenen seine Angehörigen von sozialen Dienststellen betreut.

---

[666] 30,23 % von N = 43.

[667] 30,23 % von N = 43.

[668] 9 Nennungen.

2.2 Delinquenz

2.2.1 Zuletzt begangene Straftat

Ein besonderes Anliegen der Untersuchung war es, eine Momentaufnahme der im Strafvollzug anzutreffenden Realität zu zeichnen, und u.a. zu ermitteln, welche Klientel aufgrund welcher Delinquenz eine längere Freiheitsstrafe verbüßte. Aus diesem Grund wurden alle Gefangenen, unabhängig von der begangenen Tat, in die Erhebung einbezogen.

Zunächst wurden die Häftlinge im persönlichen Interview aufgefordert, die Straftat zu benennen, wegen der sie die momentane Haftstrafe verbüßen[669]. Ein Großteil der Befragten befindet sich wegen der Begehung von Vermögensdelikten in Haft. 15 Gefangene hatten einen Raub bzw. eine Erpressung verübt, sieben weitere einen Diebstahl. Lediglich in drei Fällen liegt dem Freiheitsentzug ein Betrug zugrunde. Zwei Inhaftierte haben gegen steuerrechtliche Vorschriften der Abgabenordnung verstoßen. Die zahlenmäßig nächstgrößere Gruppe mit neun Männern hat Straftaten gegen die sexuelle Selbstbestimmung begangen. Acht Probanden sind wegen Verstoßes gegen das Betäubungsmittelgesetz inhaftiert worden. In vier Fällen ist ein Tötungsdelikt Anlaß der Haft. Je einmal liegen eine gefährliche Körperverletzung bzw. eine Brandstiftung vor.

Die Aktenauswertung zeichnet ein leicht verändertes Bild. Anhand der Eintragungen in die Gefangenenpersonalakten und der Gerichtsurteile konnten die Hauptdelikte ermittelt werden, d.h. die Straftaten, derentwegen die Inhaftierten zuletzt verurteilt wurden und sich nunmehr in Haft befinden. Bestimmend bleiben die Vermögensdelikte, die mit 27 Fällen mehr als die Hälfte der Straftaten ausmachen (57,45 %). Unterschiede ergeben sich regelmäßig nur innerhalb dieser Kategorie. Lediglich ein Gefangener, der sich selbst als Sexualstraftäter bezichtigte, wurde wegen der Begehung eines Diebstahls inhaftiert. Zur Veranschaulichung der Unterschiede gemäß der Angaben im Interview und nach der Aktenauswertung dient die folgende Tabelle 8.

---

[669]Vgl. Anhang II, Frage 17.

Tabelle 8: **Deliktstruktur - Gegenüberstellung der Auskünfte im Interview mit der Aktenlage**

Delikt	Anzahl lt. Interview	Anzahl lt Aktenlage
Körperverletzung	1	1
Diebstahl	7	8
Raub u.a.	15	12
Betrug u.a.	3	5
Steuerdelikt	2	2
Sexualstraftat	9	8
Tötungsdelikt	4	4
Verstoß gegen das BtMG	8	7
Brandstiftung	1	
fehlende Werte		3

Einen Überblick über die Deliktsstruktur bietet Grafik Nr. 7, der die den Akten entnommenen Daten zugrundegelegt wurden. Die fehlenden Angaben wurden durch die Daten aus dem Interview ergänzt, so daß sich insgesamt folgendes Bild ergibt.

Abb. 7: **Deliktsstruktur**

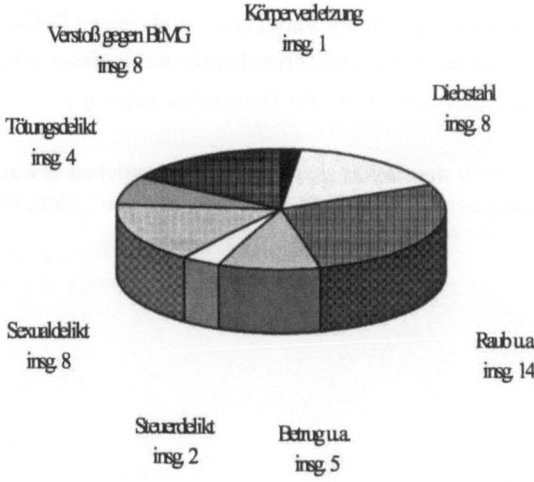

Verstoß gegen BtMG
insg. 8

Körperverletzung
insg. 1

Diebstahl
insg. 8

Tötungsdelikt
insg. 4

Sexualdelikt
insg. 8

Raub u.a.
insg. 14

Steuerdelikt
insg. 2

Betrug u.a.
insg. 5

Die Struktur der von der Untersuchungsgruppe begangenen Straftaten bezogen auf die Art der Delikte stimmt nur teilweise mit derjenigen aller nordrhein-westfälischen männlichen erwachsenen Strafgefangenen überein. Deutliche Abweichungen treten bei den Straftaten gegen die sexuelle Selbstbestimmung auf, wo der Anteil der Stichprobe den des Bundeslandes um rund 10 % übertrifft. Bei den Eigentumsdelikten kehren sich die Quoten im Vergleich der Kategorien „Raub und Erpressung" sowie „Diebstahl und Unterschlagung" fast um. Während die Anteile an Diebstahlsdelikten in Nordrhein-Westfalen um etwa 10 % über der Stichprobe liegen, sind Raubdelikte um circa 12 % seltener vertreten[670]. Die Unterschiede beruhen sicherlich auf der Verschiedenheit der gegenübergestellten Stichproben. Während die in der Einweisungsanstalt einsitzenden Männer eine Mindeststrafe von 2 Jahren zu verbüßen haben, beziehen sich die Zahlen für das gesamte Bundesland Nordrhein-Westfalen auf alle Inhaftierten, d.h. auch auf solche mit nur kurzer Haftdauer. So sind bei den befragten Gefangenen die Gruppe der wegen Raubes oder wegen Straftaten gegen die sexuelle Selbstbestimmung Verurteilten verstärkt vertreten, während Verurteilungen wegen

---

[670]Die Zahlen für Nordrhein-Westfalen sind entnommen aus: *Justizministerium des Landes Nordrhein-Westfalen*, 1994, S. 101.

Körperverletzung und Diebstahl regelmäßig wegen der geringen Strafhöhe für eine Einweisungsanstalt keine Rolle spielen.

Die folgende Graphik verdeutlicht die Verteilung der einzelnen Deliktsgruppen bezogen auf die Gesamtzahl der männlichen erwachsenen Strafgefangenen im Bundesland Nordrhein-Westfalen im Vergleich mit der Untersuchungsgruppe.

Abb. 8*: **Vergleich der Deliktsstruktur der männlichen erwachsenen Strafgefangenen in Nordrhein-Westfalen mit den befragten Gefangenen**

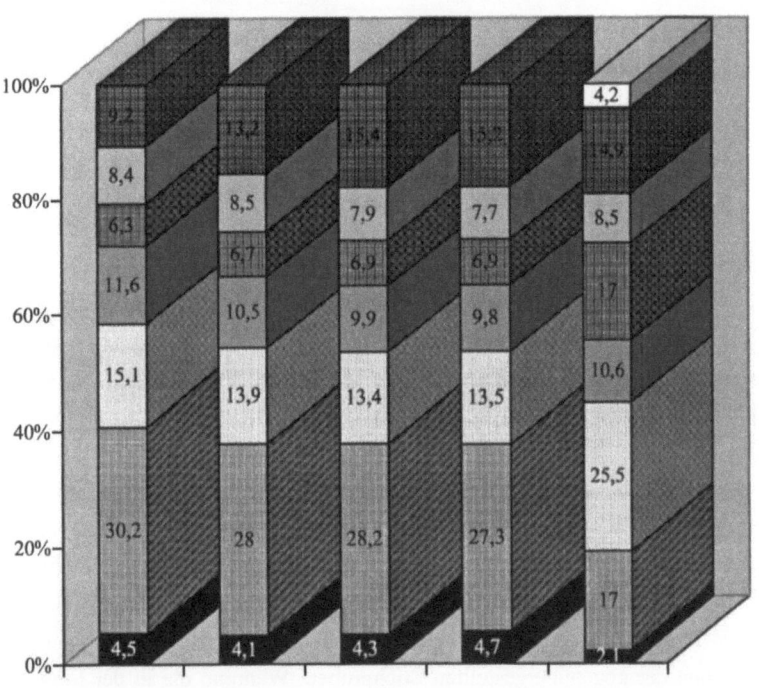

*Quelle:*Justizministerium des Landes Nordrhein-Westfalen *1990, S. 98 1992, S. 97; 1994, S. 101; 1997, S. 98f.*

Knapp die Hälfte der Gefangenen verübte die Straftat als Einzeltäter[671]. Die restlichen Befragten erhielten Unterstützung von Mittätern. In zwölf Fällen handelte es sich nur um einen Komplizen, ansonsten wirkten bis zu vier und mehr Personen an der Tatausübung mit.

Der genaue Tatzeitpunkt konnte mit Hilfe der Aktenanalyse festgestellt werden. Die Delikte wurden in dem Zeitraum zwischen Dezember 1988 und Mai 1994 begangen. Der Schwerpunkt der Tatbegehung lag in der Zeit zwischen September 1992 und August 1993, in der die Hälfte der Straftaten verübt wurde. Die den Akten entnommenen Daten weichen erheblich von den in den Interviews zu der Tatzeit erlangten Auskünften ab. Lediglich 44,68 % der Häftlinge[672] nennen bei der mündlichen Befragung den genauen Tatmonat. 16 Straftäter verschätzen sich um einen bis fünf Monate. Bei sechs (!) Gefangenen beträgt der Unterschied zu der in den Akten vermerkten Tatzeit 21 Monate und länger. Ein Angehöriger dieser Gruppe wähnt sich wegen eines vor 10 ½ Jahren begangenen Deliktes in Haft, während das aktuelle Hauptdelikt erst 26 Monate zurückliegt. Weitere größere Abweichungen ergeben sich hinsichtlich Tätern, die wegen mehrerer Straftaten verfolgt wurden bzw. den Steuerdelinquenten, bei denen sich die Tatbegehung über mehrere Jahre erstreckt.

Der Abstand zwischen der Tat und der Erhebung im Dezember 1994 beläuft sich auf eine Zeitspanne zwischen sieben Monaten und sechs Jahren. Durchschnittlich sind etwas mehr als zwei Jahre, nämlich 25,15 Monate, verstrichen. Der Median von 20 Monaten kommt den wahren Verhältnissen näher, denn die häufigste Dauer zwischen Tatausführung und Interview beläuft sich auf 16 bis 27 Monate.

Die Zeitspanne zwischen der Tatbegehung und dem Urteilsspruch konnte ebenfalls anhand der den Akten entnommenen Daten berechnet werden. Bei einem Gefangenen, der wegen eines Verstoßes gegen die Abgabenordnung verurteilt wurde, fallen diese Zeitpunkte zusammen. Der längste Abstand beträgt mit 63 Monaten über fünf Jahre. Der Durchschnittswert beläuft sich auf knapp 1 ¼ Jahre. Der Median liegt mit nur neun Monaten deutlich unter diesem Zeitraum.

---

[671]23 von N = 47 Probanden, d.h. 48,94 %.

[672]21 Nennungen.

Zwischen dem Urteil und der Untersuchung ist erwartungsgemäß weniger Zeit vergangen. Der kürzeste Zeitraum beträgt drei Monate. Längstens sind 3 ½ Jahre bis zur Befragung verstrichen. Im Durchschnitt warteten die Gefangenen seit der Urteilsverkündung 10 ½ Monate auf die Einweisung in die Verbüßungsanstalten.

Etwa drei Viertel der Befragten befand sich vor der Hauptverhandlung in Untersuchungshaft[673]. Die Untersuchungshaft dauerte zwischen 2 und 912 Tagen. Durchschnittlich verbrachten die Inhaftierten 233,22 Tage in U-Haft. Selten zog sich die Untersuchungshaft weniger als drei Monate hin - die meisten Gefangenen erlitten vor der rechtskräftigen Verurteilung zwischen drei Monaten und einem Jahr einen Untersuchungshaftvollzug. Die genaue Verteilung läßt sich der folgenden Abbildung entnehmen.

Abb. 9:   **Anteil der Gefangenen mit Untersuchungshaft und jeweilige Dauer**

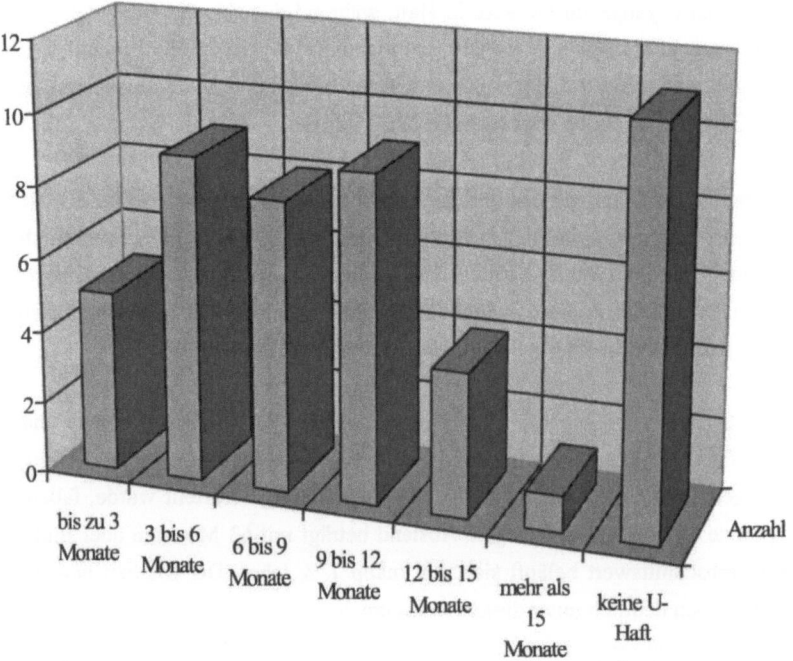

---

[673]36 Gefangene von N = 47, d.h. 76,6 %.

Die Höhe der Strafe für das Hauptdelikt entspricht nicht in allen Fällen der für eine Einweisung erforderlichen Mindestdauer von 24 Monaten. In sieben Fällen beläuft sie sich auf weniger als zwei Jahre. Die Strafhöhe liegt insgesamt zwischen einem und 15 Jahren, bei einem Durchschnitt von 46,49 Monaten. Die Höhe der Gesamtstrafen[674] fallen wie erwartet höher aus, als die wegen des Hauptdeliktes verhängten Strafen. Die kürzeste Gesamtstrafe dauert 26 Monate. Den Höchstwert bildet auch hier die zeitliche Strafgrenze von 15 Jahren. Die durchschnittliche Strafzeit entspricht 51,42 Monaten. Die folgende Gegenüberstellung der Strafen für das Hauptdelikt mit den Gesamtstrafen verdeutlicht die Verschiebungen der Strafhöhe aufgrund mehrerer angerechneter Strafen.

Abb. 10:   Strafmaß für das Hauptdelikt und die Gesamtstrafe im Überblick

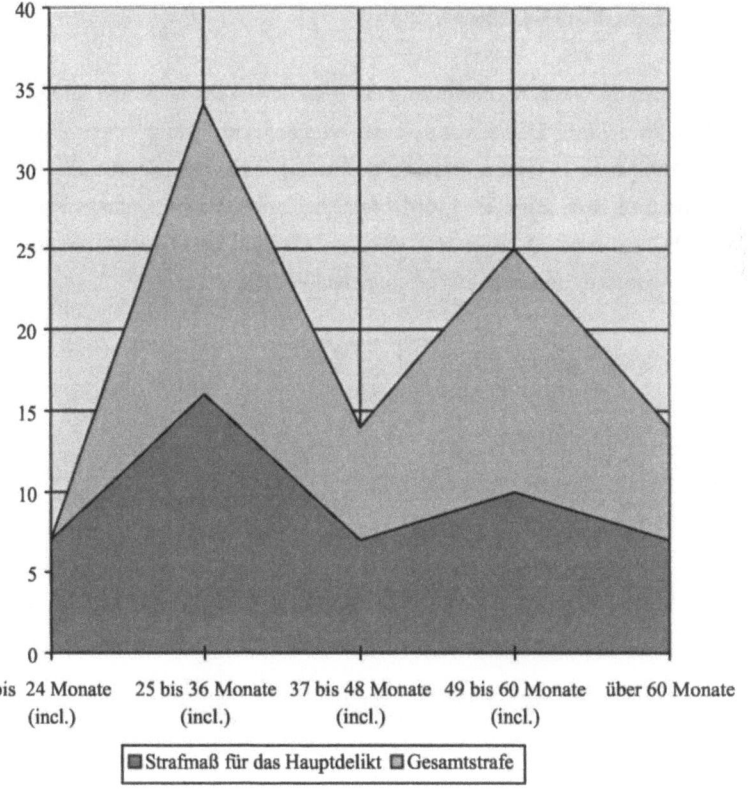

| | bis 24 Monate (incl.) | 25 bis 36 Monate (incl.) | 37 bis 48 Monate (incl.) | 49 bis 60 Monate (incl.) | über 60 Monate |

■ Strafmaß für das Hauptdelikt ☐ Gesamtstrafe

---

[674]Errechnet aus der Zeit zwischen Haftbeginn und dem endgültigen Haftende.

Anhand des aus den Akten ersichtlichen Entlassungsdatums können die noch zu ver-
büßenden Haftmonate berechnet werden. Der kürzeste Freiheitsentzug endet vom Interview an gerechnet in 20 Monaten, d.h. im August 1996. Die längste Haft dauert
weitere 165 Monate. Das entspricht einem durchschnittlichen Strafrest von 39 Monaten.

2.2.2 Vorstrafen und Hafterfahrung

Den amtlichen Statistiken läßt sich entnehmen, daß ein hoher Anteil von Vorbestraften und „Rückkehrern" erneut im Vollzug in Erscheinung tritt. Das kann als Anzei-
chen für das Vorliegen eines sogenannten „Drehtüreffektes" gelten - die Gefangenen
mit Erfahrung im Freiheitsentzug geraten teilweise „in eine Art Mühle, die sie wieder
zur Vollzugsanstalt zurückführt"[675].

Betrachtet man die Vorstrafenbelastung der männlichen erwachsenen Strafgefangenen
in der Bundesrepublik Deutschland in den vergangenen Jahren (dazu erläuternd die
folgende Abbildung 11), ist erkennbar, daß weniger als zwei Drittel der Inhaftierten
nicht vorbestraft sind. Zwar stieg der Anteil der unbelasteten Gefangenen von 26 %
im Jahr 1992 auf rund 33 % im Jahr 1995 an, die Zahl der Vorbestraften im Vollzug
blieb jedoch konstant mit einem Wert von etwa 26.000.

---

[675] *Walter*, 1991, RN 83, S. 78

Abb. 11*:   Vorstrafen der männlichen erwachsenen Strafgefangenen in der Bundesrepublik Deutschland von 1992 bis 1995

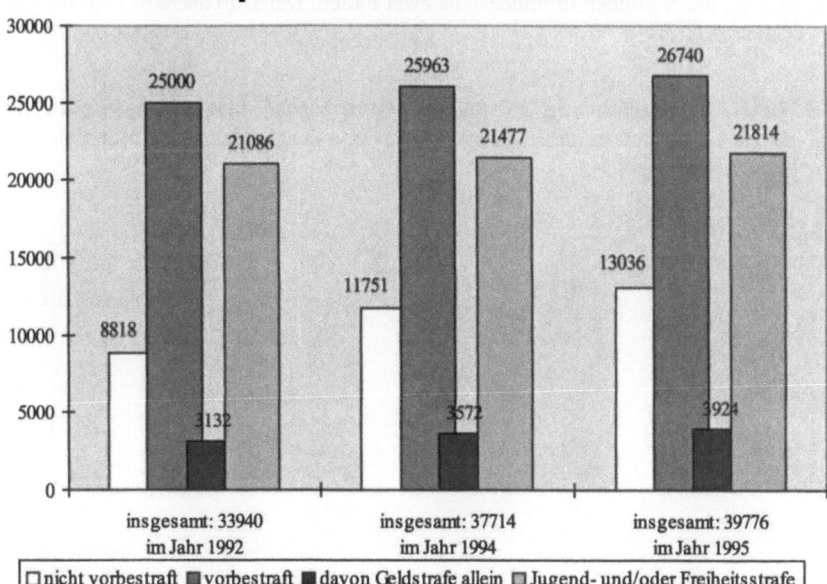

*Quelle: *Statistisches Bundesamt 1997a: für 1992, S. 16; 1993, S. 40; 1994, S. 64; 1995, S.88*

Die Vorbelastungen der Stichprobe entsprechen diesem negativen Bild. Die vorliegenden Daten wurden anhand der Gefangenenpersonalakten ermittelt. Zum einen konnten die Angaben der Inhaftierten im anstaltseigenen Diagnosebogen ausgewertet werden, zum anderen enthielten die beigefügten Strafurteile verwertbare Informationen.

Gemäß der Auswertung der Fragebogen waren 81,4 % der Gefangenen mindestens einmal vorbestraft. Die Anzahl der Vorbelastungen schwankt zwischen 2 und 21. Eine Ergänzung dieser Daten anhand der Urteilsgründe sowie der Bundeszentralregisterauszüge ermöglicht die Erfassung von insgesamt 47 Gefangenen. Sofern die Gefangenenauskünfte von den Urteilen abweichen, werden die Hinweise aus den Gerichtsurteilen zugrundegelegt[676]. Unterschiede sind insbesondere durch Löschungen nach registerrechtlichen Bestimmungen sowie aufgrund fehlerhafter Erinnerung erklärbar.

---

[676]Unterschiede sind insbesondere durch Löschungen nach registerrechtlichen Bestimmungen sowie durch fehlerhafte Erinnerung erklärbar.

Nach den vorliegenden Informationen sind lediglich elf Inhaftierte nicht vorbestraft, d.h. 23,4 %, die restlichen in mindestens zwei Fällen. Der Durchschnitt liegt bei 6,61 Vorstrafen pro Kopf.

Abb. 12*: **Hafterfahrung männlicher erwachsener Strafgefangener in der Bundesrepublik Deutschland im Vergleich zur Untersuchungsgruppe**

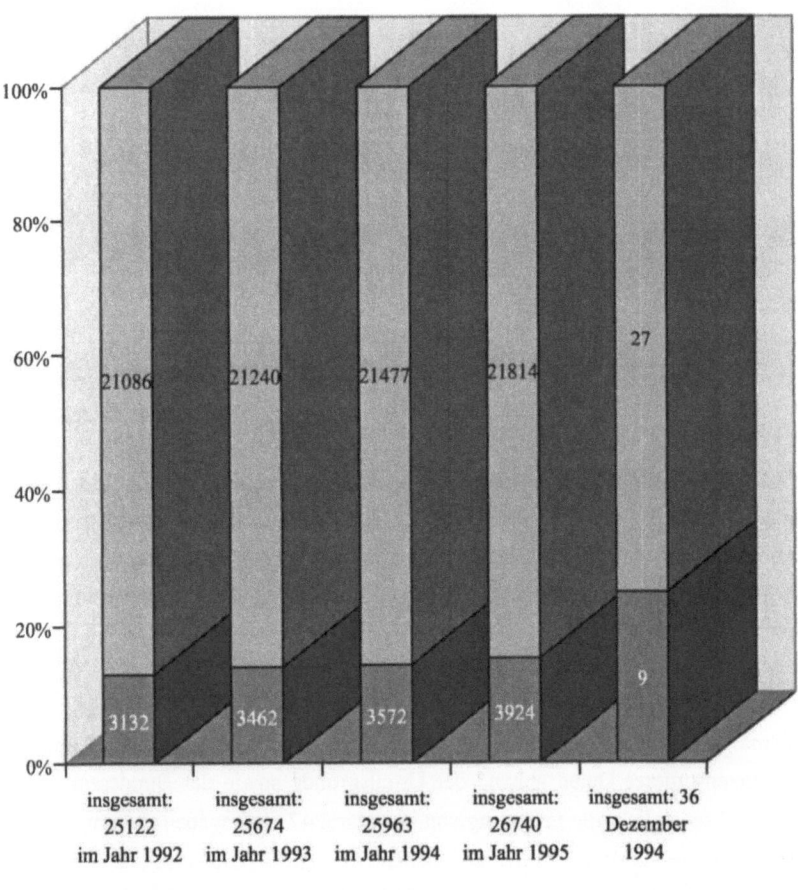

insgesamt: 25122 im Jahr 1992
insgesamt: 25674 im Jahr 1993
insgesamt: 25963 im Jahr 1994
insgesamt: 26740 im Jahr 1995
insgesamt: 36 Dezember 1994

☑ davon Geldstrafe allein ☐ davon Jugend- und/oder Freiheitsstrafe

*Quelle: *Statistisches Bundesamt 1997a*: für 1992, S. 16; 1993, S. 40; 1994, S. 64; 1995, S. 88

Die Anzahl der Vorbelastungen ist von der Hafterfahrung zu unterscheiden. Etwa 60 % der Straftäter war vor dem Freiheitsentzug wegen der letzten Verurteilung schon mindestens einmal inhaftiert[677]. Zwar saßen 13 Gefangene bisher erst einmal im Gefängnis. Über die Hälfte der Befragten mit Kenntnis vom Strafvollzug war jedoch zweimal und öfter im Vollzug (51,85 %). Ein Vergleich der Hafterfahrung von Strafgefangenen in Deutschland mit der Stichprobe (siehe dazu die Graphik Nr. 12) zeigt, daß die Untersuchungsgruppe einen höheren Anteil an Gefangenen aufweist, die vor der zur aktuellen Strafhaft führenden Verurteilung ausschließlich mit einer Geldstrafe vorbestraft war. Zu einer Bewährungshilfe haben oder hatten 18 Gefangene[678] bisher Kontakt.

2.2.3 Akzeptanz des Urteils

Die Haltung der Gefangenen gegenüber den Ergebnissen der Hauptverhandlung sowie dem Urteil läßt sich anhand verschiedener Merkmale erkennen. Die Mehrheit der Befragten akzeptierte sowohl die gerichtlichen Feststellungen als auch das zuerkannte Strafmaß.

22 Gefangene stimmen den vom Gericht festgestellten Tatsachen vollständig zu. Elf Straftäter sind der Ansicht, die gerichtlichen Äußerungen träfen „im großen und ganzen" zu, was auf eine große Akzeptanz bei diesen insgesamt 66 % der Befragten schließen läßt. Elf Probanden sind dagegen überzeugt, daß die Feststellungen nur zur Hälfte dem wahren Geschehen entsprächen. Ein Befragter bestreitet fast gänzlich eine Übereinstimmung. Fünf Gefangene lehnen die Urteilsgründe als falsch ab.

Die Auswertung der im anstaltsinternen Fragebogen niedergelegten Antworten zu der Frage nach der Schuld ergibt eine vergleichbare Tendenz. Die Mehrheit von 29 Gefangenen fühlt sich danach „schuldig" (67,44 %). Sechs Gefangene bezeichnen sich als „unschuldig", während acht den Anteil ihrer Schuld mit „teils-teils" bemessen.

Die volle Verantwortung für die Begehung der Straftaten übernehmen 39 der Gesprächspartner (78 %), sechs Inhaftierte nur zum Teil. Alle Gefangenen, die sich im Interview als unschuldig bezeichnen, lehnen konsequent eine Verantwortungsüber-

---

[677]27 von N = 47, d.h. 57,45 %.

[678]Von der Gesamtzahl N = 43.

nahme in jeglicher Form ab. Elf Gefangene sprechen darüber hinaus den von ihnen Geschädigten eine Mitschuld an dem Tatgeschehen zu.

Hinsichtlich der Höhe der verhängten Strafe ist weniger Zustimmung erkennbar. Nur die Hälfte der Interviewten ist der Auffassung, das Strafmaß sei gerechtfertigt; zehn dieser Gruppe haben gar einen längeren Freiheitsentzug erwartet. Für 16 Gefangene dauert die Freiheitsstrafe zu lange. Vier Inhaftierte sind bereits mit der Art der Sanktion nicht einverstanden. Schließlich lehnen diejenigen, die sich unschuldig fühlen, eine Bestrafung in ihrem Fall von vornherein ab.

Der Anstaltsfragebogen stellt ebenfalls die Frage nach der Meinung der Gefangenen zum letzten Urteil. Es ergeben sich leichte Abweichungen gegenüber den Angaben im Interview, die grundsätzlichen Tendenzen stimmen jedoch überein. Auch hier bezeichnen 25 Häftlinge das Urteil als angemessen, wovon sieben mit einem höheren Strafmaß rechneten. Für 17 Befragte ist die Strafe zu hoch ausgefallen. Lediglich ein Gefangener, der auf seine Unschuld hinweist, beantwortet diese Frage nicht.

2.3 Folgen der Straftat für den Täter

2.3.1 Aktuelle Probleme

Neben den bisherigen allgemeinen Lebensumständen und der Delinquenz der Straftäter ist die aktuelle Situation im Vollzug von Interesse für die Untersuchung. Welche negativen Konsequenzen sind für die Gefangenen erkennbar? Mit welchen Schwierigkeiten sind sie in der Haftzeit konfrontiert? Schweifen die Gedanken nur um die eigene Person oder werden die Opfer der Straftaten in die Überlegungen einbezogen? Diese Fragestellungen wurden aufgegriffen, um einen Einblick in die persönlichen Probleme der Inhaftierten zu gewinnen.

Der Aufforderung, negative Folgen der Straftatbegehung zu nennen, kommen 46 Gefangene nach. Die restlichen vier Befragten spüren nach ihrer eigenen Auskunft keine Nachteile, die auf ihre Straftat zurückzuführen seien.

Die Gesprächspartner nennen bis zu vier verschiedene ungünstige Konsequenzen. Am häufigsten wird, mit 32 Nennungen, die Haftsituation und die dadurch bedingte Trennung von der Familie als negativ empfunden. Der mit der Inhaftierung eingehende

Verlust von Kontakten belastet acht Gefangene. Mit einem Anteil von 18 % werden daneben oftmals Auswirkungen auf die berufliche Zukunft erwähnt. Als diffizil gestalten sich für jeweils drei Befragte familiäre Probleme bzw. der mit der Haft einhergehende Ansehensverlust. Auch die auftretenden finanziellen Schwierigkeiten spielen eine Rolle, genau wie psychische Probleme[679]. Drei Gefangene leiden unter der Begrenztheit der Zelle, zwei unter dem Verlust der Selbstbestimmung. Daneben werden folgende Gesichtspunkte jeweils einmal hervorgehoben: Angst vor der Ablehnung durch die Familie, Sehnsucht, Herabsetzung des Selbstwertgefühls, gesundheitliche Probleme, Verlust der Wohnung, Verurteilung und Bewährungswiderruf.

Eine Vielzahl der Strafgefangenen macht sich Sorgen wegen Kontaktschäden mit der Familie[680] (44,19 %, d.h. 19 von N = 43). Elf Befragte, also knapp ein Viertel nennen die Familie als Gesamtheit und nicht nur einzelne Mitglieder. Sieben Gefangene fürchten um den Kontakt mit ihren Kindern, d.h. 30,43 % aller Väter. Fünf weitere haben Zweifel, ob die Verbindung zur Lebenspartnerin in Zukunft aufrechtzuerhalten ist. Um den Kontakt zu Freunden oder Bekannten machen sich sieben Befragte Gedanken. Überraschend hoch ist mit knapp 50 %[681] der Anteil derer, die keinerlei Kontaktschäden befürchten, denn regelmäßig werden vielfältige Kontaktwünsche für die Haftzeit geäußert, deren Verwirklichung schwierig sein wird.

In Bezug auf den vor ihnen liegenden Freiheitsentzug werden die Gefangenen in dem anstaltsinternen Fragebogen aufgefordert, die von ihnen gewünschten Behandlungsmaßnahmen zu notieren. Lediglich fünf Inhaftierte lehnen jegliche Intervention ab, während die anderen ausdrücklich bis zu sechs Maßnahmen aufzählen. Angestrebt werden insbesondere Maßnahmen auf dem beruflichen und Bildungssektor, mit einem Anteil von 74,42 %. Von Bedeutung sind ebenfalls die Schuldnerberatung[682] sowie die Entlassungshilfe[683]. Elf Gefangene nehmen psychische Probleme zum Anlaß, Hilfs-

---

[679]Jeweils 4 Nennungen.

[680]Dem Begriff der „Familie" werden in diesem Zusammenhang auch die Nennung der Variablen: Ehefrau / Freundin, Kind, Eltern bzw. Elternteil und Geschwister als Mitglieder der Familie „im weiteren Sinne" zugerechnet.

[681]21 Nennungen, d.h. 48,84 %.

[682]14 Nennungen.

[683]9 Nennungen.

maßnahmen anzuregen. Einen Überblick über die gewünschten Maßnahmen gibt folgende Tabelle 9.

Tabelle 9:   Von den Gefangenen angeregte Behandlungsmaßnahmen

Art der Maßnahme	Anzahl
Maßnahmen der Arbeit und der beruflichen Bildung	45
Vollzugliche Maßnahmen (Schuldenberatung und Entlassungshilfe)	23
Psychologische Unterstützung (Therapeutische und seelsorgerische Maßnahmen und Beratung)	13
Medizinische Maßnahmen	7
Unentschieden	1
Ablehnung jeglicher Maßnahmen	5

Ob die Gefangenen in der Haftsituation über opferbezogene Gesichtspunkte nachdenken, läßt sich anhand der Themen ermitteln, die die Gedanken der Befragten beschäftigen. Zwei der Interviewten können (oder wollen?) keinen speziellen Gegenstand nennen, während die anderen häufig mehrere Stichworte geben.

Einen großen Raum nimmt die Sorge um das Leben nach der Haft ein. Insgesamt 23 Straftäter reflektieren über ihr „zukünftiges eigenes Leben", die „Zukunft nach dem Vollzug" oder ihre „finanzielle Zukunft". Durch die Situation in der Einweisungsanstalt geprägt, denken die Befragten häufig an den weiteren Verlauf des Freiheitsentzuges. Von 21 Männern werden die Aspekte „Zukunft im Vollzug", „Gesundheit", „Unterstützung bei persönlichen Problemen", oder „Studium und Mitmenschen" angesprochen. Daneben wird oft die „Familie" erwähnt[684]. Mit ihrer Vergangenheit beschäftigen sich insgesamt zwölf Gefangene. Sie setzen sich mit den Themen „Straf-

---

[684]Von 21 Gefangenen. Der Begriff der „Familie" umfaßt in diesem Zusammenhang die Nennung der Antworten: Ehefrau / Freundin, Kind(er), Familie, Eltern sowie Arbeitnehmer.

tat", „Opfer", „Verhandlung und Urteil" oder allgemein der „Vergangenheit" auseinander. Die Opfer werden lediglich von drei Befragten ausdrücklich genannt.

Als Fazit läßt sich feststellen, daß sich mit 24 Nennungen ein hoher Anteil der Probanden ausschließlich um die eigene Person verstärkt Gedanken macht, die anderen dafür fast generell Mitmenschen in die Überlegungen mit einbeziehen[685]. Eine Auseinandersetzung mit der Tat und den Opfern findet regelmäßig nicht in besonderem Umfang statt.

Eine ähnliche Tendenz offenbart sich bei der Frage nach der durch die Folgen der Straftat am stärksten betroffenen Person. Die meisten Inhaftierten[686] sehen nur sich selbst in dieser Position. Vier weitere nennen daneben ihre Lebensgefährtin. Häufig wird die Familie als Leidtragende genannt[687]. Dem Opfer wird diese Belastung nur von insgesamt sieben Gefangenen zugestanden, wobei in zwei Fällen die Partnerin des Befragten gleichwertig hinzutritt.

2.3.2 Auswirkungen auf das Leben nach der Haft

Ob die Strafgefangenen durch die Haft aus ihrem gewohnten Umfeld herausgerissen werden, wird u.a. dann deutlich, wenn sie nach der Verbüßung der Haftstrafe nicht mehr an ihren letzten Wohnort zurückkehren wollen. Das trifft auf acht Gefangene zu. Die Mehrheit der Inhaftierten möchte an den Heimatort zurück (25 von N = 43, d.h. 58,14%). Sieben Befragte gehen vielleicht zurück, während drei zur Zeit keine genaue Antwort auf diese Frage wissen.

Die bescheidenen Aktiva, die den Gefangenen im Zuge ihrer Entlassung zur Verfügung stehen, reichen regelmäßig nicht aus, um die nach der Haft wieder neugewonnene Freiheit selbständig zu gestalten. Selten ist eigener Wohnraum vorhanden, den die Entlassenen nutzen könnten. Fast alle Straftäter wissen schon während des Diagnoseverfahrens bei wem sie nach der Haft Aufnahme finden werden. Ausschlaggebend für die Wahl der Anlaufstation sind in der überwiegenden Zahl der Fälle familiäre oder partnerschaftliche Gründe.

---

[685]Insgesamt 20 Inhaftierte.

[686]17 Nennungen.

[687]12 Nennungen.

Der weitaus größte Teil der befragten Gefangenen, mit 17 Nennungen fast 40 %,[688] wird bei der Ehefrau bzw. Freundin wohnen. Das entspricht fast der Gesamtheit der Häftlinge mit Lebensgefährtin, denn nur neunzehn der hier berücksichtigten Gefangenen sind verheiratet oder haben eine Freundin. Daher werden 89,47 % aller Probanden mit dauerhafter Beziehung mit der Partnerin zusammenziehen. Daneben nehmen vielfach Eltern bzw. Elternteile die Inhaftierten auf. Von den 32 Männern mit lebenden Elternteilen[689] nennen lediglich 16 die Eltern als Anlaufstation (wobei die Eltern eines Häftlings inzwischen verstorben sind), so daß letztlich nur 15 Inhaftierte diese Möglichkeit wählen wollen und können (34,88 %). Neun Gefangene werden bei ihren Geschwistern oder sonstigen Verwandten unterkommen (20,93%). Sieben Befragte finden bei Freunden und Bekannten Unterschlupf (16,28 %). Je ein Gefangener wird bei einer ehrenamtlichen Betreuerin bzw. in einem Männerwohnheim einziehen (2,33 %). Zwei Inhaftierte wissen nicht, wo sie wohnen können (4,65 %).

Veränderungen in der zukünftigen Lebensgestaltung werden auch angesichts der angestrebten beruflichen Perspektiven sichtbar. 16 Gefangene[690] streben nach der Entlassung eine andere Tätigkeit als vor der Inhaftierung an und haben diesbezüglich konkrete Vorstellungen (37,21 %). Zwei Probanden wollen gleichfalls eine andere Tätigkeit ausüben, können jedoch keine bestimmte benennen (6,98 %). 13 Inhaftierte möchten in ihrem bisherigen Beruf tätig bleiben (30,23 %). Neun Gefangene wissen nicht was sie tun werden (20,93 %). Dreimal bleibt die Frage unbeantwortet.

Die Gefangenen sind sich vielfältiger Probleme bewußt, mit denen sie nach der Haftentlassung konfrontiert werden[691]. Über die Hälfte der Straftäter[692] ist der Meinung, daß die Entschuldung Schwierigkeiten bereiten wird. Daneben wird als häufiger Punkt von 41,86 % der Befragten[693] die Arbeitssuche genannt. Für sieben Befragte erscheint

---

[688]Die Probanden konnten im anstaltsinternen Fragebogen hierzu Stellung nehmen, Mehrfachantworten waren möglich.

[689]„Keine Eltern", wenn beide Erziehungspersonen gestorben sind, bzw. der Gefangene kein Verhältnis mehr zu diesen hat, bzw. bei einer Kombination dieser Alternativen.

[690]Von der Gesamtzahl N = 43.

[691]Auch hier wurden 43 Fragebogen ausgewertet. Diese Frage konnte mehrfach beantwortet werden, so daß die Summe der Prozentzahlen nicht 100 ist.

[692]23 von N = 43, d.h. 53,49 %.

[693]18 Nennungen.

die Wohnungssuche besonders problematisch. Sechs Gefangene erachten den Aufbau eines neuen Bekanntenkreises als schwierig. Probleme im Zusammenhang mit der eigenen Familie erwähnen fünf Männer. Seltener wird die Erlangung der Papiere (2) oder die Gesundheit (1) problematisiert. Erstaunlich viele Straftäter - nämlich zehn - sehen sich nach der Entlassung keinen besonderen Problemen gegenübergestellt (23,26 %).

3. Opferbezogene Vollzugsgestaltung

3.1 Opfer

Nachdem zunächst die Täter und die begangenen Straftaten im Mittelpunkt der Erörterungen standen, wird nunmehr der Blick auf die Opfer gerichtet, denen als Zentralfigur von opferbezogenen Maßnahmen eine gewichtige Rolle zukommt. Nach der Beantwortung der Frage, wer durch die verübten Straftaten mit welchem Schaden belastet ist, werden die Rahmenbedingungen für die Durchführung von Täter-Opfer-Ausgleichsbemühungen näher betrachtet. Neben der praktischen Seite der Verwirklichung wird vor allem die Einstellung der Täter zu Ausgleichshandlungen eingehend untersucht.

3.1.1 Verletzte Rechtsgüter

Anhand der den Gefangenenpersonalakten beigefügten Gerichtsurteile wird deutlich, wer durch die Straftaten geschädigt wurde. In 68,09 % aller Fälle[694] erlitt zumindest *auch* eine natürliche Person einen Schaden. 22 Gefangene verletzten ausschließlich Menschen, mithin an die 50 %. Sechzehnmal befand sich eine juristische Person unter den Opfern. Seltener - nur zehnmal - war der Staat als Rechtsgutträger betroffen, davon in acht Fällen ausschließlich. Von den drei Gefangenen, deren Akten nicht eingesehen werden konnten, sind zwei wegen Raubes verurteilt, während der dritte wegen eines Drogendeliktes die Haftstrafe verbüßt. Es kann davon ausgegangen werden, daß die Räuber zumindest auch eine natürliche Person verletzten. Bezogen auf die gesamte Untersuchungsgruppe (N = 50) ändert sich daher der Anteil der Personenschäden in Höhe von 68% nicht.

---

[694] 32 von N = 47.

Um zu erfahren, inwiefern den Straftätern die Folgen der Straffälligkeit für Dritte bewußt sind, wurden sie im Interview ausdrücklich zu den Opfern der Straftaten befragt. Zunächst sollten die Geschädigten genannt werden. Direkt im Anschluß an diese Frage wurden sie um Auskunft darüber gebeten, ob neben den genannten Rechtsgütern Personen verletzt sind (sofern bislang keine natürliche Person als Opfer der Tat erwähnt wurde) oder ob weitere Personen als Geschädigte anerkannt werden.

Zwölf Gesprächspartner weisen von vornherein jegliche Schadensverursachung zurück. 23 Gefangene haben eine oder mehrere natürliche Personen geschädigt. Zehn Befragte nennen juristische Personen als Opfer der Straftat, zwei andere den Staat. Zweimal sind sowohl natürliche als auch juristische Personen verletzt, während ein Täter zusätzlich den Staat angibt. Auf die Nachfrage, ob „(weitere) Personen durch die Tat negativ betroffen" seien, erkennen nur insgesamt 27 der Inhaftierten die Schädigung natürlicher Personen an.

Ein Vergleich zwischen den Angaben in der Befragung mit der Aktenauswertung verdeutlicht die Diskrepanz zwischen den mündlichen Auskünften und dem wahren Geschehen. Am augenscheinlichsten ist der Unterschied bei den Delikten, die den Staat als Rechtsgutsträger betreffen. In 70 % aller Fälle, in denen der Staat geschädigt wurde, wird die Viktimisierung nicht gesehen. Auch hinsichtlich der Opferwerdung natürlicher oder juristischer Personen liegen die Angaben der Probanden unter den tatsächlichen Werten. Bei juristischen Personen ist die Quote mit 18,75 % höher als bei den natürlichen Personen, wo die Differenz lediglich 15,63 % beträgt. Einen Überblick gibt folgendes Diagramm Nr. 13.

Abb. 13:   **Vergleich der verletzten Rechtsgüter laut Interview und Aktenlage**

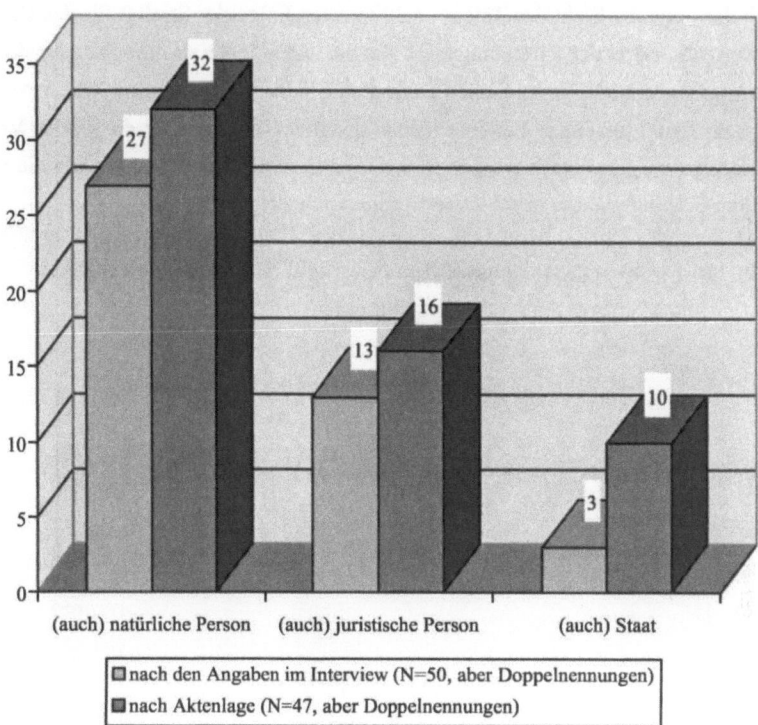

35 ─

30 ─

25 ─

20 ─

15 ─

10 ─

5 ─

0 ─

(auch) natürliche Person   (auch) juristische Person   (auch) Staat

☐ nach den Angaben im Interview (N=50, aber Doppelnennungen)
■ nach Aktenlage (N=47, aber Doppelnennungen)

3.1.2 Schäden

Nur 23 Gefangene[695] beantworten die Frage nach der Art des von ihnen verursachten Schadens. Lediglich 17 Straftäter bezeichnen die Schädigungen exakt. Zwei Befragte sind sich unsicher, ob sie Verletzungen herbeigeführt haben. Vier Interviewte weisen eine Schadensverursachung von sich. Unter den 27 Inhaftierten, die die Frage nach den Folgen der Tat nicht beantworten, befinden sich immerhin sechs Probanden, die sich selbst die Schädigung einer natürlichen Person zuschreiben.

---

[695]Von diesen hatten 21 nach eigenen Angaben einen Menschen verletzt. In einem Fall war eine juristische Person das Opfer der Straftat und ein Gefangener hatte nach eigenen Worten „niemanden" geschädigt.

Die Unterscheidung nach körperlichen oder finanziellen Schäden wird von den meisten Gesprächspartnern eindeutig vollzogen. Schwieriger einzuschätzen ist womöglich eine psychische Erkrankung. Hier legen sich neun der Befragten nicht fest. Die Frage nach der - aus der Sicht des Täters - schlimmsten Folge der Straftat für das Opfer beantworten nur drei der 23 Gefangenen. Nur sie haben mehr als eine Schadensfolge für ihre Opfer genannt. Die restlichen Befragten (86,96 %) können nur eine einzige Art der Schädigung erkennen bzw. verneinen negative Tatfolgen für die Opfer. Von den drei genannten Straftätern werten zwei die körperlichen Verletzungen als die gravierendere Schädigung, der dritte den seelischen Schaden.

Abb. 14:   **Schadensarten laut Interview und Aktenlage im Vergleich**

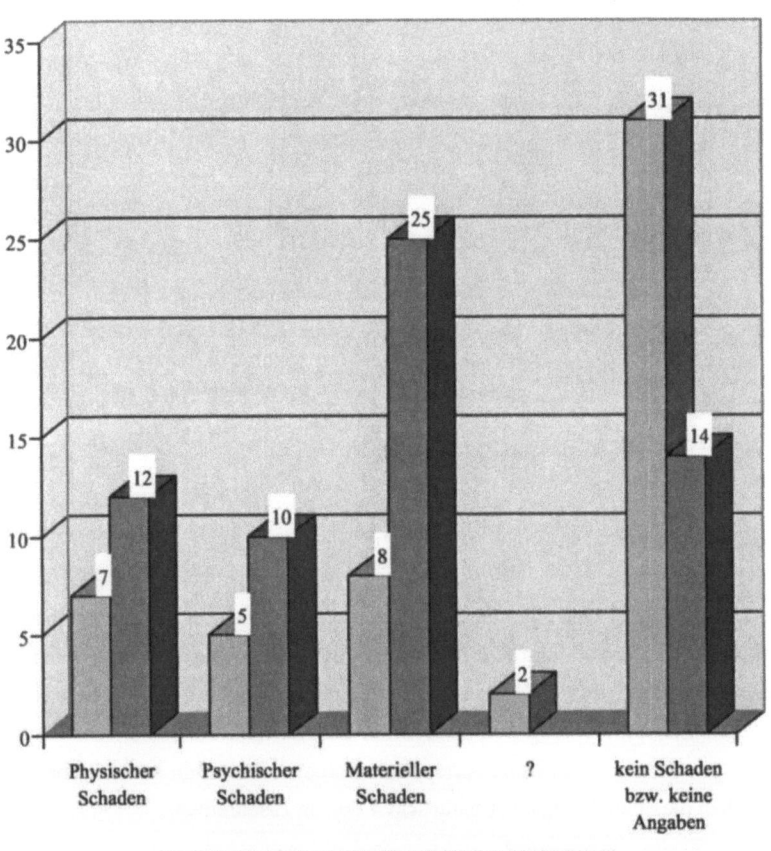

Lediglich 36 Akten[696], hier insbesondere die Gerichtsurteile, enthalten Informationen über den entstandenen Schaden. Drei Opfer haben danach ausschließlich körperliche Verletzungen zu beklagen (8,33 %). Drei Betroffene sind infolge der Straftat psychisch geschädigt (8,33 %). Ein finanzieller Verlust ist die Folge bei 19 Geschädigten (52,78 %). Fünf Opfer haben körperliche und seelische Schäden erlitten (13,89 %). Vier Personen sind sowohl körperlich als auch finanziell geschädigt (11,11 %). Zwei Opfer haben einen psychischen und finanziellen Schaden hinnehmen müssen (5,56 %). Einen Vergleich der Aktenauswertung mit den Aussagen der interviewten Gefangenen enthält Abbildung Nr. 14.

3.1.3 Gedankliche Auseinandersetzung des Täters über das Opfer

Noch während des Aufenthaltes in der Justizvollzugsanstalt Hagen denken mehr als die Hälfte der Gefangenen an die Geschädigten der Tat[697]. Acht Befragte beschäftigen sich täglich, acht weitere nach eigenem Bekunden „öfter" mit den Opfern. „Manchmal" bzw. „selten" machen sich jeweils sechs Probanden Gedanken um die Geschädigten. Vierzehn Gefangene reflektieren dagegen nie über die Opfer[698].

Trotz des hohen Anteils an Gefangenen, die sich zumindest häufiger mit den Tatopfern auseinandersetzen, spielen die Opfer bei anderen Fragestellungen eine weniger wichtige Rolle für die Inhaftierten. Lediglich drei Befragte nennen die Opfer als eines der wichtigen Themen, um das ihre Gedanken vermehrt kreisen. Für nur sieben Gefangene sind die Geschädigten die von der Straftat am meisten betroffenen Person.

3.1.4 Mitbestrafte Dritte

Die Inhaftierung verändert nicht nur die Lebensführung der nunmehr Gefangenen, sondern hat ebenso direkten Einfluß auf Personen, die bisher ihr Leben mit ihnen geteilt haben. An erster Stelle stehen hier die Ehefrauen und Lebensgefährtinnen sowie die im Haushalt lebenden Kinder. Auf den beachtlichen Anteil partnerschaftlicher Beziehungen und vorhandener Kinder unter den Befragten wurde bereits im Rahmen der Darstellung der personenbezogenen Daten hingewiesen.

---

[696]Von insgesamt 47 eingesehenen Gefangenenpersonalakten.

[697]28 Nennungen.

[698]Acht Befragten beantworten die Frage nicht.

Vielfältige Schwierigkeiten kommen auf die betroffenen Frauen und Kinder zu, deren soziale und materielle Basis regelmäßig durch die Inhaftierung wegfällt[699]. Die vielfach auftretenden finanziellen Notlagen der Familien werden hierbei im Sinne einer „ökonomische Mitbestrafung Nichtverurteilter" interpretiert[700]. Der Verlust finanzieller Absicherung durch den Verdienst des Mannes stellt die Frauen vor die Wahl, selbst die nötigen Geldmittel zu verdienen - und infolgedessen die Kindererziehung anderen zu überlassen - oder auf die Sozialhilfe zurückzugreifen, was mit einem Ansehensverlust einhergeht. Oftmals wird durch den Ausfall des Familienvaters eine Umkehrung der traditionellen sozialen Rollenverteilung erzwungen: die Frau trägt selbständig Sorge für den Lebensunterhalt, während der Mann in Abhängigkeit lebt[701]. Neben wirtschaftlichen Problemen fördert die Trennung Entfremdungsprozesse in der Partnerschaft, denen durch seltene telefonische Kontakte und Besuche nur begrenzt entgegengewirkt werden kann[702]. Zusätzlich zu diesen Schwierigkeiten geraten die Familienmitglieder häufig unter sozialen Druck, direkt erlebte Ablehnung oder Angst und Scham wegen der Straffälligkeit des Mannes fördern eine gesellschaftliche Isolation, auf die die Angehörigen nicht vorbereitet sind[703]. Den Kindern wird mit dem Freiheitsentzug auf Dauer eine Bezugsperson vorenthalten. Zu diesem Verlust können Überforderungen durch die verbliebene Mutter treten. Mögliche Reaktionen der Kinder sind beispielsweise Identitätsprobleme und ein schwindendes Selbstwertgefühl, die wiederum mögliche Auslöser von aggressivem Verhalten und Schulversagen sind[704].

Die befragten Gefangenen sind sich durchaus der Schwierigkeiten bewußt, die ihre Inhaftierung für Dritte nach sich zieht. Bezogen auf die Lebensgefährtinnen erkennen fast alle Probanden mit Partnerinnen[705] mindestens ein aktuelles Problem. Lediglich

---

[699] *Institut für Sozialarbeit und Sozialpädagogik*, 1985, S. 158

[700] *Busch / Fülbier / Meyer*, 1987, S. 37 f

[701] *Meyer*, 1990, S. 485; *Walter*, 1999, S. 131 f, RN 95

[702] *Walter*, 1999, S. 130 f, RN 94

[703] *Institut für Sozialarbeit und Sozialpädagogik*, 1985, S. 159

[704] *Busch / Fülbier / Meyer*, 1987, S. 50

[705] Die Zahl der Gefangenen in einer gefestigten Beziehung ist unterschiedlich hoch, je nachdem ob die Informationen aus den Akten oder dem Interview zugrundegelegt werden. Nach Aktenlage haben 20 Inhaftierte eine Partnerin, laut mündlicher Befragung 27. Auf die Frage nach negativen Folgen für die Lebensgefährtin antworten auch Befragte, die nach eigenen Angaben nicht in einer Partnerschaft leben. Diese Gefangenen wurden bei der Erhebung ebenfalls berücksichtigt.

drei Gesprächspartner erklären, ihre Straffälligkeit habe keinerlei nachteiligen Folgen mit sich gebracht. Am häufigsten wird die räumliche Trennung als negative Auswirkung genannt[706]. Oftmals stehen die Frauen wegen der fehlenden Unterstützung des Mannes vor finanziellen Schwierigkeiten[707]. Auch das Mehr an Verantwortung, das die Lebenspartnerinnen infolge der Inhaftierung übernehmen müssen, wird von einem Teil der Gefangenen als Nachteil gewertet[708]. In einem Fall betrachtet der Täter die Alleinerziehung des Kindes als Belastung für die Ehefrau. Psychische Störungen werden ebenso genannt (5), wie Probleme mit dem persönlichen Umfeld (3). Vier Gefangene erwähnen Beziehungsprobleme, die bei einem Befragten zur Scheidung führte.

Weniger greifbar sind für die Strafgefangenen scheinbar die Auswirkungen der Straffälligkeit auf das Leben ihrer Kinder. Nur 17 Interviewte können Probleme konkretisieren. Ein Drittel der Väter[709] ist der Meinung, die Inhaftierung habe keinen Nachteil für die Kinder mit sich gebracht, ein weiterer weiß von keinen Schwierigkeiten zu berichten. Mehrfach genannt werden neben der Trennung von der Bezugsperson psychische Probleme der Kinder[710]. Daneben wird je einmal von schulischen Problemen, kleinerem Wohnraum aufgrund eines notwendig gewordenen Umzugs, einer Heimunterbringung, Problemen mit dem Umfeld sowie Kontaktproblemen berichtet.

3.2   Täter-Opfer-Ausgleich

3.2.1   Allgemeine Voraussetzungen der Durchführung

Die Verwirklichung opferbezogener Maßnahmen im Rahmen der Vollzugsgestaltung ist von vielen Kriterien abhängig. Ein wesentlicher Aspekt kommt hierbei den Opfern der Straftaten zu, die im Idealfall gemeinsam mit dem Täter eine Konfliktbewältigung anstreben. Um die Geschädigten einbeziehen zu können, müssen die Voraussetzungen vorliegen, um sie in geeigneter Weise anzusprechen. Insoweit interessierte, ob - bezogen auf die befragten Gefangenen - zumindest die theoretische Möglichkeit bestand,

---

[706] 15 Nennungen.

[707] 10 Nennungen.

[708] 4 Nennungen.

[709] Insgesamt 27 Gefangene haben Kinder, ausführlicher hierzu siehe oben unter 2.1.3.

[710] 8 bzw. 6 Nennungen.

seitens der Justizvollzugsanstalt Kontakt mit den Opfern aufzunehmen. Zu diesem Zweck wurden die Gefangenenpersonalakten nach Hinweisen auf die Personalien der Geschädigten untersucht.

Abgesehen von den Akten der Drogen- und Steuerdelinquenten enthalten alle Unterlagen Angaben zu den Opfern, so daß insgesamt 39 Schriftstücke mit Nachweisen eingesehen wurden. Die vollständigen Personalien sind lediglich in acht Urteilsgründen vermerkt. Ausschließlich in diesen Fällen hätten die Geschädigten problemlos angesprochen werden können. Hinsichtlich der übrigen Opfer existieren Hinweise auf die Identität nur fragmentarisch. Regelmäßig sind entweder der Name oder ein Teil der Anschrift verzeichnet. In diesen Fällen können alleine die Straftäter selbst oder die Findigkeit der Vollzugsmitarbeiter weiterhelfen.

3.2.2 Bereitschaft der Strafgefangenen zum Täter-Opfer-Ausgleich

Insgesamt 70 % der Gefangenen sind geneigt, mit anderen Personen über die Folgen der Tat und die Opfer zu sprechen. Nur elf Inhaftierte verweigern ein solches Gespräch[711]. An einer Kontaktaufnahme mit dem Opfer, oder einer anderen von der Tat negativ betroffenen Person, zu diesem Zweck zeigen weniger Befragte Interesse. Nur 17 Straftäter befürworten eine persönliche Aussprache, während 22 Gefangene ein Treffen ablehnen[712]. Ihre abweisende Haltung würden von dieser Gruppe mit 13 Stimmen mehr als die Hälfte aufgeben, sofern die Opfer einen Kontakt ausdrücklich wünschen. Lediglich sieben weisen auch in diesem Fall ein Zusammentreffen zurück. Zwei Gefangene zeigen sich unentschlossen.

Zu einem Kontakt zwischen den Tätern und ihren Opfern kam es vor der Inhaftierung nur selten. Sieben Gefangene nahmen nach der Straftat noch einmal Verbindung zu den Geschädigten auf. Davon hatten drei Straftäter mehrere Personen geschädigt, stellten aber nur zu einem Teil ihrer Opfer einen Kontakt her. Sechs weitere wurden bei der Gerichtsverhandlung mit den Opfern konfrontiert. Zehn Befragte verkehrten überhaupt nicht mehr mit den Betroffenen. Über die Hälfte der Interviewten[713] beantwortet die Frage nach einem Kontakt mit dem Opfer nicht. Eine Antwort haben nicht

---

[711]Vier Gefangene äußerten sich nicht zu ihrer Bereitwilligkeit mit anderen über die Tat zu reden.

[712]Eine Antwort blieben elf Interviewte schuldig.

[713]27 Nennungen.

nur diejenigen verweigert, die sogenannte „opferlose" Straftaten begangen haben bzw. wegen Tötungsdelikten in Haft waren[714]. Hinzu kommen wegen der Begehung eines Betruges (80 % dieser Tätergruppe), Raubes (50 % aller Räuber), Diebstahls oder Sexualdelikten (je ein Viertel dieser Gruppe) Verurteilte.

3.2.3 Bestrebungen zur finanziellen Schadenswiedergutmachung

Die problematische finanzielle Situation eines Großteils der befragten Inhaftierten wurde eingehend unter 2.1.5 dargestellt. Über 90 % der Probanden[715] offenbaren entweder im mündlichen Gespräch die Existenz von Schulden oder die Akten enthalten entsprechende Informationen. Obwohl alle Gefangenen an einer Verringerung ihrer Verschuldung Interesse bekunden, würden nur 21 eine Schuldnerberatung im Strafvollzug in Anspruch nehmen. Das sind lediglich 55,26 % der Befragten, die sich nach den Angaben im Interview Zahlungsverpflichtungen gegenübersehen. Von den insgesamt 38 Schuldnern sind 23 der Ansicht, daß sie ihre Rückstände während der Haftzeit nicht abbauen können. Knapp ein Drittel der Gefangenen[716] glaubt dagegen optimistisch an eine Schuldenverringerung.

Im Verlauf des Interviews wurden die Gesprächspartner gefragt, ob bei einer Schuldenregulierung die Schäden, die durch die Straftat entstanden sind, bevorzugt ausgeglichen werden sollten[717]. 15 Gefangene haben nach eigener Aussage keine Schulden infolge ihrer Straffälligkeit. Nur ein geringer Teil der Befragten[718] spricht sich für eine Bevorzugung der Opfer aus, während elf eine Vorzugsbehandlung ablehnen (von dieser Gruppe ist zweien ein Vorzug „egal"). Zwar erhöht sich die Zahl der Geschädigten, deren materieller Schadensersatz an „erster Stelle" steht um fünf Fälle, in denen nach Angaben der Gefangenen ausschließlich Schäden durch die Straftaten entstanden sind, dennoch bleibt die Rücksichtnahme auf die Opfer eine Ausnahme.

---

[714]Insgesamt 13 Gefangene, die wegen Drogen- bzw. Steuerdelikten oder Tötungsdelikten inhaftiert sind.

[715]Insgesamt 46 Inhaftierte.

[716]12 Nennungen.

[717]Nach Aktenlage verschuldeten sich 24 Probanden infolge der Tatbegehung.

[718]3 Nennungen.

Die generelle Bereitschaft der Gefangenen zu einer finanziellen Schadensregulierung ist höher[719]. 15 Interviewte befürworten einen umfassenden Ausgleich des Schadens, ein weiterer stimmt zumindest bezüglich eines Teils der Schulden zu. Vielfältige Beweggründe sind ausschlaggebend für die positive Haltung gegenüber einem finanziellen Schadensersatz. Erwähnt wird der Wunsch nach Wiedergutmachung, der bestehende rechtliche Anspruch sowie die eigene Zukunft[720]. Auch „persönliche Gründe", das Gewissen bzw. das Zusammenspiel von Gewissensgründen mit dem Blick auf das zukünftige Leben werden genannt[721]. Ein Gefangener begründet den angestrebten Ausgleich mit dem Rechtsanspruch und der damit einhergehenden Schadenswiedergutmachung. Sechs Befragte verweigern dagegen eine materielle Wiedergutmachung. In drei Fällen ist der Schaden inzwischen beglichen. Zwei Gefangene beziehen sich auf nicht näher erläuterte „persönliche Gründe". Ein weiterer argumentiert mit der zur Zeit fehlenden Geltendmachung der Forderung.

Die Chancen auf eine Realisierung der finanziellen Schadenswiedergutmachung beurteilen die Straftäter eher negativ[722]. Nur sieben Befragte sind davon überzeugt, ihre Schulden bei den Opfern tilgen zu können. Hinsichtlich eines Teilbetrages zeigen sich drei Gefangene optimistisch. Vier Inhaftierte glauben, nur einen geringfügigen Betrag leisten zu können. Sieben weitere Straftäter sehen keine Möglichkeiten zu einer Schadensreduzierung.

3.2.4 Akzeptanz verschiedener Ausgleichsleistungen

Im Vorfeld der Gerichtsverhandlung und Verurteilung kam es nur in wenigen Fällen zu Schadensersatzleistungen der Gefangenen gegenüber den Opfern. Lediglich acht Strafurteile enthalten Hinweise auf eine Wiedergutmachung[723]. In der Hälfte der Fälle

---

[719]Die Mehrheit der Gefangenen beantwortete die Frage nach einer finanziellen Schadenswiedergutmachung nicht (27). Dieser Gruppe gehörten siebzehn Probanden an, die den Opfern zumindest keinen unmittelbaren materiellen Schaden zugefügt haben: sieben Sexualstraftäter, sieben Drogendelinquenten, ein Gewalttäter sowie zwei Totschläger. Trotz eines von ihnen verursachten finanziellen Schadens verweigern acht Räuber sowie jeweils ein Betrüger bzw. Dieb die Antwort.

[720]Jeweils 3 Nennungen.

[721]Jeweils 2 Nennungen.

[722]Nur 21 Gesprächspartner haben ihre Möglichkeiten zu einer Verringerung bzw. Tilgung des finanziellen Schadens eingeschätzt, die restlichen haben die Frage nicht beantwortet.

[723]17,02 % bei N = 47.

wurde der finanzielle Schaden - zumindest teilweise - beglichen. Zweimal kam die Rückgabe entwendeter Wertgegenstände zustande und zwei Täter entschuldigten sich bei den Opfern.

Die Bereitschaft der Inhaftierten zu einem Täter-Opfer-Ausgleich wurde mittels präziser Fragestellungen analysiert. Den Gefangenen wurden verschiedene Arten von Wiedergutmachungsleistungen vorgeschlagen, die sie hinsichtlich ihrer Bereitschaft zu einer Durchführung, bezogen auf die eigene letztmalige Straftat, bewerten sollten[724]. Das Hauptgewicht wurde dabei auf eine Kontaktaufnahme mit dem Opfer gelegt, wobei verschiedene Vorgehensweisen aufgezeigt wurden (schriftlicher oder persönlicher Kontakt, Kontaktaufnahme über einen Bediensteten der Justizvollzugsanstalt oder einen außenstehenden Dritten). Weiterhin wurden die Alternativen finanzieller Schadensersatzleistung, Spende an Dritte oder das Erbringen einer gemeinnützigen Leistung vorgeschlagen. Für 34 Befragte wäre zumindest eine der genannten Leistungen ein denkbarer Weg der Wiedergutmachung. Jeweils sechs Inhaftierte lehnen alle Vorschläge rundweg ab oder beantworten die Fragen nicht.

Es zeigt sich, daß die Gesprächspartner einer Kontaktaufnahme zu den Opfern der Straftaten eine hohe Bedeutung zumessen. Mit 22 Nennungen die größte Zustimmung findet die Anregung eines persönlichen Zusammentreffens mit möglicher Entschuldigung. Auch ein schriftlicher Kontakt bzw. die Aufnahme einer Verbindung zum Geschädigten über einen Mitarbeiter aus dem Vollzug oder einen Dritten von „Außen" werden von vielen als Alternative angenommen. Eher selten findet eine Geldspende Beifall. Lediglich sechs Befragte sehen in dieser Leistung einen sinnvollen Beitrag. Akzeptiert wird von den Ausgleichsleistungen ohne Opferkontakt eher die gemeinnützige Leistung, der insgesamt 15 Gefangene positiv gegenüberstehen.

Die folgende Abbildung stellt die Haltungen der Befragten zu den einzelnen Leistungen im Überblick dar.

---

[724]Vgl. Anhang II, Frage 44.

Abb. 15:   **Anteile der akzeptierten Ausgleichsleistungen**

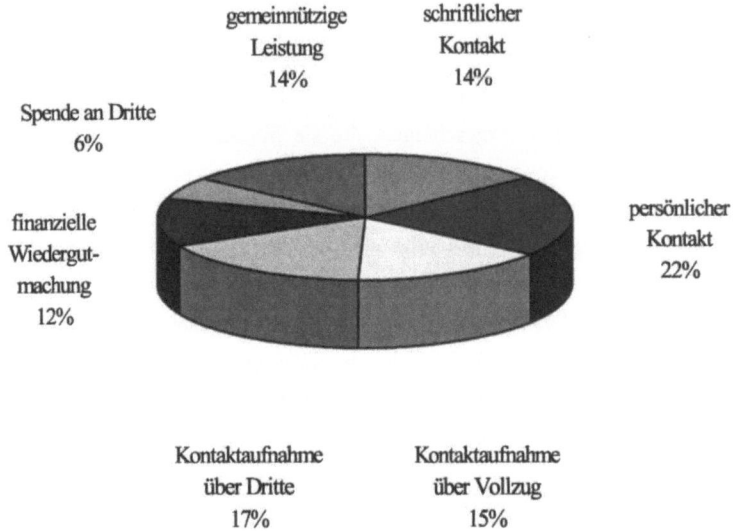

Betrachtet man die Einstellung der Strafgefangenen zu den Ausgleichsleistungen entsprechend den begangenen Delikten, werden Unterschiede bezüglich der einzelnen Gruppen erkennbar. Erwartungsgemäß liegt der Schwerpunkt der gebilligten Wiedergutmachungsbemühungen bei den Drogenstraftätern im Bereich der nicht personenbezogenen Vorschläge. Überwiegend favorisieren sie die Übernahme gemeinnütziger Leistungen (4), wogegen Spenden mit zwei Nennungen nur eine zweitrangige Rolle spielen. Anders stellt sich die Situation bei den Straftaten gegen das Leben dar. Sofern Ausgleichsleistungen in Erwägung gezogen werden (von drei Tätern), handelt es sich ausschließlich um solche, die eine Kontaktaufnahme mit den Hinterbliebenen einbeziehen. Ähnliches gilt für die Vermögensdelikte, wo jedoch die finanzielle Schadenswiedergutmachung als Variante hinzutritt und mit fünf Stimmen gleichzeitig eine Vorrangstellung einnimmt. Die Sexualstraftäter zeigen vornehmlich Interesse an einem Kontakt mit den Opfern, wobei die Art und Weise der Kontaktaufnahme unbedeutend ist. Von einem materiellen Schadensausgleich wird abgesehen und desgleichen die Alternativen der gemeinnützigen Arbeit oder Spende an Dritte nur selten positiv aufgenommen. Bei den Eigentumsdelikten werden grundsätzlich alle vorgeschlagenen Ausgleichsleistungen akzeptiert. Während bei den Diebstahlsdelikten oft der finanziellen Wiedergutmachung zugestimmt wird[725], wählt nur ein einziger wegen Raubes Inhaftierter diese Art der Leistung. Bei Raub steht das persönliche Treffen mit dem Opfer bzw. die Anbahnung eines Kontaktes über nicht dem Vollzug angehörige Dritte im Vordergrund[726]. Häufiger wird daneben die gemeinnützige Leistung akzeptiert, wogegen die Spende nebensächlich bleibt. Bezüglich der Körperverletzungsdelikte sind keine Aussagen zu der unterschiedlichen Akzeptanz von Ausgleichsleistungen möglich, da lediglich ein Proband deswegen inhaftiert war und dieser jegliche Wiedergutmachung ablehnte.

Abschließend interessierte, ob die Bereitschaft der Gefangenen zur Durchführung eines Täter-Opfer-Ausgleichs steigt, sofern die Folge eine Reduzierung der Strafe wäre. Die Antworten waren ausgewogen verteilt. Für 19 Straftäter wäre eine solche Regelung Grund für eine Wiedergutmachung, während 22 Inhaftierte ihre Ausgleichsbereitschaft nicht von einer zusätzlichen Vergünstigung abhängig machen[727].

Die Befragten reagierten im Gespräch unterschiedlich auf die gestellte Frage. Manche betonten ausdrücklich, ihr Interesse an einem Täter-Opfer-Ausgleich bestünde unabhängig von jedweder Vergünstigung. Andere Gefangene zogen eine derartige Haltung in Zweifel und unterstellten Heuchelei, da es Ziel jedes Inhaftierten sei, aus dem Strafvollzug entlassen zu werden. Deshalb würde von allen jedes Mittel genutzt werden, um den Freiheitsentzug schnellstmöglich zu beenden.

4. Zusammenfassung und Bewertung

Die erhobenen täterbezogenen Basisdaten verdeutlichen das große Spektrum unterschiedlicher Biographien der Befragten. Eine Besonderheit der Untersuchungsgruppe im Vergleich zu der sonst im Strafvollzug anzutreffenden Klientel ist der hohe Anteil Deutscher, was zu einem Teil an dem Auswahlkriterium der Verständigung liegen mag. Auch die befragten Ausländer leben größtenteils seit langem in der Bundesrepublik Deutschland und sind daher mit der deutschen Lebensweise eng vertraut.

---

[725] 6 Nennungen.

[726] Jeweils 7 Nennungen.

[727] Neun Gefangene beantworteten diese Frage nicht.

Hinsichtlich der Daten zum Personenstand der Gefangenen ist auffällig, daß sich Angaben der Befragten im Interview von denen im anstaltsinternen Fragebogen unterscheiden. So schwanken die Angaben zu bestehenden, gefestigten Partnerschaften zwischen 42,6 % und 56 % - lediglich die Zahl der Verheirateten und der Witwer stimmt überein. Als Erklärung kann zum einen auf den zeitlichen Abstand zwischen der jeweiligen Datenerhebung verwiesen werden, während dem Veränderungen möglich waren. Zum anderen ist eine Verfälschung der Daten durch die Straftäter denkbar, indem sie anläßlich der mündlichen Befragung ein besseres Bild von sich zeigen wollten. Identisch sind die Auskünfte zur Vaterschaft: 27 Väter haben insgesamt 50 Kinder.

Ein Großteil der Inhaftierten hat zumindest noch einen lebenden Elternteil (von N = 43: 74 % eine Mutter, 56 % einen Vater), zu denen jedoch nicht immer der Kontakt aufrechterhalten wird. Das Verhältnis zu den weiblichen Erziehungspersonen wird dabei weitgehend als gut und besser bezeichnet[728], während die Beziehung zu den Männern nur in etwas mehr als der Hälfte der Fälle positiv beurteilt wird. Trotzdem wollen bloß wenige Strafgefangene auch in der Haftzeit mit ihren Eltern in Kontakt bleiben. Häufiger wird Wert auf die Familie gelegt und auch zu Freunden bzw. Bekannten soll der Kontakt nicht abreißen. Allein auf ein Desinteresse an den Elternteilen kann dieses Verhalten nicht zurückgeführt werden. Oftmals wird die Scham der Inhaftierten wegen ihrer momentanen Situation Motiv für die Entscheidung sein, eine Auseinandersetzung mit den Eltern zu vermeiden, soll beispielsweise die Mutter ihren Sohn „so" nicht sehen.

Die Befragten können auf ein besseres Bildungsniveau als der durchschnittliche, das Einweisungsverfahren durchlaufende Gefangene verweisen. 72 % der Probanden verfügen über einen Schulabschluß, immerhin 47 % darüber hinaus über eine abgeschlossene Berufsausbildung. Trotzdem hatten etwas mehr als die Hälfte vor der Inhaftierung keine Arbeitsstelle. Ungeachtet dessen lebten nur 5 Inhaftierte von der Sozialhilfe.

Die finanzielle Situation der Gefangenen ist erwartungsgemäß schwierig. Fast alle Inhaftierten, 92 %, sind verschuldet. Die durchschnittliche Verschuldung jedes Häftlings beträgt rund 60.000 DM, sofern allein die bekannten Forderungen als Berech-

---

[728]In 72 % der Fälle.

nungsgrundlage dienen. Das ergibt einen Gesamtwert von über 3 Millionen DM an Verbindlichkeiten. Hohe Schulden haben insbesondere die Vermögensdelinquenten. Bei diesen fällt ein mit 71 % überrepräsentativ vertretener Anteil von Schuldnern mit ausstehenden Forderungen in Höhe von mehr als 100.000 DM auf. Kennzeichen der aufgrund der Begehung eines Eigentumsdeliktes Verurteilten ist dagegen die „Verschwiegenheit" in Bezug auf die Höhe der Schulden. Lediglich die Hälfte der wegen Diebstahls bzw. Unterschlagung Inhaftierten macht Angaben zur Summe der Verpflichtungen, wobei der Anteil bei den Räubern auf 57 % ansteigt. Die Probanden haben in der Regel gegenüber mehreren Gläubigern Schulden. Hauptgläubiger sind mit 72 % Kreditinstitute und noch mehr als die Hälfte der Schuldner haben Verbindlichkeiten gegenüber der Gerichtskasse bzw. Rechtsanwälten. 24 Gefangene sind allein infolge der Tatbegehung bei der Gerichtskasse, den Verteidigern oder den Geschädigten bzw. deren Versicherungen verschuldet.

Ein wesentlicher Anknüpfungspunkt für das Täter-Opfer-Ausgleichsverfahren ist die dem Konflikt zwischen Täter und Opfer zugrundeliegende Straftat. Die meisten Befragten befinden sich aufgrund der Begehung von Vermögensdelikten in Haft[729], wobei der Anteil der wegen Raubes oder Erpressung Verurteilten mit 28 % insgesamt am höchsten ist. Stark vertreten sind daneben, mit jeweils acht Gefangenen, Drogentäter und Sittlichkeitsverbrecher. Auffällig ist angesichts der besonderen Situation in der Justizvollzugsanstalt Hagen, die ausschließlich Straftäter mit einem Strafrest von mindestens zwei Jahren aufnimmt, der mit 18 % schon beträchtliche Anteil der eher als leicht einzustufenden Delikte Diebstahl und gefährliche Körperverletzung. Als Erklärung für die hohen Haftstrafen kann auf das Vorstrafenregister dieser Gruppe verwiesen werden. Jeder dieser Täter war wenigstens dreimal vorbestraft und bis auf einen schon zu unbedingtem Freiheitsentzug verurteilt. Die durchschnittliche Vorstrafenbelastung der gesamten Untersuchungsgruppe liegt unter diesen Werten. 81,4 % der Gefangenen[730] waren schon vor der jetzigen Inhaftierung mit einer Strafe belegt worden. Hafterfahrung hatten insgesamt 27 Probanden, mithin 57,45 %.

Die Straftaten wurden im Zeitraum zwischen Dezember 1988 und Mai 1994 begangen. Ein Schwerpunkt zeichnet sich in der Zeit von September 1992 bis August 1993

---

[729] Insgesamt 29 Gefangene.

[730] Ausgehend von 47 Inhaftierten, von denen Informationen zu den verhängten Vorstrafen erlangt wurden.

ab, hier wurde die Hälfte der Delikte verübt. Die Angaben der Befragten weichen zum Teil erheblich von diesen, den Akten entnommenen Daten ab. Insoweit scheint es für die Zusammenarbeit mit den Gefangenen wichtig, bereits den Grund der Inhaftierung, mithin die begangenen Straftaten, ausführlich und verständlich zu erläutern. Diesem Anliegen sollte, unabhängig von einer opferbezogenen Vollzugsgestaltung, nachgekommen werden. Zum einen kann durch die Bewußtmachung der realen Begebenheiten Neutralisierungstendenzen entgegengewirkt werden. Zum anderen werden Verständnisschwierigkeiten hinsichtlich der Verurteilung bei den Gefangenen regelmäßig nicht von der Hand zu weisen sein.

Etwa die Hälfte der Befragten verübte die Straftat als Einzeltäter, ein weiteres Viertel erhielt von einem Mittäter Unterstützung. Nur sechsmal wirkten vier oder mehr Personen bei der Tatausübung mit.

Aufgrund der in der Justizvollzugsanstalt Hagen anzutreffenden besonderen Situation, daß nur Straftäter mit einem Strafrest von über 24 Monaten zugeführt werden, war von einer Tendenz zu eher schweren Delikten auszugehen. Die Höhe der Strafe für das Hauptdelikt überschreitet nicht in jedem Fall diese Grenze. Erst die Gesamtstrafen liegen zwischen 26 Monaten und der Obergrenze der zeitlichen Freiheitsstrafe von 15 Jahren. Der Durchschnittswert beträgt rund 51 Monate.

Mit der Höhe der verhängten Strafe zeigt sich nur etwa die Hälfte der Gefangenen einverstanden, immerhin 16 Männer bewerten die Haft als zu lange. Darüber hinaus sehen sich fünf Interviewpartner unschuldig hinter Gittern, diese lehnen folgerichtig die Urteilsgründe insgesamt als falsch ab. Die restlichen Probanden sehen zu 66 % zumindest eine im großen und ganzen vorliegende Übereinstimmung der gerichtlichen Feststellungen mit dem Geschehen bei der Tatbegehung. Aus der fehlenden Akzeptanz des Strafurteils, sowohl die Urteilsgründe als auch das Strafmaß betreffend, können möglicherweise Schwierigkeiten bei der Durchführung von Täter-Opfer-Ausgleichsverfahren resultieren. Denn Grundlage für den Täter-Opfer-Ausgleich ist ein von allen Beteiligten gebilligter Sachverhalt. Auch ist bei einer vom Täter empfundenen Ungerechtigkeit eher mit einer ablehnenden Haltung zu rechnen, da er sich mehr als in seinen Augen notwendig bestraft sieht. Gleiches ist zu befürchten, wenn der Straftäter nach seiner Meinung am nachdrücklichsten von den Folgen der Straftat betroffen ist. Bei dem Interview äußerten sich 17 Gefangene dahingehend, sie selbst seien aufgrund der Tat insgesamt den meisten Nachteilen ausgesetzt. Vier weitere sehen sich neben ihrer Lebensgefährtin als größte Leidtragende der Straftat, während das Opfer nur in sieben Fällen genannt wird.

Der Freiheitsentzug bringt für die meisten Gefangenen vielfältige Probleme mit sich, lediglich vier Männer sehen keine negativen Konsequenzen die sich für sie aus der Tatbegehung ergeben. Am häufigsten wird die Trennung von der Familie und von Bekannten genannt, aber auch Sorgen um die berufliche Zukunft haben einen größeren Stellenwert. Regelmäßig werden Schwierigkeiten erwähnt, die die veränderte Lebensführung betreffen, wie beispielsweise der Verlust der Wohnung sowie finanzielle Nöte. Emotionale Probleme sind dagegen nur selten Folgeerscheinung der Straftat oder werden zumindest nur am Rande angesprochen.

Ähnliche belastende Folgen treffen die Lebensgefährtinnen und die Kinder der Befragten. Neben der Trennung von Partner oder Erziehungsperson leiden nach Ansicht der Inhaftierten Frauen und Kinder nicht selten unter psychischen Problemen. Für die Ehefrauen ist oftmals die finanzielle Situation schwierig. Manche Partnerinnen müssen jetzt mehr Verantwortung tragen oder werden mit negativen Reaktionen von Seiten ihres persönlichen Umfelds konfrontiert. Die Aussagen der Probanden zu den veränderten Lebensmodalitäten ihrer Lebensgefährtinnen und Kinder stimmen mit den Erkenntnissen anderer Untersuchungen überein. Vielfältige Problemlagen werden erkannt, wenn auch nicht in dem Maße wie sie in Wirklichkeit auftreten mögen. Durch die andauernde Trennung fehlt vielfach eine genaue Kenntnis der familiären Lebensumstände. Fraglich ist darüber hinaus, ob die Frauen ihre Partner mit den Problemen ihres Alltags konfrontieren oder nicht eher Schwierigkeiten verschweigen, um die Männer nicht mehr als notwendig zu belasten. Daneben scheint ein Großteil der Gefangenen zu sehr mit der eigenen Situation beschäftigt zu sein, um den Blick auf mitbetroffene Dritte zu richten.

Im Einklang mit den in der Haftsituation erlebten Kernproblemen denken die Straftäter verstärkt an ihre eigene Zukunft im Vollzug und an ihre Familien. Daneben machen sich viele Gedanken um das Leben nach der Haftentlassung. Kaum eine Rolle spielen die Opfer, die nur von drei Probanden als wesentliches Thema genannt werden, mit dem sie sich momentan beschäftigen.

Diese Zahl erscheint gering, wenn man sich vor Augen hält, daß knapp 70 % der Inhaftierten mit ihren Straftaten natürliche Personen verletzten. Ausschließlich den Staat schädigten 9 Gefangene, ansonsten kamen neben den genannten Rechtsgutsträgern vermehrt juristische Personen zu Schaden. Das Ausmaß der verursachten Schäden ist weniger greifbar. So können nur weniger als die Hälfte der Befragten genaue Aussagen zu den Schädigungen machen. Sofern Auskunft erteilt wird, sind überwiegend Menschen Opfer der Straftaten. Während die Fragen nach körperlichen oder finanziellen Schäden von den meisten Gesprächspartnern eindeutig beantwortet werden, sind psychische Folgeerscheinungen anscheinend schwieriger einzuschätzen. Regelmäßig nehmen die Strafgefangenen hierzu nicht Stellung. Das insgesamt zurückhaltende Antwortverhalten deutet auf eine Verharmlosung der bewirkten Schäden hin. Darüber hinaus wurden in den Interviews mehrfach bei der Deliktsbegehung anwesende Personen als Opfer „vergessen" und daher nicht als von der Tat Betroffene genannt. Nicht geklärt werden konnte im Rahmen der Befragung, ob dieses Verhalten eine Folge sogenannter Neutralisierungstechniken der Täter ist oder ob sie ihre Straftaten gegenüber der Interviewerin beschönigen wollten. Auf eine bewußte oder unbewußte Neutralisierung weist das Ergebnis zur Frage der gedanklichen Auseinandersetzung mit dem Opfer hin. Lediglich etwas mehr als die Hälfte der Befragten machte sich zum Zeitpunkt des Interviews Gedanken um die Geschädigten der Tat, wobei die Spanne der Intensität von „täglich" bis „selten" reicht.

Eine Voraussetzung für die Verwirklichung von Täter-Opfer-Ausgleichsverfahren ist die Kooperationsbereitschaft der Straftäter. Die Befragung hat diesbezüglich ebenso positive Erkenntnisse erbracht wie hinsichtlich der Bereitschaft zur Durchführung von Ausgleichleistungen. Genau 70 % der Gefangenen sind gewillt, sich mit anderen Personen - sei es mit Anstaltspersonal oder außenstehenden Dritten - über die Folgen der Tat und die Opfer auseinanderzusetzen. Zwar ist der Anteil derjenigen, die darüber hinaus in Kontakt zu den Geschädigten oder einer anderen von der Tat negativ betroffenen Person treten würden, weitaus geringer. Die Quote steigt jedoch auf insgesamt 60 %, wenn unterstellt wird, daß die Opfer ein Treffen mit den Tätern ausdrücklich wünschen. Die Gesprächsbereitschaft in Bezug auf die Delinquenz ist möglicherweise im Gesamten noch günstiger, denn Straftäter, die wegen Drogen- oder Steuerdelikten inhaftiert sind, fanden bei dieser Fragestellung keine Berücksichtigung.

Von den verschiedenen Ausgleichsleistungen, die den Befragten vorgeschlagen wurden, wird mehrheitlich mindestens eine ernsthaft für den eigenen Fall in Erwägung gezogen. Es zeigt sich, daß die Gefangenen insbesondere Wert auf eine Kontaktaufnahme mit den Opfern legen. Die breiteste Zustimmung erhält die Anregung eines persönlichen Zusammentreffens mit den Geschädigten bei dann möglicher Entschuldigung. Daneben wird vielfach ein schriftlicher Kontakt bzw. die Aufnahme einer Verbindung zum Opfer über einen Mitarbeiter der Justizvollzugsanstalt oder einen Dritten von „außen" als Alternative positiv aufgenommen. Eher selten wird die Variante der Geldspende akzeptiert. Sofern kein Kontakt zu den Opfer erwünscht oder möglich ist, kommt die gemeinnützige Leistung zum Tragen. Die finanzielle Schadenswiedergutmachung ist eine in gleichem Maß gewählte Ausgleichsleistung, wobei die Straftäter die Chancen einer Realisierung aufgrund der angespannten eigenen Finanzlage pessimistisch beurteilen.

Betrachtet man die grundsätzliche Bereitschaft zu einem Ausgleich im Vergleich zu den verschiedenen Deliktskategorien, findet sich keine Gruppe, die von vornherein Ausgleichsleistungen ablehnt. Selbst Drogendelinquenten sehen ausreichende Möglichkeiten, um zur Wiedergutmachung des Schadens einen eigenen Beitrag zu leisten. Die Art der begangenen Straftat hat daher keinen Einfluß darauf, ob ein Täter-Opfer-Ausgleich von Seiten des Täters erwünscht ist.

Die Möglichkeit gleichlautender Feststellungen hinsichtlich anderer Merkmalsausprägungen, entscheidet sich im folgenden Abschnitt der Untersuchung. Dort wird im Rahmen von Zusammenhangsanalysen die Ausgleichsbereitschaft der Gefangenen auf Abhängigkeiten zu ausgewählten Variablen überprüft.

IV. Zusammenhangsanalysen zur Ausgleichsbereitschaft der Gefangenen im Hinblick auf ausgewählte Einzelprobleme

1. Vorbemerkungen

Nach der deskriptiven Analyse der erhobenen Daten, interessieren in einem weiteren Schritt mögliche Zusammenhänge zwischen der Bereitschaft der Strafgefangenen zu Täter-Opfer-Ausgleichsleistungen und ausgewählten Merkmalen. Die Zusammenhangsanalysen beschäftigen sich vorrangig mit folgenden Kernpunkten: Neben personenbezogenen Kriterien der Täter werden die Straftaten näher beleuchtet, wobei hier insbesondere die Folgen der Delinquenz Beachtung finden.

Bei dieser Fragestellung werden nur Gefangene berücksichtigt, die sich in irgendeiner Weise - sei es positiv oder negativ - zu den im Interview an sie herangetragenen Ausgleichsleistungen äußerten. Diejenigen, die mindestens einen Vorschlag als in ihrem Fall gangbare Alternative billigten, werden zu der Gruppe der ausgleichsbereiten Täter zusammengefaßt. Der Kreis der die Wiedergutmachungsleistungen ablehnenden Gefangenen setzt sich aus den Befragten zusammen, die entweder gänzlich oder teilweise gegen einen Täter-Opfer-Ausgleich eingestellt waren, mithin keine Ausgleichsleistung akzeptierten. Hierzu zählen auch diejenigen, die sich als „unschuldig" bezeichnen und aus diesem Grund zu keinem Schadensausgleich bereit waren. Die Gesamtzahl der Untersuchungsgruppe beträgt daher, bezogen auf das Merkmal „Ausgleichsleistungen" 44 Personen, da insgesamt sechs Straftäter die Mitarbeit bei dieser Fragestellung insgesamt verweigerten.

Vertiefte Erkenntnisse über Zusammenhänge zwischen der generellen Zustimmung zu Ausgleichsverfahren und täter- oder deliktsbezogene Merkmale im Stadium des Freiheitsentzuges gibt es bislang nicht. Zusammenhangsanalysen zum Täter-Opfer-Ausgleich liegen zwar mit den Arbeiten von *Schreckling*[731] und *Hartmann*[732] seit jüngster

---

[731]Zusammenhänge zwischen dem Erfolg eines Täter-Opfer-Ausgleichs und ausgewählten Fallmerkmalen bezogen auf das „Waage"-Projekt Köln in den Jahren 1986-1988 beschreibt *Schreckling*, 1990, insb. S. 94 f.

Zeit vor. Zu beachten ist jedoch die unterschiedliche Ausgangssituation für die Beurteilung der Akzeptanz von Ausgleichsverfahren. Während die genannten Untersuchungen bereits abgeschlossene Täter-Opfer-Ausgleichsverfahren hinsichtlich ihres Erfolges und dessen möglichen Ursachen überprüfen, betrifft die vorliegende Studie ausschließlich die Bereitschaft der Straftäter zu hypothetisch in Betracht gezogenen Ausgleichsverfahren. Damit unterscheidet sich der Ansatz zum einen nach dem Aspekt der Verortung im Rahmen des strafrechtlichen Verfahrens und zum anderen nach der faktischen Durchführung. Die Aufhellung möglicher Zusammenhänge hat daher einen explorativen Charakter und wird insbesondere als Anregung für weitere Untersuchungen verstanden.

Es bedarf im Vorfeld der Darstellung einiger Hinweise zur Interpretation der ermittelten Daten. Die Berechnungen der statistischen Zusammenhänge erfolgten mittels des Statistikprogramms SPSS in der Version 6.0[733]. Es wurden zunächst Häufigkeitsunterschiede im Auftreten bestimmter Merkmalskombinationen analysiert. Die zugrundeliegenden allgemein formulierten Hypothesen wurden mit Hilfe des Chi²-Tests insoweit hinsichtlich ihrer Signifikanz überprüft, d.h. danach, ob zwischen den Merkmalen ein überzufälliger Zusammenhang besteht. Der Chi²-Test wurde von den hierzu geeigneten Verfahren ausgewählt, weil er bei den häufig auftretenden Skalenniveaukombinationen zweier nominal skalierter Variablen das einzig einsetzbare Verfahren ist. Ein signifikantes Ergebnis kann danach erst bei einer Irrtumswahrscheinlichkeit[734] „p" von kleiner als 0,05 angenommen werden, sofern „p" einen kleineren Wert als 0,01 einnimmt gar ein sehr signifikanter Zusammenhang[735]. Im Anschluß hieran wurden Berechnungen zur Stärke des Zusammenhangsmaßes - der Korrelation – durchgeführt. Je nach Skalenniveau wurde hierzu auf Phi oder Kendall-Tau-b zurückgegriffen. Die Enge des Zusammenhangs, die durch den Korrelationskoeffizienten mittels einer Zahl „r" beschrieben wird, liegt zwischen +1 und -1. Sofern „r" einen Wert von +1 hat, spricht man von einem perfekt positiven, bei dem Wert -1 von einem perfekt

---

[732]Die Daten von Untersuchungen über die Praxis von Projekten zum Täter-Opfer-Ausgleich in Jugendsachen in München und Landshut werden von *Hartmann*, 1995, insb. S. 216 ff, zur Berechnung von Zusammenhangsanalysen herangezogen.

[733]Statistical Package for the Social Sciences

[734]Die Irrtumswahrscheinlichkeit gibt an, mit welcher Wahrscheinlichkeit man sich irren würde, wenn man die fragliche Hypothese akzeptiert, *Bortz*,1993, S. 11.

[735]*Bortz*, 1993, S. 110

negativen Zusammenhang. Beträgt der Korrelationskoeffizient genau 0, besteht kein Zusammenhang[736].

Problematisch für Aussagen zur Richtigkeit einer Hypothese sind kleine Stichproben, da die Anzahl der Zellenbesetzung innerhalb der Kreuztabellen einen Einfluß auf die errechnete Signifikanz ausübt. Angesichts kleiner Untergruppen sollten die Ergebnisse daher nicht überbewertet werden. Die Anforderungen an die Zellenbesetzung werden in der statistischen Literatur unterschiedlich formuliert. Der vorliegenden Untersuchung wird diesbezüglich die Forderung, daß nicht mehr als 20 % der Felder eine erwartete Häufigkeit kleiner 5 aufweisen, zugrundegelegt[737]. Um diese Fehlerquelle zu umgehen, wurden - soweit dies zweckmäßig erschien - Merkmalsausprägungen zusammengefaßt. Sofern die Belegung der Zellen dennoch den niedrigsten Wert unterschreitet, wird an entsprechender Stelle auf dieses Manko hingewiesen.

Die vorliegende Untersuchung beschränkt die ausgewählten statistischen Verfahren auf univariate Methoden. Als explorative Studie, die sich der deskriptiven Statistik bedient, ist die Einbeziehung multivariater Analysen nicht angezeigt. Des weiteren spricht die den Daten zugrundeliegende geringe Stichprobe gegen eine sinnvolle Anwendung dieser Verfahren zur Bestimmung der Stärke des Zusammenhangs von Variablen.

2. Untersuchungen zum Zusammenhang zwischen täterbezogenen Merkmalen und der Bereitschaft der Strafgefangenen zu Ausgleichsleistungen

2.1 Alter und Ausgleich

Die Vermutung, daß die Akzeptanz eines Täter-Opfer-Ausgleichs von dem **Lebensalter** des Straftäters abhängt, hat sich nicht bestätigt. Betrachtet man die folgende Tabelle 10, in der nach dem Alter zusammengefaßte Untergruppen der untersuchten Gefangenen in Bezug auf ihre Einstellung zu Ausgleichsleistungen dargestellt sind, ist ein durchweg einheitliches Bild erkennbar.

---

[736]*Bortz*, 1993, S. 191

[737]*Brosius*, 1988, S. 221

Rund 76 % aller Probanden stehen Wiedergutmachungsleistungen positiv gegenüber, was sich innerhalb der einzelnen Altersklassen entsprechend niederschlägt. Lediglich bei den 25- bis 30-jährigen ist mit einem Anteil von eine leichte Unterrepräsentanz von ausgleichswilligen Gefangenen zu verzeichnen. Diese Abweichung ist jedoch nicht stark genug, um auf einen Merkmalszusammenhang hinzuweisen.

Tabelle 10:   Alter der Gefangenen und Ausgleichsbereitschaft

Alter in Gruppen	N = 42	% von allen	„ja" zu Ausgleich N = 32	das sind je Altersgruppe in %
unter 25 Jahre	4	9,5 %	3	75 %
25 bis 30 Jahre	12	28,6 %	8	66,7 %
30 bis 40 Jahre	16	38,1 %	13	81,3 %
über 40 Jahre	10	23,8 %	8	80 %

Das Ergebnis ist nicht signifikant.

2.2   Familienstand und Ausgleich

Dagegen besteht ein überzufälliger schwacher bis mittlerer Minuszusammenhang zwischen dem Vorliegen einer festen partnerschaftlichen Beziehung des Strafgefangenen und der Ausgleichsbereitschaft (Φ - 0,386).

Sofern die Probanden ohne **Lebensgefährtin** lebten (diese Gruppe setzt sich zusammen aus den Ledigen, Geschiedenen oder getrennt Lebenden ohne neue Partnerin sowie den Witwern), stehen sie einer Wiedergutmachung mit einem Anteil von 95 % fast vollständig positiv gegenüber. Bei Vorliegen einer gefestigten Partnerschaft sinkt die Bereitwilligkeit um etwa 1/3 auf rund 63 %. Die folgende Tabelle 11 enthält weitere Berechnungen zu den Variablen.

Tabelle 11: Familienstand und Ausgleichsbereitschaft

Gefestigte Partnerschaft	N = 44	% von allen	„ja" zu Ausgleich N = 34	das sind mit / ohne Partnerin in %
ja	24	54,55 %	15	62,5 %
nein	20	45,45 %	19	95 %

Chi-Quadrat: p < 0,05 - signifikant; Zellenbesetzung mit erwarteter Häufigkeit unter 5 = 1 von 4 (25 %).

2.3 Berufsbild und Ausgleich

Ein Vergleich der sozialen Lage der Gefangenen vor der Inhaftierung mit der Akzeptanz von Ausgleichsleistungen offenbart einen statistisch signifikanter mittlerer Zusammenhang bezüglich der einzelnen **Berufsgruppenzugehörigkeit** (ϕ 0,437).

Wie in Tabelle 12 ersichtlich, sind die ehemals Selbständigen ausnahmslos zu einem Täter-Opfer-Ausgleich bereit. Während sich die Anteile der zustimmenden Angestellten und Arbeitslosen mit 77,8 % bzw. 81,8 % nahekommen, kehrt sich das Verhältnis von Ausgleichsbereitschaft und deren Zurückweisung bei den Arbeitern um. Diese sind die einzige Gruppe, bei der die ablehnende Haltung mit einem Anteil von 66,7 % überwiegt.

Tabelle 12: Zuletzt ausgeübter Beruf und Ausgleichsbereitschaft

Beruf	N = 42	% von allen	„ja" zu Ausgleich N = 32	Das sind je Beruf in %
Arbeitsloser	22	52,4 %	18	81,81 %
Arbeiter	6	14,3 %	2	33,3 %
Angestellter	9	21,4 %	7	77,8 %
Selbständiger	5	11,9 %	5	100 %

Chi-Quadrat: p < 0,05 - signifikant; Zellenbesetzung mit erwarteter Häufigkeit unter 5 = 5 von 8 (62,5 %).

Ein weiterer schwach bis mittel signifikanter Zusammenhang besteht zwischen dem Merkmal „Vorliegen einer abgeschlossenen **Berufsausbildung**" und dem Interesse an einem Täter-Opfer-Ausgleich (φ 0,309). Während der erfolgreiche Abschluß einer Ausbildung in 90 % der Fälle gleichzeitig ein „ja" zu Ausgleichsleistungen bedeutet, fällt diese Quote bei fehlender Berufsausbildung auf 63,6 %. Hierzu im Einzelnen die folgende Tabelle 13.

Tabelle 13:   Abgeschlossene Berufsausbildung und Ausgleichsbereitschaft

Ausbildung	N = 42	% von allen	„ja" zu Ausgleich N = 32	das sind mit / ohne Ausbildung in %
ja	20	47,6	18	90
nein	22	52,4	14	63,6

Chi-Quadrat: p < 0,05 - signifikant; Zellenbesetzung mit erwarteter Häufigkeit unter 5 = 1 von 4 (25 %).

Die signifikanten Zusammenhänge zwischen **abgeschlossener beruflicher Ausbildung, zuletzt ausgeübtem Beruf und der Akzeptanz von Wiedergutmachungsleistungen** weisen auf eine überzufällige Beziehung zwischen den Tätermerkmalen „fehlende Berufsausbildung" und „arbeitslos" hin. Aus einem Vergleich der beiden Merkmalsausprägungen folgt zwar kein signifikanter Zusammenhang, deutlich erkennbar ist jedoch die Überrepräsentanz derjenigen ohne Ausbildung in der Gruppe der Arbeiter (6 von insgesamt 7). Im Gegensatz dazu ist bei den Angestellten und Selbständigen die Zahl der Gefangenen mit abgeschlossener Berufsausbildung mit 7 bzw. 4 höher als der durchschnittliche Wert (4,7 bzw. 2,8). Einen genauen Überblick verschafft die folgende Tabelle 14.

Tabelle 14: Abgeschlossene Berufsausbildung und zuletzt ausgeübter Beruf

Beruf	N = 47	% von allen	davon mit Ausbildung N=22	das sind je Beruf in %
Arbeitsloser	24	51,06 %	10	41,7 %
Arbeiter	7	14,89 %	1	14,3 %
Angestellter	10	21,28 %	7	70 %
Selbständiger	6	12,77 %	4	66,7 %

Das Ergebnis ist nicht signifikant.

2.4 Finanzielle Situation und Ausgleich

Angesichts der generell schlechten finanziellen Lage von Gefangenen, die sich auch in der vorliegenden Untersuchung offenbart hat, interessierte, ob die Höhe bzw. Art der Schulden in einem Zusammenhang mit der Bereitwilligkeit zu Wiedergutmachungsleistungen stehen.

Einen überzufälligen Einfluß auf die Einstellung der Probanden hat weder das Vorliegen einer Verschuldung noch die Höhe des geschuldeten Betrages (siehe hierzu Tabelle 15). Der Großteil der Strafgefangenen begrüßt ungeachtet der finanziellen Lage mindestens eine Alternative der vorgeschlagenen Ausgleichsleistungen (durchschnittlich 75,6 %). Zwar sind diejenigen ohne **Schulden** im Vergleich zu den verschuldeten Gefangenen eher unterrepräsentiert (60 % zu 77,8 %). Diese Tatsache ist jedoch aufgrund der geringen Fallzahl nicht überzubewerten. Betrachtet man die Verteilung der Ausgleichsbereitschaft bezogen auf die **Höhe der bekannten Verbindlichkeiten**, ist bis auf eine Verschuldung bis 100.000 DM kaum ein Unterschied bemerkbar. Auch hier können aussagekräftige Berechnungen wegen der durchwegs geringen Zellenbesetzung nicht durchgeführt werden.

Tabelle 15:   Höhe der Verschuldung und Ausgleichsbereitschaft

Schulden	N = 41	% von allen	„ja" zu Ausgleich N = 31	das sind je Schuldenhöhe in %
Keine	5	12,2 %	3	60 %
Unbekannt	11	26,8 %	8	72,7 %
bis 10.000 DM	10	24,4%	8	80 %
bis 50.000 DM	5	12,2 %	4	80 %
Bis 100.000 DM	3	7,3 %	2	66,7 %
über 100.000 DM	7	17,1 %	6	85,7 %

Begrenzt man die akzeptierten Wiedergutmachungsleistungen auf Geldzahlungen, sei es in Form des Schadensersatzes oder einer Spende, ergibt sich ebenfalls ein ausgeglichenes Bild. Der Anteil derjenigen, die eine Geldleistung ablehnen, ist in der Gruppe der schuldenfreien Gefangenen ebenso hoch wie bei den mit Schulden belasteten.

Die genaue Verteilung kann der Darstellung in Tabelle 16 entnommen werden.

Tabelle 16:   Schulden und Ausgleichsleistung in Geld

Schulden	N = 41	% von allen	„ja" zu Geldleistung N = 17	Davon mit / ohne Schulden in %
ja	36	87,8 %	15	41,7 %
nein	5	12,2 %	2	40 %

Das Ergebnis ist nicht signifikant.

Keinen Bezug zur Ausgleichsbereitschaft hat die Einstellung der Straftäter zur Möglichkeit einer **Reduzierung der Schulden noch während der Inhaftierung**. Nur sechs Gefangene, die an einen Rückgang der Verschuldung im Laufe der Haft glauben, sind zu einer Ausgleichsleistung bereit (18,75 % von N=32). Sehr viel höher ist

der Anteil von ausgleichswilligen Probanden, die nicht von einer Entschuldung ausgehen (62,5 % von allen bzw. 76,92 % von den 26 Gefangenen, die überhaupt zu einem Ausgleich bereit sind). Von sechs Strafgefangenen, die jegliche Ausgleichsleistung ablehnen, glauben drei bzw. drei weitere nicht an eine Verminderung der Schulden.

Das Ergebnis ist zwar nicht signifikant, es zeigt sich aber, daß der Anteil derjenigen,
die zum Ausgleich bereit sind, in der Gruppe der Gefangenen, die glauben, daß die
Schulden nicht geringer werden können, deutlich größer ist (86,96 % zu 66,67 %).
Eine detaillierte Ansicht dazu bietet die folgende Tabelle 17.

Tabelle 17: Rückgang der Schulden in der Haft und Ausgleichsbereitschaft

Schulden geringer	N = 32	% von allen	„ja" zu Ausgleich N = 34	das sind mit / ohne Schuldenrückgang in %
Ja	9	28,13 %	6	66,7 %
Nein	23	71,87 %	20	87 %

Das Ergebnis ist nicht signifikant.

Wie aus Tabelle 18 ersichtlich, ist der Anteil der ausgleichsbereiten Täter in der
Gruppe der Gefangenen ohne **Schulden durch die Straftat** deutlich größer (92,3 %)
als in der Gruppe mit Schulden infolge der Tatbegehung (zu 69,6 %). Ein signifikanter
Zusammenhang zwischen diesen Merkmalen besteht trotz dieser Auffälligkeit nicht.

**Tabelle 18: Schulden aufgrund der Straftatbegehung und Ausgleichsbereit-
schaft**

Schulden aus der Tat	N = 36	% von allen	„ja" zu Ausgleich N = 28	das sind mit / ohne Schulden aufgrund der Tat in %
ja	23	63,9 %	16	69,6 %
nein	13	36,1 %	12	92,3 %

Das Ergebnis ist nicht signifikant.

Die Ausgleichsbereitschaft ist, wie Tabelle 19 genauer darstellt, nicht von der Identität der **Gläubiger** abhängig. Sofern die Gerichtskasse bzw. die Verteidiger, der Staat oder die Opfer offene Forderungen gegenüber den Tätern geltend machen können, unterscheidet sich der Anteil derjenigen, die eine Ausgleichsleistung vornehmen würden, mit Werten nahe des Durchschnitts von 74,4 % nur unerheblich voneinander. Mit deutlicher Tendenz, aber ohne Signifikanz, weicht dagegen der Anteil der ausgleichsbereiten Gefangenen, die bei Kreditinstituten in Rückstand stehen, von diesem Wert ab (80 % gegenüber 64,3 % ohne Bankschulden). Die Quote ist bedingt durch die geringen Fallzahlen wenig aussagekräftig.

Von der Durchführung eines Chi-Quadrat-Tests hinsichtlich der Verschuldung bei Versandhäusern, früheren Geschäftspartnern und Versicherungen wurde mangels ausreichender Ausprägungen der Merkmale verzichtet.

Tabelle 19: Verschiedene Gläubiger und Ausgleichsbereitschaft

Gläubiger	Anzahl	„ja" zu Ausgleich seitens der Schuldner	das sind je Gruppe der Schuldner in %
Gericht	18	13	= 72,2 %
Bank	25	20	= 80 %
Staat	7	5	= 1,4 %
Opfer	9	6	= 75 %

Das Ergebnis ist nicht signifikant.

3. Untersuchungen zum Zusammenhang zwischen der Delinquenz und der Bereitschaft der Strafgefangenen zu Ausgleichsleistungen

3.1 Vorbelastungen und Ausgleich

Die Überprüfung der gängigen Auffassung, bei **Mehrfachtätern** wären Wiedergutmachungsvereinbarungen kaum durchführbar, hat sich nicht bestätigt. Weder ließ sich ein signifikanter Zusammenhang zwischen der Anzahl der Vorstrafen und dem Interesse an Ausgleichsleistungen noch zwischen letzterer und einer früheren Hafterfahrung feststellen.

In der folgenden Tabelle 20 ist die Anzahl der **Vorstrafen** in 4 Kategorien zusammengefaßt. Eine Gruppe bilden die nicht vorbestraften Gefangenen. Die nächste Klasse umfaßt Probanden mit bis zu fünf Vorstrafen. Die dritte Größe beinhaltet Inhaftierte mit 6 bis 10maliger Vorbelastung. Schließlich werden diejenigen mit noch höherem Vorstrafenregister zusammengezählt. Legt man der Untersuchung diese Unterscheidung zugrunde, ist fast in jeder Gruppe - unabhängig von der Anzahl der Vorbelastungen - eine Akzeptanz des Täter-Opfer-Ausgleichs von 76,5 % bis 80 % ersichtlich. Die einzige Ausnahme bilden die Gefangenen mit einem Vorstrafenregister von 6 bis 10 Strafurteilen. Hier sinkt die Ausgleichsbereitschaft auf 70 %. Wie die Übersicht zeigt, sind die Felder der Kreuztabelle nur dreimal mit einer ausreichenden Fallzahl belegt, weshalb die Berechnungen nur einen vorläufigen ersten Eindruck vermitteln können.

Tabelle 20:   Anzahl der Vorstrafen und Ausgleichsbereitschaft

Vorstrafen	N = 42	% von allen	„ja" zu Ausgleich N = 32	Prozentsatz je Anzahl der Vorstrafen
keine	10	23,8 %	8	80 %
1 - 5	17	40,5 %	13	76,5 %
6 - 10	10	23,8 %	7	70 %
über 10	5	11,9 %	4	80

Das Ergebnis ist nicht signifikant.

Auch die bisherige **Hafterfahrung** beeinflußt den Willen zur Wiedergutmachung nicht. Betrachtet man die Darstellung in Tabelle 21 wird erkennbar, daß die Anzahl der früheren Haftaufenthalte keinen ausschließlich negativen Einfluß auf die Ausgleichsbereitschaft hat. Zur Verdeutlichung sind die den Strafurteilen entnommenen Daten zu vormaliger Strafhaft in drei Kategorien eingeteilt. Getrennt wurden die Gefangenen ohne Kenntnisse vom Strafvollzug von denjenigen, bei denen bislang einmal bzw. mehrfach ein Freiheitsentzug vollzogen wurde. Beträgt die Zahl der ausgleichswilligen Gefangenen ohne Hafterfahrung noch 75 %, sinkt dieser Anteil bei einmaliger Inhaftierung auf 66,7 %. Die höchste Quote erreichen jedoch mit 85,7 % die vormalig mehrfach inhaftierten Straftäter.

Tabelle 21:   Bisherige Hafterfahrung und Ausgleichsbereitschaft

bisherige Hafterfahrung	N = 42	% von allen	„ja" zu Ausgleich N = 32	das sind je Umfang der Hafterfahrung in %
keine	16	38,1 %	12	75 %
einmal	12	28,5 %	8	66,7 %
mehrfach	14	33,4 %	12	85,7 %

Das Ergebnis ist nicht signifikant.

Daneben ist bezüglich der **Dauer** des bisher erfahrenen Freiheitsentzuges kein einheitlicher Einfluß auf den Wiedergutmachungswillen ersichtlich. Trotz Auffälligkeiten, die der folgenden Tabelle 22 entnommen werden können, ist ein signifikanter Zusammenhang letztlich nicht vorhanden. Bei einer Hafterfahrung von bis zu zwei Jahren ist nur eine Unentschlossenheit bezüglich der Ausgleichsbereitschaft offenbar geworden. Erst Probanden mit längerer Hafterfahrung tendieren in erheblich größerem Maß zur Durchführung eines Täter-Opfer-Ausgleichs (100 % bzw. 83,3 %).

Tabelle 22:   Dauer der bisherigen Hafterfahrung und Ausgleichsbereitschaft

Dauer der bisherigen Hafterfahrung	N = 21	% von allen	„ja" zu Ausgleich N = 15	das sind je Dauer in %
bis zu 2 Jahre	11	52,4 %	6	54,5 %
2 - 4 Jahre	4	19 %	4	100 %
über 4 Jahre	6	28,6 %	5	83,3 %

Das Ergebnis ist nicht signifikant.

3.2 Delikt und Ausgleich

Nachdem eine Zusammenhangsanalyse zwischen den verübten Straftaten und der Einstellung zu Ausgleichsleistungen aufgrund der Stichprobenzahl keine sinnvollen Ergebnisse versprach, wurden **Deliktsgruppen** entsprechend der Einteilung von *Schreckling*[738] gebildet und den Berechnungen zugrundegelegt. Hiernach werden die reinen Eigentumsdelikte, worunter Diebstahl, Betrug und Steuerdelikte fallen, von den Straftaten mit Gewalt gegen Personen unterschieden (dazu zählen Raub, gefährliche Körperverletzung, Straftaten gegen die sexuelle Selbstbestimmung sowie Tötungsdelikte). Eine dritte Kategorie bilden die Verstöße gegen das Betäubungsmittelgesetz.

Die getroffene Unterscheidung wirkt sich in Bezug auf die Wiedergutmachungsbereitschaft der Strafgefangenen kaum spürbar aus. 78,6 % aller Eigentumsdelinquenten befürworten mindestens eine Art von Ausgleichsleistungen, bei den Gewaltdelikten steigt der Anteil auf 81 % an. Eine deutliche Abweichung zeichnet sich allein bei den Drogendelikten ab. Hier ist die Haltung gegenüber Wiedergutmachungsleistungen fast ausgewogen und lediglich eine leichte Tendenz zugunsten eines Täter-Opfer-Ausgleichs bemerkbar (57,1 % sind zu einem Ausgleich bereit, während 42,9 % dieses Verfahren ausschließen). Eine Übersicht enthält die folgende Tabelle 23.

Tabelle 23:   Deliktskategorie und Ausgleichsbereitschaft

Deliktsgruppen	N = 42	% von allen	„ja" zu Ausgleich N = 32	das sind je Deliktsgruppe in %
reines Eigentumsdelikt	14	33,3 %	11	78,6 %
Tat mit Gewalt gegen eine Person	21	50 %	17	81 %
Sonstiges = BtMG	7	16,7 %	4	57,1 %

Das Ergebnis ist nicht signifikant.

---

[738]*Schreckling*, 1990, S. 96

3.3   Mittäter und Ausgleich

Neben der Frage eines Zusammenhanges zwischen den Deliktstypen wurde die Abhängigkeit der Ausgleichsbereitschaft von der Anzahl der **Mittäter** ermittelt. Überprüft werden sollte, ob Einzeltäter eher bereit sind, den durch die Straftat ausgelösten Schaden zu verantworten und infolgedessen Wiedergutmachung zu leisten als Täter mit Komplizen, die die Verantwortlichkeit für die Tatfolgen leichter von sich auf andere verschieben können.

Nur knapp die Hälfte der Befragten (48,94 %) verübte die Straftat alleine, während bei den restlichen Taten bis zu zehn weitere Personen beteiligt waren. Werden die Probanden nach der Anzahl der Mittäter in Untergruppen zusammengefaßt, wird ein schwacher signifikanter Zusammenhang zwischen der Zahl der Beteiligten und der Akzeptanz eines Täter-Opfer-Ausgleichs deutlich (Kendall Tau b: 0,150). Wie der folgenden Tabelle 24 zu entnehmen ist, stimmen 89,5 % der Alleintäter mindestens einer Ausgleichsleistung zu, was gegenüber dem Durchschnittswert überrepräsentativ hervortritt (76,2 % bei N = 42). In Abweichung hierzu entscheidet sich bei der Mitwirkung eines weiteren Straftäters jeweils die Hälfte für bzw. gegen einen Ausgleich. Erst wenn zwei oder mehr Mittäter an der Tatbegehung teilnahmen, befürworten wiederum über 80 % eine Wiedergutmachungsleistung. Insgesamt lehnen lediglich 10 Gefangene einen Täter-Opfer-Ausgleich ab, was die Anzahl der ausreichend belegten Felder auf 66,7 % verringert. Daher ist die Signifikanz nicht überzubewerten.

Tabelle 24:   Anzahl der Mittäter und Ausgleichsbereitschaft

Anzahl der Mittäter	N = 42	% von allen	„ja" zu Ausgleich N = 32	das sind je Anzahl der Mittäter in %
keiner	19	45,2 %	17	89,5 %
einer	12	28,6 %	6	50 %
mehrere	11	26,2 %	9	81,8 %

Chi-Quadrat: p < 0,05 - signifikant; Zellenbesetzung mit erwarteter Häufigkeit unter 5 = 2 von 6 (33,3 %).

3.4   Opfer und Ausgleich

Von besonderem Interesse ist, ob die Art des verletzten **Rechtsgutes** in einem Zusammenhang mit der Befürwortung von Ausgleichsleistungen steht. Sofern die Probanden entsprechend der von ihnen geschädigten Rechtsgüter in Untergruppen geteilt werden, verteilen sich die Anteile von ausgleichsbereiten bzw. -verweigernden Gefangenen wie im folgenden Überblick in Tabelle 25 ersichtlich ist. Ein statistisch signifikanter Zusammenhang liegt zwischen diesen Merkmalsausprägungen nicht vor. Es ist aber auffällig, daß allein dann keine tendenziell höhere Ausgleichsbereitschaft vorhanden ist, sobald ausschließlich der Staat Opfer ist[739].

Tabelle 25:   Verletzte Rechtsgüter und Ausgleichsbereitschaft

Verletztes Rechtsgut	Ausgleichsleistung: ja insgesamt: 32	Ausgleichsleistung: nein insgesamt: 10
natürliche Person	15	3
juristische Person	4	1
Staat	4	4
nat. und jur. Person	8	1
Nat. Person und Staat	1	0
Jur. Person und Staat	0	1

Unterscheidet man die Merkmalsausprägung „verletztes Rechtsgut" danach, ob (auch) eine natürliche, (auch) eine juristische Person oder ausschließlich der Staat verletzt wurde[740], ist eine deutliche Abweichung der jeweiligen Ausgleichsbereitschaft erkennbar.

---

[739] Sofern neben dem Staat des weiteren eine natürliche oder juristische Person geschädigt wurde, ändert sich diese Besonderheit - da dies nur jeweils bei einem Gefangenen der Fall war, kann eine gesicherte Aussage jedoch nicht getroffen werden.

[740] Die Gefangenen sind jeweils nur einmal in die untersuchte Gruppe aufgenommen worden.

So akzeptieren Täter mit persönlichen Opfern zu 85,7 % die Durchführung von Ausgleichsleistungen, während sich diese Quote von 66,7 % bei juristischen Personen auf 50 % senkt, sobald nur der Staat Opfer ist. Bezüglich der Einzelheiten siehe Tabelle 26.

Tabelle 26:   Kategorisierte Rechtsgüter und Ausgleichsbereitschaft

Rechtsgut	N = 42	% von allen	„ja" zu Ausgleich N = 32	das sind je verletztes Rechtsgut in %
(auch) natürliche Person	28	66,7 %	24	85,7 %
(auch) juristische Person	6	14,3 %	4	66,7 %
Staat	8	19 %	4	50 %

Das Ergebnis ist nicht signifikant.

Werden die Gefangenen nach solchen unterschieden, die eine **natürliche Person** verletzt haben (worunter diejenigen fallen, die ausschließlich bzw. neben anderen Rechtsgütern auch Menschen schädigten) und nach den restlichen, die sonstige Opfer zu verzeichnen haben, läßt sich ein schwach bis mittel signifikanter Zusammenhang ermitteln (ϕ 0,316). Sobald eine natürliche Person Opfer der Straftat ist, bejahen 85,7 % der Straftäter eine Ausgleichsleistung, während nur 14,3 % eine Wiedergutmachung verweigern. Die Verletzung eines sonstigen Rechtsgutsträgers hat zur Folge, daß die Bereitschaft zu einem Täter-Opfer-Ausgleich auf 57,1 % sinkt und sich damit nur um 15 % von der Quote der ablehnenden Gefangenen in dieser Gruppe unterscheidet (42,9 %). Einen zusammenfassenden Überblick bietet die folgende Tabelle 27.

Tabelle 27:   Personenschaden und Ausgleichsbereitschaft

Opfer: (auch) natürliche Person	N = 42	% von al- len	„ja" zu Aus- gleich N = 32	das sind mit / ohne persönliches Opfer in %
ja	28	66,7 %	24	85,7 %
nein	14	33,3 %	8	57,1 %

Chi-Quadrat: p < 0,05 - signifikant; Zellenbesetzung mit erwarteter Häufigkeit unter 5 = 1 von 4 (25 %).

Die **Anzahl der Opfer** wirkt sich nicht auf die Ausgleichsbereitschaft der Gefangenen aus. Vergleicht man die nach Zahl der Opfer differenzierten Untergruppen bezüglich ihrer Einstellung zu Wiedergutmachungsleistungen wird eine generell hohe Akzeptanz sichtbar. Der folgenden Tabelle 28 läßt sich entnehmen, daß der Anteil der positiv gestimmten Probanden bei Vorhandensein nur eines Geschädigten 81,8 % beträgt, was fast dem erwarteten Durchschnittswert entspricht. Sofern mehr als fünf Opfer vorhanden sind, steigt die Quote gar auf 100 %. Angesichts dieser Zahlen zeugt der Anteil von knapp 70 % bei den Gefangenen mit zwei bis vier Opfern von einer nur geringen Bereitwilligkeit auf die Probleme der Opfer einzugehen. Wegen der niedrigen Fallzahlen kann auch hier eine allgemeingültige Aussage nicht getroffen werden.

Tabelle 28:   Anzahl der Opfer und Ausgleichsbereitschaft

Anzahl der Opfer	N = 34	% von allen	„ja" zu Ausgleich N = 28	das sind je nach Anzahl der Opfer in %
ein Opfer	11	32,4 %	9	81,8 %
2 - 4 Opfer	13	38,2 %	9	69,2 %
5 und mehr Opfer	10	29,4 %	10	100 %

Das Ergebnis ist nicht signifikant.

Der Zusammenhang zwischen dem **Bekanntheitsgrad** von Täter und Opfer mit der Haltung zu Ausgleichsleistungen war weiterer Anlaß zur Durchführung von Zusammenhangsanalysen. Zugrundegelegt werden zum einen Erkenntnisse aus dem Interview und zum anderen mit Hilfe der Aktenanalyse ermittelte Daten.

Die im persönlichen Interview verwendeten Kategorien hinsichtlich der Nähe der Beziehung[741], wurden zur statistischen Berechnung in die Untergruppen „nicht bekannt", „flüchtig bekannt oder bekannt" sowie bestehendes „Vertrauensverhältnis" unterteilt. Ein signifikanter Zusammenhang besteht nicht, es ist lediglich eine leichte Tendenz auszumachen, wonach Straftäter, die Unbekannte schädigten, seltener zu einer Ausgleichsleistung bereit sind (81,8 % zu 87,5 % bzw. 83,3 %). Wie aus Tabelle 29 ersichtlich, steigt der Anteil der gegenüber einem Täter-Opfer-Ausgleich aufgeschlossenen Strafgefangenen am meisten an, sofern diese die Opfer kannten (87,5 %). Sobald ein Vertrauensverhältnis bestand, fällt die Akzeptanz mit 83,3 % auf einen knapp durchschnittlichen Wert.

Tabelle 29: **Bekanntschaftsgrad zwischen Täter und Opfer und Ausgleichsbereitschaft**

Grad der Bekanntschaft	N = 25	% von allen	„ja" zu Ausgleich N = 21	das sind je nach Intensität in %
unbekannt	11	44 %	9	81,8 %
flüchtig bis bekannt	8	32 %	7	87,5 %
Vertrauensverhältnis	6	24 %	5	83,3 %

Das Ergebnis ist nicht signifikant.

Werden die in **den Urteilen enthaltenen Informationen** untersucht, tritt die unterschiedliche Einstellung von Gefangenen mit einer vor der Straftat bestehenden Beziehung zum Opfer und denjenigen mit unbekannten Opfern etwas deutlicher hervor. Hatten Täter und Opfer vor der Tat in irgendeiner Weise Bekanntschaft geschlossen,

---

[741]Den Gefangenen wurden die Antwortmöglichkeiten „unbekannt", „flüchtig bekannt", „bekannt", „Vertrauensverhältnis" vorgegeben.

zeigen sich 92,9 % der Befragten zu einer Wiedergutmachungsleistung gewillt. Der Anteil sinkt bei unbekannten, und damit anonymen, Geschädigten auf 76,5 %. Eine detaillierte Übersicht bietet die folgende Tabelle 30.

Tabelle 30: Beziehung zwischen Täter und Opfer und Ausgleichsbereitschaft

Beziehung Vorhanden	N = 31	% von allen	„ja" zu Ausgleich N = 34	das sind mit / ohne Beziehung in %
Ja	14	45,2 %	13	92,9 %
Nein	17	54,8 %	13	76,5 %

Das Ergebnis ist nicht signifikant.

3.5 Schaden und Ausgleich

Bei der Analyse des Zusammenhangs zwischen dem verursachten Schaden und der Ausgleichsbereitschaft erweisen sich die unzureichenden Informationen hinsichtlich der Folgen der Straftaten als Hindernis. Weder aufgrund der persönlichen Interviews noch anhand der Akten konnten umfassende Daten zu den Schädigungen ermittelt werden. Schon aus diesem Grund sind keine statistisch gesicherten Aussagen möglich.

Betrachtet man die Anteile der ausgleichswilligen Gefangenen entsprechend den von ihnen im Gespräch offenbarten Schäden (vgl. Tabelle 31), ist bei dem Vorhandensein eines finanziellen Verlustes eine tendenziell höhere Bereitwilligkeit zur Wiedergutmachung erkennbar als ohne materiellen Schaden (87,5 % zu 84,6 %). Diese Tendenz kehrt sich sowohl bei Körperschäden als auch bei psychischen Folgeschäden um. Hier steigt die Akzeptanz von Ausgleichsleistungen, sofern keine dieser Schadensarten vorliegt. Vergleicht man die verschiedenen Schäden miteinander, liegt das durchschnittliche Interesse an einem Täter-Opfer-Ausgleich mit einem Anteil von 81,8 % bei einem körperlichen Schaden niedriger als bei anderen Folgen (jeweils 85,7 %).

Tabelle 31:   Art des Schadens und Ausgleichsbereitschaft

Art des Schadens	Anzahl	„ja" zu Ausgleich	das sind in %
finanzieller Schaden	8	7	= 87,5 %
physischer Schaden	7	5	= 71,4 %
psychischer Schaden	5	4	= 80 %

Das Ergebnis ist nicht signifikant.

3.6   Zeitablauf und Ausgleich

Weil der Freiheitsentzug als Schlußpunkt des strafgerichtlichen Verfahrens zeitlich am weitesten von der Tatbegehung entfernt liegt, wird ein besonderer Augenmerk auf mögliche Zusammenhänge zwischen dem Zeitpunkt der Straftat, des gerichtlichen Urteils, des Haftbeginns sowie des Haftendes mit dem Engagement für Ausgleichsleistungen gerichtet. Signifikante statistische Zusammenhänge können zwar nicht nachgewiesen werden, dennoch ergeben die Berechnungen einige interessante Auffälligkeiten. Auch hier lassen die meist geringen Fallzahlen verallgemeinernde Aussagen eher nicht zu.

Wird der Blick auf das Merkmal „**Zeitintervall zwischen Tat und Interview**" gelenkt, ist, wie aus Tabelle 32 ersichtlich, keine einheitliche Tendenz der Ausgleichsbereitschaft auszumachen. Bei einem kurzen Abstand von unter einem Jahr äußern sich lediglich 60 % der Gruppenangehörigen positiv zu den ihnen angetragenen Wiedergutmachungsleistungen. Der Anteil steigt bei einem Zeitablauf bis zu 1 ½ Jahren auf 83,3 %, sofern bis zu 2 Jahre vergangen sind gar auf 100 %. In der folgenden Untergruppe (die Straftat wurde vor 2 bis 2 ½ Jahren verübt) kehren sich die Mehrheitsverhältnisse um: während nur 42,9 % eine Ausgleichsleistung akzeptieren, verweigern 57,1 % eine Mitwirkung. Bereits bei einer Differenz von 2 ½ bis 3 Jahre stimmen die Anteile wieder mit der aus den Durchschnittswerten aller Untergruppen ersichtlichen Tendenz überein, die ein Schwergewicht auf der Bejahung von Ausgleichsleistungen aufzeigt (66,7 % dafür, gegenüber 33,3 % ablehnender Stimmen). Bei einem Abstand von über drei Jahren liegt diese Quote mit 85,7 % sogar höher.

Tabelle 32: Zeitintervall zwischen Tat und Interview bezogen auf die Ausgleichsbereitschaft

Zeit zwischen Tat und Interview	N = 42	% von allen	„ja" zu Ausgleich	das sind je Dauer in %
bis zu 1 Jahr	5	11,9 %	3	60 %
1 - 1 ½ Jahre	12	28,6 %	10	83,3 %
1 ½ - 2 Jahre	8	19 %	8	100 %
2 - 2 ½ Jahre	7	16,7 %	3	42,9 %
2 ½ - 3 Jahre	3	7,1 %	2	66,7 %
über 3 Jahre	7	16,7 %	6	85,7 %

Das Ergebnis ist nicht signifikant.

Der **Zeitintervall zwischen Urteil und Interview** steht ebenfalls in keinem signifikanten Zusammenhang mit einem möglichen Täter-Opfer-Ausgleich.

Wie sich aus der folgenden Tabelle 33 ergibt, ist mit 92,3 % die Bereitschaft zur Durchführung von Ausgleichsleistungen am größten, wenn das Gerichtsurteil über ein Jahr vor dem Interview rechtskräftig wurde. Bemerkenswert ist daneben die Untergruppe, in der das Urteil vor 6-9 Monaten gefällt wurde. Hier stimmen jeweils die Hälfte der Gefangenen für bzw. gegen die vorgeschlagenen Wiedergutmachungsleistungen. Die beiden anderen Gruppen entsprechen mit 77,8 % und 75 % in etwa dem aus allen Untergruppen errechneten Durchschnittswert von 76,2 %.

Tabelle 33: Zeitintervall zwischen Urteil und Interview bezogen auf die Ausgleichsbereitschaft

Zeit zwischen Urteil und Interview	N = 42	% von allen	„ja" zu Ausgleich	das sind je Dauer in %
0 - unter 6 Monate	9	21,5 %	7	77,8 %
6 bis unter 9 Monate	8	19 %	4	50 %
9 bis unter 12 Monate	12	28,5 %	9	75 %
über 12 Monate	13	31 %	12	92,3 %

Das Ergebnis ist nicht signifikant.

Betrachtet man den **Zeitintervall zwischen Haftbeginn und Interview** wird ein stetiges Anwachsen der Akzeptanz von Ausgleichsleistungen deutlich.

Befinden sich die Gefangenen erst seit kurzem in Haft (bis zu 3 Monaten), liegt der Anteil bei 61,5 %. Die Quote wächst auf 78,6 % bei einer Haftdauer von bisher 4 bis 6 Monaten, um bei einem Beginn des Freiheitsentzuges vor über 6 Monaten auf 86,7 % anzusteigen. Näheres ist der folgenden Tabelle 34 zu entnehmen.

Tabelle 34: Zeitintervall zwischen Haftbeginn und Interview bezogen auf die Ausgleichsbereitschaft

Zeit zwischen Haftbeginn und Interview	N = 42	% von allen	„ja" zu Ausgleich	das sind je Dauer in %
bis 3 Monate	13	31 %	8	61,5 %
4 - 6 Monate	14	33,3 %	11	78,6 %
7 und mehr Monate	15	35,7 %	13	86,7 %

Das Ergebnis ist nicht signifikant.

Ein weniger einheitliches Bild ergibt ein Vergleich des **Zeitintervalls zwischen Haft-ende und Interview** mit der Ausgleichsbereitschaft der Gefangenen. Während sich die Anteile der positiv eingestellten Probanden in den Untergruppen mit einem Straf-rest von bis zu 24 Monaten bzw. von 24 bis unter 36 Monaten mit 71,4 % bzw. 73,7 % nur unwesentlich voneinander unterscheiden, weichen die Interessen der anderen Gruppen erheblich ab. Sofern die Strafgefangenen in dem Zeitraum von 3 bis 4 Jahren aus der Haft entlassen werden, ist nur die Hälfte gegenüber Ausgleichsleistungen auf-geschlossen. Alle langjährigen Inhaftierten, die eine noch mindestens 48monatige Freiheitsstrafe verbüßen, sprechen sich dagegen für die Durchführung eines Täter-Opfer-Ausgleiches aus.

Einen detaillierten Überblick gibt hierzu Tabelle 35.

Tabelle 35: **Zeitintervall zwischen Haftende und Interview bezogen auf die Ausgleichsbereitschaft**

Zeit zwischen Haftende und Interview	N = 42	% von allen	„ja" zu Ausgleich	das sind je Dauer in %
unter 24 Monate	7	16,7 %	5	71,4 %
24 - 36 Monate	19	44,3 %	14	73,7 %
36 - 48 Monate	6	14,2 %	3	50 %
über 48 Monate	10	23,8 %	10	100 %

Das Ergebnis ist nicht signifikant.

3.7 Strafurteil und Ausgleich

Von besonderem Interesse sind mögliche Wechselwirkungen zwischen der Höhe der Strafe und der Haltung der Gefangenen bezüglich einer Wiedergutmachung.

In der folgenden Tabelle 36 sind die zur **Strafe für das Hauptdelikt** ermittelten Daten dargestellt. Die Übersicht unterscheidet das Strafmaß nach Jahren, wobei als geringste Untergruppe eine Strafe bis zu 2 Jahren gewählt wurde. Die Zusammenhangsanalyse bezüglich der Merkmalsausprägung „Strafmaß für das Hauptdelikt" hat keinen statistisch signifikanten Zusammenhang nachgewiesen.

Die generell hohe Ausgleichsbereitschaft (zwischen 83,3 % und 100 %) erfährt allein in der Gruppe der zu einer Freiheitsstrafe zwischen 25 und 36 Monaten Verurteilten eine Ausnahme: hier ist ein beachtlicher Rückgang auf 50 % zu verbuchen. Der Anteil der ablehnenden Gefangenen liegt in dieser Untergruppe damit deutlich über dem erwarteten Wert, während die ausgleichsbereiten Befragten entsprechend unterrepräsentiert sind. Bei einem Strafmaß von über 3 Jahren ist ein kontinuierlicher Anstieg des Ausgleichswillens zu verzeichnen, der bei der Untergruppe der Gefangenen, die zu einem Freiheitsentzug von über 5 Jahren verurteilt sind, sogar 100 % beträgt.

Tabelle 36: **Strafmaß für das Hauptdelikt in Jahren und Ausgleichsbereitschaft**

Strafmaß	N = 42	% von allen	„ja" zu Ausgleich	d.h. je Strafmaß in %
bis 2 Monate	7	16,7 %	6	85,7 %
2 bis unter 3 Monate	14	33,3 %	7	50 %
3 bis unter 4 Monate	6	14,3 %	5	83,3 %
4 bis unter 5 Monate	9	21,4 %	8	88,9 %
über 5 Monate	6	19,3 %	6	100 %

Das Ergebnis ist nicht signifikant.

Blickt man auf die Höhe der **Gesamtstrafe** (siehe hierzu die Darstellung in Tabelle 37), finden sich schwankende Werte, die sich von den einzelnen Gruppenbesetzungen bezüglich der Strafe für das Hauptdelikt unterscheiden. Auch hier liegt kein signifikanter Zusammenhang vor. Da die Untergruppe der Gefangenen mit einer Gesamtstrafe bis zu zwei Jahren wegfällt (wegen der Untergrenze des Strafrestes von 24 Monaten in der Einweisungsanstalt), verteilen sich die hinsichtlich des Hauptdeliktes zu einer Strafe von weniger als zwei Jahren Verurteilten nunmehr auf andere Untergruppen.

Gemeinsam ist beiden Kreuztabellen (36 und 37) die durchschnittliche Bereitschaft zur Absolvierung von Wiedergutmachungsleistungen, die jeweils bei 76,2 % liegt. Die Verteilung auf die einzelnen Untergruppen zeugt jedoch bei der Analyse des Merkmals Gesamtstrafe von einer zurückhaltenderen Einstellung der Probanden. Die zunächst geringe Quote ausgleichswilliger Gefangener in Höhe von 62,5 % bei einer Gesamtstrafe bis 36 Monate, steigert sich in der Untergruppe der bis zu 48 Monate verurteilten auf 100 %. Liegt das Maß der Gesamtstrafe zwischen 4 und 5 Jahren, fällt der Anteil wiederum auf 71,4 % zurück. Diejenigen, die eine Gesamtstrafe von über 60 Monaten verbüßen, befürworten alle eine Täter-Opfer-Ausgleichsleistung.

Tabelle 37:   Gesamtstrafe in Jahren und Ausgleichsbereitschaft

Gesamtstrafe	N = 42	% von allen	„ja" zu Ausgleich	das sind je Höhe der Gesamtstrafe in %
bis 2 Jahre	0	0	0	0
über 2 bis 3 Jahre	16	38,1 %	10	62,5 %
über 3 bis 4 Jahre	6	14,3 %	6	100 %
über 4 bis 5 Jahre	14	33,3 %	10	71,4 %
über 5 Jahre	6	14,3 %	6	100 %

Das Ergebnis ist nicht signifikant.

3.8 Einstellung der Gefangenen zum Urteil und Ausgleich

Die Sichtweise der Strafgefangenen hinsichtlich des Urteilsspruchs und der Höhe der verhängten Strafe war ebenfalls Gegenstand von Zusammenhangsanalysen.

Die im Verlauf des mündlichen Interviews geäußerte Meinung zu den **Feststellungen des Gerichtes** wird in der folgenden Tabelle 38 der Haltung zu einem Täter-Opfer-Ausgleich gegenübergestellt. Überraschend hoch ist mit 28,6 % der Anteil derjenigen, die trotz einer Übereinstimmung des Urteils mit dem wahren Geschehen, eine Ausgleichsleistung ablehnen. Die Quote der ausgleichswilligen Gefangenen steigt in der Gruppe derer, die „im Großen und Ganzen" das Gerichtsurteil akzeptieren auf 90 % (im Vergleich zu 71,4 % in der vorgenannten Gruppe). Dieser Anteil sinkt erwartungsgemäß (72,7 %), sofern der Grad der Kongruenz mit 50 % angegeben wird. Nur jeweils ein Proband fällt unter die Gruppe der mit dem Urteil insgesamt oder zum Großteil nicht einverstandenen Gefangenen, was die Aussagekraft der daraus resultierenden Werte stark beeinträchtigt. Daß diese beiden Gefangenen zu Wiedergutmachungsleistungen bereit sind, weist darauf hin, daß zwar nicht der gerichtlich Sachverhalt zutrifft, die Gefangene dennoch verantwortlich für ein Fehlverhalten zeichnen.

Tabelle 38:   Übereinstimmung der gerichtlichen Feststellungen mit der Sicht der Gefangenen und Ausgleichsbereitschaft

Grad der Übereinstimmung	N = 44	% von allen	„ja" zu Ausgleich	das sind je Gruppe in %
Ja	21	47,7 %	15	71,4 %
im Großen und Ganzen	10	22,7 %	9	90 %
zur Hälfte	11	25 %	8	72,7 %
fast gar nicht	1	2,3 %	1	100 %
Keine	1	2,3 %	1	100 %

Das Ergebnis ist nicht signifikant.

Wie aus der nachfolgenden Tabelle 39 ersichtlich ist, zeigt die Gruppe der Gefangenen, die glaubt, daß die gegen sie ausgesprochene **Strafe** gerechtfertigt ist, eine höhere Bereitschaft zum Ausgleich (82,61 % zu 71,43 %).

Befragt man die Inhaftierten jedoch dazu, ob sie mit dem **Strafmaß gerechnet** haben und vergleicht das Antwortverhalten mit den genannten Werten, ist der Anteil der ausgleichswilligen Gefangenen bei denjenigen höher, die die Strafe für zu hoch halten (80 % zu 75 %).

Tabelle 39: **Strafe gerechtfertigt bzw. Strafmaß erwartet und Ausgleichsbereitschaft**

Opfer: (auch) natürliche Person	N = 42	% von allen	„ja" zu Ausgleich N = 32	das sind mit / ohne persönliches Opfer in %
Ja	28	66,7 %	24	85,7 %
nein	14	33,3 %	8	57,1 %

Das Ergebnis ist nicht signifikant.

3.9   Gedankliche Auseinandersetzung über das Opfer und Ausgleich

Eine Analyse der Intensität der Beschäftigung des Täters mit dem Opfer ergibt einen statistisch signifikanten schwachen bis mittleren Zusammenhang zwischen der Häufigkeit der **Gedanken an das Opfer** und der Bereitwilligkeit zur Ableistung von Ausgleichshandlungen (Kendall Tau b: 0,363).

Die folgende Darstellung (Tabelle 40) verdeutlicht die kontinuierliche Zunahme der Ausgleichsbereitschaft entsprechend der vermehrten Auseinandersetzung mit dem Verletzten der Tat.

Sobald die Gefangenen täglich an die Opfer der Straftat denken, willigen sie ohne Ausnahme in Wiedergutmachungsvorschläge ein. Der Anteil sinkt auf 90 %, wenn lediglich „öfter", „manchmal" oder nur „selten" an die Geschädigten gedacht wird.

Die niedrigste Quote mit 61,5 % erzielen diejenigen, die sich keinerlei Gedanken um die Opfer machen. Wegen der geringen Fallzahlen kann trotz der Signifikanz keine exakte Aussage getroffen werden.

Unabhängig von diesen statistischen Einschränkungen sind die Berechnungen ein wesentlicher Hinweis auf die Haltung der Gefangenen zu einem Täter-Opfer-Ausgleich.

Tabelle 40: **Gedankliche Beschäftigung mit dem Opfer und Ausgleichsbereitschaft**

Gedanken an das Opfer	N = 40	% von allen	„ja" zu Ausgleich	das sind je Intensität der Gedanken in %
täglich	7	17,5 %	7	100 %
öfter, manchmal, selten	20	50 %	18	90 %
nie	13	32,5 %	8	61,5 %

Chi-Quadrat: p < 0,05 - signifikant; Zellenbesetzung mit erwarteter Häufigkeit unter 5 = 2 von 6 (33,33 %).

Ein nur wenig stärkerer signifikanter Zusammenhang besteht darüber hinaus bezogen auf das **Interesse der Befragten an einem Zusammentreffen mit dem Opfer** (Φ: 0,4). Die Gruppe der Gefangenen, die an einer Auseinandersetzung mit den Geschädigten interessiert ist, befürwortet zu 100 % eine der an sie getragenen Ausgleichsleistungen, während der Anteil bei fehlendem Interesse auf 70 % sinkt. Nähere Informationen enthält die folgende Tabelle 41.

**Tabelle 41: Interesse der Täter an einem Treffen mit den Opfern und Aus-
gleichsbereitschaft**

Interesse an Treffen mit dem Opfer	N = 36	% von allen	„ja" zu Ausgleich N = 30	das sind je nach Interesse in %
Ja	16	44,4 %	16	100 %
Nein	20	65,6 %	14	70 %

Chi-Quadrat: p < 0,05 - signifikant; Zellenbesetzung mit erwarteter Häufigkeit unter 5 = 1 von 4
(25 %).

Die Inhaftierten, die ein Treffen mit dem Opfer zunächst ablehnten, wurden anschließend gefragt, ob sie diese Haltung bei dem ausdrücklich geäußerten **Wunsch der Opfer nach einer Konfrontation** ändern würden. Die hier erhaltenen Aussagen offenbaren einen stärkeren signifikanten Zusammenhang (ϕ 0,614; siehe hierzu Tabelle 42).
Die Gruppe derjenigen, die nunmehr eine Auseinandersetzung mit dem Opfer bejaht,
ist zu 91,7 % für eine Wiedergutmachungsleistung. Dagegen verweigert die Mehrheit
der Gefangenen, die auch für diesen Fall ein Zusammentreffen ablehnen, die Mitwirkung an einem Täter-Opfer-Ausgleichsverfahren (66,7 %).

**Tabelle 42: Kontaktaufnahme (sofern das Opfer eine solche wünscht) und
Ausgleichsbereitschaft**

sofern das Opfer Kontakt will	N = 18	% von allen	„ja" zu Ausgleich N = 13	d.h. je nach Kon- taktwunsch in %
Ja	12	66,7 %	11	91,7 %
Nein	6	33,3 %	2	33,3 %

Chi-Quadrat: p < 0,01 - sehr signifikant; Zellenbesetzung mit erwarteter Häufigkeit unter 5 = 3 von 4
(75 %).

Für die Ausgleichsbereitschaft ist nicht bestimmend, ob die Straftäter nach der Tatbegehung nochmals Kontakt zu dem Opfer aufgenommen haben. Die Gefangenen ohne
Kontakt zu dem Opfer zeigen jedoch eine deutlich geringere Ausgleichsbereitschaft
(66,7 % zu 92,3 %).

4.   Zusammenfassung und Bewertung

Die Analyse der Daten hat gängige Vorstellungen über erwartete Einflüsse bestimmter Faktoren auf die Wiedergutmachungsbereitschaft durchweg nicht bestätigt. Die Überprüfung vielfältiger möglicher Zusammenhänge hat zwar nur selten zu signifikanten, aber dennoch bemerkenswerten Resultaten geführt. Die wesentlichen Ergebnisse werden im Folgenden zusammenfassend dargestellt und interpretiert.

Betrachtet man den Einfluß der soziodemographischen Daten auf die Ausgleichsbereitschaft der Gefangenen, zeigt lediglich das Vorliegen einer gefestigten Partnerschaft sowie der berufliche Werdegang der Probanden als relevant für die Zustimmung zu einer Wiedergutmachung. Dagegen spielt das Alter der Befragten ebenso wenig eine Rolle wie eine Vaterschaft.

Eine bestehende Lebensgemeinschaft steht der Durchführung von Täter-Opfer-Ausgleichsverfahren jedoch regelmäßig entgegen. Diese negative Auswirkung einer partnerschaftlichen Beziehung könnte Ausdruck einer Interessenverlagerung bei der Einstellung der Gefangenen sein. Die Straftäter beschäftigen sich womöglich in stärkerem Maß mit ihrer Partnerschaft als mit anderen Themen und vernachlässigen dadurch Gedanken um die Folgen der Tat und die Opfer.

Als in zweifacher Hinsicht relevant erweist sich der berufliche Werdegang der Straftäter. Zunächst besteht ein statistisch nachweisbarer positiver Zusammenhang zwischen dem erfolgreichen Abschluß einer Berufsausbildung und der Bereitschaft zu Täter-Opfer-Ausgleichsleistungen. Weiterhin prägt der vor der Inhaftierung ausgeübte Beruf das Zustimmungsverhalten: vormalig Selbständige stimmen Wiedergutmachungsinitiativen zu, während Arbeiter deutlich seltener dazu bereit sind. Die besondere Haltung der Selbständigen erklärt sich möglicherweise durch deren Zukunftspläne für die Zeit nach der Entlassung. Diese Berufsgruppe ist am ehesten befähigt, aus eigener Kraft und Erfahrung eine neue Existenz aufbauen - oftmals unter der Voraussetzung der Schuldenregulierung und Ordnung der privaten und geschäftlichen Verhältnisse.

Die Befragten entscheiden sich unbeeindruckt von ihrer finanziellen Situation für oder gegen die vorgeschlagenen Wiedergutmachungshandlungen. Ein aussagekräftiger Vergleich zwischen schuldenfreien und verschuldeten Probanden konnte nicht angestellt werden, weil der Anteil der Inhaftierten ohne Schulden zu gering ist. Das Verhältnis der Stärke dieser beiden Gruppen spiegelt dabei die Realität des Vollzugsalltags insofern wider, als insgesamt die Zahl der überschuldeten Gefangenen in Deutschlands Justizvollzugsanstalten überwiegt. Bezogen auf die Befragten mit Schulden, stehen weder die Höhe der Verschuldung noch die Identität der Gläubiger in einem Zusammenhang mit der Bereitschaft zu einem Täter-Opfer-Ausgleich. Grund hierfür ist sicherlich die Auswahl an verschiedenartigen, den Gefangenen angebotenen Ausgleichsleistungen, die zum Großteil als ideelle Wiedergutmachung auch ohne finanziellen Aufwand durchführbar sind. Darüber hinaus begrüßen manche Gefangenen angesichts ihrer eigenen finanziellen Misere eine außergerichtliche gütliche Einigung mit den Opfern, um auf diesem Weg ausstehende Forderung befriedigen zu können.

Blickt man auf die kriminelle Karriere der Befragten und deren aktuelle Straffälligkeit, treten bemerkenswerte Korrelationen zutage, obwohl auch in diesem Bereich hinsichtlich der meisten Merkmale keinerlei Abhängigkeit zu einer Ausgleichsbereitschaft besteht. So haben weder die Anzahl der Vorstrafen noch eine Hafterfahrung eine entscheidende Bedeutung für die Akzeptanz der Täter-Opfer-Ausgleichsleistungen. Bezogen auf das Delikt, weswegen die Gefangenen die Freiheitsstrafe zum Befragungszeitpunkt verbüßten, ist gleichfalls kein statistischer Zusammenhang erkennbar. Die Berechnung, die unter Zugrundelegung einer Differenzierung von Gewalt- und Eigentumsdelikten sowie Verstößen gegen das Betäubungsmittelgesetz angestellt wurde, offenbart kaum Unterschiede. So ist bei den reinen Eigentumsdelikte und den Straftaten mit Gewalt gegen Personen jeweils eine hohe Quote Ausgleichswilliger zu verzeichnen. Anders zeigt sich bei den Drogendelikten, wo eine Tendenz der Täter erkennbar wird, seltener zu Wiedergutmachungsleistungen bereit zu sein. Dieser Trend setzt sich fort bei der Betrachtung der verletzten Rechtsgüter. Tendenziell sinkt die Ausgleichsbereitschaft, sofern allein der Staat als Rechtsgutsträger verletzt ist. Erst ein isolierter Vergleich des Merkmals „Schädigung (auch) einer natürlichen Person" ergibt einen signifikanten positiven Zusammenhang zwischen der Verletzung von Menschen und der Zustimmung zu Täter- Opfer-Ausgleichsleistungen.

Diese Befunde weisen insgesamt auf die Schwierigkeit der Straftäter hin, bei der Schädigung des Staates ein für sie „greifbares" Opfer zu erkennen. Können sich die Gefangenen bei Straftaten, die sich gegen natürliche Personen richten, den Verletzten bildlich vorstellen, haben sie bereits bei juristischen Personen Schwierigkeiten, ein

Opfer zu erkennen. Kaum vermittelbar scheint dagegen zu sein, daß auch der Staat Opfer eines Verbrechens sein kann.

Ähnliche Probleme wie das Erkennen der von der Straftat Betroffenen ruft allem Anschein nach die Realisierung des aufgrund der Straftatbegehung hervorgerufenen Schadens hervor. Auffällig ist die nach Auskunft der Gefangenen generell geringe Anzahl der bewirkten Schädigungen. Wird bei der Frage nach einem finanziellem oder physischem Schaden eine Verursachung zum Großteil zurückgewiesen, schweigen die meisten Befragten, sobald es um psychische Verletzungen geht. Möglicherweise ist dieses Antwortverhalten auf die mangelnde Fähigkeit der Täter zurückzuführen, einen für sie nicht erkennbaren Schaden als ausgleichswürdig zu betrachten.

Eine Abhängigkeit zwischen der Bereitschaft zur Durchführung von Ausgleichsleistungen und der Art der Verletzung konnte dennoch bei keiner Schadenskategorie festgestellt werden. Bemerkenswert ist allerdings die tendenziell höhere Zustimmung zu einem Täter-Opfer-Ausgleich bei Vorliegen eines materiellen Schaden im Vergleich zu den Fällen ohne finanziellen Verlust für das Opfer. Anders ist die Situation bei Körperschäden und bei psychischen Schädigungen, bei denen die Akzeptanz von Ausgleichsleistungen geringer ist, wenn ein Schaden vorhanden ist.

Einen Einfluß auf die Bereitschaft zur Durchführung von Ausgleichsleistungen hat das Merkmal der Alleintäterschaft. Der Zusammenhang zwischen der Ausgleichsbereitschaft und der Zahl der an der Straftat beteiligten Täter ist negativ signifikant. Am häufigsten stimmen Alleintäter einem Täter-Opfer-Ausgleich zu. Die bejahende Haltung ändert sich extrem, sofern ein weiterer Mittäter zu dem Befragten hinzutritt: statt rund 90 % der Alleintäter befürworten nurmehr die Hälfte die Gefangenen mit einem Mittäter die Vorschläge. Die unterschiedliche Haltung kann als Zeichen einer Verantwortungsübernahme durch die Einzeltäter gesehen werden. Anders als bei der Existenz von Mittätern können die Einzeltäter keinerlei Tatschuld auf andere abwälzen, sondern müssen sich - alleinverantwortlich für die Schadensfolgen -, auch vor dem eigenen Gewissen, der Tat stellen.

Während die Anzahl der Opfer keinerlei Auswirkungen auf die Bereitwilligkeit der Gefangenen hat, läßt sich bei der Betrachtung des Bekanntschaftsgrades zwischen Täter und Opfer eine Tendenz erkennen, wonach bei Unbekannten am seltensten eine Ausgleichsleistung in Frage kommt. Bemerkenswert ist, daß gegenüber „nur" Bekannten eher eine Wiedergutmachung angestrebt wird als bei Personen, zu denen vor der Tatausübung ein Vertrauensverhältnis bestand. Als Hemmnis können sich, infolge des schweren Vertrauensbruchs, bei den Straftätern auftretende Scham- und Schuldgefühle erweisen, die eine aktive Haltung der Gefangenen hindert. Denkbar ist weiterhin, daß die Beziehung nach der Straftat so nachhaltig gestört ist, daß eine erneute Kontaktaufnahme für die Befragten aussichtslos erscheint bzw. mit den ihnen bekannten Konfliktlösungsmitteln nicht durchführbar ist.

Der lange Zeitraum zwischen Tat, Verurteilung und Haftbeginn steht in keinem überzufälligen Zusammenhang mit der Ausgleichswilligkeit der Gefangenen. Allein die erklärte Bereitschaft zu Wiedergutmachungsleistungen steigt mit fortschreitender Dauer der Inhaftierung kontinuierlich an, während ansonsten kein einheitliches Zustimmungsverhalten ersichtlich ist.

Auffällig ist jedoch die geringe Akzeptanz von Ausgleichsleistungen von 60 %, sofern die Tatbegehung noch kein Jahr zurückliegt. Die Ausgleichsbereitschaft steigt auf 100 % in der Untergruppe, die in den letzten beiden Jahren straffällig geworden ist und sinkt anschließend auf den niedrigsten Wert. Letztlich treten auch die Täter stärker für einen Täter-Opfer-Ausgleich ein, die ihr Delikt vor mehr als 2 ½ Jahren verübten.

Keine Gewähr für die Offenheit der Gefangenen zu Ausgleichsleistungen bietet daneben die noch präsente Urteilsverkündung. Zwar stimmen durchschnittlich viele Befragte, die vor weniger als einem halben Jahr verurteilt wurden, den Vorschlägen zu einer eventuellen Wiedergutmachung zu. Die Quote verringert sich aber schon bei denjenigen, die vor 6 bis 9 Monaten vor Gericht standen. Am häufigsten sind die Gefangenen zu einem Täter-Opfer-Ausgleich bereit, bei denen die Urteilsverkündung vor mehr als ein Jahr stattfand.

Die Ergebnisse lassen darauf schließen, daß bei einem Großteil der Befragten zu befürchtende Neutralisierungstendenzen nicht in dem Maße einsetzen, daß eine Auseinandersetzung mit dem Opfer von vornherein ausgeschlossen erscheint. Gerade Strafgefangene, die sich längere Zeit in Haft befinden bzw. deren Verurteilung länger zurückliegt, stimmen verstärkt Ausgleichsleistungen zu. Das spricht für einen prägenden Eindruck ihrer Haftsituation. Gewiß können Verfälschungen des realen Geschehens nicht grundsätzlich ausgeschlossen werden, dennoch ist die grundsätzliche Einwilligung der Täter eine wesentliche Voraussetzung zur Verwirklichung von Täter-Opfer-Ausgleichsverfahren.

Blickt man auf die noch ausstehende Haftzeit der Befragten, fällt die hohe Ausgleichsbereitschaft derjenigen mit einem Strafrest von über 4 Jahren auf. Gerade die Gefangenen, die in ihrer Freiheit am längsten beschnitten sind, zeigen sich ausnahmslos zu einer Wiedergutmachung bereit. Wird das Strafmaß in die Überlegungen einbezogen, liegt ein vergleichbares Zustimmungsverhalten vor. Ist die Akzeptanz bei einem Strafmaß bis zu 5 Jahre noch uneinheitlich, sind alle Straftäter mit einer darüber hinausgehenden Freiheitsstrafe zur Ableistung von Ausgleichshandlungen bereit.

Unerheblich ist die Auffassung der Befragten über die Richtigkeit des Strafurteils. Weder eine Übereinstimmung der gerichtlichen Feststellungen mit dem eigenen Bild von der Straftat noch die Einstellung hinsichtlich der Strafhöhe korrelieren mit dem Willen zu Ausgleichsleistungen. Bemerkenswert ist jedoch, daß die Gefangenen, die die richterlichen Ausführungen als richtig bezeichnen, seltenster positiv zu einer Wiedergutmachung stehen als die Inhaftierten, die der Urteilsbegründung nur zum Großteil bzw. nur zur Hälfte folgen.

Daß die geistige Haltung der Täter das Zustimmungsverhalten entscheidend beeinflußt, verdeutlicht der signifikant positive Zusammenhang zwischen der gedanklichen Beschäftigung mit dem Opfer und der Intensität der Ausgleichsbemühungen. Sobald die Gefangenen täglich an die Opfer der Straftaten denken, willigen sie ausnahmslos in die Wiedergutmachungsvorschläge ein. Je distanzierter die Täter sind, desto mehr sinkt die Bereitschaft zur Erbringung von Ausgleichsleistungen.

Ein signifikantes Ergebnis ergibt daneben die Berechnung der Abhängigkeit zwischen der Ausgleichsbereitschaft und dem Interesse der Befragten an einer Kontaktaufnahme mit den Opfern. Hier zeigt sich die überzufällige Bereitwilligkeit zu einem Täter-Opfer-Ausgleich bei den Gefangenen, die einem Treffen mit den Opfern zustimmen. Da die Kontaktaufnahme ein erster Schritt zu einem Entgegenkommen darstellt, ist die hier offenbarte Signifikanz ein Ausdruck konsequenter Haltung der Gefangenen zu einer Wiedergutmachung.

Der Anteil der bejahenden Straftäter erhöht sich nochmals, wenn unterstellt wird, die Initiative zu einem Kontakt gehe von den Geschädigten aus. Der überwiegende Teil

der vormals ablehnend eingestellten Gefangenen stimmt nunmehr - mit statistisch si-
gnifikantem Ergebnis - einem Zusammentreffen zu.

Insgesamt betrachtet stützen die Angaben eine stärkere Ausrichtung des Strafvollzuges in Richtung auf eine opferbezogene Gestaltung. Eine rastermäßige Unterscheidung der Gefangenen anhand weniger Kriterien trifft nicht die realen Gegebenheiten.
Statt allein auf Merkmale der Delinquenz oder der Lebensumstände abzustellen, muß
die Bereitschaft der Inhaftierten Berücksichtigung finden und gegebenenfalls in erfor-
derlichem Maß gefördert werden. Nur dann können die aufgezeigten Bedürfnisse der
Straftäter nach einer Konfliktregulierung sachgerecht beachtet werden und bei gleich-
zeitiger Akzeptanz der Opfer in die Durchführung eines Täter-Opfer-Ausgleichs
münden.

3. Kapitel:
Abschließende Betrachtungen zu Stand und Perspektive einer opferorientierten Gestaltung des Strafvollzuges

Im letzten Kapitel werden die zentralen theoretischen Aspekte und die wesentlichen Erkenntnisse des empirischen Teils der Untersuchung zusammenfassend dargestellt. Angesichts der Untersuchungsergebnisse sowie der aktuellen Situation im Strafvollzug werden in einem weiteren Schritt Möglichkeiten der Verwirklichung opferorientierter Maßnahmen im Rahmen der Vollzugsgestaltung aufgezeigt.

I. Zusammenfassung der theoretischen und empirischen Ergebnisse

1. Theoretische Grundlagen

Nachdem der Opfergedanke das Gebiet des Strafvollzuges mit einiger Verzögerung erreichte, wird mittlerweile unter dem Stichwort der „opferbezogenen Vollzugsgestaltung" diskutiert, ob und auf welchem Weg die Interessen von Opfern im Rahmen von freiheitsentziehenden Strafen Berücksichtigung finden können.

Der bei einer opferbezogenen Gestaltung von Maßnahmen im Strafvollzug gültige Opferbegriff setzt zunächst die Betroffenheit von der gerichtlich festgestellten Straftat voraus. Entscheidend ist das Vorliegen einer negativen und nachhaltigen Beeinträchtigung als Folge der Straftat. Unerheblich bleibt eine Unterscheidung nach unmittelbarer oder mittelbarer Opferwerdung. Denn auch Personen, die nur indirekt von der Tat in Mitleidenschaft gezogen werden, können infolge des strafrechtsrelevanten Geschehens einen Nachteil von einigem Gewicht erleiden. Der Kreis der Opfer muß daher anhand der den Straftaten zugrundeliegenden bzw. durch sie ausgelösten sozialen Konflikte bestimmt werden. Als einschränkende Maxime gilt hierbei, daß eine den Verletzten in seiner Lebensgestaltung beeinflussende Schädigung vorliegen muß.

Die Interessen der Opfer wurden bei der Sanktionierung von Verfehlungen im deutschen Rechtsraum bereits in frühester Zeit beachtet. Im Kriminalrecht der Germanen entwickelte sich ein Bußverfahren, das den Opfern zum Ausgleich eine in einem besonderen Bußkatalog festgeschriebene Sühneleistung durch den Täter zusprach. Infolge der Verbreitung des Christentums und dessen Lehre einer auf der Schöpfung beruhenden Weltordnung wurde das Bußverfahren jedoch von den peinlichen Strafen ersetzt. Neben den Geldleistungen dominierten seitdem bis in das 17. Jahrhundert Leib- und Lebensstrafen. Erst danach fanden theoretische Grundlagen des Strafvollzuges Eingang in das deutsche Sanktionensystem, was zur Gründung von Zuchthäusern führte. Der Freiheitsentzug war zu dieser Zeit vom Strafzweck der Vergeltung geprägt. Veränderungen brachte die Epoche der Aufklärung, als der Besserungsgedanke aufgegriffen wurde. Nachdem sich der Gesichtspunkt der Erziehung der Strafgefangenen in der Weimarer Zeit durchsetzen konnte, stoppte die Aera des Nationalsozialismus diese Entwicklung - Sicherungs- und Abschreckungsgedanken rückten in den Vordergrund.

In der Nachkriegszeit fanden erstmalig Gedanken der Wiedergutmachung Eingang in den Strafvollzug. Während in der ehemaligen „Deutschen Demokratischen Republik" die Wiedergutmachung schon frühzeitig ausdrücklich in den gesetzlich festgelegten Grundsätzen der Freiheitsentziehung verankert war, wurden in der Bundesrepublik Deutschland die Opfer von Straftaten nur am Rande bei der Frage der Verwendung des Arbeitsentgelts erwähnt.

Das Inkrafttreten des Strafvollzugsgesetzes im Jahr 1976 brachte keine wesentlichen Änderungen. Ausdrücklich sind auch heute noch Opferinteressen ausschließlich in § 73 StVollzG genannt, der die Hilfe während der Haftzeit betrifft. Eine Reihe weiterer Vorschriften sprechen die Opfer von Straftaten und deren Interessen zwar nicht namentlich an, lassen eine Auslegung im Hinblick auf die Wahrnehmung von Opferbelangen jedoch zu. Eine besondere Stellung nimmt hier das in § 2 Satz 1 StVollzG niedergelegte Vollzugsziel der Resozialisierung ein, das als Leitprinzip den gesamten Vollzugsablauf prägt.

Die für die praktische Anwendung des Strafvollzugsgesetzes bedeutsamen bundeseinheitlichen Verwaltungsvorschriften enthalten ebenfalls nur wenige Hinweise auf Opferinteressen. Gleiches gilt für die vollzugliche Rechtsprechung. Hier spielt die Opferperspektive lediglich eine Rolle bei der Diskussion um die Berücksichtigung des Schuldgedankens im Falle der Gewährung von Vollzugslockerungen.

Der Gesetzgeber beabsichtigte mehrfach, mittels (im Ergebnis fehlgeschlagenen) Gesetzesänderungsvorhaben die Interessen der Opfer in das Strafvollzugsgesetz zu integrieren. Eine angestrebte Erhöhung des Arbeitsentgeltes scheiterte an dem Veto der durch diese Maßnahme finanziell mehrbelasteten Bundesländer bis das Bundesverfassungsgericht die Bemessung des Entgelts im vorhandenen Resozialisierungskonzept als zu niedrig und damit verfassungswidrig erklärt hat. Die zwischenzeitlich erfolgte Erhöhung der Entlohnung der Gefangenen bleibt jedoch weit hinter dem zurück, was die Inhaftierten davon überzeugen könnte, daß Erwerbsarbeit zur Herstellung einer Lebensgrundlage sinnvoll ist.

Eine weitere Gesetzesnovelle sollte die Entscheidung über die Gewährung von Vollzugslockerungen bzw. von Urlaub aus der Haft davon abhängig machen, ob sich der Gefangene mit der Tat und dem Tatopfer auseinandersetzt sowie einen Täter-Opfer-Ausgleich anstrebt. Dieser Änderungsvorschlag stieß auf starke Kritik, insbesondere seitens der Lehre. Gewarnt wurde vor einem Abrücken vom geltenden Vollzugsziel hin zu einem von Schuldelementen geprägten, restriktiven Strafvollzug. Die Abhängigkeit der Vergünstigungen von der Bereitschaft zu Ausgleichsleistungen würde in der Tat Heuchelei und Zweckanpassung fördern, statt den Opfern zu dienen. Die Folge wäre eine erneute Viktimisierung der Opfer, indem sie zum Zwecke einer restriktiven Vollzugspolitik als Argument für eine Gesetzesnovellierung mißbraucht würden.

Der in diesem Zusammenhang formulierte Begriff einer „opferbezogenen Strafvollzugsgestaltung" wurde durch ein von *Rössner* und *Wulf* vorgelegtes Konzept geprägt, das die Integration von Opferinteressen in die Ausgestaltung der freiheitsentziehenden Strafe zum Inhalt hat. Die Überlegungen knüpfen an die bestehenden vollzuglichen Regelungen an und weisen auf potentielle Änderungsmöglichkeiten hin. Einen anderen Weg geht der *Alternativ-Entwurf Wiedergutmachung*, der in Form eines Gesetzentwurfes die Wiedergutmachung als dritte Rechtsfolgenspur in das Sanktionensystem einzubinden sucht.

Für die Arbeit im Zusammenhang mit Opferinteressen sind jedoch im Ergebnis weniger bestimmte theoretische Vorgaben von Bedeutung, als vielmehr die Erfahrungen von Praxisprojekten im Umgang mit Verbrechensopfern. Die hier gewonnenen Erkenntnisse über die Bedürfnisse von Opfern und die Zusammenführung der Täter mit den Geschädigten sind als Grundlage für die Entwicklung von Maßnahmen der Vollzugsgestaltung geeignet.

Von den in der Diskussion um die Berücksichtigung von Opferinteressen immer wieder aufgegriffenen unterschiedlichen Wiedergutmachungsprogrammen erscheint der Täter-Opfer-Ausgleich als das am ehesten auf den Strafvollzug übertragbare Modell.

Die beim Täter-Opfer-Ausgleich bestehende Verbindung von Wiedergutmachungsleistungen mit der Verarbeitung des durch die Straftat ausgelösten Konfliktes fördert einerseits das soziale Lernen des Täters im Strafvollzug und dient andererseits den Bedürfnissen der Geschädigten. Dabei dient die Auseinandersetzung des Täters mit dem Opfer der Straftat der Aussöhnung des Täters mit der Gesellschaft und kann insofern ein wichtiger Schritt zur Wiedereingliederung sein. Eine in der Form des Täter-Opfer-Ausgleichs praktizierte Opferorientierung des Behandlungsvollzuges unterstützt infolgedessen die Erreichung des in § 2 Abs. 1 StVollzG niedergelegten Vollzugsziels der Resozialisierung.

Zwar wird regelmäßig eine materielle Wiedergutmachung des Schadens wegen der fehlenden finanziellen Leistungskraft der Gefangenen nicht erfolgen können. Angesichts der Vielgestaltigkeit von Opferschäden sollte aber nicht ausschließlich der Schadensersatz in Geld im Vordergrund stehen. Ebenso beachtenswert ist die Wiedergutmachung von physischen und psychischen Folgen der Opferwerdung. So besteht beispielsweise oftmals das dringende Bedürfnis der Opfer, die infolge der Viktimisierung erlebten Gefühle und Ängste zu bewältigen. Hierzu können die Täter einen geeigneten Beitrag leisten.

Die Bereitschaft von Opfern und Tätern zu einer Konfliktverarbeitung bedarf zu ihrer Entstehung vielfach einiger Zeit. Deshalb kann insbesondere der zeitliche Rahmen des Freiheitsentzuges sinnvoll für opferorientierte Arbeit genutzt werden. Die Einbeziehung schwerer Delikte in opferbezogene Gestaltungsmaßnahmen ist dabei kein Hindernis für die erfolgreiche Durchführung eines Täter-Opfer-Ausgleichs. Die Opfer beurteilen mit ihrer Einwilligung in Ausgleichsverfahren selbständig, ob eine Auseinandersetzung mit dem Täter für sie zumutbar ist und angestrebt wird. Entsprechend darf die Teilnahme der Gefangenen an opferbezogenen Maßnahmen der Vollzugsgestaltung ausschließlich auf einer freiwilligen Entscheidung beruhen.

2. Praktischer Teil der Untersuchung

Bisher ist der Strafvollzug mit Maßnahmen einer opferbezogenen Gestaltung wenig vertraut. In der Bundesrepublik Deutschland beschränken sich die Angebote hauptsächlich auf die Schuldenregulierung zur Vorbereitung der Gefangenen auf die Haftentlassung.

Einschlägige Erkenntnisse im Bereich der Täter-Opfer-Konfrontation konnten auf breiterer Ebene allein in der Jugendstrafvollzugsanstalt Hameln gesammelt werden. Dort trafen anläßlich einer Sexualstraftätertherapie Gefangene auf Opfer von Straftaten gegen die sexuelle Selbstbestimmung. Weitere praxisbezogene Informationen zur opferorientierten Vollzugsarbeit vermittelte eine Meinungsbefragung im baden-württembergischen Strafvollzug. Sowohl Vollzugsbedienstete als auch Strafgefangene nahmen vor dem Hintergrund unterschiedlicher Erfahrungen mit dem Strafvollzug Stellung zur Idee des Täter-Opfer-Ausgleichs im Vollzug. Die Mitarbeiter des Vollzugsstabes äußerten sich aus insgesamt eher skeptisch zu dieser Thematik. Insbesondere Neutralisierungstendenzen während der Haft, sprachliche Probleme bei ausländischen Inhaftierten und geringe Verdienstmöglichkeiten wurden als Argumente gegen eine Durchführung des Täter-Opfer-Ausgleichs aufgeführt. Im Gegensatz hierzu bewerteten die Gefangenen einen Täter-Opfer-Ausgleich mehrheitlich als positiv, wiesen jedoch auf die zur Zeit fehlenden Voraussetzungen für eine konsequente Umsetzung dieser Idee im Strafvollzug hin.

Im Ausland wurden weitergehende Kenntnisse im Bereich opferorientierter Projekte im Strafvollzug erworben. Insbesondere die Tätigkeiten der Vollzugsanstalt Saxierriet/Schweiz werden regelmäßig als beispielhaft hervorgehoben. Neben einer Entschuldung der Gefangenen zählen die Erfüllung eines Wiedergutmachungsplanes und die Aufarbeitung der Tat mit dem Ziel einer Kontaktaufnahme mit dem Opfer zu den wesentlichen Gestaltungsaspekten des Haftaufenthaltes. Die umfassende Begleitung der Gefangenen erfordert einen hohen personellen und finanziellen Aufwand, der angesichts der geschilderten positiven Reaktionen von Opfern und Tätern gerechtfertigt scheint.

Das weitgehend fehlende Datenmaterial zum Täter-Opfer-Ausgleich im Strafvollzug war Anlaß, durch Sammlung von Daten die vorhandenen Wissenslücken zu schließen, damit auf deren Grundlage weitere Untersuchungen ermöglicht werden. Im Dezember

1994 wurde zu diesem Zweck in der Justizvollzugsanstalt Hagen, der nordrhein-westfälischen Einweisungsanstalt, eine Befragung von Vollzugsbediensteten und Strafgefangenen durchgeführt.

Die Vollzugsmitarbeiter wurden allgemein zu ihrer beruflichen Arbeit sowie ihren
Einstellungen zum Täter-Opfer-Ausgleich und der Möglichkeit der Integration opferbezogener Maßnahmen in die Vollzugsgestaltung befragt. Die Befragung der Gefangenen bildete den Schwerpunkt der Forschungsarbeit. Zielsetzung war es, zum einen
die Bereitschaft der befragten Gefangenen zur Teilnahme an einem Täter-Opfer-Ausgleich zu erkunden und zum anderen Grenzen der praktischen Umsetzung von opferbezogenen Maßnahmen der Vollzugsgestaltung aufzuzeigen.

2.1 Die Befragung von Vollzugsbediensteten

Von den Mitarbeitern des Vollzugsstabes wurden alle Personen befragt, die als Mitglieder der Einweisungskommission im Rahmen des Einweisungsverfahrens Diagnosegespräche mit den Inhaftierten führen. Die Untersuchung erfolgte mittels eines
schriftlichen Fragebogens. Der Rücklauf von nur sieben der insgesamt 21 ausgeteilten
Fragebogen zeugte von einem äußerst geringen Interesse an der Thematik.

Die befragten Bediensteten wurden monatlich mit bis zu 120 Inhaftierten konfrontiert.
Trotz der Zugehörigkeit zu unterschiedlichen Fachdiensten waren die finanzielle Situation, die Weiterbildungsmöglichkeiten sowie die Zukunftsperspektiven der Gefangenen die am häufigsten angeschnittenen Gesprächsthemen. Bei einer Gegenüberstellung der verschiedenen Gesprächsinhalte ist erkennbar, daß insgesamt täterbezogene Aspekte die Gespräche bestimmen. Lediglich ein Befragter erklärte, er spreche
die Opfer der Straftaten bei jeder Diagnosestellung an. Die Möglichkeiten einer Schadenswiedergutmachung wurden ebenfalls selten thematisiert, obwohl dieser Gesichtspunkt wegen der regelmäßig erforderlichen Schuldenregulierung für die Vollzugsplanung von Bedeutung ist.

In diesem Zusammenhang ist bemerkenswert, daß die befragten Vollzugsbediensteten
mehrheitlich eine stärkere Betonung der Wiedergutmachung im Strafvollzug befür-
worteten. Die für sie bestehenden Möglichkeiten einer Weichenstellung zugunsten der
Opferorientierung im Rahmen des Einweisungsverfahrens nutzten sie jedoch offenbar
nicht. Die generelle Durchführung von Schuldnerberatung oder von Wiedergutma-

chungsbemühungen wurde beispielsweise abgelehnt. Die meisten Befragten zeigten sich darüber hinaus davon überzeugt, daß bestimmte Fallkonstellationen von vornherein gegen eine sinnvolle Auseinandersetzung des Täters mit den Folgen der Tat sprächen. So wurde das Fehlen eines persönlichen Opfers ebenso wie bestimmte Charakterzüge der Gefangenen als Hemmnis bezeichnet. Unabhängig von diesen Einschränkungen begrüßten die Vollzugsmitarbeiter letztlich fast einhellig einen Kontakt zwischen den Inhaftierten und den Opfern, sofern die Initiative hierzu von dem Geschädigten ausginge.

Der eigene Einfluß der Vollzugsmitarbeiter auf die Haltung der Gefangenen wurde uneinheitlich beurteilt - die Antworten reichten von einem eindeutigen „ja" bis zu einem ebenso deutlichen „nein". Einig waren sich die befragten Bediensteten dagegen im Hinblick darauf, daß auch in der Haftsituation für die Gefangenen die Möglichkeit zu freiwilligen Entscheidungen bestünde.

Die Antworten der Vollzugsbediensteten lassen insgesamt den Schluß zu, daß gefestigte Einstellungen den Ablauf der Diagnosegespräche prägen. So beeinflussen insbesondere die Erfahrungen mit „Haftkarrieren" von Gefangenen die Arbeit im Strafvollzug, was sich im Ergebnis hemmend auf neue Impulse auswirkt.

2.2 Die Befragung von Gefangenen

Der Schwerpunkt des empirischen Teils liegt in der Untersuchung der Gefangenen. Insgesamt wurden 50 Inhaftierte anhand eines standardisierten Interviewleitfadens befragt. Eine Aktenanalyse ergänzte in den meisten Fällen die im persönlichen Gespräch ermittelten Erkenntnisse.

Die Untersuchungsgruppe war nicht repräsentativ ausgewählt und unterschied sich bezüglich der persönlichen Daten regelmäßig von dem - amtlichen Statistiken entsprechenden - „durchschnittlichen vergleichbaren Strafgefangenen". Abweichungen ergaben sich insbesondere bei der Strafdauer, da der zu verbüßende Strafrest aller die Einweisungsanstalt Hagen durchlaufenden Gefangenen mindestens zwei Jahre beträgt. Daneben unterschieden sich die Probanden hinsichtlich der Staatsangehörigkeit, denn die meisten Befragten waren Deutsche und selbst die interviewten Ausländer hielten sich zum Großteil seit langem in der Bundesrepublik Deutschland auf. Weiterhin konnten die Gefangenen auf ein besseres Bildungsniveau als der Durchschnitt im nordrhein-westfälischen Einweisungsverfahren verweisen. Dennoch waren etwas mehr als die Hälfte vor der Inhaftierung arbeitslos. Ein Drittel der Männer war verheiratet, ungefähr die Hälfte der Männer lebte ohne feste Partnerin. Unter den Gefangenen befanden sich 27 Väter von insgesamt 50 Kindern.

Die begangenen Straftaten lagen zum Teil mehrere Jahre zurück. Die Zeiträume zwischen Tatbegehung und Befragung reichten von sieben Monaten bis zu sechs Jahren, wobei die Hälfte aller Delikte zwischen September 1992 und August 1993 verübt wurde. Die Gerichtsverhandlungen lagen weniger lang zurück. Dennoch mußten die Gefangenen seit der Urteilsverkündung durchschnittlich 10 ½ Monate auf die Diagnose in der Einweisungsanstalt warten.

Die Männer befanden sich wegen der Begehung unterschiedlichster Delikte im Strafvollzug. Am häufigsten waren Verurteilungen wegen Raubes, Diebstahls, Sexualstraftaten sowie des Verstoßes gegen das Betäubungsmittelgesetz. Weiterhin verbüßten Befragte Haftstrafen wegen Kapitalverbrechen, Betrug, Steuerdelikten oder Körperverletzung. Bemerkenswert war der recht hohe Anteil von Tätern, die mit einem Diebstahl oder einer Körperverletzung keine allzu schweren Delikte begangen hatten. Einige dieser Inhaftierten durchliefen das Einweisungsverfahren deshalb nicht wegen des Strafmaßes bezüglich des zuletzt begangenen Hauptdeliktes, sondern wegen einer aus anderweitigen Straftatbegehungen resultierenden Gesamtstrafenbildung, die das Maß von zwei Jahren überstieg.

Durch die begangenen Straftaten kamen überwiegend Menschen zu Schaden. Daneben wurden vielfach juristische Personen geschädigt, nur selten der Staat. Regelmäßig erlitten mehrere Rechtsgutsträger nebeneinander Verletzungen und auch die jeweiligen Folgen blieben nicht immer auf eine Schadensart begrenzt.

Die Gefangenen waren als Verursacher der Schäden nur selten in der Lage, die genauen Auswirkungen der Straftat für die Opfer zu beschreiben. Während die Täter finanzielle Verluste der Opfer sowie körperliche Schäden regelmäßig benennen konnten, bereitete das Erkennen psychischer Folgeerscheinungen größere Schwierigkeiten.

Trotz dieser eingeschränkten Einsicht in die Tragweite der Straftat zeigten die meisten Befragten Interesse an einer Auseinandersetzung über den von ihnen ausgelösten strafrechtsrelevanten Konflikt.

Darüber hinaus nahm die Mehrheit Anregungen zur Durchführung eines Täter-Opfer-Ausgleichs positiv auf und erklärte sich zu mindestens einer der vorgeschlagenen Ausgleichsleistungen bereit.

Die Gefangenen legten dabei besonderen Wert auf eine Kontaktaufnahme mit den Opfern. Die größte Zustimmung fand der Vorschlag des persönlichen Zusammentreffens mit den Opfern, um die Möglichkeit einer Entschuldigung zu nutzen. Vielfach wurde auch der Kontakt mit dem Geschädigten über eine dritte Person als Vermittler akzeptiert. Sofern kein Kontakt zu den Opfern erwünscht oder möglich war, wurde häufig die Variante der gemeinnützigen Leistung in Betracht gezogen. Insbesondere die Gruppe derjenigen, die eine Haftstrafe wegen eines Verstoßes gegen das Betäubungsmittelgesetz verbüßten, äußerten sich positiv bezüglich einer derartigen Ausgleichsleistung. Die ebenfalls vorgestellte Möglichkeit der Geldspende an Dritte wurde dagegen fast immer abgelehnt. Hier wurde deutlich, daß das Vorhandensein einer konkreten Bezugsperson vermehrtes Interesse an Wiedergutmachungsleistungen hervorrief.

Die materielle Schadenswiedergutmachung wurde ebenfalls öfter als Anregung zu einer Ausgleichshandlung angenommen, wobei die Gefangenen deren Gelingen wegen ihrer angespannten finanziellen Situation zumeist skeptisch beurteilten. Angesichts der Schulden eines Großteils der Strafgefangenen erscheint dieser Pessimismus berechtigt. Lediglich vier der 50 Befragten waren nach eigenen Angaben schuldenfrei. Die durchschnittliche Verschuldung jedes Häftlings betrug rund 60.000 DM, bei alleiniger Berücksichtigung der bekannten Forderungen. Das entsprach einem Gesamtwert der Verbindlichkeiten von über drei Millionen DM. Die Probanden standen dabei in der Regel gegenüber mehreren Gläubigern in der Schuld. Hauptgläubiger waren Kreditinstitute, daneben bestanden vielfach Verbindlichkeiten gegenüber der Gerichtskasse und Rechtsanwälten. Rund die Hälfte der Inhaftierten waren infolge der Tatbegehung verschuldet. Gläubiger dieser Gruppe waren das Gericht, die Strafverteidiger sowie die Geschädigten und deren Versicherungen.

Im Rahmen der Untersuchung interessierte besonders, ob die von den Gefangenen geäußerte Ausgleichsbereitschaft in einem Zusammenhang mit anderen bei den Befragten vorhandenen Merkmalen stand. Bei der Überprüfung zeigte sich, daß die Akzeptanz von Ausgleichsleistungen letztlich nur von wenigen Kriterien statistisch nachweisbar abhängig war. Allgemein gängige Vorstellungen über signifikante Zusammenhänge bestätigten sich regelmäßig nicht. So konnte weder eine Abhängigkeit von der Schwere des Delikts, dem Strafmaß, der Einstellung des Täters zur Verurteilung, den Vorstrafen, den Schulden noch dem Zeitablauf zwischen Tat bzw. Urteil und Freiheitsentzug festgestellt werden. Andererseits kamen bei den statistischen Berechnungen interessante Zusammenhänge zum Vorschein, wie die folgende Darstellung zeigt.

Die Einstellung der Probanden zu Ausgleichsleistungen wurde durch die Existenz einer Lebensgefährtin negativ beeinflußt. Sofern die Inhaftierten in einer festen Partnerschaft lebten, waren sie signifikant seltener zu einer Ausgleichsleistung bereit als Alleinlebende. Der Grund hierfür könnte darin liegen, daß sich Gefangene mit Partnerin intensiver mit ihrer Beziehung und der eigenen Zukunft in einer Partnerschaft auseinandersetzen und dadurch wenig Raum für Gedanken um die Opfer bleibt. Für diese Inhaftierten dürfte es weiterhin von Bedeutung sein, einen „Schlußstrich" unter die Vergangenheit zu ziehen, um einen Neuanfang zu starten. Eine Rolle wird darüber hinaus regelmäßig die Tendenz spielen, die Folgen der Straftat vor der Partnerin herunterzuspielen, damit der eigene Beitrag zur Verletzung des Opfers möglichst gering erscheint.

Daneben beeinflußte der berufliche Werdegang die Akzeptanz von Ausgleichsleistungen. Bei der Befragung zeigte sich ein statistisch nachweisbarer positiver Zusammenhang zwischen einer erfolgreichen Berufsausbildung und dem Interesse an einem Täter-Opfer-Ausgleich. Weiterhin übte der zuletzt ausgeübte Beruf Einfluß auf die Initiative der Gefangenen zu einer Wiedergutmachung aus. Ehemals Selbständige stimmten einem Ausgleich eher zu, während sich Arbeiter deutlich seltener positiv dazu äußerten. Insgesamt wurde deutlich, daß Gefangene mit einer aus ihrer Sicht durch Ausbildung und Qualifikation vorhandenen beruflichen Perspektive eine Schadenswiedergutmachung positiv einschätzten. Oftmals wird, gerade bei den vor der Inhaftierung Selbständigen, der Auslöser zur Wiedergutmachungsbereitschaft die bestehende Verschuldung sein, deren Regulierung vor einem beruflichen Neuanfang nach der Haft in die Wege geleitet sein muß.

Darüber hinaus offenbarte sich ein statistischer Zusammenhang zwischen der Anzahl der Mittäter und der Ausgleichswilligkeit. Alleintäter stimmten einer Wiedergutmachungsleistung eher zu, während die Akzeptanz schon bei Hinzutreten eines weiteren Beteiligten an Eindeutigkeit verlor. Der Grund hierfür liegt möglicherweise in der größeren Bereitschaft zur Übernahme der Verantwortung für die Folgen der Straftat bei Alleintätern, da diese erkennbar die alleinigen Schadensverursacher sind. Bei mehreren Tätern läßt sich die Verantwortung dagegen leicht auf andere übertragen.

Die Art des Deliktes hatte dagegen nur tendenzielle Auswirkungen auf die Einstellung der Gefangenen. So zeigte sich, daß Drogendelinquenten seltener zu Ausgleichsleistungen bereit waren als Täter von Eigentumsdelikten oder Straftaten mit Gewalt gegen Personen. Diese Tendenz war gleichsam bei der Kategorie der verletzten Rechtsgüter erkennbar. Hier sank die Ausgleichsbereitschaft, sofern allein der Staat von der Straftat betroffen war. Betrachtete man allein diejenigen, die zumindest auch einen Menschen schädigten, ergab sich dagegen ein signifikant positiver Zusammenhang hinsichtlich der Zustimmung zu Täter-Opfer-Ausgleichsleistungen.

Die Art des Schadens hatte insofern einen Einfluß auf die Gefangenen, als die Bereitschaft zu Wiedergutmachungsleistungen bei dem Vorliegen einer finanziellen Schädigung tendenziell größer war als bei physischen oder psychischen Verletzungen der Opfer. Insgesamt wurde hier deutlich, daß für die meisten Strafgefangenen ein konkret sichtbarer und von ihnen verursachter Schaden bzw. eine direkt greifbare geschädigte Person vorhanden sein muß, um einen sinnvollen Bezug von der Straftat zu Wiedergutmachungsleistungen herstellen zu können und damit die Ausgleichsbereitschaft zu steigern.

Das persönliche Verhältnis der Straftäter zu ihren Opfern stand in keinem signifikanten Zusammenhang mit dem Engagement zu einem Täter-Opfer-Ausgleich. Dennoch konnte eine leichte Tendenz ausgemacht werden, wonach der Bekanntheitsgrad eine Rolle bei der Ausgleichsbereitschaft spielte. War der Geschädigte unbekannt, war die Akzeptanz einer Wiedergutmachungsleistung am geringsten. Die Zustimmung wurde größer, sofern das Opfer dem Täter auch nur flüchtig bekannt war. Auffallend war, daß bei der Schädigung von Vertrauenspersonen die Täter wieder zurückhaltender wurden. Ursache für diesen scheinbaren Widerspruch ist möglicherweise die Scheu der Straftäter vor einer Auseinandersetzung mit dem ihm gut bekannten Opfer, da der durch die Verletzung einer vertrauten Person erkennbar hervorgerufene Vertrauensbruch nur sehr schwer wieder bereinigt werden kann. Eine wesentliche Rolle spielt in diesem Zusammenhang sicherlich die Zurückweisung des Täters durch das Opfer bei einem Versöhnungsversuch. In diesem Fall wird der Straftäter einer nochmaligen Kontaktaufnahme eher skeptisch gegenüberstehen, um nicht abermals eine Ablehnung durch das Opfer zu erfahren.

Ein weiterer signifikanter Zusammenhang trat bei der Überprüfung der Abhängigkeit der Wiedergutmachungsbereitschaft von der Intensität der Gedanken des Täters an das Opfer zum Vorschein. Sofern die Gefangenen täglich an die Geschädigten dachten, waren sie an einer Wiedergutmachung interessiert. Die Bereitwilligkeit nahm kontinuierlich mit dem Sinken der Häufigkeit der gedanklichen Auseinandersetzung ab. Am geringsten war die Akzeptanz, wenn sich die Inhaftierten keinerlei Gedanken mehr um die Opfer machten. Hier zeigte sich, daß der Persönlichkeit der Gefangenen mehr Gewicht bei der Durchführung von Täter-Opfer-Ausgleichsverfahren zukommt als manche rein „äußerlichen" Kriterien wie die Schwere der Straftat oder die Schadensfolgen.

Ein ähnliches Bild wurde erkennbar, sobald die Befragten aus eigener Initiative heraus Interesse an einem Treffen mit dem Opfer hatten. In diesem Fall wollten die Täter regelmäßig einen Täter-Opfer-Ausgleich durchführen. Dies bestärkt nochmals die Relevanz der Bewußtmachung von Folgen der Straftaten bei den Tätern. Erst die Auseinandersetzung der Täter mit den Opfern sowie den Tatfolgen kann Grundlage für die Bereitschaft zur Wiedergutmachung des verursachten Schadens sein. Sobald die Täter einen konkreten Schaden und ein konkretes Opfer erkennen können, ist eine erkennbare Steigerung des Interesses an der Durchführung eines Täter-Opfer-Ausgleichs im Strafvollzug zu verzeichnen.

Insgesamt betrachtet liegen keine Hinweise darauf vor, daß bestimmte Gruppen von Gefangenen von einem Täter-Opfer-Ausgleich ausgeschlossen werden sollten. Weder das Delikt, die Art des Schadens, das Strafmaß oder vergleichbare Merkmale führten zu einer generell ablehnenden Haltung der Befragten im Hinblick auf mögliche Wiedergutmachungsleistungen. Die wenigen Gesichtspunkte, die sich negativ auf die Ausgleichsbereitschaft ausgewirkt haben, sind nicht geeignet, als Ausschlußkriterium zu dienen. Die Individualität der Gefangenen und die vielfältigen Umstände, die die Einstellung zu Wiedergutmachungsleistungen prägen, können ein derartiges Vorgehen im Ergebnis nicht rechtfertigen.

II. Rechtspolitische Schlußfolgerungen und Ausblick

Der Blick auf die gegenwärtige Situation des Strafvollzuges macht deutlich, daß neue Impulse notwendig sind, um die anhaltende Stagnation der Entwicklung zu beenden. Folgerichtig erklingt der Ruf nach einer wegweisenden Zukunftsvision[742], die der fortdauernden Ernüchterung gegenüber dem früheren Behandlungsoptimismus abhelfen soll.

Die in diesem Zusammenhang zu stellende Frage, ob die Einbeziehung von Opferinteressen in die Gestaltung des Strafvollzuges lediglich eine „Modeerscheinung" ist, die an die anhaltende Popularität des Verbrechensopfers anknüpft, oder um es sich hierbei ein zukunftsträchtiges Konzept handelt, das die Interessen von Opfern mit den Bedingungen des Vollzugsalltags verbindet, stellt sich unter mehreren Gesichtpunkten und soll anhand der Untersuchungsergebnisse dieser Studie beantwortet werden.

Als zentrales Ergebnis der Untersuchung kann zunächst festgehalten werden, daß die Einbindung der Belange von Opfern in die Vollzugsgestaltung theoretisch bereits heute möglich ist. Für eine über Einzelfälle hinausgehende opferbezogene Gestaltung des Strafvollzuges durch Täter-Opfer-Ausgleichsverfahren müssen die Voraussetzungen jedoch noch geschaffen werden.

Das Strafvollzugsgesetz läßt die Einbeziehung von Opferinteressen im Rahmen des Behandlungsvollzuges zu, ohne daß eine Änderung der gesetzlichen Regelungen notwendig wäre. Das gilt sowohl für die grundsätzliche Einführung des Täter-Opfer-Ausgleichs im Vollzug als auch für die praktische Ausgestaltung der Ausgleichsverfahren.

Die Orientierung des Behandlungsvollzuges an der Wahrung von Opferinteressen entspricht dem in § 2 Abs. 1 StVollzG niedergelegten Vollzugsziel der Resozialisierung. Die Auseinandersetzung mit dem Opfer ist ein Beitrag zur Aussöhnung des Täters mit der Gesellschaft und damit ein wichtiger Schritt zur Wiedereingliederung in

---

[742]*Müller-Dietz*, 1992, S. 63

die Gemeinschaft. Infolgedessen erfährt die Resozialisierung durch opferorientierte Maßnahmen der Gestaltung des Strafvollzuges eine besondere Förderung[743].

Sofern sich ein Strafgefangener im Hinblick auf opferorientierte Zusammenarbeit positiv äußert, sollte deshalb dessen Bereitschaft aufgegriffen werden und im Rahmen der jeweiligen Umsetzungsmöglichkeiten seitens der Justizvollzugsanstalten Unterstützung finden.

Eine Unterscheidung zwischen verschiedenen Gefangenengruppen aufgrund der Länge der Haftdauer und der Schwere des Deliktes ist dabei, insbesondere vor dem Hintergrund der generellen Verbindlichkeit des Vollzugsziels für alle Strafgefangenen, nicht vorzunehmen. Bei den Gefangenen mit kürzerem Freiheitsentzug spricht das Vorliegen eines Deliktes mit regelmäßig nicht allzu gravierenden Opferschäden für die Praktikabilität eines Täter-Opfer-Ausgleiches. Eine längere Haftdauer läßt dagegen genügend Zeit, um behutsam die Voraussetzungen für einen Kontakt zwischen Täter und Geschädigten zu schaffen.

Auch der für den Täter-Opfer-Ausgleich wesentliche Aspekt der Kontaktaufnahme zwischen dem Straftäter und dem Opfer läßt sich in Anwendung der Vorschriften des Strafvollzugsgesetzes problemlos verwirklichen.

Die räumliche Bindung der Gefangenen an die Justizvollzugsanstalten schließt die Durchführung von Ausgleichsverfahren nicht von vornherein aus. So können persönliche Begegnungen auf der Grundlage verschiedener strafvollzugsrechtlicher Normen sowohl innerhalb als auch außerhalb der Justizvollzugsanstalten stattfinden.

Zunächst kann die jedem Gefangenen nach § 24 StVollzG zustehende Besuchszeit für ein Zusammentreffen genutzt werden. Insbesondere der zweite Absatz dieser Vorschrift ermöglicht eine praktikable Vorgehensweise. Danach sollen Besuche zugelassen werden, *„wenn sie die Behandlung oder Eingliederung des Gefangenen fördern oder persönlichen, rechtlichen oder geschäftlichen Angelegenheiten dienen, die nicht vom Gefangenen schriftlich erledigt, durch Dritte wahrgenommen oder bis zur Entlassung des Gefangenen aufgeschoben werden können"*. Da ein Täter-Opfer-Ausgleichsverfahren ein wichtiger Aspekt der Resozialisierung von Strafgefangenen ist,

---

[743]So auch *Müller-Dietz*, 1992, S. 71 ff

muß nicht die ohnehin knappe allgemeine Besuchszeit für opferbezogene Maßnahmen aufgebraucht werden. Vielmehr können in Anwendung des § 24 Abs. 2 StVollzG zusätzliche Treffen mit dem Geschädigten oder einem Vertreter des Betroffenen arrangiert werden.

Darüber hinaus ist genügend Freiraum für eine Kontaktaufnahme außerhalb der Justizvollzugsanstalt vorhanden. Dieser Weg bietet sich an, um den Opfern die Belastungen, die mit einem Besuch in der Haftanstalt einhergehen, zu ersparen und damit deren Bedürfnissen entgegenzukommen. So können die Gefangenen unter Inanspruchnahme von Vollzugslockerungen, gemäß § 11 Abs. 1 StVollzG in Form der Ausführung oder des Ausgangs, mit den Geschädigten zusammentreffen.

Die Überbrückung größerer Entfernungen ermöglicht der nach § 13 StVollzG zu gewährende Urlaub aus der Haft. Insoweit ist der Straftäter, ungeachtet der Inhaftierung, nicht auf eine passive Rolle festgelegt (und das Opfer im Gegenzug zu einer einseitigen Initiative gedrängt), sondern kann aktiv auf einen Kontakt mit dem Opfer hinarbeiten.

Die derzeitige Fassung des Strafvollzugsgesetzes muß daher nicht korrigiert werden, um den Weg für die Durchführung opferbezogener Behandlungsmaßnahmen zu ebnen. Gegen etwaige Gesetzesänderungen können im Gegenteil Bedenken geäußert werden. Insbesondere die Verknüpfung des Täter-Opfer-Ausgleichs mit der Gewährung von Vollzugslockerungen oder von Hafturlaub, wie bei früheren Gesetzesinitiativen vorgesehen[744] , ist bedenklich. Hierdurch würden zusätzliche Voraussetzungen für die Gewährung der Lockerungen geschaffen, die weder der Wiedereingliederung noch dem Opfer dienlich sind, sondern vorrangig Disziplinierungsbedürfnisse von Anstaltsbediensteten befriedigen. Eine derartige Praxis wäre für das Erreichen des Vollzugszieles kontraproduktiv, indem restriktiven Tendenzen Vorschub geleistet würde.

Wichtiger als die Neufassung des Gesetzestextes erscheint, angesichts der Favorisierung der Vergeltung und des sozialen Ausschlusses, die Rückbesinnung auf das eigentliche Anliegen des Strafvollzugsgesetzes. Die gemäß dem verfassungsrechtlich

---

[744]Hierzu insbesondere Deutscher Bundestag - Protokoll der 53. Sitzung des Rechtsausschusses vom 27.09.1989, 53/6 bis 53/26; *Walter*, 1999, S. 379 f, RN 413 m.w.N.

verankerten Sozialstaatsprinzip in § 2 Abs. 1 StVollzG eindeutig zugunsten der Resozialisierung getroffene Zielsetzung muß zu diesem Zweck nachdrücklich verdeutlicht
werden. Hierzu ist die Erweiterung der derzeitigen Behandlungsmaßnahmen um opferbezogene Verfahren ein geeigneter Schritt.

Die durch das Gesetz vorgesehene Möglichkeit einer opferbezogenen Gestaltung des
Strafvollzuges kann jedoch erst dann mit Leben gefüllt werden, wenn die an einem
Täter-Opfer-Ausgleich notwendigerweise beteiligten Täter und Opfer überhaupt Be-
reitschaft zu einer Teilnahme zeigen.

**Verschiedene Studien zu Reaktionen von Opfern auf Straftaten sowie praktische
Erfahrungen im Zusammenhang mit der Opferbetreuung zeigen das vielfache
Interesse von Opfern an Täter-Opfer-Ausgleichsverfahren**[745].

Die strafrechtliche Einordnung des Geschehens spielt hierbei meist nur eine zweitrangige Rolle für das Verbrechensopfer. Das Opfer empfindet die Belastung durch die
Tatfolgen, unabhängig von einer juristischen Beurteilung des Geschehens entsprechend seiner individuellen Situation. Die Ausdehnung des Anwendungsbereiches des
Täter-Opfer-Ausgleichs über die sogenannte leichte und mittlere Kriminalität hinaus
auf die mit Freiheitsstrafe verfolgten Rechtsbrüche ist daher die notwendige Folge
einer konsequenten Wahrung der Opferrechte.

Die Interessen der Opfer werden weiterhin gefördert, indem durch den Täter-Opfer-
Ausgleich im Strafvollzug die Möglichkeit geschaffen wird, den Zeitpunkt der Wiedergutmachungsleistung den bei den Geschädigten vorhandenen Bedürfnissen anzupassen. Teilweise entsteht bei dem Opfer erst einige Zeit nach der Viktimisierung der
Wunsch, die Folgen der Tat auf dem Weg einer Konfrontation mit dem Peiniger zu
verarbeiten. Durch einen flexibel gestalteten Verfahrensablauf kann diesen Wünschen
entsprochen werden und damit die Basis für eine erfolgreiche Konfliktregulierung
entstehen.

Der Anteil der Opfer, die einer Durchführung des Ausgleichsverfahrens zustimmen,
ist bei bestimmten Delikten bzw. Schadensarten möglicherweise geringer. Auch in
diesen Fällen sind jedoch regelmäßig Schäden bei den Opfern zu beklagen, für die

---

[745]*Sessar*, 1992 a, S. 169; *Kilchling*, 1995, S. 388 f

zumindest manche Straftäter einen Ausgleich anstreben. Einzelberichte über Kontakte zwischen den Geschädigten schwerer Delikte und den Tätern nach der Urteilsverkündung zeugen darüber hinaus von dem dringenden Bedarf der Opfer nach einer Auseinandersetzung über die Straftat auch noch im Anschluß an die Verurteilung[746]. Daher darf sich der Täter-Opfer-Ausgleich als Reaktion auf strafrechtsrelevantes Verhalten nicht auf das strafprozessuale Verfahren bis zum Abschluß der gerichtlichen Hauptverhandlung beschränken.

Die Geschädigten sind im Hinblick auf einen Täter-Opfer-Ausgleich in der Lage, selbstverantwortlich zu entscheiden, ob sie eine Konfrontation mit dem Straftäter wünschen. Die Achtung vor der Persönlichkeit der Opfer verlangt es, ihre Entscheidungen zu respektieren und so weit wie möglich zu unterstützen. Nicht zuletzt die fachliche Hilfestellung bei der Verfolgung der Opferinteressen zeugt von der Akzeptanz der Individualität der Geschädigten und ist der beste Weg zur Förderung ihrer Belange.

Genau wie die Opfer von Straftaten akzeptieren vielfach die Strafgefangenen die Durchführung von Täter-Opfer-Ausgleichsverfahren als Reaktion auf die Begehung von Straftaten.

Diese Akzeptanz besteht unabhängig von den verübten Straftaten, den verursachten Schäden oder dem verhängten Strafmaß. Lediglich wenige Besonderheiten der Gefangenenbiographien stehen in einem überzufälligen Zusammenhang mit einer Ausgleichsbereitschaft. Regelmäßig spielt für die Gefangenen die Aussicht auf Vergünstigungen, wie beispielsweise die Verkürzung der Haftdauer, im Falle der Teilnahme an einem Täter-Opfer-Ausgleichsverfahren eine Rolle. Dennoch kann nicht per se eine Heuchelei auf Seiten der Gefangenen unterstellt werden. Oftmals ist wirkliche Reue über die Tatbegehung zu erkennen.

Hieraus folgt, daß eine Durchführung des Täter-Opfer-Ausgleichs nicht von Kriterien abhängig gemacht werden darf, die auf die Person des Täters bzw. die begangene Straftat bezogen sind. Zu viele Chancen für Täter und Opfer würden bei einer derart strikten Vorgehensweise vergeben und damit die berechtigten Interessen beider betroffenen Parteien mißachtet werden.

---

[746]So beispielsweise *Trenczek*, 1992, S. 193

Sofern vorstehend auf die vorhandene Bereitschaft von Strafgefangenen zu einer Teilnahme an Täter-Opfer-Ausgleichsverfahren verwiesen wurde, gilt diese Einstellung nicht für alle im Vollzug anzutreffenden Straftäter gleichermaßen.

Die empirische Untersuchung hat neben einer prinzipiellen Bereitschaft zur Auseinandersetzung mit opferorientierten Themen deutlich gemacht, daß ein größerer Teil der Inhaftierten zunächst kein Engagement für einen Täter-Opfer-Ausgleich zeigt. Um auch diese Täter in einen opferbezogenen Strafvollzug einzubinden, sind vermehrte Anstrengungen notwendig.

Dabei ist das vorhandene Verständnis der Gefangenen von der Tat, den Opfern sowie der eigenen Person aufzugreifen und gegebenenfalls zu revidieren. Die Änderung der persönlichen Einstellung ist ein langwieriger Prozeß, der regelmäßig nicht durch ein einmaliges Gespräch oder eine andere kurzfristige Maßnahme in Gang gesetzt werden kann. Dagegen konnten bereits positive Erfahrungen mit dem Angebot einer über einen längeren Zeitraum regelmäßig stattfindenden Sprechstunde für Gefangene gesammelt werden. Im Laufe der Zeit öffneten sich die teilnehmenden Inhaftierten merklich und sprachen aus eigenem Antrieb über die von ihnen verübte Tat[747].

Hierbei darf von den Straftätern nicht zu viel gefordert werden. Sie sind aufgrund der Inhaftierung Entbehrungen und Einschränkungen ausgesetzt und müssen unfreiwillig unterschiedlichste Probleme lösen. Unter derartigen, für manche Häftlinge existenzbedrohenden, Umständen müssen die an die Täter gestellten Anforderungen realistisch bleiben. Das bedeutet letztlich, daß immer mit einem Teil von Inhaftierten gerechnet werden muß, der kein Interesse an der Mitwirkung bei opferbezogenen Maßnahmen hat.

Bei der Frage nach der Bereitschaft von Strafgefangenen zu Wiedergutmachungsleistungen im Rahmen von Täter-Opfer-Ausgleichsverfahren muß weiterhin bedacht werden, daß die empirische Untersuchung nur einen ausgewählten Kreis von Gefangenen erreichen konnte.

Zunächst wurde eine besondere Auswahl durch die Durchführung der Befragung in einer Einweisungsanstalt getroffen. Weiterhin erfolgte eine Selektion aufgrund der

---

[747]Institut für Sozialarbeit und Sozialpädagogik, 1985, S. 127

Notwendigkeit der Verständigung mit den Probanden. Ein Großteil der ausländischen Inhaftierten konnte daher aufgrund unzureichender Sprachkenntnisse nicht in die Untersuchung einbezogen werden.

Zweifelhaft ist, ob für die Gruppe ausländischer Gefangener die gleichen Chancen für die Durchführung eines Täter-Opfer-Ausgleichs bestehen wie für Deutsche. Dabei kann selbstverständlich nicht von dem Sprachvermögen bzw. der Herkunft einer beteiligten Person auf deren Interesse an einem Ausgleichsverfahren geschlossen werden. Aber eine hinreichende Verständigung ist die Basis für das Gelingen eines Täter-Opfer-Ausgleichs, der auf der Kommunikation zwischen dem Täter, dem Opfer und der vermittelnden Person beruht. Ein denkbarer Weg zur Lösung der Problematik ist die Hinzuziehung eines Dolmetschers im Verlauf des Ausgleichsverfahrens. Die Einschaltung einer weiteren Person könnte jedoch das Gleichgewicht zwischen den beteiligten Personen nachhaltig beeinflussen, indem - zumindest optisch - ein „Übergewicht" zu Gunsten des Täters entstünde.

Dieser Wirkung könnte durch die Einschaltung von Vermittlern begegnet werden, die gleichzeitig als Übersetzer eingesetzt werden. Fraglich ist allerdings, ob derartiges in der Praxis geleistet werden kann. An die vermittelnden Personen wären mit der Forderung nach bestimmten Sprachkenntnissen Voraussetzungen geknüpft, die nur schwer zu verwirklichen sind. Aufgrund der vielfältigen Herkunft von Strafgefangenen müßte auf eine Vielzahl mehrsprachiger Vermittler zurückgegriffen werden können, wenn allen Gefangenen eine gleichwertige Chance zur Teilnahme an Täter-Opfer-Ausgleichsverfahren gegeben werden sollte. Derartiges ist bei realistischer Betrachtung nicht durchführbar, weshalb letztlich ein Großteil ausländischer Inhaftierter von der Durchführung opferbezogener Maßnahmen ausgeschlossen ist.

Dieser Gesichtspunkt kann jedoch nicht Anlaß für eine generelle Absage an das Angebot eines Täter-Opfer-Ausgleichs im Rahmen des Strafvollzuges sein. Das Konzept eines Behandlungsvollzuges beruht nicht auf dem Gedanken, daß jedem Gefangenen jede Art von Behandlungsmaßnahme zugänglich ist. Das muß auch im Hinblick auf die Kapazitäten im Bereich des Strafvollzuges eingeräumt werden. Die Vollzugsmaßnahmen unterliegen u.a. aufgrund der Ausstattungen der einzelnen Justizvollzugsanstalten und finanziellen Vorgaben der Landeshaushalte vielfachen Einschränkungen. Daher ist idealerweise Sorge für die Schaffung der notwendigen Voraussetzungen zu tragen, die dazu dienen, möglichst vielen Strafgefangenen die Teilnahme an geeigneten vollzuglichen Maßnahmen ihrer Wahl zu eröffnen. Letztlich ist aber ein Angebot von vollzuglichen Gestaltungsmaßnahmen für jeden Strafgefangenen nur begrenzt zugänglich.

Bei den nicht deutschsprachigen Gefangenen ist bezüglich der Durchführung von Behandlungsmaßnahmen insbesondere das fehlende Sprachvermögen entscheidend für einen Ausschluß. Regelmäßig kann dieser Gruppe von Gefangenen zunächst nur ein Sprachkurs zum Erlernen der deutschen Sprache angeboten werden, um die Grundlage für intensivere Resozialisierungsmaßnahmen zu schaffen.

Selbst die Durchführung derartiger grundlegender Maßnahmen ist fraglich, wenn die inhaftierten ausländischen Straftäter nach Verbüßung der Haftstrafe aufgrund fehlender Aufenthaltsberechtigung in ihr Heimatland abgeschoben werden sollen. Bei diesen Gefangenen wird regelmäßig die Zielsetzung des Strafvollzugsgesetzes, nämlich das Hinführen zu einem künftigen Leben ohne Straftaten, aufgrund fehlender Zukunftsperspektiven in der Bundesrepublik Deutschland nicht erreicht werden können.

Ungeachtet der Tatsache, daß prozentual gesehen nur ein kleiner Teil von Gefangenen an einem Täter-Opfer-Ausgleich teilnehmen könnte, ist die Frage zu beantworten, ob hierdurch ein Beitrag zur Schadensminderung beim Opfer geleistet werden kann.

Aufgrund der vielgestaltigen Bedürfnisse von Geschädigten kann davon ausgegangen werden, daß im Rahmen von Täter-Opfer-Ausgleichsverfahren Regelungen zwischen den Beteiligten zustande kommen können, die beiden Seiten gerecht werden.

Die Bedürfnisse der Opfer von Straftaten nach einer finanziellen Wiedergutmachung sind groß. Ein umfassender Schadensersatz durch die Gefangenen ist wegen der unzureichenden finanziellen Lage der Inhaftierten derzeit jedoch kaum möglich. Ein bedeutender Schritt zur Schaffung der Voraussetzungen für eine materielle Wiedergutmachung ist die Anhebung des Arbeitsentgelts im Strafvollzug. Aufgrund einer verfassungsrichterlichen Entscheidung aus dem Jahr 1998[748] erfolgte die Erhöhung des Arbeitsentgelts auf 9 v. H. der Eckvergütung durch das 5. StVollzÄndG[749] ab dem

---

[748]*BVerfG*, Urteil v. 01.07.1998 - 2 BvR 441/90 -- 2 BvR 493/90 --2 BvR 618/92 -- 2 BvR 212/93 -- 2 BvL 17/97 -, in ZfStrVo 4/98, 242-249(245)

[749]Fünftes Gesetz zur Änderung des Strafvollzugsgesetzes vom 27.12.2000, BGBl. I S. 2043

01.01.2001. In den meisten Fällen wird die nur geringe Anhebung der Entlohnung aber kaum ausreichen, um den Opfern der Straftaten als Wiedergutmachung zugute zu kommen. Vielfach bestehen neben deren Schadensersatzforderungen beträchtliche Unterhaltsansprüche von Ehefrau und Kindern, die vorrangig zu tilgen sind. Darüber hinaus existieren oftmals gegenüber weiteren Gläubigern Verbindlichkeiten, so daß den Opfern letztlich nur bedingt mit einer geringen Anhebung des Arbeitsentgelts gedient ist.

Der geldwerte Ersatz allein greift jedoch zu kurz, wenn es um die Wiedergutmachung der durch die Straftat verursachten Schäden geht. Neben dem finanziellen Verlust treten häufig physische und psychische Beeinträchtigungen auf, die in gleichem Maße beachtet werden müssen.

Die unterschiedlichen Schadenskategorien stehen gleichwertig nebeneinander, keine Verletzung ist aus sich heraus schwerwiegender als die anderen. Es steht allein den Opfern zu, jeweils für ihre eigene Situation festzustellen, welche Schädigung besteht und inwiefern Wiedergutmachung geleistet werden soll. Das bedeutet für eine opferbezogene Gestaltung des Strafvollzuges, daß alle nachteiligen Folgen von Straftaten im Rahmen des Täter-Opfer-Ausgleichs berücksichtigt werden können und müssen. Die Durchführung von Maßnahmen, die einen materiellen Schadensausgleich begünstigen, wie die heute schon praktizierte Schuldnerberatung oder die finanzielle Unterstützung von Gefangenen durch Resozialisierungsfonds, ist daher nur ein - wenn auch bedeutender - Teilaspekt der Opferorientierung.

Deshalb sind im Rahmen des Täter-Opfer-Ausgleichs auch Maßnahmen, die keinen vergleichbaren finanziellen Mehraufwand für den Straftäter nach sich ziehen, aufzugreifen. Denkbar ist beispielsweise ein Entschuldigungsschreiben des Täters an das Opfer oder ein Geschenk als Entschuldigung, dessen Preis die Höhe des verursachten materiellen Schadens nicht erreichen muß. Vielfach ist für die Opfer darüber hinaus die Frage von Bedeutung, was nach einer Haftentlassung ihres Peinigers geschieht. Gerade bei Beziehungstaten oder bei Tätern aus dem familiären Kreis ist häufig eine künftige Konfrontation des Opfers mit dem Täter voraussehbar. Die Angst vor Rache oder weiteren Beeinträchtigungen seitens des Straftäters verursacht oftmals psychische Probleme, die durch ein erklärendes Schreiben des Gefangenen oder ein Ausgleichsgespräch gemildert oder wenigstens verarbeitet werden können.

Unabhängig von einem finanziellen Schadensersatz sind daher regelmäßig immaterielle Aspekte der Wiedergutmachung vorhanden, die im Rahmen eines Täter-Opfer-Ausgleichs aufgegriffen und Gegenstand einer Vereinbarung zwischen Täter und Opfer sein können.

Die Frage der Praktikabilität von opferbezogenen Maßnahmen der Vollzugsgestaltung stellt sich nicht nur bezüglich der Beteiligungsbereitschaft und Handlungsfähigkeit der „Hauptakteure" Täter und Opfer, sondern auch im Hinblick auf die am Täter-Opfer-Ausgleich beteiligten Vollzugsbediensteten. Den Bediensteten kommt in diesem Zusammenhang eine gewichtige Rolle zu, da sie durch ihre Arbeit den wesentlichen Ablauf des Vollzugsalltages prägen und darüber hinaus - insbesondere im Rahmen der im Vollzug durchgeführten Behandlungsmaßnahmen - in einem gewissen Umfang der Interessenwahrnehmung der Gefangenen dienen.

Das Einbeziehen von Opferinteressen in die Gestaltung des Strafvollzuges muß daher durch möglichst alle im Strafvollzug wirkenden Personen getragen werden. Hemmend kann sich hierbei eine - in der Untersuchung teilweise erkennbare - resignierte Haltung auswirken, die mit gewissen Vorurteilen gegenüber Gefangenen und Zweifeln am Sinngehalt der eigenen Arbeit einhergeht. Allein durch die Erklärung oder Festschreibung eines neuen Behandlungsansatzes kann diese Einstellung nicht positiv beeinflußt werden.

Um eine breite Akzeptanz des Täter-Opfer-Ausgleichs als Gestaltungsmaßnahme in den Reihen der Vollzugsbediensteten zu fördern, müssen diese über das Konzept und die Auswirkungen von opferbezogenen Maßnahmen der Vollzugsgestaltung aufgeklärt werden.

Möglichkeiten hierzu bestehen überwiegend im Rahmen von Schulungen und Seminaren. Zweckmäßig ist es in diesem Zusammenhang, die Erfahrungen von Vollzugspraktikern mit Täter-Opfer-Ausgleichsverfahren in die Seminare einzubringen. Denn konkrete Informationen aus erster Hand werden eher aufgenommen als abstrakte Ausführungen von Vortragenden, die nicht den Reihen der eigenen Berufsgruppe entstammen. Denkbar ist weiterhin die Einrichtung langfristig durchzuführender Programme, wie beispielsweise ein regelmäßiger Austausch der Vollzugsbediensteten untereinander unter Anleitung eines Supervisors. Diese fachlichen Anleitungen bieten dem Personal ein Forum, um festgefahrene Rollenzuschreibungen und Selbsteinschätzungen zu überdenken. Dauerhafte Fortbildungen geben den Beteiligten ebenfalls genügend Raum, die gesammelten Erfahrungen in der Diskussion mit Kollegen zu reflektieren und zu verarbeiten. Als flankierender Bestandteil bei der Einführung opferbezogener Maßnahmen sollten daher entsprechende Gesprächskreise eingerichtet werden.

Für die Mitarbeiter der pädagogischen, psychologischen und seelsorgerischen Dienste im Strafvollzug beinhaltet die Integration der Opferinteressen in die Gestaltung des Strafvollzuges die meisten Änderungen. Bezüglich dieser Bediensteten stellt sich die Frage, ob sie in die Durchführung des Täter-Opfer-Ausgleiches im Strafvollzug eingebunden werden können. Bereits aufgrund ihrer Berufsausbildung und Stellung innerhalb des Vollzuges wären sie als vermittelnde Person einsetzbar.

Den bei einem Täter-Opfer-Ausgleich eingesetzten Vermittlern kommt neben dem Täter und dem Opfer ein besonderes Gewicht zu. Diese „neutralen Dritten" leiten das gesamte Verfahren und tragen dadurch wesentlich zum Gelingen des Ausgleichsverfahrens bei. Ihnen obliegt es, die Interessen der Opfer mit denen der Täter zu verbinden. Im Verlauf des Täter-Opfer-Ausgleichs sorgen sie für eine angemessene Berücksichtigung der Opferbelange und können zugleich verhindern, daß der Täter überfordert wird. Als Ansprechpartner beider beteiligten Parteien unterstützen sie mit ihrer Arbeit insoweit weder einseitig die Geschädigten noch die Straftäter.

Weil eine derartige Rollenzuschreibung in der Praxis von Täter-Opfer-Ausgleichsprojekten mit Erfolg zum Tragen kommt, sollte im Strafvollzug nicht von diesem Konzept abgewichen werden.

Um eine erfolgreiche Durchführung des Täter-Opfer-Ausgleichs im Strafvollzug zu gewährleisten, sollten die Aufgaben im Zusammenhang mit der opferbezogenen Gestaltung des Vollzuges nicht insgesamt auf die Vollzugsbediensteten übertragen werden.

Die für den Vermittler beim Täter-Opfer-Ausgleich wesentliche neutrale Haltung ist bereits mit dem eigentlichen Berufsfeld der Fachdienste im Vollzug nicht zu vereinbaren. Das Vollzugspersonal hat u.a. die Funktion des „Ansprechpartners" für die Gefangenen. In ihnen finden sie Vertreter ihrer Interessen, an die sie sich bei Handlungsbedarf wenden können. Daraus folgt die eindeutige Zuordnung zu den Fürsprechern der Gefangenen. Jede Veränderung dieses Zustandes wäre mit einem Vertrauensverlust seitens der Strafgefangenen verbunden. Die Wahrung der Neutralität der Vermittler ist jedoch eine maßgebliche Voraussetzung für den Verlauf eincs Täter-Opfer-Ausgleichs, damit neben den Interessen der Täter die der Opfer gleichberechtigt vertreten werden können. Bereits unter diesem Aspekt ist einer Beteiligung von Fachkräften für Täter-Opfer-Ausgleichsverfahren, die nicht an den Strafvollzug gebunden sind, der Vorzug zu geben.

Für den Rückgriff auf die Hilfe außervollzuglicher sozialer Einrichtungen sprechen weiterhin organisatorische Gründe. Die mit den Ausgleichsverfahren verbundene Wahrnehmung der Interessen von Täter und Opfer schließt einen persönlichen Kontakt mit beiden Beteiligten in jedem Fall ein. Für eine intensive Beschäftigung der Vollzugsbediensteten mit den Geschädigten dürfte jedoch nur wenig Spielraum vorhanden sein, da sie genau wie die Gefangenen räumlich an die Justizvollzugsanstalt gebunden sind. Die Überwindung der Entfernung zum Opfer und die Auseinandersetzung mit diesem nähme zu viel Zeit in Anspruch, die für die Erledigung anderer vollzuglicher Aufgaben fehlen würde. Für eine täterbezogene und gleichzeitig der Opferhilfe gewidmete Vollzugsgestaltung mangelt es daher an den notwendigen personellen Ressourcen.

Diesen Schwierigkeiten könnte sowohl durch die Aufstockung des für diesen Aufgabenbereich eingesetzten Personals begegnet werden als auch durch die Schaffung von Justizvollzugsanstalten nach dem Modell der schweizerischen Vollzugsanstalt „Saxerriet", in der durch personalintensive Betreuungsarbeit Wiedergutmachungsleistungen der Strafgefangenen an ihre Opfer gewährleistet werden. Da die Verwirklichung dieser Vorschläge mit sehr großen finanziellen Ausgaben verbunden ist, die angesichts der politisch eher randständigen Bedeutung des Strafvollzuges nicht aufgebracht werden dürften, ist bei realistischer Betrachtung eine Veränderung in dieser Weise in naher Zukunft nicht zu erwarten.

Auch durch den Einsatz von ehrenamtlichen Helfern können die im Strafvollzug fehlenden personellen Ressourcen nicht ausgeglichen werden. Ehrenamtliche Kräfte ohne entsprechende berufliche Qualifikation dürften mit der Wahrnehmung der bei Täter-Opfer-Ausgleichsverfahren an sie herangetragenen Aufgaben regelmäßig überfordert sein. Die als Vermittler eingesetzten Personen müssen Fachkräfte mit speziellen Kenntnissen sein, die aufgrund ihrer bisherigen Erfahrungen mit den Bedürfnissen von Tätern und Opfern verantwortungsvoll umgehen können. Im Verlauf eines komplexen Täter-Opfer-Ausgleichsverfahrens kann es zu vielgestaltigen Situationen kommen, in denen psychologische und pädagogische Fähigkeiten erforderlich sind, um auf die Interessen der Beteiligten angemessen reagieren zu können. So ist jeder Täter-Opfer-Ausgleich mit der Aufarbeitung der eigenen Vergangenheit verbunden, die aufgrund der bei der Konfliktschlichtung behandelten Thematik der Straffälligkeit größtenteils unter negativen Gesichtspunkten betrachtet wird. Hierbei können Streßsituationen hervorgerufen werden, zu deren Bewältigung professionelle Hilfestellung unerläßlich ist. Denn nur so wird gewährleistet, daß das Erfordernis einer über das Ausgleichsverfahren hinausgehenden Beratung frühzeitig erkannt wird bzw. bereits vorhandene Schäden nicht durch falsches Vorgehen verschlimmert werden.

Das bedeutet aber nicht die Notwendigkeit der ausnahmslosen Übertragung aller im Zusammenhang mit einem Täter-Opfer-Ausgleich anfallenden Tätigkeiten auf externe Kräfte. Insbesondere bei Maßnahmen im Rahmen der Entscheidungsfindung über die konkrete Durchführung eines Täter-Opfer-Ausgleichs oder solchen ohne direkte Opferteilnahme ist der Einsatz von Vollzugspersonal vorteilhaft. In den genannten Situationen können die Vollzugsbediensteten am besten auf die Interessen der Gefangenen eingehen, da sie für diese grundsätzlich erreichbar sind. Gleichzeitig können die Bediensteten die Ernsthaftigkeit der Bemühungen um einen Ausgleich besser beurteilen, da sie durch die Kontakte in den Justizvollzugsanstalten mehr Informationen von den Gefangenen und über diese erhalten.

Werden die im Rahmen der opferbezogenen Gestaltung des Strafvollzuges entstehenden Aufgabenbereiche auf zwei voneinander unabhängige Institutionen verteilt, ist die deutliche Trennung der jeweils zu erfüllenden Aufträge erforderlich. Durch eine offenkundige Unterscheidung werden Kompetenzstreitigkeiten ebenso verhindert wie die Verquickung der Frage der Gewährung von Vollzugslockerungen mit der des Verhaltens der Gefangenen bei einem Täter-Opfer-Ausgleich. Auf dieser Grundlage ist eine reibungslose Zusammenarbeit der beim Täter-Opfer-Ausgleich eingesetzten Kräfte möglich.

Während der Entscheidungsphase der Gefangenen bezüglich einer Durchführung des Täter-Opfer-Ausgleichs sollten sinnvollerweise die Vollzugsbediensteten die Gefangenen betreuen. Zu anzubietenden Maßnahmen in dieser Phase zählen Einzelgespräche mit den Tätern, z.B. im Rahmen von regelmäßigen Sprechstunden, ebenso wie gruppenbezogenes Arbeiten. In Gesprächsrunden könnte der Austausch von Meinungen und Erfahrungen der Gefangenen zu einer Öffnung für opferbezogene Themen führen. Denkbar sind Gespräche zu Fragestellungen wie beispielsweise: „Der Umgang mit Schulden und Schuldnern" oder „Die Rückkehr in die Freiheit - die Konfrontation mit dem Leben vor der Inhaftierung". Die Aufnahme von Themen, die nicht ausschließlich mit Opfern von Straftaten in Verbindung stehen, bietet den Vorteil, daß viele Inhaftierte angesprochen werden. In der Diskussion zutage tretende opferbezogene Ansatzpunkte können dann im weiteren von den sitzungsleitenden Sozialpädagogen, Seelsorger oder Psychologen aufgenommen und in der Runde vertiefend erörtert werden.

Hat sich ein Gefangener für einen Täter-Opfer-Ausgleich entschieden, ist durch die von der Justizvollzugsanstalt zu diesem Zweck eingesetzte Person eine geeignete Institution zur Durchführung des Verfahrens einzuschalten. Für die Frage der Eignung des Vermittlers ist das Vorhandensein von Erfahrung auf dem Gebiet des Täter-Opfer-Ausgleichs ebenso wichtig wie Kenntnisse von der Gefangenenarbeit. Letzteres erscheint sinnvoll, um die zusätzlich im Verfahren auftretenden Schwierigkeiten bei der Zusammenarbeit - von der Überwindung der Gefängnismauern für das Gespräch mit dem Gefangenen bis hin zum Umgang mit den Problemen der Gefangenen mit dem Vollzugsleben - möglichst souverän zu handhaben.

Sobald eine einverständliche Vereinbarung zwischen dem Strafgefangenen und dem Vermittler über die Durchführung des Täter-Opfer-Ausgleichs vorliegt, ist das Ausgleichsverfahren vollständig in die Verantwortung des externen Vermittlers zu legen. Für die Vollzugsbediensteten bedeutet dies, daß sie auf die weitere Vorgehensweise im Rahmen des Täter-Opfer-Ausgleichs keinen Einfluß nehmen können und darüber hinaus keinerlei Informationen über den Inhalt der Gespräche erhalten.

Nicht nur aus datenschutzrechtlichen Gründen ist es erforderlich, einen Informationsfluß aus dem Kreis der Beteiligten heraus an Dritte zu vermeiden. Das Gelingen oder Mißlingen von Täter-Opfer-Ausgleichsverfahren darf keinesfalls als Anlaß genommen werden, um andere Maßnahmen der Gestaltung des Vollzuges zu gewähren bzw. zu versagen. Die Verschwiegenheit über das Geschehene ist daher unabdingbare Voraussetzung für eine vertrauensvolle Zusammenarbeit während des Ausgleichsverfahrens. Weder ist für die Durchführung des Verfahrens ein Austausch von Informationen zwischen Vollzugsbediensteten und dem Vermittler notwendig noch muß die Gefange-

nenpersonakte vorab von dem Vermittler zur Sicherung des Verfahrensablaufs eingesehen werden. Im Gespräch mit dem Gefangenen kann der relevante Tathintergrund in
ausreichendem Maße beleuchtet werden. Allenfalls zur Information über das Opfer
sollte eine Akteneinsicht in Betracht gezogen werden, selbstverständlich erst nach
Einwilligung des Gefangenen. Im Verlauf des Täter-Opfer-Ausgleichs besteht ausreichend Gelegenheit, die dabei von Täter und Opfer erhaltenen Informationen als
Grundlage der Beschreibung des Konflikts zu nutzen. An dieser Stelle kann die Auseinandersetzung über die Tat mit professioneller Hilfe erfolgen und die Konfliktsitua-
tion in Zusammenarbeit der Beteiligten einer für Täter und Opfer zufriedenstellenden
Ausgleichsvereinbarung zugeführt werden.

**Insgesamt kann festgehalten werden, daß eine Berücksichtigung von Opferinter-
essen im Rahmen der Gestaltung des Strafvollzuges die Förderung des heute
praktizierten Behandlungsvollzugs bewirkt. Sofern die entsprechenden sachlichen und personellen Voraussetzungen geschaffen werden, kann der Täter-
Opfer-Ausgleich im Vollzug als wirksame Maßnahme zum Zweck der Resozialisierung von Gefangenen sinnvoll eingesetzt werden.**

Trotz der allgemeinen Akzeptanz einer Verfolgung von Opferinteressen im Rahmen
des Strafrechts darf jedoch nicht verkannt werden, daß es sich bei dem Täter-Opfer-
Ausgleich lediglich um *eine* Maßnahme von vielen im Gefüge des Behandlungsvollzuges handeln kann. Denn weder kann die Bereitschaft aller Gefangenen zu einer
Teilnahme an einem Täter-Opfer-Ausgleich gewährleistet werden noch kann der
Strafvollzug in einer Weise umstrukturiert werden, mit der die Grundlagen einer umfassenden Opferorientierung geschaffen werden.

Die aufgezeigten Möglichkeiten des Täter-Opfer-Ausgleichs im Strafvollzug müssen
nunmehr praktisch umgesetzt werden, um den positiven Effekt der Opferorientierung
möglichst wirkungsvoll aufzugreifen. Insoweit ist die vollzugliche Praxis gefordert,
die bislang wenig beachteten Interessen der Opfer bei der Gestaltung des Strafvollzuges zu wahren.

Literaturverzeichnis

AKStVollz (1990): Wassermann, Rudolf (Gesamthrsg.) Kommentar zum Strafvollzugsgesetz. Reihe Alternativkommentare. Darmstadt 1990, 3. Auflage. (Zit.: Bearbeiter in: AKStVollz 1990, §, RN)

AKStVollz (2000): Feest, Joachim (Gesamthrsg.) Kommentar zum Strafvoll-zugsgesetz. Reihe Alternativkommentare. Neuwied 2000, 4. Auflage. (Zit.: Bearbeiter in: AKStVollz 2000, §, RN)

AKStVollz (2001): Feest, Joachim (Gesamthrsg.) Kommentar zum Strafvoll-zugsgesetz. Reihe Alternativkommentare Ergänzung. Neuwied 2001, 4. Auflage. (Zit.: Bearbeiter in: AKStVollz 2001 §, RN)

Arbeiterwohlfahrt (1989): „Stellungnahme der Arbeiterwohlfahrt zum Gesetzentwurf zur Änderung des Strafvollzugsgesetzes" in: ZfStrVo 1989, S. 237-239.

Atteslander, Peter (1995): Methoden der empirischen Sozialforschung. Berlin 1995, 8. Auflage.

Bandell, Dieter (1986): „Erfahrungen mit dem Strafvollzugsgesetz aus der Sicht der Praxis" in: Gesellschaft für Rechtspolitik, Trier (Hrsg.) Bitburger Gespräche. Jahrbuch 1986/2. München 1986, S. 53-64.

Bannenberg, Britta / **Rössner**, Dieter (1993): „Täter-Opfer-Ausgleich im künftigen Strafrecht" in: Hering, Rainer-Dieter / Rössner, Dieter (Hrsg.) Täter-Opfer-Ausgleich im allgemeinen Strafrecht. Schriftenreihe der Deutschen Bewährungshilfe e.V. Band 28. Bonn 1993, S. 319-339.

Baumann, Jürgen et.al. (1969): Alternativ-Entwurf eines Strafgesetzbuches Allgemeiner Teil. Tübingen 1969, 2. Auflage.

Baumann, Jürgen et. al. (1973): Alternativ-Entwurf eines Strafvollzugsgesetzes. Tübingen 1973.

Baumann, Jürgen et. al. (1992): Alternativ-Entwurf Wiedergutmachung (AE-WGM). Arbeitskreis deutscher, schweizerischer und österreichischer Strafrechtslehrer. München 1992.

Baurmann, Michael C. (1996): Sexualität, Gewalt und psychische Folgen. BKA-Forschungsreihe Band 15. Wiesbaden 1996, 2. nahezu unveränderte Auflage.

Baurmann, Michael C. / **Schädler**, Wolfram (1991): Das Opfer nach der Straftat - seine Erwartungen und Perspektiven. BKA-Forschungsreihe Band 22. Wiesbaden 1991.

Bieri, Susann / **Ferel**, Alexa (1994): Täter-Opfer-Ausgleich: Ansatz einer kriminalpolitischen Reform im Strafrecht. Schriftenreihe Soziale Arbeit Band 14. Stuttgart 1994.

Böhm, Alexander (1984): „Der ausländische Strafgefangene im Spannungsfeld zwischen Resozialisierungsauftrag des Strafvollzuges und Zielsetzung des Ausländerrechts" in: Schäfer, Karl / Sievering, Ulrich O. (Hrsg.) Ausländerrecht contra Resozialisierung? Beiträge zur Problematik straffällig gewordener Ausländer in der Bundesrepublik Deutschland. Arnoldshainer Texte Band 21. Frankfurt / Main 1984, S. 118-134.

Böhm, Alexander (1994): „Praktische Erfahrungen mit Opferschutz und Opferhilfe" in: Kaiser, Günther / Jehle, Jörg-Martin (Hrsg.) Kriminologische Opferforschung: Neue Perspektiven und Erkenntnisse. Teilband I: Grundlagen - Opfer und Strafrechtspflege - Kriminalität der Mächtigen und ihre Opfer. Heidelberg 1994, S. 99-115.

Bortz, Jürgen / **Döring**, Nicola (1995): Forschungsmethoden und Evaluation. Berlin 1995, 2. Auflage.

Brenzikofer, Paul (1982): „Bemühungen um Opfer von Verbrechen in der Schweiz" in: Schneider, Hans Joachim (Hrsg.) Das Verbrechensopfer in der Strafrechtspflege, Psychologische, kriminologische, strafrechtliche und strafverfahrensrechtliche Aspekte. Berlin 1982, S. 367-373.

Brenzikofer, Paul (1986): „Täter- und opferorientierte Arbeit - Beispiele der Gegenwart, der Vergangenheit und der Zukunft" in: Haesler, Walter T. (Hrsg.) Viktimologie. Grüsch (Schweiz) 1986, S. 219-225.

Brenzikofer, Paul (1996): „Wiedergutmachung im Freiheitsentzug. Erfahrungsbericht aus der Strafanstalt Saxierriet" in: Lösch, Manfred (Hrsg.) Täter-Opfer-Ausgleich im Strafvollzug? Perspektiven und Grenzen von Tataufarbeitung und Schadenswiedergutmachung für Opfer und Täter/innen. Berlin 1996, S. 5-22.

Brenzikofer, Paul (1997): „Wiedergutmachungsformen im Freiheitsentzug. Erfahrungsbericht aus der Strafanstalt Saxerriet" in: Hassemer, Elke / Marks, Erich / Meyer, Klaus (Hrsg.) Zehn Jahre Täter-Opfer-Ausgleich und Konfliktschlichtung. Der Täter-Opfer-Ausgleich als Teil einer gesellschaftlichen Entwicklung zu mehr außergerichtlicher Konfliktregulierung? Schriftenreihe der Deutschen Bewährungshilfe Band 34. Bonn 1997, S. 377-392.

Bund der Strafvollzugsbediensteten (1989): „Stellungnahme des BSBD zu dem Entwurf eines Gesetzes zur Änderung des Strafvollzugsgesetzes" in: BlfStrVK Nr. 4/5. August 1989, S. 1-3.

Bundesarbeitsgemeinschaft der Freien Wohlfahrtspflege e.V. (1989): „Stellungnahme der Bundesarbeitsgemeinschaft der Freien Wohlfahrtspflege e.V., Bonn, zum Entwurf eines Gesetzes zur Änderung des Strafvollzugsgesetzes (BT-Drucksache 11/3694 vom 08.12.1988)" in: ZfStrVo 1989, S. 303-305.

Bundesarbeitsgemeinschaft der Sozialarbeiter / Sozialpädagogen bei den Justizvollzugsanstalten e.V. (1989): „Stellungnahme zum Gesetzentwurf des Bundesrates zur Änderung des Strafvollzugsgesetzes (vom 27.1.1989) - Drucksache 270/88 vom 23.9.1988 und Drucksache 11/3694 vom 8.12.1988 -" in: ZfStrVo 1989, S. 111-113.

Bundesministerium der Justiz (1988): Schadenswiedergutmachung im Kriminalrecht. Bonn 1988.

Bundesministerium der Justiz (1992): Täter-Opfer-Ausgleich: Zwischenbilanz und Perspektiven. Symposium vom 19.-21. Juni 1989 im Wissenschaftszentrum Bonn. Bonn 1992, 2. unveränderte Auflage.

Busch, Max / **Fülbier**, Paul / **Meyer**, Friedrich-Wilhelm (vorgelegt von) (1987): Bundesministerium für Jugend, Familie, Frauen und Gesundheit (Hrsg.) Zur Situation der Frauen von Inhaftierten. Band 194/1. Bonn 1987.

Calliess, Rolf-Peter (1990): Stenographische Protokolle der 71. Sitzung des Rechtsausschusses des Deutschen Bundestages vom 16.02.1990, S. 3 ff ; S.82-85.

Calliess, Rolf-Peter / **Müller-Dietz**, Heinz (1998): Strafvollzugsgesetz. München 1998, 7. Auflage.

Calliess, Rolf-Peter / **Müller-Dietz**, Heinz (2002): Strafvollzugsgesetz. München 2002, 9. Auflage.

Cornel, Heinz (1995): „Resozialisierung - Klärung des Begriffs, seines Inhalts und seiner Verwendung" in: Cornel, Heinz / Maelicke, Bernd / Sonnen, Bernd-Rüdeger (Hrsg.) Handbuch der Resozialisierung. Baden-Baden 1995, S.13-53.

DBH-Materialien (1995): Täter-Opfer-Ausgleich. Materialien für eine Diskussion zusammengestellt vom Servicebüro für Täter-Opfer-Ausgleich und Konfliktschlichtung. DBH Materialien Nr. 28. Deutsche Bewährungs-, Gerichts- und Straffälligenhilfe e.V.. Bonn-Bad Godesberg 1995.

Delattre, Gerd / **Wandrey**, Michael (1995): „Täter-Opfer-Ausgleich im Gefängnis? Perspektiven und Grenzen von Konfliktregelung und Schadenswiedergutmachung im Strafvollzug" in: Deutsche Bewährungs-, Gerichts- und Straffälligenhilfe e.V. (Hrsg.) Täter-Opfer-Ausgleich. Materialien für eine Diskussion zusammengestellt vom Servicebüro für Täter-Opfer-Ausgleich und Konfliktschlichtung. DBH Materialien Nr. 28. Bonn-Bad Godesberg 1995, S. 19-39.

Dölling, Dieter (1987): „Diskussionsbericht" in: Schöch, Heinz (Hrsg.) Wiedergutmachung und Strafrecht. Neue Kriminologische Studien Band 4. München 1987.

Dölling, Dieter (1992): „Der Täter-Opfer-Ausgleich" in: JZ 1992, S. 493-499.

Dünkel, Frieder (1989): „Täter-Opfer-Ausgleich und Schadenswiedergutmachung - neuere Entwicklungen des Strafrechts und der Strafrechtspraxis im internationalen Vergleich" in: Marks, Erich / Rössner, Dieter (Hrsg.): Täter-Opfer-Ausgleich: Vom zwischenmenschlichen Weg zur Wiederherstellung des Rechtsfriedens. Schriftenreihe der Deutschen Bewährungshilfe e.V. Band 12. Bonn 1989, S. 394-463.

Dünkel, Frieder (1990 a): Stenographische Protokolle der 71. Sitzung des Rechtsausschusses des Deutschen Bundestages vom 16.02.1990, S. 89-99.

Dünkel, Frieder (1990 b): „Stellungnahme zum Entwurf eines Gesetzes zur Änderung des Strafvollzugsgesetzes" in: ZfStrVo 1990, S. 105-108.

Dünkel, Frieder (1996): Empirische Forschung im Strafvollzug: Bestandsaufnahmen und Perspektiven. Bonn 1996.

Dünkel, Frieder (2000): „Resozialisierungsvollzug (erneut) auf dem Prüfstand" in: Jehle, Hans-Martin (Hrsg.) Täterbehandlung und neue Sanktionsformen - kriminalpolitische Konzepte in Europa. Neue kriminologische Schriftenreihe der Neuen Kriminologischen Gesellschaft e.V. Bd. 106. Mönchengladbach 2000. S. 379-414.

Dünkel, Frieder / **Kunkat**, Angelika (1997): „Zwischen Innovation und Restauration" in: NK 2/1997, S. 24-33.

Eisenhardt, Ulrich (1995): Deutsche Rechtsgeschichte. München 1995, 2. Auflage.

Eppenstein, Dieter (1992): „Täter-Opfer-Ausgleich: Zwischenbilanz und Perspektiven" in: Bundesministerium der Justiz (Hrsg.) Täter-Opfer-Ausgleich: Zwischenbilanz und Perspektiven. Symposium vom 19.-21. Juni 1989 im Wissenschaftszentrum Bonn. Bonn 1992, 2. unveränderte Auflage, S. 34-39.

Fachausschuß I (1988): Schadenswiedergutmachung im Kriminalrecht: Untersuchung des Fachausschusses I „Strafrecht und Strafvollzug" des Bundesverbandes der Straffälligenhilfe e.V.. Bundesministerium der Justiz (Hrsg.). Bonn 1988.

Fattah, Ezzat Abdel (1967): „Vers une typologie criminologique des victimes" in: Revue internationale de police criminelle, 1967, S. 162-169.

Fattah, Ezzat Abdel (1979): „Die Opferwerdung - Risiko, Erfahrung und Nachwirkungen" in: Kirchhoff, Gerd Ferdinand / Sessar, Klaus (Hrsg.) Das Verbrechensopfer. Bochum 1979, S. 179-197.

Feltes, Thomas (1990): „Die individuellen Rechte der von alternativer Strafjustiz betroffenen Jugendlichen und Heranwachsenden" in: ZfStrVo 1990, S. 139-143.

Frehsee, Detlev (1992): „Täter-Opfer-Ausgleich aus rechtstheoretischer Perspektive" in: Bundesministerium der Justiz (Hrsg.) Täter-Opfer-Ausgleich: Zwischenbilanz und Perspektiven. Symposium vom 19.-21. Juni 1989 im Wissenschaftszentrum Bonn. Bonn 1992, 2. unveränderte Auflage, S. 51-60.

Freytag, Harald (1989): Entschuldungsprogramme für Straffällige: Eine kriminologisch-empirische Untersuchung unter besonderer Berücksichtigung des hessischen „Resozialisierungsfonds". Schriftenreihe der Deutschen Bewährungshilfe e.V. Band 9. Bonn 1989.

Gasser, R. (1965): Victimologie: Kritische Betrachtungen zu einem neuen kriminologischen Begriff. (Diss.Zürich) Chur 1965.

Geis, Gilbert (1982): „Die Anwendung der viktimologischen Forschung auf die Wiedereingliederung des Opfers in die Gesellschaft" in: Schneider, Hans Joachim (Hrsg.) Das Verbrechensopfer in der Strafrechtspflege. Berlin 1982, S. 339-353.

Göppinger, Hans (1980): Kriminologie. München 1980, 4. Auflage.

Göppinger, Hans (Begr.) (1997): Kriminologie (Bock, Michael / Böhm, Alexander (Bearb.)). München 1997, 5. Auflage.

Hagemann, Otmar (1993): Wohnungseinbrüche und Gewalttaten: Wie bewältigen Opfer ihre Verletzungen? Hamburger Studien zur Kriminologie Band 15. Pfaffenweiler 1993.

Hanak, Gerhard (1982): „Diversion und Konfliktregelung. Überlegungen zu einer alternativen Kriminalpolitik bzw. zu einer Alternative zur Kriminalpolitik" in: KrimsozBibl 1982, Heft 35, S. 1-39.

Hartmann, Arthur (1995): Schlichten oder Richten: der Täter-Opfer-Ausgleich und das (Jugend-)Strafrecht. Neue Kriminologische Studien Band 13. München 1995.

Hartmann, Arthur (1997): „Forschungskonzept der bundesweiten TOA-Statistik" in: Hassemer, Elke / Marks, Erich / Meyer, Klaus (Hrsg.) Zehn Jahre Täter-Opfer-Ausgleich und Konfliktschlichtung. Der Täter-Opfer-Ausgleich als Teil einer gesellschaftlichen Entwicklung zu mehr außergerichtlicher Konfliktregulierung? Bericht über das Forum 1995 für Täter-Opfer-Ausgleich und Konfliktschlichtung vom 7. bis 9. Juni 1995. Bonn 1997, S. 413-477.

Hartmann, Ingrid (1995): Täter-Opfer-Ausgleich im Spannungsfeld von Anspruch und Wirklichkeit. (Diss.) Hannover 1995.

Hartwig, Jürgen (1991): „Straffälligenhilfe und Opferhilfe - Überlegungen zum Täter-Opfer-Ausgleich und zur Opferhilfe" in: ZfStrVo 1991, S. 106-108.

Heinrich, Manfred (1995): „Ansätze zur Reform des Erwachsenenstrafvollzugs" in: JA 1995, S. 75-82.

Heinz, Wolfgang (1993): Stichwort „Opfer und Strafverfahren" in: Kaiser, Günther / Kerner, Hans-Jürgen / Sack, Fritz / Schellhoss, Hartmut (Hrsg.) Kleines Kriminologisches Wörterbuch. Heidelberg 1993, 3. Auflage, S. 372-37.

Hering, Rainer-Dieter (1988): „Täter-Opfer-Beziehungen / Schadenswiedergutmachung - Ausgleichsmöglichkeiten und ihre Grenzen" in: Schriftenreihe des Bundesverbandes der Straffälligenhilfe e.V. Heft Nr. 33 „Gemeinsam den Rückfall verhindern". Bonn 1988, S. 145-154.

Hering, Rainer-Dieter / **Rössner,** Dieter (1993): Täter-Opfer-Ausgleich im allgemeinen Strafrecht. Theorie und Praxis konstruktiver Tatverarbeitung: Grundlagen, Modelle, Resultate und Perspektiven. Bonn 1993.

Hermann, Dieter / **Streng,** Franz (1991): „Die Bewältigung eines Traumas. Zum Stellenwert spezifischer Opferstrategien im Viktimisierungsprozeß" in: BewHi 1991, S. 5-21.

Hermans, Danielle / **Lehmensiek,** Gerda (1991): „Opferhilfe: Eine sinnvolle und notwendige Ergänzung zur Straffälligenhilfe" in: Senator für Justiz und Verfassung der Freien Hansestadt Bremen (Hrsg.) Praktische Kriminalpolitik. Das System der Straffälligenhilfe im Land Bremen. Bremen 1991, S. 202-206.

Hillenstedt, Veronika (1993): „Vermittelnde Konfliktregelung nach gewalttätigem Verhalten" in: Marks, Erich / Meyer, Klaus / Schreckling, Jürgen / Wandrey, Michael (Hrsg.) Wiedergutmachung und Strafrechtspraxis. Erfahrungen, neue Ansätze, Gesetzesvorschläge. Bericht über das Forum 1992 für Täter-Opfer-Ausgleich und Konfliktschlichtung vom 10. bis 12. April 1992 in Bonn. Bonn 1993, S. 268-274.

Hinckeldey, Christoph (1984): „Der Katalog der Strafen" in: Hinckeldey, Christoph (Hrsg.) Justiz in alter Zeit. Rothenburg o.d.Tauber 1984, S. 327-352.

Hindelang, Michael J. (1986): „Opferbefragungen in Theorie und Forschung. Eine Einführung in das >>National Crime Survey Program<<" in: Schneider, Hans Joachim (Hrsg.) Das Verbrechensopfer in der Strafrechtspflege. Berlin 1986, S. 115-131.

Hirsch, Hans Joachim (1990): „Wiedergutmachung des Schadens im Rahmen des materiellen Strafrechts" in: ZStW 102 (1990), S. 534-562.

Hirt, Herman (1921): Etymologie der neuhochdeutschen Sprache. München 1921, 2. Auflage.

Hofmann, Olaf (1973): Die Schadenswiedergutmachung im Strafrecht (unter besonderer Berücksichtigung der Strafvollzugsreform). (Diss.) Mannheim 1973.

Hölling-Hermans, Danielle (1993): „Erfahrungen der BREMER HILFE e.V. mit dem Täter-Opfer-Ausgleich" in: Marks, Erich / Meyer, Klaus / Schreckling, Jürgen / Wandrey, Michael (Hrsg.) Wiedergutmachung und Strafrechtspraxis. Erfahrungen, neue Ansätze, Gesetzesvorschläge. Bericht über das Forum 1992 für Täter-Opfer-Ausgleich und Konfliktschlichtung vom 10. bis 12. April 1992 in Bonn. Bonn 1993, S. 309-317.

Institut für Sozialarbeit und Sozialpädagogik (1985): Neue Wege in der ambulanten Straffälligenhilfe. ISS-Materialien 31. Frankfurt am Main 1985.

Jacob, Bruce R. (1970): „Reparation or restitution by the criminal offender to his victim: applicability of an ancient concept in the modern correctional process" in: The Journal of Criminal Law, Criminology and Police Science Vol. 61, Nr. 2, 1970, S. 152-167.

Jahn, Gerhard (1971): „Vorwort" in: Bundesministerium der Justiz (Hrsg.) Entwurf eines Gesetzes über den Vollzug der Freiheitsstrafen und der freiheitsentziehenden Maßregeln der Besserung und Sicherung - Strafvollzugsgesetz - (Kommissionsentwurf). Karlsruhe 1971.

Jung, Heike (1977): „Das Strafvollzugsgesetz und die „Öffnung des Vollzugs"" in: ZfStrVo 1977, S. 86-92.

Jung, Heike (1987): „Behandlung als Rechtsbegriff" in: ZfStrVo 1987, S. 38-42.

Jung, Heike (1988): „Möglichkeiten und Grenzen eines Täter-Opfer-Ausgleichs" in: Bundesverband der Straffälligenhilfe e.V. (Hrsg.) Gemeinsam den Rückfall verhindern: Aktuelle Probleme der Straffälligenhilfe. Schriftenreihe des Bundesverbandes der Straffälligenhilfe e.V. Heft Nr. 33. Bonn 1988, S. 131-144.

Jung, Heike (1993): Stichwort „Viktimologie" in: Kaiser, Günther / Kerner, Hans-Jürgen / Sack, Fritz / Schellhoss, Hartmut (Hrsg.) Kleines Kriminologisches Wörterbuch. Heidelberg 1993, 3. Auflage, S. 582-588.

Justizministerium des Landes Nordrhein-Westfalen (1981): Zehn Jahre Einweisungsverfahren im Erwachsenenvollzug des Landes Nordrhein-Westfalen. Düsseldorf 1981.

Justizministerium des Landes Nordrhein-Westfalen (1990): Strafvollzug in Nordrhein-Westfalen. Geldern 1990, 8. Auflage.

Justizministerium des Landes Nordrhein-Westfalen (1992): Strafvollzug in Nordrhein-Westfalen. Geldern 1992, 9. Auflage.

Justizministerium des Landes Nordrhein-Westfalen (1994): Strafvollzug in Nordrhein-Westfalen. Geldern 1994, 10. Auflage.

Justizministerium des Landes Nordrhein-Westfalen (1997): Strafvollzug in Nordrhein-Westfalen. Geldern 1997, 11. Auflage.

Justizministerium des Landes Nordrhein-Westfalen (2000): Strafvollzug in Nordrhein-Westfalen. Geldern 2000, 12. Auflage.

Kaiser, Günther (1992): „Erfahrungen mit dem Täter-Opfer-Ausgleich im Ausland" in: Bundesministerium der Justiz (Hrsg.) Täter-Opfer-Ausgleich: Zwischenbilanz und Perspektiven. Symposium vom 19.-21. Juni 1989 im Wissenschaftszentrum Bonn. Bonn 1992, 2. unveränderte Auflage, S. 40-50.

Kaiser, Günter (1993): „Viktimologie" in: Albrecht, Peter-Alexis et.al. (Hrsg.) Festschrift für Horst Schüler-Springorum zum 65. Geburtstag. Köln 1993, S. 3-17.

Kaiser, Günther (1996): Kriminologie. Ein Lehrbuch. Heidelberg 1996, 3. Auflage.

Kaiser, Günther (1997): Kriminologie. Eine Einführung in die Grundlagen. Heidelberg 1997, 10. Auflage.

Kaiser, Günther / **Jehle**, Jörg-Martin (Hrsg.) (1994): Kriminologische Opferforschung. Neue Perspektiven und Erkenntnisse. Teilband I: Grundlagen, Opfer und Strafrechtspflege. Kriminalität der Mächtigen und ihre Opfer. Heidelberg 1994.

Kaiser, Günther / **Jehle**, Jörg-Martin (Hrsg.) (1995): Kriminologische Opferforschung. Neue Perspektiven und Erkenntnisse. Teilband II: Verbrechensfurcht und Opferwerdung - Individualopfer und Verarbeitung von Opfererfahrungen. Heidelberg 1995.

Kaiser, Günther / **Kerner**, Hans-Jürgen / **Schöch**, Heinz (1992): Strafvollzug: Ein Lehrbuch. Heidelberg 1992, 4.Auflage. (Zit.: Bearbeiter in: Kaiser/Kerner/Schöch 1992, §, RN)

Kawamura, Gabriele (1988): „Täter-Opfer-Ausgleich als professionelle soziale Intervention" in: Rundbrief Soziale Arbeit und Strafrecht - Schwerpunktheft zur 13. Bundestagung der Deutschen Bewährungshilfe, Juni 1988, Nr. 12, S. 34-36.

Kawamura, Gabriele (1994): „Täter-Opfer-Ausgleich und Wiedergutmachung im Strafvollzug?" in: ZfStrVo 1994, S. 3-7.

Kerner, Hans-Jürgen (1986): „Verbrechensfurcht und Viktimisierung" in: Haesler, Walter T. (Hrsg.) Viktimologie. Grüsch 1986.

Kiefl, Walter / **Lamnek**, Siegfried (1986): Soziologie des Opfers. München 1986.

Kilchling, Michael (1995): „Opferinteressen und Strafverfolgung" in: Kaiser, Günther (Hrsg.) Kriminologische Forschungsberichte aus dem Max-Planck-Institut für ausländisches und internationales Strafrecht, Bd. 58, Freiburg i. Br. 1995.

Kirchhoff, Claudia / **Kirchhoff**, Gerd Ferdinand (1979): „Untersuchungen im Dunkelfeld sexueller Viktimisation mit Hilfe von Fragebögen" in: Kirchhoff, Gerd Ferdinand / Sessar, Klaus (Hrsg.) Das Verbrechensopfer. Bochum 1979, S. 275-299.

Klotz, Wolfgang (1986): „Strafentlassenenhilfe" in: Salman, Marieluise (Hrsg.) Soziale Arbeit mit Straffälligen. Frankfurt am Main 1986, S. 89-99.

Köbler, Gerhard (1988): Bilder aus der deutschen Rechtsgeschichte. München 1988.

Koepsel, Klaus (1982): „10 Jahre Einweisungsanstalt Hagen/Westfalen - Besondere Probleme zentraler Diagnosezentren" in: ZfStrVo 1982, S. 195-200.

Koepsel, Klaus (1992): „Das Vollzugskonzept des Strafvollzugsgesetzes und seine Veränderungen durch Verwaltungsvorschriften und Erlasse der Landesjustizverwaltungen" in: ZfStrVo 1992, S.46-51.

Krause, Gerda (1993): „Tatverarbeitung von Gewalttaten: Die Opfer" in: Marks, Erich / Meyer, Klaus / Schreckling, Jürgen / Wandrey, Michael (Hrsg.) Wiedergutmachung und Strafrechtspraxis. Erfahrungen, neue Ansätze, Gesetzesvorschläge. Bericht über das Forum 1992 für Täter-Opfer-Ausgleich und Konfliktschlichtung vom 10. bis 12. April 1992 in Bonn. Bonn 1993, S. 237-246.

Kroeschell, Karl (1983): Deutsche Rechtsgeschichte 1. Opladen 1983, 6.Auflage.

Kube, Edwin (1986): „Täter-Opfer-Ausgleich: Wunschtraum oder Wirklichkeit?" in: DRiZ 1986, S. 121-128.

Kühler, Hans (1970): „Die Verwertung der für die Arbeit der Gefangenen gezahlten Vergütung" in: Bundesministerium der Justiz (Hrsg.) Tagungsberichte der Strafvollzugskommission. IX. Band. Neunte Arbeitstagung vom 24. bis 28. November 1969 in Hamburg. Bonn 1970, S. 87-101.

Kuhn, Annemarie (1988): „Konfliktregulierung und Täter-Opfer-Ausgleich versus Strafrecht?" in: Rundbrief Soziale Arbeit und Strafrecht - Schwerpunktheft zur 13. Bundestagung der Deutschen Bewährungshilfe, Juni 1988, Nr. 12, S. 36-38.

Kuhn, Annemarie (1989): „»Tat-Sachen« als Konflikt" in: Kuhn, Annemarie u.a. (Hrsg.)»Tat-Sachen« als Konflikt. Bonn 1989, S.46-75.

Kühne, Adelheid (1982): „Die Schuldensituation bei Strafgefangenen - Eine Untersuchung aus dem niedersächsischen Strafvollzug" in: Schwind, Hans-Dieter / Steinhilper, Gernot (Hrsg.) Modelle zur Kriminalitätsvorbeugung und Resozialisierung. Heidelberg 1982, S. 203-220.

Kury, Helmut (1992): „Kriminalität und Viktimisierung in Ost- und Westdeutschland - Ergebnisse der ersten vergleichenden Victim Survey in der ehemaligen DDR und BRD" in: Kury, Helmut (Hrsg.) Gesellschaftliche Umwälzung. Kriminalitätserfahrungen, Straffälligkeit und soziale Kontrolle. Kriminologische Forschungsberichte aus dem Max-Planck-Institut für ausländisches und internationales Strafrecht Band 54. Freiburg 1992, S. 141-228.

Lamnek, Siegfried (1997): Neue Theorien abweichenden Verhaltens. München 1997, 2. Auflage.

Laubenthal, Klaus (1998): Strafvollzug. Berlin 1998, 2. Auflage.

LeJeune, Robert / Alex, Nicholas (1973): „On Beeing Mugged: The Event and ist Aftermath" in: Messinger, S. (Hrsg.) Aldine Crime and Justice Annual. Chicago 1973, S. 161-189.

Lieberwirth, R. (1971): Bearbeiter in: Erler, Adalbert / Kaufmann, Ekkehard (Hrsg.) Handwörterbuch zur Deutschen Rechtsgeschichte. I. Band. Berlin 1971.

Lohse, Albert D. (1990): „Der Weiße Ring - Angebote und Leistungen" in: Der Senator für Justiz und Verfassung der Freien Hansestadt Bremen (Hrsg.) Täter-Opfer-Ausgleich und Opferhilfe im Land Bremen. Bremen 1990, S. 77-78.

Loos, Fritz (1993): „Zur Kritik des „Alternativentwurfs Wiedergutmachung"" in: ZRP 1993, S. 51-56.

Lüderssen, Klaus (1997): „Resozialisierung und Menschenwürde" in: KritJ 30 (1997), S. 179-186.

Maeck, Manfred (1983): Opfer und Strafzumessung: Ein Beitrag zur Systematik und Dogmatik der richterlichen Strafzumessung. Stuttgart 1983.

Maguire, Mike / Corbett, Claire (1987): The Effects of Crime and The Work of Victims Support Schemes. Cambridge Studies in Criminology Band 51. Hants 1987.

Marth, Dörte (1989): „Das Opfer" in: KrimJ1989, Heft 3, S.194-208.

Marx, Michael (1972): Zur Definition des Begriffs „Rechtsgut". (Diss.) Köln 1972.

Matt, Eduard (1997): „Täter-Opfer-Ausgleich und `reintegration ceremony´. Auf der Suche nach einer angemessenen Reaktion auf Jugenddelinquenz" in: MschrKrim 1997, S. 255-267.

Mayhew, Pat (1993): „Measuring the Effects of Crime in Victimization Surveys" in: Bilsky, Wolfgang / Pfeiffer, Christian / Wetzels, Peter (Hrsg.) Fear of Crime and Criminal Victimization. Köln 1993, S. 187-200.

Mendelsohn, Beniamin (1956): „La Victimologie" in: Revue internationale de criminologie et de police technique, 1956, S. 95-109.

Messmer, Heinz (1990): „Reducing the Conflict: An Analysis of Victim-Offender Mediation as an Interactive Process" in: Galaway, Burt / Hudson, Joe (Hrsg.) Criminal Justice, Restitution and Reconciliation. Monsey / State N.Y. 1990, S. 59-71.

Messmer, Heinz (1992): „Zwischen Parteiautonomie und Kontrolle: Aushandlungsprozesse im Täter-Opfer-Ausgleich" in: Bundesministerium der Justiz (Hrsg.) (1992): Täter-Opfer-Ausgleich: Zwischenbilanz und Perspektiven; Symposium vom 19.-21. Juni 1989 im Wissenschaftszentrum Bonn. Bonn 1992, 2. unveränderte Auflage, S. 115-131.

Mey, Hans-Georg (1987): „Zum Begriff der Behandlung im Strafvollzugsgesetz (aus psychologisch-therapeutischer Sicht)" in: ZfStrVo 1987, S. 42-47.

Meyer, Friedrich-Wilhelm (1990): Zwangsgetrennt: Frauen inhaftierter Männer: zur Lage „vergessener" Mitbetroffener. Pfaffenweiler 1990.

Ministerium für Justiz, Bundes- und Europaangelegenheiten des Landes Baden-Württemberg (1990): „15 Jahre Stiftung „Resozialisierungsfonds Dr. Traugott Ben der" - Pressemitteilung vom 25. Oktober 1989" in: ZfStrVo 1990, S. 114-115.

Möllhoff, Gerhard / **Kontner,** Walter / **Schmidt,** Georg (1983): „Das „Opferentschädigungsgesetz" (OEG) und seine Durchführung in Baden-Württemberg 1976-1980" in: Kerner, Hans-Jürgen / Göppinger, Hans / Streng, Franz (Hrsg.) Kriminologie - Psychiatrie - Strafrecht. Festschrift für Heinz Leferenz zum 70. Geburtstag. Heidelberg 1983, S. 233-257.

Montada, Leo (1993): „Victimization by Critical Life Events" in: Bilsky, Wolfgang / Pfeiffer, Christian / Wetzels, Peter (Hrsg.) Fear of Crime and Criminal Victimization. Köln 1993, S. 83-98.

Müller, Ingo (1987): Furchtbare Juristen. Die unbewältigte Vergangenheit unserer Justiz. München 1987.

Müller-Dietz, Heinz (1967): „Die bisherige Entwicklung auf dem Gebiet des Strafvollzuges" in: Rollmann, Dietrich (Hrsg.) Strafvollzug in Deutschland. Frankfurt am Main 1967, S. 81-96.

Müller-Dietz, Heinz (1979): Stichpunkt „Strafvollzugsrecht" in: Sieverts, Rudolf / Schneider, Hans Joachim (Hrsg.) Handwörterbuch der Kriminologie. Ergänzungsband. Berlin 1979, 2. Auflage, S. 455-495.

Müller-Dietz, Heinz (1985 a): „Strafvollzug, Tatopfer und Strafzwecke" in: GA 1985, S. 147-175.

Müller-Dietz, Heinz (1985 b): „Resozialisierung durch Strafvollzugsprogramme und Entlassenenhilfe unter Einbeziehung der Opfer" in: Janssen, Helmut / Kerner, Hans-Jürgen (Hrsg.) Verbrechensopfer, Sozialarbeit und Justiz. Schriftenreihe der Deutschen Bewährungshilfe e.V. Neue Folge, Band 3. Bonn 1985, S. 247-269.

Müller-Dietz, Heinz (1986 a): „Erfahrungen mit dem Strafvollzugsgesetz" in: Gesellschaft für Rechtspolitik, Trier (Hrsg.) Bitburger Gespräche Jahrbuch 1986/2. München 1986, S. 27-52.

Müller-Dietz, Heinz (1986 b): „Zehn Jahre Strafvollzugsgesetz" in: BlfStVK Nr. 6 / November 1986, S. 1-7.

Müller-Dietz, Heinz (1988 a): „Schadenswiedergutmachung - ein kriminalrechtliches Konzept?" in: Kaiser, Günther / Kury, Helmut / Albrecht, Hans-Jörg (Hrsg.) Kriminologische Forschung in den 80er Jahren: Projektberichte aus der Bundesrepublik Deutschland. Kriminologische Forschungsberichte aus dem Max-Planck-Institut für Ausländisches und Internationales Strafrecht Band 35/2. Freiburg 1988, S. 961-982.

Müller-Dietz, Heinz, (1988 b): „Der Strafvollzug in der Weimarer Zeit und im Dritten Reich" in: Busch, Max / Krämer, Erwin (Hrsg.) Strafvollzug und Schuldproblematik. Pfaffenweiler 1988, S.15-38.

Müller-Dietz, Heinz (1992): „Reformkonzepte auf dem Gebiet des Strafvollzuges" in: BewHi 1992, S. 62-76.

Müller-Dietz, Heinz (1993 a): „Was bedeutet Täter-Opfer-Ausgleich im Strafrecht - notwendige Begriffsbestimmungen" in: Hering, Rainer-Dieter / Rössner, Dieter (Hrsg.), Täter-Opfer-Ausgleich im allgemeinen Strafrecht. Schriftenreihe der Deutschen Bewährungshilfe e.V. Band 28. Bonn-Bad Godesberg 1993, S. 7-24.

Müller-Dietz, Heinz (1993 b): Stichwort „Strafvollzug" in: Kaiser, Günther / Kerner, Hans-Jürgen / Sack, Fritz / Schellhoss, Hartmut (Hrsg.) Kleines Kriminologisches Wörterbuch. Heidelberg 1993, 3. Auflage, S. 507-523.

Müller-Dietz, Heinz (2000): „Strafvollzug heute" in: ZfStrVo 2000, S. 230-232

Odersky, Walter (1984): „Die Rechtsstellung des Verletzten im Strafverfahren" in: Ständige Deputation des deutschen Juristentages (Hrsg.) Verhandlungen des fünfundfünfzigsten Deutschen Juristentages 1984 in Hamburg - Band II (Sitzungsberichte) Teil L. München 1984, L 29-43.

Paasch, Fritz R. (1965): Grundprobleme der Viktimologie. (Diss.) Münster 1965.

Palandt (2002): Kommentar zum Bürgerlichen Gesetzbuch. München 2002, 61. Auflage. (Zit.: Palandt-Bearbeiter (2002), §, RN).

Pelikan, Christa (1988): „Über soziale Kontrolle, über Strafrecht und Konfliktregelung" in: KrimsozBibl 1988, Heft 58/59, S. 21-27.

Peters, Karl (1978): „Beurlaubung von zu lebenslanger Freiheitsstrafe Verurteilter" in: JR 1978, S. 177-180.

Pfeiffer, Hartmut (1989): „Einbeziehung der Polizei in das Modellprojekt Täter-Opfer-Ausgleich in Braunschweig" in: Marks, Erich / Rössner, Dieter (Hrsg.) Täter-Opfer-Ausgleich. Vom zwischenmenschlichen Weg zur Wiederherstellung des Rechtsfriedens. Bad Godesberg 1989, S. 65-76.

Pfeiffer, Hartmut (1992): „Möglichkeiten und Grenzen des Täter-Opfer-Ausgleichs auf der Basis des geltenden Rechts" in: Greive, Wolfgang / Trenczek, Thomas (Hrsg.) Täter-Opfer-Ausgleich und Wiedergutmachung: Neue Herausforderung für die Justiz. Loccumer Protokolle 60/1991. Loccum 1992, S. 45-58.

Pieplow, Lukas (1992): „Täter-Opfer-Ausgleich bei schwereren Straftaten" in: Bundesministerium der Justiz (Hrsg.) Täter-Opfer-Ausgleich: Zwischenbilanz und Perspektiven; Symposium vom 19.-21. Juni 1989 im Wissenschaftszentrum Bonn. Bonn 1992, 2. unveränderte Auflage, S. 188-190.

Radkte, Henning (2001): „Die Zukunft der Arbeitsentlohnung von Strafgefangenen" in: ZfStrVo 2001, S. 4-15

Rixen, Stephan (1994): „Wiedergutmachung im Strafvollzug? Eine kritische Analyse der Vorschläge des „Alternativ-Entwurfs Wiedergutmachung (AE-WGM)"" in: ZfStrVo 1994, S. 215-221.

Rosellen, Richard (1983): „Soziale Kontrolle durch Anzeigeerstattung. Eine empirische Untersuchung zu den situativen Bedingungen, Motiven und Zielen privater Strafanzeigen" in: Kerner, Hans-Jürgen / Kury, Helmut / Sessar, Klaus (Hrsg.) Deutsche Forschungen zur Kriminalitätsentstehung und Kriminalitätskontrolle. Interdisziplinäre Beiträge zur kriminologischen Forschung Band 6/2. Köln 1983, S. 798-822.

Rössner, Dieter (1992): „Strafrechtsfolgen ohne Übelszufügung? - Zur Reform der Sanktionen ohne Freiheitsentzug?" in: NStZ 1992, S. 409-415.

Rössner, Dieter (1996): „Rechtliche Rahmenbedingungen und Möglichkeiten des Täter-Opfer-Ausgleichs im Strafvollzug" in: Lösch, Manfred (Hrsg.) Täter-Opfer-Ausgleich im Strafvollzug? Perspektiven und Grenzen von Tataufarbeitung und Schadenswiedergutmachung für Opfer und Täter/innen. Berlin 1996, S. 5-22.

Rössner, Dieter / **Bannenberg**, Britta (1995): „Schadenswiedergutmachung und außerstrafrechtliche Konfliktregelung" in: Cornel, Heinz / Maelicke, Bernd / Sonnen, Bernd-Rüdeger (Hrsg.) Handbuch der Resozialisierung. Baden-Baden 1995, S. 325-348.

Rössner, Dieter / **Wulf**, Rüdiger (1984): Opferbezogene Strafrechtspflege - Leitgedanken und Handlungsvorschläge für Praxis und Gesetzgebung. Bonn 1984.

Roxin, Claus (1987): „Die Wiedergutmachung im System der Strafzwecke" in: Schöch, Heinz (Hrsg.) Wiedergutmachung und Strafrecht. Symposion aus Anlaß des 80. Geburtstages von Friedrich Schaffstein. Neue Kriminologische Studien Band 4. München 1987, S. 37-55.

Roxin, Claus (1991): „Zur neueren Entwicklung der Kriminalpolitik" in: Stolleis, Michael (Hrsg.) Die Bedeutung der Wörter - Festschrift für Sten Gagnér zum 70. Geburtstag. München 1991, S. 341-356.

Roxin, Claus (1995): Strafverfahrensrecht. München 1995, 24. Auflage.

Rüping, Hinrich (1991): Grundriß der Strafrechtsgeschichte. München 1991, 2. Auflage.

Schädler, Wolfram (1990): „Den Geschädigten nicht nochmals schädigen" in: ZRP 1990, S. 150-154.

Schädler, Wolfram (1992): „Den Geschädigten nicht nochmals schädigen" in: Bundesministerium der Justiz (Hrsg.): Täter-Opfer-Ausgleich: Zwischenbilanz und Perspektiven. Symposium vom 19.-21. Juni 1989 im Wissenschaftszentrum in Bonn. Bonn 1992, 2. unveränderte Auflage, S. 24-34.

Schäfer, Karl Heinrich (1984): „Straffällig gewordene Ausländer zwischen resozialisierendem Behandlungsvollzug und ausländerrechtlicher Gefahrenvorsorge" in: Schäfer, Karl / Sievering, Ulrich O. (Hrsg.) Ausländerrecht contra Resozialisierung? Beiträge zur Problematik straffällig gewordener Ausländer in der Bundesrepublik Deutschland. Arnoldshainer Texte Band 21. Frankfurt am Main 1984, S. 98-104.

Schild, Wolfgang (1984): „Die Ordnung und ihre Missetäter" in: Hinckeldey, Christoph (Hrsg.) Justiz in alter Zeit. Rothenburg o.d.Tauber 1984, S. 59-112.

271

Schild, Wolfgang (1984): „Verfolgung und Verurteilung der Missetäter" in: Hinckeldey, Christoph (Hrsg.) Justiz in alter Zeit. Rothenburg o.d.Tauber 1984, S. 129-295.

Schmidt-Hieber, Werner (1992): „Ausgleich statt Geldstrafe" in: NJW 1992, S. 2001-2004.

Schneider, Hans Joachim (1975 a): Viktimologie. Tübingen 1975.

Schneider, Hans Joachim (1975 b): Stichwort „Viktimologie" in: Sieverts, Rudolf / Schneider, Hans Joachim (Hrsg.) Handwörterbuch der Kriminologie. Berlin 1975, 2. Auflage, S. 532-607.

Schneider, Hans Joachim (1977): „Das Verbrechensopfer im Sozialprozeß" in: JZ 1977, S. 620-632.

Schneider, Hans Joachim (1979): „Opferschaden, Wiedergutmachung und Opferbehandlung" in: Kirchhoff, Gerd Ferdinand / Sessar, Klaus (Hrsg.) Das Verbrechensopfer. Bochum 1979, S. 365-378.

Schneider, Hans Joachim (1982 a): „Der gegenwärtige Stand der Viktimologie in der Welt" in: Schneider, Hans Joachim (Hrsg.) Das Verbrechensopfer in der Strafrechtspflege. Berlin 1982, S. 9-44.

Schneider, Hans Joachim (1982 b): Das Verbrechensopfer in der Strafrechtspflege. Psychologische, kriminologische, strafrechtliche und strafverfahrensrechtliche Aspekte. Berlin 1982.

Schneider, Hans Joachim (1987): Kriminologie. Berlin 1987.

Schneider, Hans Joachim (1992): Kriminologie. München 1992, 3. Auflage.

Schnell, Rainer / **Hill,** Paul B. / **Esser,** Elke (1993): Methoden der empirischen Sozialforschung. München 1993, 4. Auflage.

Schöch, Heinz (1992): „Empfehlen sich Änderungen und Ergänzungen bei den strafrechtlichen Sanktionen ohne Freiheitsentzug?" in: Ständige Deputation des deutschen Juristentages (Hrsg.) Verhandlungen des neunundfünfzigsten deutschen Juristentages 1992 in Hannover - Band I (Gutachten). München 1992, Gutachten C.

Schreckling, Jürgen (1992): Bestandsaufnahmen zur Praxis des Täter-Opfer-Ausgleichs in der Bundesrepublik Deutschland. Bonn 1992, 3. Auflage.

Schüler-Springorum, Horst (1990): Stenographische Protokolle der 71. Sitzung des Rechtsausschusses des Deutschen Bundestages vom 16.02.1990, S. 193-197.

Schultz, Hans (1956): „Kriminologische und strafrechtliche Bemerkungen zur Beziehung zwischen Täter und Opfer" in: Schweizerische Zeitschrift für Strafrecht, 71. Jahrgang, 1956, S. 171-192.

Schur, Edwin (1965): Crimes without Victims: Deviant Behavior and Public Policy. Abortion. Homosexuality. Drug Addiction. Englewood Cliffs / State N.J. 1965.

Schwind, Hans-Dieter et. al. (1975): Dunkelfeldforschung in Göttingen 1973/74. BKA-Forschungsreihe Band. Wiesbaden 1975.

Schwind, Hans-Dieter (1986): „Zur historischen Entwicklung des Strafvollzugs" in: Gesellschaft für Rechtspolitik, Trier (Hrsg.) Bitburger Gespräche Jahrbuch 1986/2. München 1986, S. 13-26.

Schwind, Hans-Dieter / **Blau**, Günter (Hrsg.) (1988): Strafvollzug in der Praxis. Berlin 1988, 2. Auflage. (Zit.: Bearbeiter in: Schwind/Blau, 1988, S.)

Schwind, Hans-Dieter / **Böhm**, Alexander (1991): Strafvollzugsgesetz - Kommentar. Berlin 1991, 2. Auflage. (Zit.: Bearbeiter in: Schwind/Böhm (1991) §, RN).

Schwind, Hans-Dieter / **Böhm**, Alexander (1999): Strafvollzugsgesetz - Kommentar. Berlin 1999, 3. Auflage. (Zit.: Bearbeiter in: Schwind/Böhm (1999) §, RN).

Sellin, Thorsten / **Wolfgang**, Marvin E. (1964): The Measurement of Delinquency. New York 1964.

Sessar, Klaus (1985): „Über das Opfer" in: Vogler, Theo (Hrsg.) Festschrift für Hans-Heinrich Jescheck. 2. Halbband. Berlin 1985, S. 1137-1157.

Sessar, Klaus (1992 a): Wiedergutmachen oder Strafen: Einstellungen in der Bevölkerung und der Justiz. Ein Forschungsbericht. Hamburger Studien zur Kriminologie Band 11. Pfaffenweiler 1992.

Sessar, Klaus (1992 b): „Täter-Opfer-Ausgleich aus der Perspektive des Opfers" in: Bundesministerium der Justiz (Hrsg.): Täter-Opfer-Ausgleich: Zwischenbilanz und Perspektiven. Symposium vom 19.-21. Juni 1989 im Wissenschaftszentrum in Bonn. Bonn 1992, 2. unveränderte Auflage, S. 16-23.

Sessar, Klaus / **Beurskens**, Andreas / **Boers**, Klaus (1986): „Wiedergutmachung als Konfliktregelungsparadigma?" in: KrimJ 1986, S. 86-104.

Shapland, Joanna / **Willmore**, Jon / **Duff**, Peter (1985): Victims of the criminal justice system. Cambridge Studies in Criminology Band 53. Hants 1985.

Sieverts, Rudolf (1967): „Zur Geschichte der Reformversuche im Freiheitsstrafvollzug" in: Rollmann, Dietrich (Hrsg.) Strafvollzug in Deutschland. Frankfurt am Main 1967, S. 43-54.

273

Skogan, Wesley G. / **Davis,** Robert C. / **Lurigio,** Arthur (1991): „The Impact of Victim Service Programs" in: Kaiser, Günther / Kury, Helmut / Albrecht, Hans-Jörg (Hrsg.), Victims and Criminal Justice. Kriminologische Forschungsberichte aus dem Max-Planck-Institut für Ausländisches und Internationales Strafrecht Band 52. Freiburg 1991, S.

Statistisches Bundesamt (1996): Statistisches Jahrbuch 1996. Wiesbaden 1996.

Statistisches Bundesamt (1997 a): Fachserie 10. Reihe 4.1. Strafvollzug - Demographische und kriminologische Merkmale der Strafgefangenen 1992-1995. Wiesbaden 1997.

Statistisches Bundesamt (1997 b): Fachserie 10. Reihe 4.1.. Strafvollzug - Demographische und kriminologische Merkmale der Strafgefangenen am 31.3.1996. Wiesbaden 1997.

Statistisches Bundesamt (1997 c): Statistisches Jahrbuch 1997. Wiesbaden 1997.

Statistisches Bundesamt (2001): Fachserie 10. Reihe 4.1.. Strafvollzug - Demographische und kriminologische Merkmale der Strafgefangenen am 31.3.2000. Wiesbaden 2001.

Steinert, Heinz (1988): „Kriminalität als Konflikt" in: KrimsozBibl 1988, Heft 58/59, S. 11-20.

Stephan, Egon (1976): Die Stuttgarter Opferbefragung. BKA-Forschungsreihe Band 3. Wiesbaden 1976.

Stephan, Egon (1979): „Opfertypologien und der Vorschlag einer sozial-psychologisch fundierten Alternative: Zu einer Taxonomie viktimogener Situationen" in: Kirchhoff, Gerd Ferdinand / Sessar, Klaus (Hrsg.) Das Verbrechensopfer. Bochum 1979, S. 219-241.

Sykes, Gresham M. / **Matza,** David (1968): „Techniken der Neutralisierung: Eine Theorie der Delinquenz" in: Sack, Fritz / König, René (Hrsg.) Kriminalsoziologie. Frankfurt / Main 1968, S. 360-371.

Thole, Erich (1975): „Klassifizierung der Gefangenen im Erwachsenenvollzug des Landes Nordrhein-Westfalen" in: MschKrim 1975, S. 261-267.

Trenczek, Thomas (1992 a): „Täter-Opfer-Ausgleich - mehr als ein Diversionskonzept für Bagatellfälle?" in: Bundesministerium der Justiz (Hrsg.) Täter-Opfer-Ausgleich: Zwischenbilanz und Perspektiven. Symposium vom 19.-21. Juni 1989 im Wissenschaftszentrum Bonn. Bonn 1992, 2. unveränderte Auflage, S. 191-194.

Trenczek, Thomas (1992 b): „Täter-Opfer-Ausgleich: Grundgedanken und Mindeststandards" in: Greive, Wolfgang / Trenczek, Thomas (Hrsg.) Täter-Opfer-Ausgleich und Wiedergutmachung: Neue Herausforderung für die Justiz. Loccumer Protokolle 60/1991. Loccum 1992, S. 7-12.

Van Dijk, Jan J.M. (1989): „Strafsanktionen und Zivilisationsprozeß" in: MschrKrim 1989, S. 437-450.

Viano, Emilio C. (1989): „Victimology Today: Major Issues in Research and Public Policy" in: Crime and its Victims: International Research and Public Policy Issues, New York 1989, S. 3-14.

Villmow, Bernhard (1979): „Die Einstellung des Opfers zu Tat und Täter" in: Kirchhoff, Gerd Ferdinand / Sessar, Klaus (Hrsg.) Das Verbrechensopfer. Bochum 1979, S. 199-218.

Villmow, Bernhard / **Plemper**, Burkhard (1989): Praxis der Opferentschädigung. Hamburger Entscheidungen und Erfahrungen von Opfern von Gewalttaten. Hamburger Studien zur Kriminologie Band 4. Pfaffenweiler 1989.

Vogel, Jochen (1975): „Vorwort" in Bundesministerium der Justiz (Hrsg.): Entwurf eines Gesetzes über den Vollzug der Freiheitsstrafe und der freiheitsentziehenden Maßregeln der Besserung und Sicherung - Strafvollzugsgesetz (StVollzG) - mit der Stellungnahme des Bundesrates und der Gegenäußerung der Bundesregierung. Wuppertal 1975.

Von Hentig, Hans (1941): „Remarks on the interaction of perpetrator and victim" in: Journal of the American Institute of Criminal Law and Criminology, Band 31, 1941, S. 303-309.

Von Hentig, Hans (1948): The Criminal and his Victim. New Haven 1948.

Von Hentig, Hans (1962): Das Verbrechen. Band 2: Der Delinquent im Griff der Umweltkräfte. Berlin 1962.

Von Hippel, R. (1928): „Die geschichtliche Entwicklung der Freiheitsstrafe" in: Bumke, Erwin (Hrsg.) Deutsches Gefängniswesen. Berlin 1928, S. 1-15.

Walter, Michael (1991): Strafvollzug. Stuttgart 1991.

Walter, Michael (1992): „Theoretische Perspektiven des Täter-Opfer-Ausgleichs" in: Bundesministerium der Justiz (Hrsg.) Täter-Opfer-Ausgleich: Zwischenbilanz und Perspektiven. Symposium vom 19.-21. Juni 1989 im Wissenschaftszentrum Bonn. Bonn 1992, 2. unveränderte Auflage, S. 61-70.

Walter, Michael (1999): Strafvollzug. Stuttgart 1999, 2. Auflage.

Walter, Michael (2001): „ Strafvollzug – Ende der Resozialisierung?" in: Bieschke, Volker, Egg, Rudolf (Hrsg.) Strafvollzug im Wandel – Neue Wege in Ost- und

Westdeutschland –. Schriftenreihe der Kriminologischen Zentralstelle e.V. Bd. 35, Wiesbaden 2001, S. 25-38.

Wandrey, Michael (1994): „TOA 1992: Licht und Schatten: Trendmeldungen zur TOA-Praxisliste" in: TOA Intern - Rundbrief zur Praxis und Weiterentwicklung des Täter-Opfer-Ausgleichs Nr. 3, Januar 1994, S. 10-13.

Weigend, Thomas (1989): Deliktsopfer und Strafverfahren. Berlin 1989.

Weis, Kurt (1982): Die Vergewaltigung und ihre Opfer. Stuttgart 1982.

Wettreck, Helmut (1984): „Berichte aus der praktischen Arbeit: Unbeschäftigte Gefangene im offenen Vollzug - Ein Problem und seine Lösungsversuche jenseits der Arbeitsverwaltung -" in: ZfStrVo 1984, S. 152-157.

Wolff, Hans J. / **Bachof,** Otto / **Stober,** Rolf (1994): Verwaltungsrecht I. Ein Studienbuch. München 1994, 10. Auflage.

Wulf, Rüdiger (1985): „Opferbezogene Vollzugsgestaltung - Grundzüge eines Behandlungsansatzes" in: ZfStrVo 1985, S. 67-77.

Zipf, Heinz (1970): „Die Bedeutung der Viktimologie für die Strafrechtspflege" in: MschrKrim 1970, S.1-13.

Anhang I:Fragebogen für die Mitglieder der Einweisungskommission

1. Geschlecht
   a) weiblich
   b) männlich

2. Wie alt sind Sie? (Altersangabe in Jahren)

3. Seit wann sind Sie im Strafvollzug tätig? (Bitte geben Sie Monat und Jahr an)

4. Seit wann arbeiten Sie in dieser Justizvollzugsanstalt? (Bitte geben Sie Monat und Jahr an)

5. In welcher Funktion sind Sie tätig?

6. Mit wievielen Gefangenen werden Sie in einem Monat aufgrund Ihrer besonderen Tätigkeit im Einweisungsverfahren durchschnittlich konfrontiert?

7. Wie häufig sprechen Sie mit jedem von Ihnen zu diagnostizierenden Gefangenen im Regelfall?

8. Wie lange müssen Sie mit einem Gefangenen im Durchschnitt sprechen, um eine Diagnose stellen zu können?
   a) bis 30 Minuten
   b) zwischen 30 Min. und 1 Stunde
   c) zwischen 1 Stunde und 1 ½ Stunden
   d) zwischen 1 ½ Stunden und 2 Stunden
   e) länger als 2 Stunden

9. Wann sind eher kürzere Gespräche als durchschnittlich ausreichend?

10. Was macht dagegen eine längere Auseinandersetzung mit dem Gefangenen erforderlich?

11. Welche Themen bestimmen Ihrer Gespräche mit den Gefangenen vorrangig? (Bitte nennen Sie die drei am häufigsten angesprochenen Themen)

12. Woher beziehen Sie Ihre Informationen über die Gefangenen?

13. Wie groß ist der Einfluß Ihrer Arbeit auf den im späteren Vollzug maßgeblichen Vollzugsplan?

14. Glauben Sie, daß durch Ihre Arbeit Bewußtsein, Einstellungen und Meinungen der Gefangenen beeinflußt werden können?

15. Bitte vervollständigen Sie den angefangenen Satz durch ankreuzen des zutreffenden Satzabschlusses und/oder führen den Satzanfang selbst weiter. (Mehrfachantworten sind möglich)

Um auf die Gefangen vermehrt einwirken zu können, müßte ....
   a) mehr Zeit für den einzelnen zur Verfügung stehen
   b) die Bereitschaft der Gefangenen zur Mitarbeit größer sein
   c) ein Gesamtkonzept, an dem alle Bediensteten beteiligt sind, erarbeitet werden
   d) jemand anderes etwas tun - das ist nicht meine Aufgabe
   e) sonstiges:

16. Benennen Sie vier Aufgaben des Strafvollzuges in der Rangfolge ihrer Bedeutung. (Die 1 steht für die wichtigste Aufgabe, die 4 für die am wenigsten wichtige Aufgabe Ihrer Aufzählung)

17. Kann das Ziel der Resozialisierung bei konsequenter Durchführung der durch die Einweisungsanstalt angeregten Vollzugsmaßnahmen erreicht werden?
   a) ja
   b) weitgehend
   c) zum Teil
   d) ansatzweise
   e) nein

18. Was können erfolgreiche Resozialisierungsmaßnahmen bei Gefangenen bewirken?

19. Gibt es bestimmte Gefangenengruppen, bei denen eine Resozialisierung eher erreicht werden kann?
   a) ja
   b) nein

20. Wenn Sie die letzte Frage mit „ja" beantwortet haben, charakterisieren Sie bitte die Merkmale dieser Gefangenen.

21. Gibt es andererseits bestimmte Gefangene, bei denen die Anwendung von Resozialisierungsmaßnahmen von vornherein aussichtslos erscheint?
   a) ja
   b) nein

22. Wenn Sie die letzte Frage mit „ja" beantwortet haben, charakterisieren Sie bitte die Merkmale dieser Gefangenen.

23. Bitte legen Sie dar, was Sie mit dem Begriff „opferbezogener Strafvollzug" verbinden.

24. Ist die Möglichkeit ausgeschöpft, Interessen der Opfer von Straftaten im Strafvollzug zu beachten?
a) ja
b) nein

25. Wo sind weitere Ansatzpunkte zur Berücksichtigung von Opferinteressen im Strafvollzug?
a) ...
b) keine vorhanden

26. Sind Sie der Auffassung, daß auf die Wiedergutmachung des durch die Straftat entstandenen Schadens durch jeden Gefangenen hingewirkt werden sollte?
a) ja
b) nein

27. Können Sie Ihren Gesprächen mit Gefangenen entnehmen, daß diese eher zu einem finanziellen Schadensersatz motiviert werden, wenn sie durch ein erhöhtes Arbeitsentgelt über mehr Geld verfügen könnten?
a) ja
b) trifft nur für einen Teil der Gefangenen zu
c) nein

28. Befürworten Sie eine Schuldenberatung im Strafvollzug für alle Gefangenen mit Schulden?
a) ja
b) nein

29. Gehen Sie im Rahmen Ihrer Diagnosegespräche mit den Gefangenen auf folgende Gesichtspunkte ein? (Als Antworten jeweils möglich: ja, in der Regel, manchmal, selten, nein)
a) begangene(s) Delikt(e)
b) Umstände der Tatbegehung
c) Tatschuld
d) Opfer
e) Folgen der Straftat für das/die Opfer
f) Verantwortung für diese Folgen
g) Folgen der Straftat für den Täter
h) Verantwortung für diese Folgen
i) Folgen der Straftat für die Frau/Freundin/Kind(er) des Täters
j) Folgen der Straftat für die Frau/Freundin/Kind(er) des Täters
k) finanzielle Situation
l) Möglichkeit der Wiedergutmachung des Schadens
m) Weiterbildung des Täters

30. Welche Elemente gehören für Sie zu einem Täter-Opfer-Ausgleich?

31. Ist eine Verfolgung der jeweiligen Interessen von Tätern und Opfern einer Straftat durch einen Austausch der beiderseitigen Gedanken im Strafvollzug möglich?
   a) ja
   b) nein

32. Sollte im Interesse des Straftäters Kontakt mit dem/den Opfer(n) aufgenommen werden, wenn sich daraus Vorteile für den im Vollzug befindlichen Täter ergeben könnten?
   a) ja
   b) nein

33. Sollte ein Kontakt zwischen Opfer und Täter im Strafvollzug hergestellt werden, wenn die Initiative vom Opfer der Tat ausgeht?
   a) ja
   b) nein

34. Ist die Auseinandersetzung des Täters mit den Folgen der Tat für das/die Opfer eher positiv oder eher negativ anzusehen?
   a) eher positiv
   b) eher negativ
   c) ich weiß nicht

35. Wer sollte im Strafvollzug, nicht nur bezogen auf die Einweisungsanstalt, die Themen Opfer und Folgen der Straftat für das/die Opfer ansprechen?
   a) keiner
   b) nur bestimmte Fachdienste und zwar ...
   c) jeder Bedienstete, wenn sich die Möglichkeit dazu bietet
   d) sonstiges:

36. Gibt es Situationen, in denen Sie eine Auseinandersetzung mit dem Täter über das/die Opfer als sinnlos betrachten?
   a) ja
   b) nein

37. Wenn Sie bei der letzten Frage mit „ja" geantwortet haben, nennen Sie bitte die Situation(en).

38. Wie hoch ist der Druck auf die Gefangenen, in der Einweisungssituation das eigene Verhalten so zu ändern, wie sie sich zum Erhalt der besten Begutachtung ihrer Meinung nach verhalten müssen?
   a) sehr hoch
   b) hoch
   c) das hängt vom jeweiligen Gefangenen ab
   d) nicht immer hoch
   e) gering
   f) nicht vorhanden

39. Ist in der Situation der Diagnose das natürliche, alltägliche Verhalten des Gefangenen erkennbar?
    a) ja
    b) teilweise
    c) nein

40. Ist die Effektivität von Resozialisierungsmaßnahmen ohne freiwillige Mitarbeit der Gefangenen denkbar?
    a) ja
    b) nein

41. Ist der Druck, den Gefangene in der Situation der Inhaftierung empfinden, so groß, daß von diesem Druck freie Entscheidungen eher nicht getroffen werden?
    a) ja
    b) nein

Vielen Dank für Ihrer Mitarbeit, die für meine weitere Forschungsarbeit einen wertvollen Beitrag darstellt.

Anhang II: Interviewleitfaden für die Gefangenen

1. Welcher Nationalität gehören Sie an?

Wenn Deutscher, weiter mit Frage 4.

Wenn Ausländer:

2. Seit wann leben Sie in der Bundesrepublik Deutschland? (Jahreszahl)

3. Haben Sie Familie in Deutschland?

4. Wie ist Ihr Familienstand?

5. Haben Sie Kinder?

Wenn kein Kind, weiter mit Frage 8.

6. Wie alt ist das Kind / sind die Kinder?

7. Halten Sie Kontakt zu dem / den Kind(ern)?

8. Mit welcher Person oder welchem Personenkreis hatten Sie „draußen" in Ihrer Freizeit am häufigsten zu tun?

9. Welche Kontakte nach „draußen" möchten Sie während des Vollzuges weiterhin aufrechterhalten?

10. Gibt es Personen oder Personenkreise, zu denen Sie zwar nicht während der Inhaftierung, aber nach der Haft wieder Kontakt aufnehmen möchten?

11. Um wen handelt es sich?

12. Haben Sie Schulden aus der Zeit vor Ihrer Inhaftierung?

Wenn nein, weiter mit Frage 17.

13. Glauben Sie, daß die Schulden während der Haft geringer werden können?

14. Haben Sie Interesse daran, Ihre Schulden abzubauen?

15. Würden Sie, wenn Sie die Möglichkeit hätten, das Angebot einer Schuldenberatung im Strafvollzug nutzen wollen?

16. Sind Sie dafür, daß bei einer Neuordnung Ihrer Geldangelegenheiten die Schulden, die durch Ihre Straftat aufgetreten sind, bevorzugt ausgeglichen werden?

17. Wegen welcher(n) Straftat(en) verbüßen Sie diese Haft?

18. Wann haben Sie die Straftat(en) begangen? (Angabe von Monat und Jahr)

19. Wer oder was wurde geschädigt?

20. Sind (weitere) Personen durch die Tat negativ betroffen? Gibt es Hinterbliebene, Angehörige?

21. Stimmt das, was das Gericht zu der Tat und Ihrem Tatbeitrag festgestellt hat, mit der Wirklichkeit überein?

   a) ja
   b) im Großen und Ganzen
   c) nur teilweise / fifty-fifty
   d) fast gar nicht
   e) nein

22. Glauben Sie, daß die gegen Sie ausgesprochene Strafe gerechtfertigt ist?

   a) ja
   b) ja, ich habe aber eine höhere Strafe erwartet
   c) nein, der Freiheitsentzug dauert zu lange
   d) nein, eine Geldstrafe wäre ausreichend gewesen
   e) nein, ich bin unschuldig

23. Tragen Sie für die Begehung der Straftat die Verantwortung?

24. Hat das Opfer ebenfalls teilweise Schuld an der Tat?

25. Wie gut kannten Sie das Opfer zum Zeitpunkt der Tatbegehung?

26. Hatten Sie nach der Tatbegehung noch Kontakt mit dem Opfer?

27. War das Opfer als Folge der Tat am Körper verletzt?

28. Hat das Opfer durch die Straftat seelische Schäden, wie zum Beispiel verstärkte Angst, davongetragen?

29. Waren Folge der Tat finanzielle Schäden beim Opfer?

Wenn kein persönliches Opfer oder nur ein „ja" bei Fragen 27-29, Frage 30 nicht stellen.

30. Welche der Folgen für das Opfer ist nach Ihrer Meinung die Schlimmste?

31. Sind Sie für alle Folgen der Tat beim Opfer verantwortlich?

32. Welche nachteiligen Folgen hatte die Tatbegehung für Sie selbst?

Nur, wenn in fester Beziehung lebend oder verheiratet:

33. Welche nachteiligen Folgen hatte die Tat für Ihre Frau / Freundin?

Nur, wenn Kinder vorhanden:

34. Welche schlechten Folgen hatte die Tat für Ihr(e) Kind(er)?

35. Wer ist nach Ihrer Meinung von den Folgen der Straftat am meisten betroffen?

36. Über welche Themen machen Sie sich in Ihrer jetzigen Situation am häufigsten Gedanken?

37. Wie oft denken Sie heute noch an den / die Geschädigten der Tat?

a) täglich
b) öfter
c) manchmal
d) selten
e) nie
f) keine Antwort

38. Sind Sie bereit, mit anderen über die Folgen der Tat und das Opfer zu sprechen?

39. Möchten Sie den / die dem Opfer entstandenen finanziellen Schaden / Schäden - soweit vorhanden - wiedergutmachen?

a) ja
b) größtenteils
c) teilweise
d) nur geringfügig
e) nein
f) keine Antwort

40. Warum (nicht)?

41. Glauben Sie, daß Sie den / die entstandenen Schaden / Schäden beim Opfer verringern oder begleichen können?

a) ja
b) größtenteils
c) teilweise
d) nur geringfügig
e) nein

42. Haben Sie Interesse daran, Kontakt mit dem / einem Opfer oder einer anderen von der Tat negativ betroffenen Person aufzunehmen, um sich mit diesem über die Tat und deren Folgen zu unterhalten?

Wenn die Antwort „nein" lautet:

43. Würden Sie Ihre Meinung ändern, wenn das Opfer den Kontakt mit Ihnen ausdrücklich wünschen würde?

44. Es könnte für Sie oder das Opfer der Straftat wichtig und von Interesse sein, miteinander in Kontakt zu treten und sich mit den jeweiligen Folgen der Tat zu beschäftigen, um letztlich einen Ausgleich zwischen Ihnen und dem Opfer herbeizuführen. Ein Ausgleich kann hierbei zum Beispiel ein teilweiser Ersatz des Schadens sein. Es gibt verschiedene Möglichkeiten eines Ausgleichs. Sie sollen mir sagen, welche Ausgleichshandlungen für Sie akzeptabel sind und die Sie deshalb für Sie als richtig ansehen (Antwortmöglichkeit jeweils „ja" oder „nein").

a) schriftliche Kontaktaufnahme zum Opfer mit möglicher Entschuldigung / Aussöhnung
b) persönliche Kontaktaufnahme zum Opfer mit möglicher Entschuldigung / Aussöhnung
c) Kontaktaufnahme zum Opfer über einen Mitarbeiter der Vollzugsanstalt
d) Kontaktaufnahme zum Opfer über einen Dritten, der außerhalb des Vollzuges steht
e) Spende ohne Kontakt zum Opfer
f) gemeinnützige Leistung
g) Sonstiges:

45. Wären Sie eher zu Ausgleichshandlungen in einer der eben genannten Formen bereit, wenn Sie dadurch eine Begünstigung hinsichtlich der Strafe erlangen würden?

a) ja, wenn statt Haftstrafe
b) ja, wenn ein Teil der Haftstrafe erlassen würde
c) nein, sowieso bereit
d) nein, auf keinen Fall bereit

⮊ *Hürlimann, Michael*
**Informelle Führer und Einflußfaktoren
in der Subkultur des Strafvollzugs**
Band 1, 1993, 232 + LXVII S., ISBN 978-3-89085-643-8, 29,65 €

⮊ *Steller, Max / Dahle, Klaus-Peter / Basqué, Monika (Hg.)*
Straftäterbehandlung
Band 2, 2. Auflage 2003, 318 S., ISBN 978-3-89085-873-9, 29,65 € (NA in Vorbereitung)

⮊ *Müller-Dietz, Heinz / Walter, Michael (Hg.)*
Strafvollzug in den 90er Jahren. Perspektiven und
Herausforderungen. Festgabe für Karl-Peter Rotthaus
Band 3, 1995, 260 S., ISBN 978-3-8255-0029-0, 34,77 €

⮊ *Weber, Florian*
Gefährlichkeitsprognose im Maßregelvollzug. Entwicklung sowie
Reliabilitätsprüfung eines Prognosefragebogens als Grundlage für
Hypothesenbildung und langfristige Validierung von Prognosefaktoren
Band 4, 1996, 140 S., ISBN 978-3-8255-0056-6, 29,65 €
zusätzlich:
⮊ *Weber & Leygraf:*
Prognosefragebogen nach Weber & Leygraf
1996, 12 S., ISBN 978-3-8255-0164-8, 51,13 € (1 Einheit = 50 Fragebögen)

⮊ *Rassow, Peter*
Bibliographie Gefängnisseelsorge
Band 5, 1998, 300 Seiten, ISBN 978-3-8255-0196-9, 30,58 €

⮊ *Ommerborn, Rainer / Schuemer, Rudolf*
Fernstudium im Strafvollzug
Band 6, 1999, 244 S., ISBN 978-3-8255-0232-4, 25,46 €

⮊ *Lösel, Friedrich / Pomplun, Oliver*
Jugendhilfe statt Untersuchungshaft.
Eine Evaluationsstudie zur Heimunterbringung
Band 7, 1998, 196 S., ISBN 978-3-8255-0247-8, 30,58 €

⮊ *Pecher, Willi*
**Tiefenpsychologisch orientierte Psychotherapie im
Justizvollzug.** Eine empirische Untersuchung der Erfahrungen und
Einschätzungen von Psychotherapeuten in deutschen Gefängnissen
Band 8, 1999, 300 + X S., ISBN 978-3-8255-0234-8, 30,58 €

CENTAURUS VERLAG

● *Bundesarbeitsgemeinschaft der Lehrer im Justizvollzug (Hg.)*
Justizvollzug & Pädagogik. Tradition und Herausforderung
Band 9, 2. Auflage 2001, 200 S., ISBN 978-3-8255-0270-6, 20,35 €

● *Rehn, Gerhard / Wischka, Bernd / Lösel Friedrich / Walter, Michael (Hg.)*
Behandlung „gefährlicher Straftäter". Grundlagen, Konzepte, Ergebnisse
Bd. 11, 2. überarb. Auflage 2001, 442 S., ISBN 978-3-8255-0315-4, 35,69 €

● *Mandt, Brigitte*
**Die Gefährdung öffentlicher Sicherheit durch Entweichungen
aus dem geschlossenen Strafvollzug.** Eine empirische Untersuchung
am Beispiel des Landes Nordrhein-Westfalen in den Jahren 1986 – 1988
Band 12, 2001, 350 S., ISBN 978-3-8255-0321-5, 30,58 €

● *Ross, Thomas*
Bindungsstile von gefährlichen Straftätern
Band 13, 2001, 200 S., ISBN 978-3-8255-0329-1, 23,53 €

● *Böhmer, Mechthild*
Forensische Psychotherapieforschung: Eine Einzelfallstudie
Band 14, 2001, 140 Seiten, ISBN 978-3-8255-0336-9, 20,35 €

● *Zabeck, Anna*
Funktion und Entwicklungsperspektiven ambulanter Sanktionen.
Ein Rechtsvergleich zwischen England / Wales und Deutschland
Bd. 15, 2001, 380 S., ISBN 978-3-8255-0334-5, 34,77 €

● *Bergmann, Maren*
**Die Verrechtlichung des Strafvollzugs und ihre
Auswirkungen auf die Strafvollzugspraxis**
Bd. 16, 2002, ca. 300 S., ISBN 978-3-8255-0368-0, ca. 32,– €

● *Tzschaschel, Nadja*
Ausländische Gefangene im Strafvollzug. Eine vergleichende
Bestandsaufnahme der Vollzugsgestaltung bei ausländischen und deutschen
Gefangenen sowie eine Untersuchung zur Anwendung des § 456a StPO.
Ergebnisse einer in Nordrhein-Westfalen durchgeführten Aktenanalyse
Bd. 17, 2002, 170 S., ISBN 978-3-8255-0377-2, 24,60 €

● *Giefers-Wieland, Natalie*
Private Strafvollzugsanstalten in den USA.
Eine Perspektive für Deutschland?
Bd. 18 , 2002, 246 Seiten, ISBN 978-3-8255-0383-3, ca. 25,– €